Microblogs global

SPRACHE · MEDIEN · INNOVATIONEN

Herausgegeben von Jens Runkehl, Peter Schlobinski und Torsten Siever

Band 4

Torsten Siever /
Peter Schlobinski (Hrsg.)

Microblogs global

Eine internationale Studie zu
Twitter & Co. aus der Perspektive
von zehn Sprachen und elf Ländern

Bibliografische Information der Deutschen Nationalbibliothek
Die Deutsche Nationalbibliothek verzeichnet diese Publikation
in der Deutschen Nationalbibliografie; detaillierte bibliografische
Daten sind im Internet über http://dnb.d-nb.de abrufbar.

ISSN 2190-6386
ISBN 978-3-631-61436-5 (Print)
E-ISBN 978-3-653-03894-1 (E-Book)
DOI 10.3726/978-3-653-03894-1

© Peter Lang GmbH
Internationaler Verlag der Wissenschaften
Frankfurt am Main 2013
Alle Rechte vorbehalten.
Peter Lang Edition ist ein Imprint der Peter Lang GmbH.

Peter Lang – Frankfurt am Main · Bern · Bruxelles · New York ·
Oxford · Warszawa · Wien

Das Werk einschließlich aller seiner Teile ist urheberrechtlich
geschützt. Jede Verwertung außerhalb der engen Grenzen des
Urheberrechtsgesetzes ist ohne Zustimmung des Verlages
unzulässig und strafbar. Das gilt insbesondere für
Vervielfältigungen, Übersetzungen, Mikroverfilmungen und die
Einspeicherung und Verarbeitung in elektronischen Systemen.

Dieses Buch erscheint in der Peter Lang Edition
und wurde vor Erscheinen peer reviewed.

www.peterlang.com

Vorwort

Als die Idee zum vorliegenden Projekt aufkam, war Twitter noch ein in Deutschland mäßig bekannter und wenig verbreiteter Dienst. Zwischenzeitlich hat sich die Social-Networking-Plattform zu einer allseits bekannten und stark frequentierten Anwendung entwickelt, neben Facebook fest etabliert und aufgrund des Erfolgs mehrere Parallelen am Markt entstehen lassen. Gemäß dem Website-Ranking bei Alexa[1] gehören die beiden Plattformen zu den beliebtesten ihrer Art im Jahr 2013. Seit dem Start der Plattform im Juli 2006 sind nicht nur Microblog-Werkzeuge, sondern ähnliche Dienste wie *Pinterest*, *Instagram* und *Tumblr* entstanden, doch liegt die Stärke von Twitter – wie auch bei *Pinterest* – in der Minimalkommunikation, die einen Schwerpunkt beim internationalen Twitter-Projekt bilden.

Nur kurz soll an dieser Stelle Twitter[2] vorgestellt werden, da der Dienst inzwischen weithin bekannt ist und an anderer Stelle bereits beschrieben worden ist (Moraldo 2009; Siever 2012). Twitter ist ein typisches kontobasiertes Social Network, in dem Mitteilungen von Nutzern veröffentlicht werden, die kürzer sind als SMS-Mitteilungen und *Tweets* oder *Updates* genannt werden. Es handelt sich um Postings, denn Twitter (und andere vergleichbare *Microblog*-Dienste stellen Blogs dar, bei denen die Veröffentlichungen sehr stark eingeschränkt sind: Bis 2012 waren Tweets monomodal auf Text beschränkt – und sind dies im Grunde immer noch; mit *twitpic* lassen sich seither allerdings Bilder mittelbar über URLs integrieren; die Texte sind auf 140 Zeichen beschränkt und lassen sich typografisch nicht gestalten. Veröffentlicht werden die Updates inzwischen kaum mehr über die Website selbst, sondern vor allem mobil über *Apps*, die zahlreich für unterschiedliche Geräte und Betriebssysteme verfügbar sind.

Neue Tweets erscheinen auf der *Timeline (TL)*, die in Echtzeit neu eingehende Mitteilungen von abonnierten Accounts präsentiert – also weblogspe-

---

1 Twitter befindet sich am 22.8.2013 auf Rang 11, Facebook auf Rang 2. Zwischen beiden Social-Networking-Plattformen befindet sich als weitere dieser Art lediglich das Karrierenetzwerk LinkedIn (http://www.alexa.com/topsites).
2 https://twitter.com/

zifisch in umgekehrt chronologischer Sortierung. Die frühere *Public Timeline*, die alle öffentlich zugänglichen Tweets gelistet hatte, ist nicht mehr verfügbar. Durch die Echtzeitverarbeitung, die inzwischen sogar von Diensten wie Google bei der Präsentation von Tweets in Suchergebnissen genutzt wird, ist es möglich, relativ schnell auf Tweets zu reagieren (quasisynchron), was dialogartige Turns ermöglicht. Ein beliebtes Verfahren ist die ›Weiterleitung‹ von Tweets, die dann *Retweets* genannt werden. Dabei wird in der Regel der Tweet mit der Abkürzung *RT* eingeleitet und der Urheber genannt, bevor der weiterzuverbreitende Inhalt wiedergegeben wird.

Kontoinhaber werden grundsätzlich mit @ eingeleitet, also beispielsweise *@user*. Wird auf einen Tweet geantwortet, dieser weitergeleitet oder der Username anderweitig in eine Mitteilung integriert, wird diese bei der entsprechenden Person auf der Accountseite aufgeführt. Wird eine Person nicht direkt angesprochen, sondern nur erwähnt, bezeichnet man die Einbindung des Accountnamens als *@mention (habe ich bei @mentioned gelesen)*. Eine weitere wichtige Funktion ist das Verschlagworten von Inhalten, für das so genannte *Hashtags* eingesetzt werden. Diese beginnen mit einem Rhombus und werden durch ein Leerzeichen abgeschlossen (*#wichtig*). Das Prinzip ist inzwischen in anderen Plattformen aufgegriffen worden, unter anderem bei Facebook im Frühjahr 2013. Häufig gesetzte Hashtags werden als *Trends* bei Twitter aufgeführt, sind allerdings nicht die einzigen Trendsetter. Ausgewertet werden daneben auch die Tweet-Inhalte selbst, von denen die hochfrequent auftretenden Wortformen oder Phrasen ebenfalls unter den Trends aufgeführt werden – folglich können sowohl Menschen als Maschinen programmatisch Trends ermitteln (und damit auch bestimmen).

Twitter weist ein Abonnement-Modell auf. Tweets von Nutzern können abonniert werden, womit man einem Account *folgen* kann *(following)*; umgekehrt wird auf einer Profilseite auch angezeigt, wie viele Abonnenten dem Accountinhaber folgen *(follower)*. Accountinhaber können Einzelpersonen ebenso sein wie eine Personengruppe oder Körperschaft. Durch die *verified*-Zertifikat ist es möglich, dass sich eine Person als die *authentische* (dahinter vermutete) ausgeben kann, was unter anderem dem ›Accountdiebstahl‹ entgegenwirken soll. Zu den Top-Accounts zählen seit Jahren konstant der US-Präsident Barack Obama und Teenie-Star Justin Bieber. Zu den hinsichtlich der Abonnentenzahl erfolgreichsten Körperschaften gehört CNN, YouTube und das Unternehmen Twitter selbst.

Tweets werden inzwischen in Politik, Wirtschaft und Wissenschaft genutzt, um Trends aufzudecken. Beispielsweise können durch die geografische Bestimmung von Nutzern, die in ihren Tweets über Grippesymptome klagen,

Ursprungsorte von Pandemien ermittelt werden. Über Hashtags und andere Filterungsarten können Meinungsbilder zu gesellschaftlichen Themen über Tweets erhoben werden. Schließlich werden Microblogs auch zu Marketingzwecken missbraucht, was mit *viralem Marketing* bezeichnet wird: Nicht die Werbetreibenden schreiben jeden Nutzer an, sondern setzen nur einen Impuls, der durch Dritte weiterverbreitet wird.

Gegenstand des vorliegenden Bandes sind hingegen sprachliche und kommunikative Aspekte von Tweets. Im Fokus stehen die für digitale Kommunikation typischen Merkmale sowie sprachökonomische Phänomene, von denen angesichts der Kürze der Mitteilungen ausgegangen worden ist. Hierbei ist der Band so aufgebaut, dass alle Teilnehmenden dieselben Merkmale analysiert haben, um – anders als noch im Weblog-Projekt im Jahr 2005 – eine gewisse Vergleichbarkeit zu ermöglichen. Dabei konnten die Autorinnen und Autoren eigene Schwerpunkte setzen und einige Merkmale wie Inflektive oder Schreibung sind nicht in allen untersuchten Sprachen vorhanden.

Untersucht worden sind in jeder Einzelsprache 640 Tweets von 32 Nutzerinnen und 32 Nutzern, die eine Mindestmenge an Tweets verfasst haben. Die Zusammenstellung des Korpus ist in den jeweiligen Kapiteln beschrieben (X.2). Folglich ist auch die Kapitelaufteilung zu jeder Sprache identisch, sodass bei Interesse an sprachvergleichenden Aussagen die je spezifischen Abschnitte rezipiert werden können. Zu den gemeinsamen Analyseinhalten gehören im Anschluss an die Darstellung der Microblogoshäre (X.1) die Orthografie (X.3.1), Mündlichkeitsaspekte (X.3.2), der Wortschatz (X.3.3), Reduktionsphänomene (X.3.4), die Syntax (X.3.5), die Verwendung von Graphostilistik (X.3.6), die Interaktion (X.3.7) sowie Funktionen von Tweets (X.3.8).

Insgesamt haben sich 15 Personen am Projekt beteiligt, die Tweets in zehn Sprachen analysiert haben (nach Sprachen sortiert): *Jia Zhu* (Chinesisch), *Peter Schlobinski* und *Torsten Siever* (Deutsch), *Saskia Kersten* und *Netaya Lotze* (Englisch), *Sabrina Braukmeier, Alexa Mathias* und *Hélène Stoye* (Französisch), *Sandro Moraldo* (Italienisch), *Hiromi Shirai* und *Shota Tanaka* (Japanisch), *Christina Margrit Müller* (Niederländisch), *Bernd Sieberg* (Portugiesisch), *Larissa Shchipitsina* (Russisch) sowie *Mario Franco* (Spanisch). Jeder Beitrag schließt mit einer zusammenfassenden Tabelle ab, die ebenfalls für eine bessere Vergleichbarkeit weitestgehend identisch aufgebaut ist. Da Twitter in China nicht zugänglich ist, wurde ein alternativer Microblog herangezogen.

Um Einsteigern die Lektüre zu erleichtern, wurde ein kleines Glossar mit zentralen Termini rund um Twitter erstellt, welches im Anhang zu finden ist.[3] Dort findet sich auch die Aufschlüsselung der Netlinks, die im Text genannt

---

[3] Viele weitere Begriffe werden unter http://www.mediensprache.net/de/lexikon/ kurz und verständlich erklärt.

werden. Die Liste ist nicht zum Abtippen gedacht, sondern zur bequemen Eingabe bei *mediensprache.net* unmittelbar im Anschluss an den Domainnamen – z. B. für den Netlink 567 in Form von http://www.mediensprache.net/567.

Die Herausgeber möchten sich bei allen Mitautorinnen und -autoren für die gute Zusammenarbeit und produktive Diskussion im geschlossenen Bereich sowie bei Sandro Moraldo für den initiierenden Anstoß herzlich bedanken.

Hannover
Peter Schlobinski & Torsten Siever

Inhaltsverzeichnis

Vorwort 5

1 Microblogs global: Chinesisch 15

1.1 Blogosphäre in China 16
1.2 Empirische Basis 18
1.3 Analyse chinesischsprachiger Tweets 20
    1.3.1 Orthografie 20
    1.3.2 Mündlichkeit 23
    1.3.3 Lexik 23
    1.3.4 Reduktion 25
    1.3.5 Syntaktische Strukturen 27
    1.3.6 Graphostilistik 29
    1.3.7 Interaktion 32
    1.3.8 Funktionale Aspekte 33
1.4 Zusammenfassung 35
Literatur 39

2 Microblogs global: Deutsch 41

2.1 Blogosphäre in Deutschland 42
2.2 Empirische Basis 44
2.3 Analyse deutschsprachiger Tweets 44
    2.3.1 Orthografie 45
    2.3.2 Mündlichkeit 48
    2.3.3 Lexik 50
    2.3.4 Reduktion 56
    2.3.5 Syntaktische Strukturen 62

2.3.6	Graphostilistik	65
2.3.7	Interaktion	66
2.3.8	Funktionale Aspekte	68
2.4	Zusammenfassung	70
Literatur		73

3 Microblogs global: Englisch 75

3.1	Blogosphären in Großbritannien und den USA	76
3.2	Empirische Basis	77
3.3	Analyse englischsprachiger Tweets im Vergleich: USA vs. GB	78
	3.3.1 Orthografie	79
	3.3.2 Mündlichkeit	83
	3.3.3 Lexik	87
	3.3.4 Reduktion	89
	3.3.5 Syntaktische Strukturen	95
	3.3.6 Graphostilistik	96
	3.3.7 Interaktion	101
	3.3.8 Funktionale Aspekte	102
3.4	Zusammenfassung	104
Literatur		111
Links		112

4 Microblogs global: Französisch 113

4.1	Twittersphäre in Frankreich	114
4.2	Empirische Basis	115
4.3	Analyse französischsprachiger Tweets	116
	4.3.1 Orthografie	117
	4.3.2 Mündlichkeit	120
	4.3.3 Lexik	123
	4.3.4 Reduktion	127
	4.3.5 Syntaktische Strukturen	130
	4.3.6 Graphostilistik	131
	4.3.7 Interaktion	133
	4.3.8 Funktionale Aspekte	136
4.4	Zusammenfassung	140
Literatur		145

5 Microblogs global: Italienisch — 147

5.1 Blogosphäre in Italien 149
5.2 Empirische Basis 151
5.3 Analyse italienischsprachiger Tweets 152
    5.3.1 Orthografie 152
    5.3.2 Mündlichkeit 156
    5.3.3 Lexik 158
    5.3.4 Reduktion 159
    5.3.5 Syntaktische Strukturen 160
    5.3.6 Graphostilistik 162
    5.3.7 Interaktion 164
    5.3.8 Funktionale Aspekte 166
5.4 Zusammenfassung 168
Literatur 172

6 Microblogs global: Japanisch — 175

5.1 Blogosphäre in Japan 176
5.2 Empirische Basis 177
5.3 Analyse japanischsprachiger Tweets 178
    5.3.1 Orthografie 179
    5.3.2 Mündlichkeit 181
    5.3.3 Lexik 183
    5.3.4 Reduktion 188
    5.3.5 Syntaktische Strukturen 190
    5.3.6 Graphostilistik 191
    5.3.7 Interaktion 193
    5.3.8 Funktionale Aspekte 193
5.4 Zusammenfassung 194
Literatur 196

7 Microblogs global: Niederländisch — 197

7.1 Blogosphäre in den Niederlanden 200
7.2 Empirische Basis 207
7.3 Analyse niederländischsprachiger Tweets 207
    7.3.1 Orthografie 208
    7.3.2 Mündlichkeit 212
    7.3.3 Lexik 214

7.3.4	Reduktion	215
7.3.5	Syntaktische Strukturen	219
7.3.6	Graphostilistik	220
7.3.7	Interaktion	223
7.3.8	Funktionale Aspekte	225
7.4	Zusammenfassung	226
Literatur		229

8 Microblogs global: Portugiesisch 231

8.1	Blogosphäre in Portugal	232
8.2	Empirische Basis	234
8.3	Analyse portugiesischsprachiger Tweets	234
	8.3.1 Orthografie	234
	8.3.2 Mündlichkeit	237
	8.3.3 Lexik	239
	8.3.4 Reduktion	242
	8.3.5 Syntaktische Strukturen	244
	8.3.6 Graphostilistik	246
	8.3.7 Interaktion	247
	8.3.8 Funktionale Aspekte	248
8.4	Zusammenfassung	250
Literatur		253

9 Microblogs global: Russisch 255

9.1	Blogosphäre in Russland	255
9.2	Empirische Basis	257
9.3	Analyse russischsprachiger Tweets	258
	9.3.1 Orthografie	259
	9.3.2 Mündlichkeit	265
	9.3.3 Lexik	267
	9.3.4 Reduktion	269
	9.3.5 Syntaktische Strukturen	270
	9.3.6 Graphostilistik	272
	9.3.7 Interaktion	273
	9.3.8 Funktionale Aspekte	273
9.4	Zusammenfassung	274
Literatur		279

10 Microblogs global: Spanisch 281

10.1 Blogosphäre in Spanien 281
10.2 Empirische Basis 283
10.3 Analyse spanischer Tweets 284
    10.3.1 Orthografie 285
    10.3.2 Mündlichkeit 287
    10.3.3 Lexik 288
    10.3.4 Reduktion 289
    10.3.5 Syntaktische Strukturen 290
    10.3.6 Graphostilistik 290
    10.3.7 Interaktion 291
    10.3.8 Funktionale Aspekte 291
10.4 Zusammenfassung 292
Literatur 296

Microblogs global: Synopse und Perspektiven 299

1 Kultur- und sprachspezifische Aspekte 300
2 Sprachökonomie 302
3 Register-Variation 304
4 Perspektiven 304
Literatur 305

Anhang A: Glossar 307

Anhang B: Netlinks 309

Anhang C: Die Autorinnen und Autoren 313

Jia Zhu (Nanjing)

1 Microblogs global: Chinesisch

Die chinesische Sprache (das Hochchinesische) ist mit ca. 850 Millionen Sprechern die weltweit meistgesprochene Muttersprache. Typologisch gesehen ist das Chinesische eine isolierende Tonsprache und somit weitgehend flexionslos. Die heutige chinesische Schrift ist eine morphosyllabische Schrift, welche auf die Orakelknocheninschriften der *Shang*-Dynastie zurückgeht (vgl. Schlobinski 2001) und die eine kontinuierliche Gesichte von 3500 Jahren aufweist. Ein chinesisches Zeichen wird als *Hanzi* (Zeichen der *Han*-Dynastie) bezeichnet. Heute besteht das größte Inventar an *Hanzi* aus 85 000 Zeichen. Davon sind 7 000 Zeichen im Alltag in Gebrauch. 1988 wurde die Liste von Kurzzeichen veröffentlicht, welche 2235 Zeichen umfasst. Die Kurzzeichen unterscheiden sich von den Langzeichen hauptsächlich durch die vereinfachten Strichzahlen und werden in China als Standardschreibung anerkannt (s. Tab. 1).

Zu den ersten beiden Schriftzeichen für Sonne und Mond gibt es keine vereinfachten Entsprechungen, während die Striche bei komplexen Zeichen wie z. B. *xie* und *long* hier vereinfacht werden.

Ein chinesisches Kurzzeichen besteht aus Bedeutungs- und Lautkomponenten. Als *bushou* 部首 (Radikale) bezeichnet man die Komponenten, welche semantische Indikatoren implizieren, während die anderen zu Lautindikatoren beitragen. Beispiele: Verbindet sich mit dem Wortstamm *zhao* 兆 die Radikale 扌 (im Sinne von *shou* 手 Hand), 亻 (im Sinne von *ren* 人 Mensch), 𧾷 (im Sinne von *zu* 足 Fuß), 目 (im Sinne von *mu* 目 Augen), 辶 (im Sinne von *zou* 走 Lauf), 木 (im Sinne von *mu* 木 Holz), entstehen *tiāo* 挑 (tragen), *tiǎo* (liederlich), *tiào* 跳 (springen), 眺 (überschauen), *táo* 逃 (fliehen), 桃

	Langzeichen (traditionell)	Kurzzeichen (offiziell)
ri (Sonne)	日	日
yue (Mond)	月	月
xie (schreiben)	寫	写
long (Drache)	龍	龙

Tab. 1: Lang- und Kurzzeichen

(Pfirsich). Die Aussprache, egal ob *tiao* oder *tao*, geht auf die Vokale *ao* von *zhao* zurück.

1958 trat eine staatlich anerkannte Alphabetschrift, das *Pinyin* (zusammengesetzte Silben) offiziell in Kraft, wodurch *Hanzi* ins lateinische Schriftsystem umgeschrieben werden kann. Diakritika auf der *Pinyin*-Umschrift der oben genannten Beispiele geben die (vier) Töne im Chinesischen an (z. B. 马 mǎ ‚Pferd', [maː] gesprochen mit Fall-Steig-Ton), aus praktischen Gründen werden dieser aber in der geschriebenen Sprache häufig weggelassen (*ma*). Im Übrigen werden chinesische Zeichen von links nach rechts nebeneinander ohne Leerzeichen angeordnet.

1.1 Blogosphäre in China

Weil die Webseite von Twitter in China nicht aufzurufen ist, entstand eine Alternative in China: der Microblog. Wörtlich wird der Microblog auf Chinesisch *weixing boke* 微型博客, als Kurzform *weibo* 微博, genannt. Anstelle der Standardübersetzung wird das Homophon *weibo* 围脖 (Schal) im Alltag viel häufiger verwendet und das Verfassen von Texten im Microblog wird dann als *zhi weibo* 织围脖 (Schal stricken) bezeichnet. Microblogger nennen sich sehr anschaulich *weishengwu* 微生物 (Microorganismus), was raffiniert den Begriff ›Micro‹ enthält, welcher ebenfalls in Microblog steht.

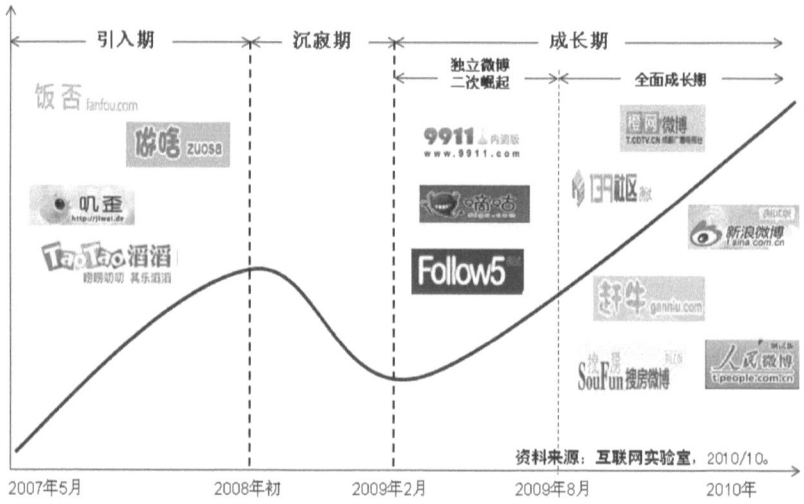

Abb. 1: Entwicklungsphase des chinesischen Microblogs

Microblogs global: Chinesisch

Im Vergleich zur Entwicklung von Twitter ist der Microblog etwas später in China entstanden. Im Jahr 2007 kam diese Kommunikationsplattform erst vereinzelt in China vor. Inzwischen besonders zwischen 2008 und 2009 hat Microblog den Stillstand erlebt. Im Jahr 2009 hat das Microblogging begonnen, sich stark zu verbreiten, und seinen ersten Boom innerhalb eines Jahres erzielt (s. Abb. 1).

Laut dem Jahresbericht des Microblogs in China hatten Ende 2010 schon über 120 Millionen Leute eigene Microblogs. Davon sind 6,5 Millionen aktive Microblogger. Laut dem Bericht über die 28. statistische Untersuchung der Internetentwicklung in China von CNNIC (*China Internet Network Information Center*) haben die Internetnutzer sich innerhalb eines halben Jahres um 27,7 Millionen auf 485 Millionen erhöht. Darunter ist die Gesamtzahl der Microblogger von 63,31 Millionen auf 195 Millionen gestiegen. Der Anstieg liegt bei 208,9% (vgl. Abb. 2). Die Informationsfunktion lässt sich als die wesentliche Grundfunktion des Microbloggens feststellen, wenn man das statistische Ergebnis ansieht: Reply ca. 70%, Follow 61%, Hashtag 57%, Retweet 40%. Nach Professor *Xie* von der *Shanghai Jiao Tong* Universität, dem Herausgeber des Berichts, hat es das Microblog in lediglich 14 Monaten

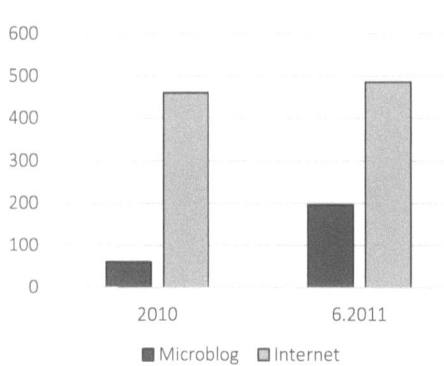

Abb. 2: Benutzer von Microblogs und Internet (in Mio.)

Abb. 3: Die Followerzahl von Liu Xiangs Microblog

geschafft, sich zu einem Massenmedium mit 50 Millionen Benutzern zu entwickeln, wofür das Radio 38 Jahre, der Fernseher 13 Jahre und das Internet 4 Jahre gebraucht hat (Netlink 577).

In China haben sich viele berühmte Personen mit ihren echten Namen registriert. Ihre Microblogs ziehen deutlich mehr Follower an. Das Microblog von *Liu Xiang* 刘翔, dem weltbekannten Sportler aus China, interessiert über 10 Millionen Follower (s. Abb. 3). Es ist das Microblog mit den meisten Followern auf der ganzen Welt geworden.

Zurzeit entstammen die Hauptanbieter der chinesischsprachigen Microblogs aus den Portalseiten (engl. *portal site*) in China, wo Anfang 2011 bereits mehrere Millionen Microblogs gegründet wurden. Obwohl kein Zugang auf twitter.com in China möglich ist, übt Twitter großen Einfluss auf die Webseiten der chinesischen Microblogs aus. Die Anlehnung an Twitter lässt sich auch durch das »t« in den URL-Adressen erkennen (s. Tab. 2).

Portalseite	Microblog	Zeichengrenze	Slogan
xinlang 新浪 sina.com	t.sina.com.cn[1]	140	suishi suidi fenxiang shenbian de xinxian shier 随时随地分享身边的新鲜事儿 (Teilen das Neue bei sich, an jeder Zeit und an jedem Ort)
wangyi 网易 163.com	t.163.com	163	jilu women de weishenghuo 记录我们的微生活 (Berichten über unser Microleben)
tengxun 腾讯 qq.com	t.qq.com	140	yuqi zai biechu yangwang, buru zai zheli bingjian 与其在别处仰望 不如在这里并肩 (Bleiben lieber hier Schulter an Schulter, als woanders aufblicken)
souhu 搜狐 sohu.com	t.sohu.com	unbeschränkt	lai souhu weibo kann wo 来搜狐微博看我 (Kommen in mein sohu Microblog zu Besuch)

[1] Seit 7. April 2011 ist der Microblog sina unter weibo.com zu erreichen.

Tab. 2: Hauptanbieter der chinesischen Microblogs (Netlink 610)

1.2 Empirische Basis

Als empirische Basis liegen dieser Arbeit 640 chinesische Einträge von 32 männlichen und 32 weiblichen Autor(inn)en zu Grunde. Sie wurden vor dem 30. Juni 2010 bei t.163.com erhoben. Zuerst wurde bei den Verzeichnissen jeder 10. Account nach dem Zufallsprinzip ausgewählt und dann aus jedem Microblog jeder 5. Eintrag vor dem Erhebungsdatum entnommen.

Microblogs global: Chinesisch

Aus drei Gründen habe ich mich für den Microblog-Anbieter *wangyi* entschieden:

1. Seit dem 2. Juni 2009 ist Twitter in China nicht mehr abrufbar.
2. Das Microblog *wangyi* gehört zu den Hauptanbietern von Microblogs in China und hat mehrere Millionen Benutzer.
3. Layout und Funktionalität von *wangyi* ist dem von Twitter am ähnlichsten.

Aufgrund der Spezifik der chinesischen Sprache sind einige Punkte aus dem Analyseraster nicht berücksichtigen worden, weil die entsprechenden Phänomene nicht im Chinesischen existieren: I.2, I.3, I.4, I.5, I.6, I.9, II.1, II.2, II.3, IV.2, IV.4, IV.5. Stattdessen werden die Schreibung von Lang- und Kurzzeichen sowie die Abweichung von der Standardschreibung der Interpunktion zusätzlich beachtet. Außerdem können syntaktische Strukturen wegen der Besonderheit der chinesischen Syntax nur in einfache und komplexe Sätze gegliedert werden.

Geschlecht	N	Minimum	Maximum	Durchschnitt	Std. Deviation
männlich	32	15.90	137.50	38.9375	22.62453
weiblich	32	12.40	70.30	32.8625	16.23675

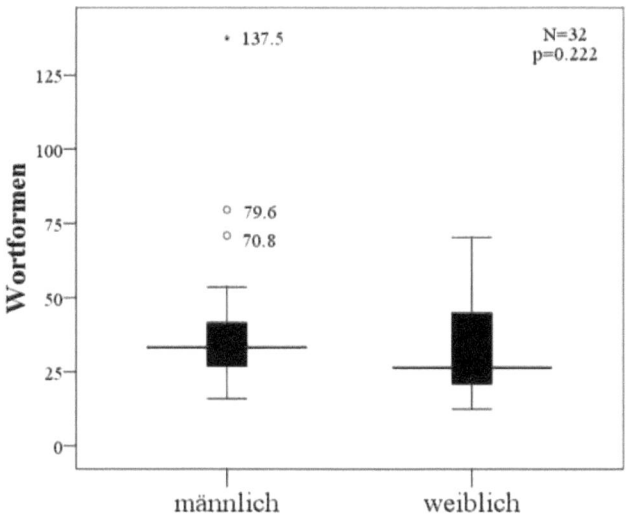

Abb. 4: Statistische Ergebnisse

1.3 Analyse chinesischsprachiger Tweets

Durchschnittlich enthält ein chinesischer Tweet 35,9 Wortformen. Die Durchschnittanzahl der Zeichen beträgt 51,5 Zeichen. Der Account einer Microbloggerin, welcher am kürzesten ist, hat pro Tweet 12,4 Wortformen, während ein Microblogger, der am längsten schreibt, im Durchschnitt 137,5 Wortformen verfasst hat. Trotzdem lässt sich aus der Statistik (p = 0,222) nicht feststellen, dass männliche Nutzer im Allgemeinen längere Beiträge als weibliche twittern (s. Abb. 4).

Die meisten Tweets wurden auf Chinesisch geschrieben. Daneben wurden acht Tweets ausschließlich auf Englisch und ein Tweet auf Japanisch gepostet.

1.3.1 Orthografie

Klein- oder Großschreibung und satzinitiale Großschreibung verkörpern nicht die Standardschreibung im Chinesischen, welche vielmehr durch die Schreibung konsequenter Kurzzeichen gekennzeichnet wird.

In den Tweets finden sich allerdings in drei Accounts Langzeichen, die man aufgrund der komplexeren Schreibung im Vergleich zu den Kurzzeichen erkennt und insgesamt 68 Wortformen ausmachen (s. Tab. 3).

Tweet	Langzeichen	Kurzzeichen
1	dou 鬥, tu 圖	斗, 图
2	sui 雖, zhuan 專, mei 沒, wang 網, suo 鎖, wei 衛, dian 電, shi 視	虽, 专, 没, 网, 锁, 卫, 电, 视
5	zhe 這, me 麼, shuo 說, guo 過, hou 後, jue 覺	这, 么, 说, 过, 后, 觉
6	hai 還, zhe 這, ge 個, ci 詞, lu 陸	还, 这, 个, 词, 陆
7	ma 馬, na 納, yi 義, tong 統, guo 國 (2-mal), ou 歐, tong 統	马, 纳, 义, 统, 国, 欧, 统
8	zhe 這, sai 賽, jie 節, xian 顯, yu 於	这, 赛, 节, 显, 于
9	zhe 這 (2-mal), zhuan 轉, sheng 聲 (3-mal), shuo 說, huan 歡, tai 臺 (2-mal), ti 體, zhe 著, fa 發, hai 還, wan 灣, wang 網	这, 转, 声, 说, 欢, 台, 体, 着, 发, 还, 湾, 网
10	ning 寧, hou 後 (2-mal), dong 東	宁, 后, 东
208	qian 慳	悭
637	jian 堅, liang 兩, hou 後, jie 節, gu 顧, li 裏	坚, 两, 后, 节, 顾, 里
638	men 門, hui 會	门, 会
639	ji 記, wu 吳 (3-mal), liu 劉, dong 動	记, 吴, 刘, 动

Tab. 3: Langzeichen im Korpus

Im ersten Account ist die kontinuierliche Schreibung von Langzeichen zu erkennen. Dass die Langzeichen in manchen Einträgen zu fehlen scheinen, liegt an der gleichen Schreibung der jeweiligen Kurzzeichen. Sonst verwenden der 21. Microblogger und die 64. Microbloggerin Lang- und Kurzzeichen je nach Belieben. In (208) erscheint nur ein Langzeichen und die anderen wurden mit Kurzzeichen geschrieben. Beispielsweise ist *shi* 時 das entsprechende Langzeichen von 时.

Tippfehler der Schriftzeichen stellen sich relativ schnell ein. Die Hauptursache hierfür ist im chinesischen Eingabesystem zu sehen. Chinesisch ist keine Alphabetschrift. Deshalb erfordert Tippen von Zeichen am Computer eine spezielle Software. Diese bietet verschiedene Eingabemethoden für Kurz- und Langzeichen an, mit Hilfe von *Pinyin* 拼音 (Transkription), *bihua* 笔划 (Strichzahl), *bianma* 编码 (Kodex) u. a. Die entsprechenden Zeichen werden der Reihe nach angezeigt, häufig benutzte erscheinen vor selten benutzten Zeichen. Viele Tippfehler der Schriftzeichen in den Tweets resultieren aus Homophonen, die durch unterschiedliche Schriftzeichen dargestellt werden: *yi* 義→意, *ta* 他→它, *e* 额→呃, ban 板→版, *zai* 在→再, *xiang* 想→向, *yu* 与→于, *xiong* 胸→兄, *mao* 猫→毛, *na* 哪→那, *a* 阿→啊, *en* 恩→嗯, *wa* 挖→哇, *tou* 偷→头, *e* 厄→呃, *dai* 呆→待, *xiang* 香→乡, *fan* 烦→犯, *luoshui* 落水→裸睡.

Fehler, die auf dentalem versus velarem Nasal beruhen, sind wahrscheinlich Dialekteinflüssen geschuldet: *jing* 竟→*jin* 尽, *zhen* 真→*zheng* 正. Selten erscheinen Tippfehler aufgrund anderer Eingabemethoden bei formähnlichen Zeichen: *bian* 边→*lian* 连, *wen* 问→*xiang* 向.

Im Gegensatz zu den aus Versehen getätigten Tippfehlern werden ein paar Zeichen absichtlich durch Homophone oder Zeichen mit ähnlicher Aussprache ersetzt. Diese Schreibweise wird nicht nur unter Internet-Nutzern allgemein toleriert, sondern auch im Alltag verwendet: *zhuanjia* 砖家→*zhuanjia* 专家 (Expert), *beiju* 杯具→*beiju* 悲剧 (Tragödie), *ertongjie* 儿童劫→*ertongjie* 儿童节 (Kindertag), *shenma* 神马→*shenme* 什么 (alles), *niao* 鸟→*liao* 了 (Gesprächspartikel), *ou* 偶→*wo* 我 (ich), *miyou* 米有→*meiyou* 没有 (kein).

Bei Satzzeichen scheint die Orthographie ziemlich willkürlich gehandhabt zu werden. Häufig werden Satzzeichen am Ende eines Tweets vernachlässigt wie z. B. der Punkt in den Tweets 2, 5, 7, 8, 10, 43, 52, 79, 80. Außerdem lassen sich andere übliche Abweichungen von der Standardschreibung bei Satzzeichen durch das folgende Beispiel illustrieren:

(395) 和家人一起去参观6月票的世博园区， 其中一张是免费赠送的。的确是增长见识大开眼界。。也有些观后感：总结概括几个字就是大和

多-什么都多 人多 场馆多 吃得多 wc也多除了看各大展馆就是排
长队人看人无奈幸好我去的那天人不算太多呵呵~不过还是有所收
获没有白去准备天气凉爽时再去呢!
*he jia ren yi qi qu can guan 6 yue piao de shi bo yuan qu, qi zhong yi
zhang shi mian fei zeng song de. Di que shi zeng zhang jian shi da kai
yan jie.. Ye you xie guan hou gan: zong jie gai kuo ji ge zi jiu shi da he duo
– shen me dou duo ren duo chang guan duo chi de duo wc ye duo chu le kan
ge da zhan guan jiu shi pai chang dui ren kan ren wu nai xing hao wo qu
de na tian ren bu suan tai duo hehe ~ bu guo hai shi you suo shou huo mei
you bai qu zhun bei tian qi liang shuang shi zai qu ne!*
Habe mit der Familie die Expo im Juni besichtigt. Eine Eintritts-
karte habe ich geschenkt bekommen. Tatsächlich wurden Einblicke
gewonnen und der Horizont erweitert... Habe auch einige Ein-
drücke: Zusammengefasst als mächtig und viel – alles ist viel, viele
Leute, viele Ausstellungsgebäude, viel zum Essen und auch viele To-
iletten. Neben der Besichtigung der jeweiligen Ausstellungsgebäude
steht man in der langen Schlange seiht einander an. Ratlos. Zum
Glück waren nicht sehr viele Leute da, als ich da war. Hehe. Habe
allerdings doch was erlebt. Es lohnt sich, hinzugehen. Möchte bei
kühlem Wetter noch mal hin.

In dem oben genannten Beispiel finden wir folgende Abweichungen von der
Standardverwendung der Satzzeichen:

1. Innerhalb des Tweets fehlen Satzzeichen: wc也多[。]除了看各大展馆[,]
   就是排长队[,]人看人[,]无奈[。]幸好我去的那天人不算太多[,]呵呵~
   不过还是有所收获[,]没有白去[,]准备天气凉爽时再去呢! Diese syntak-
   tische Konstruktion besteht eigentlich aus mehreren Sätzen, aber die
   Satzzeichen werden von der Verfasserin weggelassen. Ohne sie scheint die
   Konstruktion ziemlich unordentlich und schwer verstehbar zu sein.
2. Der chinesische Punkt wird durch den westlichen (.) ersetzt. Umgekehrt
   werden chinesische Auslassungspunkte (......) durch chinesische Satzend-
   punkte (。。。。。。) dargestellt: 的确是增长见识大开眼界。。Statt richti-
   ger Auslassungspunkte hat die Tweeterin chinesische Punkte getippt und
   insgesamt sechs Punkte wurden auf zwei reduziert.
3. Zäsuren in Sätzen werden durch Leerzeichen gekennzeichnet: 什么都多
   人多 场馆多 吃得多 wc也多. Anstelle der Leerzeichen sollen Satzzeichen
   eingesetzt werden.
4. Das Sonderzeichen ~ entwickelt sich zum üblichen Satzzeichen und signalisiert sowohl lautliche Dehnung, Akzentuierung an der Stelle der Aus-

lassungspunkte und des Ausrufezeichens als auch das Satzende und Pausen. In dem Tweet wird das leichte Lachen der Verfasserin durch die kleine Welle veranschaulicht.

Nicht nur das Sonderzeichen ~ trägt zum typographischen Charakter bei, sondern es ist auch möglich, Expressivität oder Emphase durch andere Satzzeichen auszudrücken, z. B. 你。淯。坏。了。但。是。我。喜。欢。(607). In dem Satz ist der Punkt hinter jedes Zeichen gesetzt worden, um eine verlangsamte und betonte Stimme darzustellen.

Weil chinesische Schriftzeichen nicht zwischen Klein- und Großschreibung differenzieren, findet sich Hervorhebung durch Großschreibung ausschließlich in englischen Fremdwörtern: »*MISSION COMPLETE~AMAZON*«, »*ANTI*«, »*SO SAD*«, »*TIME*«, »*END*«, »*POSS*«, »*DIESEL*«, »*HIGH*«, »*SOMEBODY TO LOVE, gonna be crazy!*«.

1.3.2 Mündlichkeit

Der Gebrauch von Onomatopoetika, Interjektionen und Gesprächspartikeln gilt als direkter Ausdruck von Mündlichkeit (Runkehl et al. 1998: 101). Diese Wörter ahmen jedoch nicht nur Geräusche nach, sondern deuten Gedankenprozesse oder Emotionen an (Döring 1999: 44).

Gesprächspartikeln und Interjektionen finden sich in den Daten häufig: *en* 嗯, *e* 诶, *o* 哦, *ba* 吧, *la* 啦, *ne* 呢, *le* 了, *ma* 嘛, *e* 呃, *de* 的, *a* 啊, *ya* 呀, *ai* 哎, *lou* 喽, *ai* 唉, *ge* 咯, *na* 呐, *wu* 呜, *lie* 咧, *xu* 嘘, *wa* 哇, *yo* 哟, *wasai* 哇塞, *ouye* 哦也, *enheng* 嗯哼, *enenaa* 嗯嗯啊啊, *ayoyo* 啊哟哟, *aixi* 哎西.

Unter den Lautwörtern tritt in den Tweets das Simulieren von Lachen *haha* 哈哈, *hehe* 呵呵, *heihei* 嘿嘿, *xixi* 嘻嘻, Weinen *wuwuwu* 呜呜呜 und anderen Geräuschen wie z. B. *weng* 嗡, *gugu* 咕咕, *houhou* 吼吼, *aoao* 嗷嗷, *miao* 喵, *zhizhi* 吱吱, *awu* 啊呜, *pia*, *BIU* auf.

1.3.3 Lexik

In den Tweets ist ein kleiner Anteil regionaler und dialektaler Ausdrücke zu finden. In Account 34, 48, 62 wird das Kantonesische verwendet. Durch die Ortsangabe der Tweeter lässt sich die regiolektale Verwendung erklären: einmal Shenzhen und zweimal Guangzhou – zwei Städte also, die sich im kantonesischen Sprachraum Chinas befinden. In den anderen Tweets zeigt sich nur vereinzelt regionale Lexik: *an* 俺 (ich), *chihuo* 吃货 (Gourmet), *sha* 啥 (was). Die Ausdrücke aus der Mundart, die nicht verschriftlicht werden können, werden phonetisch in Schrift transkribiert: *muyou* 木有 (kein), *jie* 价 (dieses), *weimao* 为毛 (warum denn), *di* 滴 (Modalpartikel), *biao* 表 (nicht). Solche dialektale Wörter entwickeln sich immerhin zum Jargon der Internet-Kommunikation.

Häufig treten Nomina mit Präfixen wie z. B. *lao* 老, *xiao* 小 oder Suffixen wie z. B. *er* 儿, *zi* 子, *tou* 头 auf, diese selbst besitzen keine semantische Bedeutung mehr. Sie werden vor und nach dem nominalen Grundmorphem, was als ein typisches Merkmal der chinesischen Umgangssprache gilt, hinzugefügt (Chen 1984: 287f.): *laozi* 老子 (ich alter Kerl), *laoniang* 老娘 (ich altes Weib), *laoma* 老妈 (Mama), *laogong* 老公 (Ehemann), *laolong* 老龙 (Familienname), *laoma* 老马 (Familienname), *laowei* 老魏 (Familienname), *xiaobai* 小白 (Vorname), *xiaozaizi* 小崽子 (Lump), *yatou* 丫头 (Mädchen), *nanming'er* 男名儿 (männlicher Name), *jiecha'er* 接茬儿 (an die Worte eines Vorredners anknüpfen).

Bei privater mündlicher Kommunikation sind drastische und expressive Formen, z. B. Schimpfwörter, eher erlaubt als im Bereich konzeptioneller Schriftlichkeit (Schwitalla 2003: 149). Vulgäre Ausdrücke finden sich gelegentlich in den Daten: *tuijian* 忒贱, *zhuai* 拽, *chedan* 扯淡, *gun* 滚, *tama* 他妈, *shabi* 傻逼, *niubi* 牛逼, *ya* 丫, *cao* 艹, *ri* 日, *caonima* 操你妈, *kao* 靠, *zhaochou* 找抽.

Zu umgangssprachlicher Lexik gehört noch die Verdopplung des Monophons, wo bei geschriebener Sprache die einfache Silbe genügt, wie z. B.:

- *baobao* 包包 → bao (Tasche)
- *xiaodudu* 小肚肚 → xiaodu (Bäuchlein)
- *doudou* 豆豆 → dou (Pickel)
- *chifanfan* 吃饭饭 → chifan (essen)
- *xiangxiang* 香香 → xiang (appetitlich)
- *bangbang* 棒棒 → bang (ausgezeichnet)
- *titixing* 提提醒 → tixing (erinnern)
- *xiangxiang* 想想 → xiang (mal überlegen)
- *baobao* 抱抱 → bao (umarmen)

Anglizismen integrieren sich in die chinesische Sprache und beeinflussen die Sprache im Internet, so auch in Microblogs. Vielfältige alltägliche Anglizismen treten in den Tweets auf: *Nice, Aggressive, china, HipHop, Within Temptation, party, anyway, so sad, ANTI, SO SAD, feel, gosh, TIME, END, sure, Italia, Yeah, Wavin'Flag, POSS, DIESEL, HIGH*. Im Gegensatz dazu findet sich nur eine kleine Gruppe aus dem Computer- und Internet-Fachwortschatz: *twitter, tweet, follow5, facebook*. Produktbezeichnungen betreffen das Handyprodukt

IPHONE (90), den Filmnamen *Hero* (439) und das Automodell *Demon Carts* (192). Zweimal erscheint Englisch bei der Nennung von Liedern: *Waka Waka (This Time for Africa)* (191), *Kylie Minogue ... All The Lovers* (284).

Ein besonderer Gebrauch tritt in Form der englischen Progressivform *-ing* auf, die an ein chinesisches Verb suffigiert wird, um den aktuellen Zustand auszudrücken: *qidai* 期待ing (erwartend) (366), *gandong* 感动ing (bewegend) (383). Ein unüblicher Fall findet sich in (479): *omaiga* 哦买噶, welches mit chinesischen Schriftzeichen die Aussprache des Englischen *oh my god* transkribiert. Üblicherweise verwendet man diese Methode beim Übersetzen eines ausländischen Namens, wie z. B. *xiaqila* 夏奇拉 in (191), dessen Lautung nach dem chinesischen *Pinyin* der Aussprache des Namens *Shakira* ziemlich ähnelt.

Im Korpus finden sich nicht nur Anglizismen, sondern es finden sich auch Tweets, die ausschließlich auf Englisch verfasst wurden:

(141) *If you can't explain it simply, you don't understand it well enough.*
(197) *E3 Is Super Exciting*
(304) *d I look like a kid or you are*
(306) *wherever you go, wherever you to .I will go with you ....*
(361) *SOMEBODY TO LOVE, gonna be crazy!*
(437) *Open my eyes/I realize this is my perfect day/Hope you never grow old*

Im Vergleich zum Anglizismus kommen Fremdwörter aus anderen Sprachen eher selten vor. Japanisch findet sich in zwei Tweets: 新宿バルト9 タイタンの戦い (50), いきものがかり, 《ホットミルク》(330). Das erste Beispiel stammt aus einem Mangafilm und im letzten geht es um ein Lied von einer japanischen Sängergruppe. Spanisch wird für das Lied der Fußball-Weltmeisterschaft in Afrika verwendet: *Waka Waka (Esto es África)* (191).

Obwohl es keine infinite und unflektierte Form bei chinesischen Verben gibt, gibt es Inflektiven vergleichbare Strukturen. Verben werden syntaktisch unverbunden verwendet, um ebenfalls gestische und mimische Handlungen auszudrücken: *han* 汗 (schwitzen), *fu'e* 扶额 (mit der Hand die Stirn stürzen), *yun* 晕 (in Ohnmacht fallen).

1.3.4 Reduktion

»Abkürzung« (auch Akronym, Initialwort) wird im Fachlexikon der Linguistik als »aus den Anfangsbuchstaben oder -silben der Konstituenten eines Kompositums oder einer nominalen Wortgruppe« entstehender Typ definiert (Bußmann 2008: 1). Diese Art Akronyme entstehen in den chinesischen Tweets lediglich in englischen Wortgruppen: DC *(digital camera)*, vc *(Vietnam Communist)*, EVA *(Neon Genesis Evangelion)*, V *(vip: very important person)*, NBA *(National Basketball Association)*, IT *(information technology)*, FA *(Fullmetal Alchemist)*, ATM *(Automatic Teller Machine)*, LF *(last friend)*, wc *(water closet)*, wow *(World of Warcraft)*, omg *(oh my god)*. Die Reduktionsform eines Wortes erscheint ausschließlich im englischen Wortschatz: K *(karaoke)*, BB *(Baby)*, d *(do)* und RT *(retweet)*.

Chinesische Akronyme bestehen aus Anlauten eines chinesischen Wortes in der Transkription. Darunter ist die Abkürzung nur einmal bei Personennamen zu finden: GJM→*guo jingming* 郭敬明 (der Name eines chinesischen Schriftstellers). Die anderen stammen meistens aus nominalen Wörtern: SB/sb→*shibo* 世博 (die Expo), PP→*pipi* 屁屁 (Popo), RP→*renpin* 人品 (Charaktereigenschaft), FF→*fangfa* 方法 (Methode), LG→*laogong* 老公 (Ehemann), TX→*tuoxie* 童鞋 (*tongxue* 同学 Studienkollege). Eine Ausnahme tritt in (62) auf: 有D→*youdian* 有点 (ein bisschen). Die Abkürzungsform wird gewiss bei Schimpfwörtern verwendet: TM→*tama* 他妈, SB→*shabi* 傻逼.

Hashtags werden häufig als Schlagwörter gebraucht. Von insgesamt 50 Hashtags integrieren sich 6 in die Mitteilung, deren Prozentzahl bei fast 12 % liegt. In vier Tweets findet sich diese Integration, darunter enthält z. B. (270) drei Hashtags:

(270) 部门同事全体到了 #凡人乐墅 酒吧 等待#南非世界杯直播 的到来. 同事现在在玩 #非诚勿扰 玩疯了
bumen tongshi quanti dao le #fanrenleshu jiuba dengdai#nanfei shijiebei zhibo de daolai. tongshi xianzai zai wan #feichengwurao wan feng le
Alle Abteilungskollegen sind in #fanrenleshu Bar angekommen und warten auf die #Livesendung der Weltmeisterschaft von Afrika. Die Kollegen spielen gerade #feichengwurao und zwar verrückt.

Diese drei Wortgruppen in der Form von Hashtags funktionieren nicht als Themenhinweise des Tweets, sondern gehören zu dem Tweet selbst.

Etwas seltener kommt die Integration bei @user vor, was normalerweise auf Angesprochene hinweist. Von insgesamt 36 @user integrieren sich nur vier in die Mitteilung, deren Prozentzahl bei 11 % liegt.

(49) [...] 这位@王嗣羽 您为什么狂转俺的微博呢?
zhewei @wangsiyu nin weishenme kuang zhuan an de weibo ne?
Dieser @wangsiyu, warum retweeten Sie so verrückt meine Microblogs?

In Tweet (49) wird @user als das Subjekt des Satzes angesehen. Ohne das Subjekt wäre der Satz unvollständig.

1.3.5 Syntaktische Strukturen

Die Analyse syntaktischer Strukturen in den chinesischen Tweets fällt am schwersten. Die Schwierigkeit liegt vor allem in der Definition einer syntaktischen Einheit – einerseits wegen der Übernahme der deutschen Kategorien ins Chinesische, anderseits wegen der beliebigen Schreibung in Microblogs. Satzzeichen sollten eigentlich als wichtiger Hinweis auf Trennung zwischen Sätzen dienen, sowohl im Deutschen als auch im Chinesischen. Allerdings ist die Zählung der Sätze im chinesischen Korpus aus den oben genannten zwei Gründen viel komplizierter geworden. Betrachten wir den Tweet (68)[1]:

[1] 昨晚半夜闺女发烧哭闹要看电视,
zuowan banye guinu fashao wunao yao kan dianshi,
Gestern Mitternacht hatte Tochter Fieber[,] weinend wollte fernsehen,
[2] 哄着她吃了药看了第二场的上半局她又沉沉睡去,
hongzhe ta chileyao kanle di'erchang de shangbanju ta you chenchen shuiqu,
[ich] habe sie überredet, die Medikamente einzunehmen[. Wir] haben die erste Halbzeit des zweiten Spiels gesehen[,] Sie war wieder tief eingeschlafen,
[3] 四点多又烧,
sidianduo you shao, gegen
4 Uhr kam das Fieber wieder,
[4] 吃了退烧药后发汗,
chile tuishaoyao hou fahan,
nach der Einnahme der Arznei gegen Fieber ließ [ich sie] schwitzen,
[5] 请了假在家陪她,
qinglejia zaijia pei ta,
(ich) habe frei genommen [und] kümmere mich um sie zu Hause,
[6] 现在活蹦乱跳的在一边玩一边看动画片,
xianzai huobengluantiao de zai yibian wan yibian kann donghuapian,
jetzt spielt [sie] lebendig [und] sieht gleichzeitig Comics an,
[7] 世界杯和她的健康比, [8] 真不算什么,
shijiebei he ta de jiankang bi, zhen busuan shenme,
die Weltmeisterschaft, im Vgl. zu ihrer Gesundheit, ist nicht von Belang,

---

1   Ich habe im ganzen Beitrag (68) Satzbeispiele durchnummeriert, um die Strukturanalyse deutlich zu machen und die Beschreibung zu vereinfachen.

[9] 我不强迫自己，[10] 哪怕我喜欢足球。
wo bu qiangpo ziji, napa wo xihuan zuqiu.
ich zwinge mich nicht, auch wenn ich Fußball liebe.

In (68) hat der Autor lediglich einen Punkt ans Ende des Beitrags eingesetzt, der aber offensichtlich nicht von einem Satz gebildet wird. Obwohl der Beitrag anscheinend durch Kommata gegliedert worden ist, kann das Erkennen der syntaktischen Einheiten nicht so einfach sein. In Zeile 2 wird zwar kein Satzzeichen verwendet, dies kann aber nicht als ein einzelner Satz angesehen werden. Die Einheit besteht aus drei Sätzen. Anders als bei Zeile 7–10, welche zwei syntaktische Einheiten bilden. Wegen der Satzzeichen und Ellipse ist es in vielen Fällen auch kaum möglich, die Satztypen zu differenzieren. Zeile 5 gilt im Chinesischen als einfacher Satz, während er nach seiner deutschen Übersetzung koordinierten Sätzen unterzuordnen ist. Zwischen Zeile 3 und 4 steht ein Komma. Es bleibt deshalb fraglich, ob die beiden Sätze als zwei einfache Sätze angesehen werden oder sie zusammen einen koordinierten Satz ohne Konjunktion bilden. Je nach der Alternativ ist die Gesamtzahl der Sätze unterschiedlich.

Außerdem taucht im chinesischen Korpus klassisches Chinesisch auf, was sich schwer nach heutigen syntaktischen Kategorien definieren lässt, wie z. B. (47, 66).

In Bezug auf die Untersuchung von syntaktischen Konstruktionen steht die Analyse der Ellipsen im Vordergrund. In den chinesischen Tweets fallen Subjekte in Form von Personalpronomen häufig weg, darunter ist die Ellipse des Subjektpronomens am häufigsten. Zunächst fehlt den Äußerungen das Subjekt der ersten Person. Unter Umständen wird auch auf Subjektpronomen der zweiten und dritten Person verzichtet. In (68) z. B. werden nicht nur die sprechenden Subjektpronomen ›ich‹, ›wir‹, sondern auch das besprochene Personalpronomen ›sie‹ weggelassen.

Außer der Ellipse bei Personalpronomen können Verben in einigen Fällen ebenfalls ausgelassen werden, z. B. in (392) findet sich ein Satz »*jinnian mingfuqishi de duozaiduonan zhi nian*今年名符其实的多难多灾之年« (Dieses Jahr [ist] wirklich ein Jahr lauter Katastrophe und Unheil). In dem Satz fehlt das Verb *shi* 是 (sein).

Im Chinesischen ist es nicht zwingend, einen Satz immer mit Subjekt auszustatten. Wenn das bereits aufgetauchte Subjekt weiterhin Subjekt im Text ist, wird es meistens weggelassen. Oder bei der Kommunikation ist das Subjekt klar zu identifizieren, weshalb man solche Ellipse im Chinesischen auch nicht für unvollständig hält. In solchen Fällen stört es das Verständnis des Textes auch nicht, dass das Subjektpronomen weggelassen wird. Außerdem erscheinen in klassischen Ausdrücken oft Ellipsen, was im klassischen Chinesisch als Konvention gilt.

1.3.6 Graphostilistik

Nonverbale Verhaltensformen sind in erster Linie eine relevante Komponente der *face-to-face*-Kommunikation. Sie finden in der schriftlichen elektronischen Kommunikation z.B. in der Chat- und in der WF-Kommunikation entsprechende Ersatzformen. Allerdings findet „keine direkte Überführung von Nonverbalem in Verbalisiertes" statt (Bader 2002: 106). Daher wird ein Augenzwinkern also nicht durch die Phrase ‚Ich zwinkere mit den Augen' ausgedrückt, sondern durch zwei alternative Hilfsmittel: das Emoticon :-) und das Smiley ☺. Mit zunehmender Verbreitung entsteht eine neue Art von Emoticon, anfangs 1986 in Japan erfunden, die durch Zeichen wie *, ^, - als Augen und durch _, ., o als Mund verschiedene Mimiken ^_^, *_*, ^o^ symbolisieren. Beim Wahrnehmen solcher erweiterten Emoticons braucht man den Blickwinkel nicht auf die Bildsymbole gegen den Uhrzeigersinn um 90 Grad zu drehen. Überdies hat eine beim Eintippen chinesischer Zeichen sehr übliche Eingabemethode diese Art Emoticons ausgebaut. Beim Tippen eines *Pinyins* mit dem Eingabesystem zeigt sich sowohl das Zeichen als auch sein entsprechendes

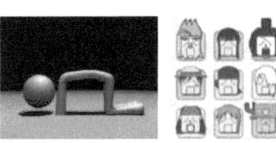

Abb. 5 und 6: Körperhaltung von »Orz«, Gesichter mit 囧

Emoticon, d.h. beim Tippen von *haha* (großes Lachen) beispielsweise zeigt sich ebenfalls O(∩_∩)O, oder bei *ku* (weinen) erscheint auch %>_<%.

Die Verwirklichung der Mimik und Gestik durch Verwendung von bildlichen Emoticons wird in den Daten nachgewiesen: O(∩_∩)O, O(∩_∩)O~, =..=, =.=, ヽ(´_`)ﾉ, ☉__☉b, = =~, #__#, +_+, O__O", *^__^*, ~~~~(>_<)~~~~, :ok, ┐┐, ^-^. Eine weitere Gruppe entsteht aus westlichen Buchstaben. Eine übliche Form ist z.B. Orz (333), welche eine auf die Knie fallende Person kennzeichnet (s. Abb. 5). Zu dieser Gruppe gehören noch ZZZ (332), XD/XDDD (333/339), QAQ (368), die jeweils Schnarchen, böses Lachen und Weinen darstellen. Traditionelle Emoticons kommen nur zweimal in den Daten vor: :) (177) und :D (461).

Außerdem findet sich unter chinesischen Smileys noch eine Besonderheit, die von chinesischen Zeichen gebildet wird. Das typische Beispiel ist das Schriftzeichen *jiong* 囧 (34, 93, 269, 429, 461, 560), welches ein Gesicht mit ein paar Augenbrauen in der Form von dem Schriftzeichen *ba* 八 (acht) und einen groß öffnenden Mund zeigt (s. Abb. 6). Es steht für traurig, peinlich, ratlos, bedrückt u. a. und gilt als das populärste chinesische Schriftzeichen des 21. Jahrhunderts.

Auffälligkeiten in der Graphostilistik zeigen sich außerdem bei der Iteration von Satzzeichen sowie Wortwiederholungen, wodurch Expressivität und Emphase geäußert werden. Iteration der Satzzeichen findet sich insbesondere in Wellchen, Fragezeichen und Ausrufezeichen. Durch die Vermehrung der Interpunktion werden die Emotion von Aufregung, Zweifel, Ärger usw. hervorgehoben:

(580) *wa* 哇~~~~~~ (Hurra!)
(303) *yu wo he gan* 与我何干？？？？(Was hat denn das mit mir zu tun?)
(408) *buyao zai gei wo yali le* 不要再给我压力了！！！！！！！！！！！！！！！！！！！！！(Übe keinen Druck mehr auf mich aus!)

Außer der Verdopplung in umgangssprachlicher Lexik (s. Abschnitt 1.3.3) wird im Chinesischen die Akzentuierung in erster Linie durch Wiederholung der Wortformen vorgenommen, sowohl bei einzelnen Zeichen als auch bei Wortgruppen:

(38) 啊啊啊啊啊 *a a a a a*
(ahhhhh)
(104) 太太太太太多 *tai tai tai tai tai duo*
(zu zu zu zu zu viel)
(408) 哎哎哎烦烦烦 *ai ai ai fan fan fan*
(oje, oje, oje, betrübt, betrübt, betrübt)
(610) 我我我 *wo wo wo*
(ich ich ich)
(93) 中国, 中国, 中国 *zhongguo, zhongguo, zhongguo*
(China, China, China)
(162) 睡的好香好香 *shui de haoxiang haoxiang*
(sehr tief, sehr tief geschlafen)
(163) 错过了, 错过了 *cuoguole, cuoguole* (verpasst, verpasst)
太多太多 *taiduo taiduo* (zu viel, zu viel)
好想好想 *haoxiang haoxiang* (sehr vermisst, sehr vermisst)
(168) 所有所有 *suoyou suoyou*
(alles, alles)
(264) 很久很久 *henjiu henjiu*
(sehr lang, sehr lang)

(406) 加油加油 *jiayou jiayou*
(vorwärts, vorwärts)
(479) 超级超级 *chaoji chaoji*
(super, super)
(505) 眼朦胧, 朦胧! *yan menglong, menglong*
(schläfrige, schläfrige Augen)
(534) 各种各种 *gezhong gezhong*
(verschiedenerlei, verschiedenerlei)
(589) 论文论文 *lunwen lunwen*
(Abhandlung, Abhandlung)
(593) 可笑, 可笑 *kexiao, kexiao*
(lächerlich, lächerlich)

In einzelnen Fällen werden die Wörter wiederholt, nicht um den Inhalt zu betonen, sondern eher um Geräusche darzustellen, wie z. B.:

(448) [...]整场比赛我就听见: 嗡嗡嗡嗡 梅西梅西 嗡嗡嗡嗡 嗡嗡嗡嗡 梅西 梅西 嗡嗡嗡 嗡嗡 梅西 嗡嗡嗡嗡嗡 嗡嗡嗡嗡嗡 梅西梅西梅西 嗡嗡嗡嗡嗡嗡嗡嗡嗡嗡嗡嗡嗡嗡嗡嗡
[...] *wengwengwengweng meixi meixi wengwengweng wengwengwengweng meixi meixi wengwengwengwengweng wengwengwengwengweng meixi meixi meixi wengwengwengwengwengwengwengwengwengwengwengwengwengwengwengwengwengwengwengweng*
Während des ganzen Spiels habe ich nur gehört: wengwengwengweng Messi Messi wengwengweng wengwengwengweng Messi Messi wengwengweng wengweng Messi wengwengwengwengweng wengwengwengwengweng Messi Messi Messi wengwengwengwengwengwengwengweng wengwengwengwengwengwengwengweng

In diesem Tweet wird durch die Iteration der Lärm während des Fußballspiels markiert.

Homophonie findet sich nur beim Zeichen *bi*, das gelegentlich von dem ähnlich ausgesprochenen Buchstaben ›B‹ ersetzt wird, wie z. B. *chuiniubi* 吹牛B (angeben) in (144).

1.3.7 Interaktion

Ein Retweet wird in chinesischen Microblogs vor @user noch durch das chinesische Schriftzeichen *zhuan* 转 gekennzeichnet, übernommen von *zhuanfa* 转发 (weiterleiten) wie bei E-Mails, während ein Reply sich ausschließlich mit @user verbindet. Betrachtet man die Anteile dieser zwei Typen, ist in den Daten zu erkennen, dass Retweets (124) viel häufiger verwendet werden als Reply (32). Die beiden Formen dienen der Kommunikation in Microblogs.

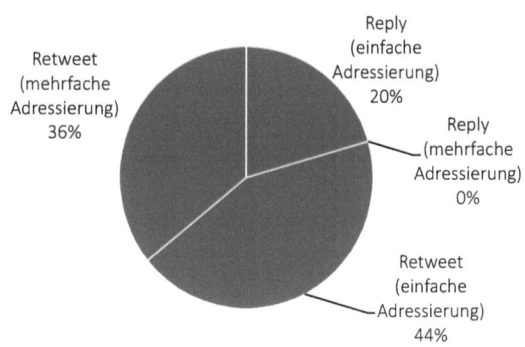

Abb. 7: Reply und Retweet

Allerdings bevorzugen chinesische Tweeter, Retweets zu verwenden und dazu unter Umständen Kommentare zu ergänzen (s. Abb. 7).

Bei Replys handelt es sich lediglich um die einfache Adressierung, während mehrfache Adressierung bei Retweets durch mehrmals Weiterleiten realisiert wird.

(7) 馬拉度納就是義大利血統 转 @电梯人：全是足球强国啊！转@威廉姆：主要是法國,德國和義大利的移民 转@电梯人：西班牙人? 转@威廉姆：阿根廷都是 歐洲血統
Maladuna jiu shi yidali xuetong zhuan@diantiren: quanshi zuqiu qiangguo a! zhuan@weilianmu: zhuyao shi faguo, deguo he yidali de yimin zhuan@diantiren: xibanya ren? zhuan@weilianmu: agenting dushi ouzhou xuetong
Maradona hat eben italienische Abstammung. RT@diantiren: Die Länder sind allesamt berühmt für Fußball! RT@weilianmu: Hautsächlich Zuwanderer von Frankreich, Deutschland und Italien. RT@diantiren: Spanier? RT@weilianmu: Die Argentinier sind mit Europäern blutsverwandt.

In (7) geht es um eine dialogische Struktur zwischen *diantiren* und *weilianmu*, welche aus fünf Segmenten besteht. Die Verknüpftheit und thematische Entwicklung zeigt sich durch die Wiederaufnahme (W) der Referenzen (R).

Microblogs global: Chinesisch

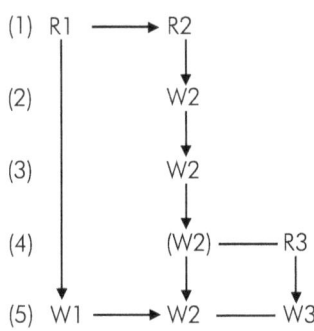

R1: Argentinien – R2: Europa – R3: Fußball

Abb. 8: Wiederaufnahmerelation
(W = Wiederaufnahme; R = Referenz)

Die Relation wird durch Abbildung 8 veranschaulicht.

Maradona im letzten Satz scheint eine neue Referenz zu sein, aber tatsächlich bezieht sich die Namensnennung metonymisch auf Argentinien und Fußball.

1.3.8 Funktionale Aspekte

Neben der Berücksichtigung der sprachlichen Merkmale werden alle Tweets nach funktionalen Aspekten ausgewertet. Ein Text muss nicht nur über *eine* Funktion verfügen. Er kann gleichzeitig mit mehreren Zwecken verknüpft werden. Die Textnützlichkeit ist dominant auf eine Funktion zu gründen und die anderen Funktionen treten als irrelevant tendenziell in den Hintergrund. In einem Tweet kommt die dominante Funktion in Frage.

Die Anteile der verschiedenen Funktionen lassen sich durch die Abbildung 9 verdeutlichen.

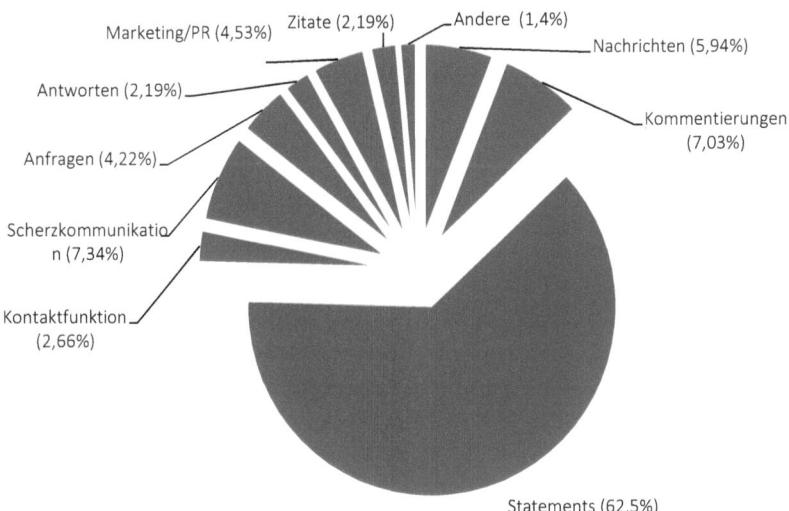

Abb. 9: Anteile der Funktionen

Dominant sind persönliche Statements, die in 60 Accounts erscheinen. Unter 640 Tweets sind insgesamt 400 Statements gepostet worden. Weit darunter stehen Scherzkommunikation (47) und Kommentare (45), dicht hintereinander an der 2. und 3. Stelle. Die Anzahl der Nachrichten liegt etwa bei 6%. Mit 5% folgt die Funktion von Marketing/PR. Anfragen machen 4% aus, während die Frequenz der Antworten 2% beträgt. Tweets mit Kontaktfunktion umfassen nicht nur Begrüßungen und Verabschiedungen, sondern auch Glückwünsche, Danksagungen usw. (s. Tweets 421, 428, 154), deren Anteil 3% beträgt. Zitate (2%) finden sich gelegentlich in den chinesischen Tweets.

(421) 大家早挖
dajia zao wa
Guten Morgen alle
(428) 睡觉去喵，晚安全世界，晚安饭否，晚安亲爱的们
shuijiao qu miao, wan'an quanshijie, wan'an fanfou, wan'an qin'aidemen
Gehe schlafen, gute Nacht die ganze Welt, gute Nacht fanfou, gute Nacht meine Lieben
(154) 转@金龙生命在于运动: 端午节快乐
zhuan @jinlong shengming zaiyu yundong: duanwujie kuaile
RT@jinlong shengming zaiyu yundong: Frohes Drachenfest

Bei einigen Tweets sind die Funktionen kaum zu erkennen, so z. B. (26), in dem bloß ein Foto steht:

(26)

In einigen Tweets vermischen sich mehrere Funktionen, deshalb gerät die Festlegung der Hauptfunktion eines Tweets manchmal ins Wanken.

(242) 好了，日本赢了，RP了。休息，晚安各位！
haole, riben ying le, RP le. Xiuxi, wanan gewei!
Gut, Japan hat gewonnen. Glück. Gehe ins Bett, guten Abend alle!
(282) 钢炼FA总共多少集？刚看了第61集，太期待下一集了！
ganglian FA zonggong duoshao ji? Gang kan le di 61 ji, tai qidai xia yiji le!

Wie viele Folgen hat Fullmetal Alchemist insgesamt. Habe gerade die 61. gesehen, erwarte die nächste sehr!

Die Differenzierung der Funktionen von (242) wird durch den Punkt gekennzeichnet. Der Teil vor dem Punkt ist ein Statement, während der Blogger sich mit dem letzten Teil verabschiedet. Im zweiten Tweet des Beispiels wird zuerst eine Frage gestellt und danach verbinden sich die übrigen Sätze wieder mit der Funktion eines Statements.

1.4 Zusammenfassung

Chinesische Microblogs haben Twitter gründlich nachgeahmt und trotzdem auch vieles verändert. Die Änderung betrifft vor allem die Anwendung der Replys, welche Twitter eigentlich hauptsächlich von normalen Blogs abgrenzt. Für den Begriff ›reply‹ in Twitter wird die Bezeichnung *pinglun* 评论 (kommentieren) in chinesischen Microblogs verwendet, was die Nutzer selbst aus dem Wortsinn schon an Weblogs erinnert. Kommentare erscheinen auch nicht wie in Twitter automatisch als neu gepostete Beiträge. Für chinesische Tweeter bleibt die Entscheidung zwischen zwei Optionen: nur als Kommentar des Tweets oder daneben noch als eigenes Tweet, wenn man die Option ankreuzt (s. Abb. 10). Noch eine Besonderheit in chinesischen Microblogs bezieht sich auf das Hinzufügen der Bilder. In einem Tweet in Twitter werden Bilder und Filme über Links eingebunden, die aber keinesfalls Bestandteil des Tweets

Abb. 10: Kommentierung in chinesischen Microblogs

sind. In chinesischen Microblogs kann ein Microblogger dem Text irgendein Foto aus seinem Computer oder Handy beifügen, welches nicht über Links zu erreichen ist. Außer den oben genannten Änderungen entwickeln sich chinesische Microblogs ganz allmählich zu einem multifunktionalen Internetangebot. Sie stellen Online-Spiele zur Verfügung. Der Online/Offline-Status zwischen dem Tweeter und seinen Followern ist bekannt, was ein synchrones Chatten untereinander ermöglicht.

Trotz vieler Änderungen bleibt die Beschränkung der Zeichenzahl aber stehen, womit ich mich gerne auseinandersetzen möchte. Bei Twitter beschränkt sich die Zahl der Zeichen auf 140, was im Chinesischen einfach übernommen oder noch überschritten wird. Ein chinesisches Zeichen ist beim Eintippen immer mit zwei westlichen Zeichen gerechnet. Außerdem besteht ein chinesisches Wort häufig aus weniger Zeichen als ein westliches. Zum Beispiel *xie* 写 besetzt im Chinesischen lediglich den Platz eines Zeichens, während das

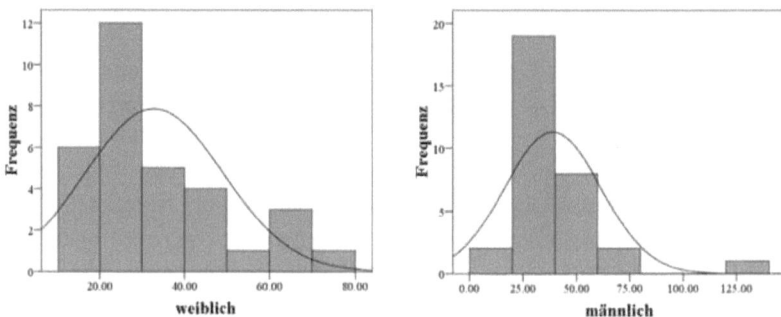

Abb. 11: Frequenz der Wortformen nach Geschlecht

deutsche Wort ›schreiben‹ 9 Zeichen ausmacht. Selbst im Englischen besteht das Verb ›write‹ auch aus 5 Zeichen. Mit 140 chinesischen Zeichen kann eine relativ ausführliche Beschreibung oder Erzählung ermöglicht werden, so dass sich das Kurze und Bündige von Twitter verliert. Tatsächlich variiert die Anzahl der Wortformen pro Tweet am häufigsten zwischen 20 und 60, sowohl bei männlichen als auch weiblichen Microblognutzern (s. Abb. 11). Meiner Meinung nach sollte die Gesamtzahl der Zeichen in chinesischen Microblogs mindestens auf die Hälfte der Zeichen von Twitter, d. h. 70 reduziert werden, damit Microblogs sich nicht zu einer Variationsform von Weblogs entwickeln. Außerdem entspricht diese Anzahlbeschränkung auch der auf 70 chinesischen Zeichen limitierten SMS.

Microblogs global: Chinesisch

Bereich	Merkmal	Ergebnis (gemessen an/bezogen auf)
Orthografie	Standardschreibung (Kurzzeichen)	98,12% (Schreibung)
	Konsequente Langzeichen	1,72% (Schreibung)
	Hybridschreibung (Lang- und Kurzzeichen)	wortextern: 0,16% (Schreibung)
	Hervorhebung durch Großschreibung	0,06% (aller Wortformen)
	Tippfehler	0,1% (aller Wortformen)
		0,07% (der Gesamtzeichen)
	Anders, nämlich (gruppiert):	Tweetfinale Interpunktion fehlend: 32,7% (aller Tweets)
Gesprochene Umgangssprache	Gesprächspartikeln	1,19% (aller Wortformen)
	Anders, nämlich (gruppiert):	Lautwörter: 0,62% (aller Wortformen)
Wörter	Dialekt	0,68% (aller Wortformen)
	Umgangssprache	1,14% (aller Wortformen)
	Anglizismen	0,7% (aller Wortformen)
	Andere Fremdwörter (gruppiert):	Japanismen 0,11% (aller Wortformen)
	Inflektive	0,06% (aller Wortformen)
	Andere, nämlich (gruppiert):	Vulgärsprache: 0,13% (aller Wortformen)
Reduktionsformen	Namen	Personen: 0,004% (aller Wortformen)
		Städte: 0% (aller Wortformen)
		andere: 0,02% (aller Wortformen)
	Funktionswörter	-
	Andere Wörter, nämlich (gruppiert):	0,05% (aller Wortformen)
	Zusammensetzungen	0,004% (aller Wortformen)
	Wortgruppen	Akronyme: 0,09% (aller Wortformen)
	Integration v. Hashtags i.d. Mitteilung	0,14% (aller Wortformen)

Bereich	Merkmal	Ergebnis (gemessen an/bezogen auf)
		Anzahl: 0,009 Stück pro Tweet
	Integration v. @user i. d. Mitteilung	0,06% (aller Wortformen)
		Anzahl: 0,006 Stück pro Tweet
	Andere, nämlich (gruppiert):	-
Graphostilistik	Smileys	0,13% (aller Wortformen)
	Iteration	5,98% / 0,61% (aller Satzzeichen/Wortformen)
	Homophonie	0,03% (aller Wortformen)
	Andere, nämlich (gruppiert):	-
Interaktion	Reaktive Tweets	Reply: 5% (aller Tweets)
	Adressierung	24,4% (aller Tweets)
Länge der Einträge	Zeichenanzahl	51,5 Zeichen (je Tweet)
	Wortanzahl	35,9 Wortformen (je Tweet)
Mehrsprachigkeit	Anzahl Sprachen	1,4 Sprachen (ø je Tweet)
	Anzahl Tweets in fremder Sprache	9 Tweets
Funktionale Aspekte	Funktion der Tweets	Nachrichten: 5,94% (aller Tweets)
		Kommentierungen: 7,03% (aller Tweets)
		Statements: 62,5% (aller Tweets)
		Kontaktfunktion: 2,66% (aller Tweets)
		Scherzkommunikation: 7,34% (aller Tweets)
		Anfragen: 4,22% (aller Tweets)
		Antworten: 2,19% (aller Tweets)
		Marketing/PR: 4,53% (aller Tweets)
		Zitate: 2,19% (aller Tweets)
		Andere: 1,41% (aller Tweets)

Tab. 4: Zusammenfassung der Ergebnisse für das Chinesische

Literatur

Bader, Jennifer (2002). Schriftlichkeit und Mündlichkeit in der Chat-Kommunikation. <http://www.mediensprache.net/de/networx/docs/networx-29.aspx>. [25.03.2003]
Bußmann, Hadumod (2008): Lexikon der Sprachwissenschaft. Stuttgart.
Chen, Jianmin (1984). Hanyu kouyu 汉语口语. Beijing.
Döring, Nicola (1999). Sozialpsychologie des Internet. Die Bedeutung des Internet für Kommunikationsprozesse, Identitäten, soziale Beziehungen und Gruppen. Göttingen Bern Toronto Seattle (Internet und Psychologie; Bd. 2).
Jiang, Hongbing 姜泓冰 (29. Dez. 2010). 2010微博年度报告发布: 微博成为网民爆料首选方式. <http://www.chinadaily.com.cn/hqgj/jryw/2010-12-29/content_1478003.html>. [08.03.2011] Netlink 577
O.A. (14. Dez. 2010). "围脖" 推广成浪潮 推荐8大国内知名微博站。<http://www.idcps.com/News/20101214/21589.html>. [08.03.2011] Netlink 610
Runkehl, Jens, Peter Schlobinski & Torsten Siever (1998). Sprache und Kommunikation im Internet: Überblick und Analysen. Opladen.
Schlobinski, Peter (2001). »Zum Prinzip des Relativismus von Schriftsystemen – die chinesische Schrift und ihre Mythen.« In: Zeitschrift für Sprachwissenschaft 20-1/2001: S. 117–146
Schwitalla, Johannes (2003). Gesprochenes Deutsch: Eine Einführung. Berlin.

Peter Schlobinski & Torsten Siever (Hannover)

2 Microblogs global: Deutsch

Deutsch ist eine germanische Sprache und wird von 110 Millionen Menschen als Erst- oder als Zweitsprache gesprochen. Als National- und Amtssprache wird Deutsch in Deutschland, Österreich und der Schweiz gesprochen bzw. geschrieben, die verbindende Sprachform dieser drei Länder ist die deutsche Schrift- und Standardsprache. In Deutschland ist der Varietätenraum differenziert in zahlreiche regionale und soziale Varietäten.

Sprachtyplogisch gesehen ist das Deutsche eine flektierende Sprache mit einer komplexen Morphosyntax und relativ variabler Wort- und Satzgliedstellung. Die nominale Flexion umfasst Kasus, Person und Numerus, die verbale Person, Numerus, Tempus, Genus verbi und Modus. Nominale Subjekte kongruieren mit dem verbalen Prädikat, adjektivische Attribute und Determinatoren mit dem Bezugsnominal.

Das Deutsche verfügt über 16 Vokale und vier Diphthonge sowie 20 Konsonanten (ohne die Affrikaten /pf/, /ts/). Die deutsche Orthografie stellt eine Buchstabenschrift dar, in der Konsonanten und Vokale durch einen Buchstaben oder eine Buchstabenkombination (z. B. <sch> für [ʃ]) oder (<a, aa, ah> für [ɑː]) ausgedrückt sind. Neben der syntaktischen und pragmatischen Gliederungsfunktion durch Interpunktion verfügt das Deutsche als einzige europäische Sprache in seinem Schriftsystem über Groß- und Kleinschreibung. Satzinitiale Großschreibung und Großschreibung von Kernen von Nominalgruppen (*Peter, das Haus, das Es*) fungieren als Hilfestellung bei der syntaktischen Erschließung von Äußerungen bzw. Textsequenzen. Auslassungen werde u.a. durch Apostroph gekennzeichnet (*ist's > ist es*), falsch gemäß der Rechtschreibnorm wäre *ists*. Allerdings zeigen bisherige Untersuchungen (s. mediensprache.net), dass sich in der computer- und mobilfunkbasierten Kommunikation verschiedene Varianten einer Substandortografie herausgebildet haben, sodass vergleichbare Phänomene in der Twitterkommunikation zu erwarten sind.

2.1 Blogosphäre in Deutschland

Beim Microblogging gibt es eine direkte, explizite Verbindung zwischen Autor und Lesern, wobei die Länge der Textnachrichten weniger als 200 Zeichen beträgt. Die bekanntesten Implementierungen sind Twitter und Jaiku. Die Microblogosphäre in Deutschland ist in erster Linie durch Twitter bestimmt, der ersten und bekanntesten Microblogging-Plattform, deren Benutzerinterface Ende 2009 auch auf Deutsch zur Verfügung gestellt wurde. Es kursieren alle möglichen Nutzerdaten, aber valide Daten sind schwierig zu erhalten. Der Technikblog Techcrunch hat eine detaillierte User-Statistik veröffentlicht, derzufolge 38 Prozent der Nutzer noch nie einen einzigen Tweet (Twitter-Nachricht) gesendet haben[1]. Dem Portal des Medienpädagogen Thomas Pfeiffer zufolge twitterten im Januar 2011 ca. 460 000 Accounts aktiv in deutscher Sprache (inklusive österr. und schweiz. Deutsch), wie eine Analyse von 15,06 Millionen Tweets aus dem Januar 2011 ergab (s. Abb. 1)[2]. Wenn man von über

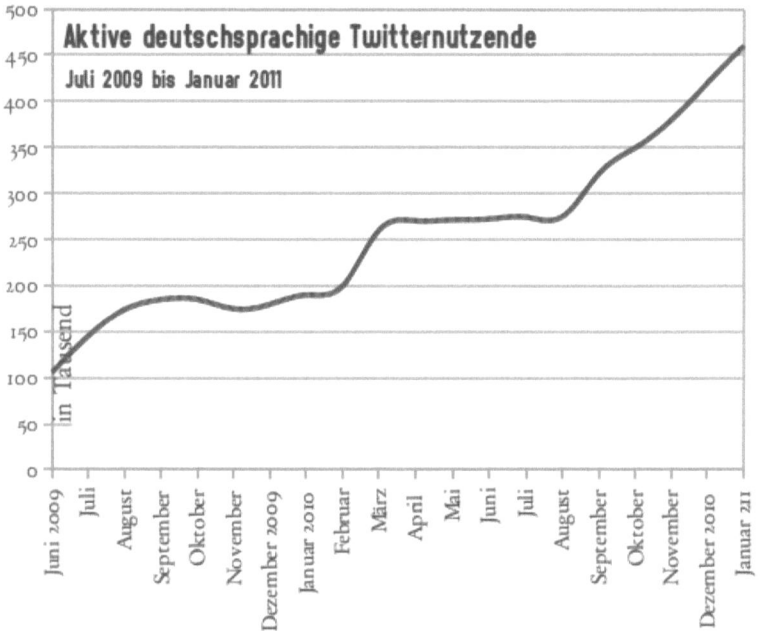

Abb. 1: Deutschsprachige Twitter-Nutzende 2009–2011

---

1   http://techcrunch.com/ <2011-06-14>
2   http://webevangelisten.de/twitternutzerzahlen-wuchsen-in-einem-jahr-um-142-auf-jetzt-460-000/ <2011-06-14>

Microblogs global: Deutsch 43

3 Millionen Twitter-Besuchern in Deutschland ausgeht³ (s. auch Abb. 2), dann ist nur ein kleiner Teil wirklich aktiv.

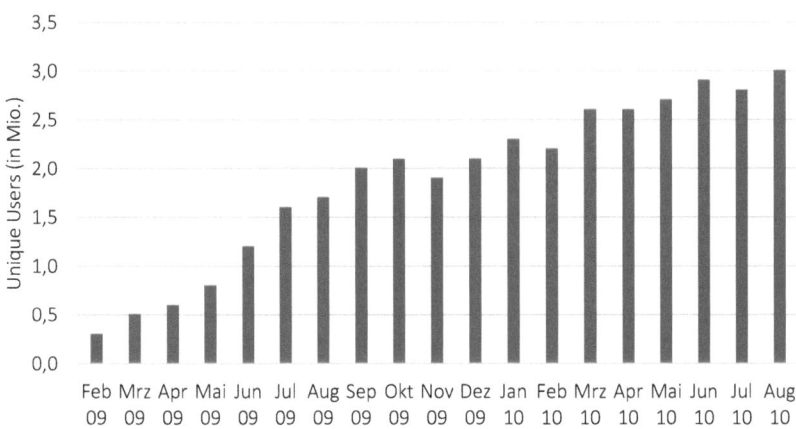

Abb. 2: Zahl der monatlichen Besucher (›Unique Visitors‹) der Website twitter.com aus Deutschland nach Daten des Marktforschungsinstituts Comscore (in Millionen). (Neuberger/ vom Hofe/Nuernbergk 2010: 28)

Im März 2011 haben 480 000 Accounts aktiv auf Deutsch getwittert. Davon haben die Accounts im Schnitt innerhalb von anderthalb Tagen mindestens einmal getwittert. 72 % haben eine Location angegeben, 69 % nutzen das Biographie-Feld, »um sich selbst *etwas* ausführlicher (bis zu 160 Zeichen) zu beschreiben. Die Hälfte der deutschsprachigen Twitter-Accounts hat weniger als 108 Follower, die andere Hälfte hat mehr, jeder vierte Account hat weniger als 40 Follower. 36.700 Accounts oder 7,6 % haben mehr als 1.000 Follower.«⁴

Nach einer Fokus-Umfrage⁵ bei 2 779 Befragten gaben 45 % an, dass der gewählte Accountname frei erfunden sei, damit erschweren sich weiterführende geschlechtsspezifische Untersuchungen und Analysen.

---

3 http://www.basicthinking.de/blog/2010/09/24/twitter-hat-3-millionen-besucher-in-deutschland-aber-nur-ein-zehntel-schreibt/ <2011-06-14>
4 http://webevangelisten.de/480-000-twitternutzende-im-maerz-2011/ <2011-06-15>
5 http://www.focus.de/digital/internet/tid-15017/microblogging-aller-anfang-ist--einfach_aid_421433.html <2011-06-15>

2.2 Empirische Basis

Grundlage der folgenden Auswertungen ist eine Erhebung von 640 Tweets von einer möglichst inhomogenen Autorschaft, die mindestens überwiegend in deutscher Sprache postet. Ausgewählt worden sind diese Accounts über zufällig ausgewählte Vornamen. Unter ihnen finden sich Politiker und Journalisten ebenso wie Privatpersonen, zu je einer Hälfte weiblicher Autorinnen und männlicher Autoren – unter der Prämisse, dass es sich um realitätskonforme Aussagen (insbesondere beim Namen) handelt.

Gesammelt worden sind folglich Tweets von 32 männlichen und 32 weiblichen Twitter-Accounts, wobei jeweils zehn Postings pro Account erhoben worden sind. Hierbei wurde bei der aktuellsten Mitteilung begonnen (Erhebungstage waren der 3. und 4. Mai 2009) und dann jede sechste Nachricht archiviert. Um Themendominanz abzufedern, wurden nicht die letzten zehn Tweets extrahiert, sondern mit Beginn der aktuellsten Nachricht (4.5.2009 oder älter) jede sechste Nachricht. Twitter-Accounts, die einen entsprechenden Umfang von mindestens 160 Tweets nicht aufwiesen, wurden damit ausgeschlossen.

Für die Detailanalysen (Interaktion etc.) wurden von sechs Personen (3 männlich, 3 weiblich), die ebenfalls über einen zufällig ausgewählten Vornamen ausgesucht wurden, die ersten 30 Nachrichten sowie die letzten 30 Nachrichten archiviert. Begonnen wurde hier wiederum beim aktuellsten Tweet (Untersuchungstag 3. Mai 2009) sowie beim jeweils ersten verfügbaren Tweet des jeweiligen Users.

Die 640 Tweets liegen für eine Konkordanz- und Wortlistenfunktion sowie als Download vor (https://corpora.mediensprache.net/de/corpora/). Bei der Anonymisierung der Tweets ist darauf geachtet worden, dass die Zeichenlängen der Accounts, die in den Postings genannt werden, beibehalten worden sind (beispielsweise @meier > @hhuhh).

2.3 Analyse deutschsprachiger Tweets

Die in das Korpus eingegangenen Tweets weisen hinsichtlich der textstatistischen Werte dieselbe Überraschung auf, die schon bei der SMS-Kommunikation festgestellt worden ist: So gering der Maximalumfang einer Mitteilung ist, die Nutzer passen sich mehr als nötig an und bleiben so deutlich unter der Obergrenze (vgl. Siever 2011: 174). So werden im Mittel nur rund zwei Drittel der maximal verwendbaren Zeichen ausgeschöpft: Von den 140 möglichen Zeichen eines Tweets werden nur 86 genutzt. Diese Zeichen werden im Mittel für 12,5 Wortformen aufgewendet. Im Vergleich hierzu sind SMS-Mitteilungen mit durchschnittlich 82 Zeichen geringfügig kürzer, weisen allerdings dennoch mehr, nämlich 15 Wortformen auf (Siever 2011: 174).[6] Folglich sind die Wortformen bei Tweets länger (6,87 Zeichen) als bei SMS-Mitteilungen (5,6 Z.). Als Ursache könnten die Inhalte angeführt werden; Tatsache ist zumindest, dass die plausibel erscheinende Hypothese ‚Je stärker die Zeichenbegrenzung, desto kürzer die Wortformen' eben eine nicht haltbare ist. Allerdings weist dieses Verhältnis auch schon der sog. Telegrammstil (in Telegrammen) auf, wenn nämlich etwa die Verbpartikel wie in *komme an* (2 Wortformen, ø 4 Zeichen) nicht abgetrennt wird (*ankomme*, 1 Wortform, ø 7 Zeichen), um ein Wort zu sparen (mehr unter 2.3.4).

2.3.1 Orthografie

Die Orthografie der deutschsprachigen Tweets ist zu über zwei Drittel normativ (68,75 %), aber immerhin knapp ein Drittel aller Tweets weisen eine Substandardorthografie auf. In der Linguistik bezeichnet Substandard den sprechsprachlichen Bereich unterhalb der normierten Standardsprache. Damit gehören u.a. sowohl Dialekte als auch Umgangssprachen zum substandardsprachlichen Bereich. Unter Substandardorthografien verstehen wir also den schriftsprachlichen Bereich unterhalb der normierten Orthografie.

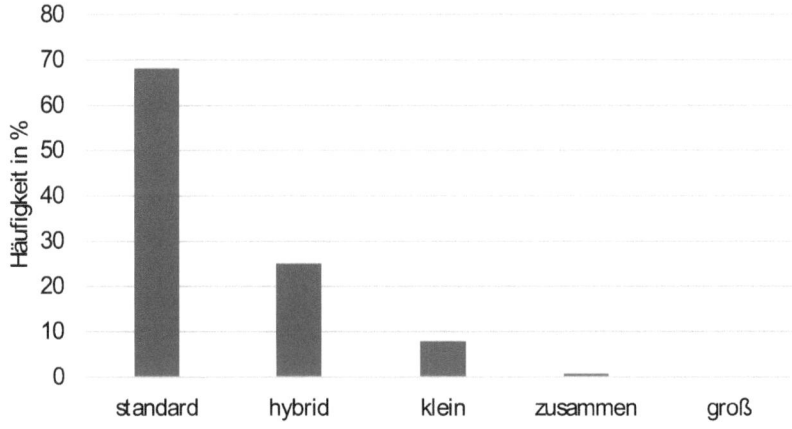

Abb. 3: Schreibung: Verteilung von Standard- und Substandardvarianten

---

6   Schlobinski/Watanabe (2003: 27) geben mittlere 95 Zeichen an.

Neben Hybridschreibung mit 25-%-Anteil, die nur wortextern vorkommt, findet sich eine konsequente Kleinschreibung zu 7,8 %, während eine konsequente Großschreibung nicht auftritt und eine Zusammenschreibung aller Wortformen in einem Tweet mit 0,63 % marginal ist. Damit sind die Abweichungen deutlich geringer als bei der SMS-Kommunikation: »Hinsichtlich der *Groß- und Kleinschreibung* zeigt sich, dass zwar zu über 60 % von der normorientierten Groß- und Kleinschreibung abgewichen wird (vgl. Abb. 3), allerdings liegt zu 43 % eine konsequente Klein- bzw. Großschreibung vor [...], die sich medial bedingt erklärt (Ökonomieprinzip bei der Tastaturnutzung) oder eine ähnliche kommunikative Funktionen hat, wie dies aus dem Chat bekannt ist, wo Großschreibung als Marker für ›Schreien‹ (Emphase) fungiert« (Schlobinski et al. 2001: 7).

In den Beispielen 1–4 finden sich Varianten der Hybridschreibung. Während in (2) satzinitiale Großschreibung vorliegt, besteht in (2–4) satzinitiale Kleinschreibung im ersten Satz; in (1) wird der erste Satz in Kleinschreibung mit Switch in die Wortgroßschreibung beim Anglizismus realisiert und in Satz 2 in Standardorthografie geschrieben ist.

(1) bin gerade zum Girl Geek Dinner eingeladen worden. Muss ich mir Sorgen machen?
(2) Ich warte auf oliver und laura.
(3) nichtmal auf Kaffee hab ich Lust. Mag gar nix zu mir nehmen gerade.
(4) @xxxxx lach...du willst dir ja eher Freunde und nicht Feinde machen :D Bald darfst du wieder singen, ohne Folgen und Konsequenzen ;) LG

Grundsätzlich ist zu unterscheiden zwischen der satzinitialen Groß- versus Kleinschreibung und Abweichungen in der Binnenstruktur von Sätzen, also bei Abweichungen in nominalen Kernen (s. Beispiel 2), wo standardmäßig Markierung durch Großbuchstaben vorliegt. Wortinterne Variation tritt nicht auf (zur Binnenmajuskel und zum ›Schreien‹ s. u.). Eine Twitter-spezifische Markierung sind @-Adressierung (Bsp. 4) und Hashtags (#, s. Bsp. 5, 6), die durch Programmeinstellungen vorgegeben sind (vgl. Einleitungskapitel).

Die konsequente Kleinschreibung, die im Zusammenhang mit tippökonomischen und stilistischen Faktoren zu sehen ist, ist eine Schreibpraxis, die aus der SMS-Kommunikation bekannt ist (Schlobinski et al. 2001) und ähnlich motiviert sein dürfte:

(5) merkel bescheinigt obama gute erste 100 tage. wenn er nett ist, wünscht er ihr gute letzte 150 tage #fws
(6) tazkongress denkt mit: tolle hüpfburg, zuschauen ist bereits anstrengend #tazkongress

Auffällig ist, dass die konsequente Kleinschreibung gehäuft bei einzelnen Personen auftritt, was ein Hinweis darauf sein könnte, dass sie zum individuellen Stilregister des jeweiligen Users gehört. Eine interessante und weiterführende Frage wäre, ob User wegen der begrenzten Zeichenzahl und dem ihnen bekannten Schreiben von SMS-Texten partiell dem Kleinschreibungsmuster aus der SMS-Kommunikation folgen. Konsequente Großschreibung eines Tweets tritt im Korpus nicht auf, wortbezogene Großschreibung wird für die Funktion des emulierten ›Schreiens‹ genutzt (s.u.). Bei Zusammenschreibung wie in (7) liegen iterative Strukturen vor, die der semantischen Verstärkung dienen:

(7) happyhappyhappy :D

Verkettungen durch Reduktion von Spatien spielen also kaum eine Rolle, der Gebrauch der Binnenmajuskel tritt von Einzelfällen wie *LemonEisLimo* abgesehen nicht auf.
In Analogie zu gesprochenen Sprache, bei der durch eine hohe Lautstärke meist starke Emotionalität ausgedrückt wird, bezeichnet das ›Schreien‹ in Verbindung mit der ›Netzsprache‹ eine Hervorhebung durch Großschreibung mit dem Ziel, auf den so markierten Teil zu fokussieren. Im Korpus finden sich Hervorhebungen durch Großschreibung zu 3,1 % und neben Fokussierungen auf der denotativ-deskriptiven Ebene (8), meist solche, mit denen eine stark bewertende (9) oder affektive (10) Dimension verbunden ist.

(8) Frühstück und Meeting draußen - die Sonne ist auch schon da! Ich denke COMET, aber erst mal Kaffee...guten Morgen!
(9) Ich werde nun eine Berliner U-Bahn-Linie von Anfang bis Ende KOMPLETT durchfahren!!11 (U4)
(10) O HAI

Die Fehlerquote bei den Tweets ist äußerst gering, Tippfehler wie in (11: ›Bitch‹ ~ *Biatch*) treten nur zu 0,1 % bezogen auf die Gesamtzeichenzahl auf.

(11) Dabei ist Ira doch voll die Biatch![7]

---

7 Bei *Biatch* kann es sich auch um eine lautnahe Variante handeln.

(12) KuschelN!!!
(13) wie sieht es mit warmen füssen aus?wer kennt ein rezept gegen winterfüsse im frühling. es ist kalt in #hamburg. minus 15 grad cel. (gefühlt).
(14) Das nenn ich doch mal einen chilligen Tag. :)

Ob Fälle wie (12) und (13) überhaupt als Fehler zu klassifizieren sind, ist mehr als fraglich. In (12) könnte das *N* eine vom Sprecher beabsichtigte Differenz von Infinitiv und Inflektiv markieren, in (13) die Doppel-*s*-Schreibung eine bewusst gewählte oder im Schreibgebrach des Users etablierte Alternative zum *ß* oder eine im Sprachraum normkonforme Schreibung (Schweiz)[8]. In (14) ist das fehlende Personalflektiv kein Fehler, sondern erklärt sich aus dem Einfluss der Umgangssprache (s. Kap. 2.3.2). Ebenfalls kein Fehler liegt bei *Schei#C39F Encodings* vor (und auch kein Hashtag). Hier wird kreativ genau das realisiert, was kritisiert wird – die Unicode-Entsprechung für *ß* ist *#C39F*.

Fasst man die Ergebnisse im Hinblick auf die Twitter-Orthografie zusammen, so kann man feststellen, dass die User sich relativ normgerecht verhalten und die Abweichungen analog zur SMS-Kommunikation zu sehen sind, wobei in der SMS-Kommunikation die Substandorthografie deutlich stärker ausgeprägt ist. Die Begründung hierfür ist (a) in der Funktionalität zu sehen (s. Kap. 2.3.8), (b) darin, dass die Eingabebedingungen (Mobilgerätetastatur versus bzw. neben PC-Tastatur) teilweise unterschiedlich sind wie auch die Voreinstellungen wie T9-Software, (c) dass Blogging – bei aller Variation – »eine Verortung von Weblogs zwischen »normalen« Webseiten und asynchronen Formen der computervermittelten Kommunikation« (Schmidt 2005: 9) wie E-Mail, Diskussionsforen, Gästebücher einerseits und Formen der quasi-synchronen Kommunikation (Chat) andererseits nahelegt« (Schlobinski/Siever 2005: 82).

2.3.2 Mündlichkeit

Auf der Folie der Differenzierung in an die Sprechsituation gebundene und entbundene Kommunikation und literater und orater Strukturen kann das bekannte Schema von Koch/Oesterreicher (1994) in Nah- und Distanzkommunikation als Ausgangspunkt genommen werden (vgl. Abb. 4).

Mediale Schriftlichkeit kann demnach durch konzeptionelle Mündlichkeit gekennzeichnet sein, was sich in entsprechenden und mehr oder weni-

---

8   Für diese dritte Möglichkeit spricht, dass durchgängig *ss* verwendet wird, allerdings Umlaute und nicht die ASCII-konforme Schreibung mit Bigraphen gebraucht werden.

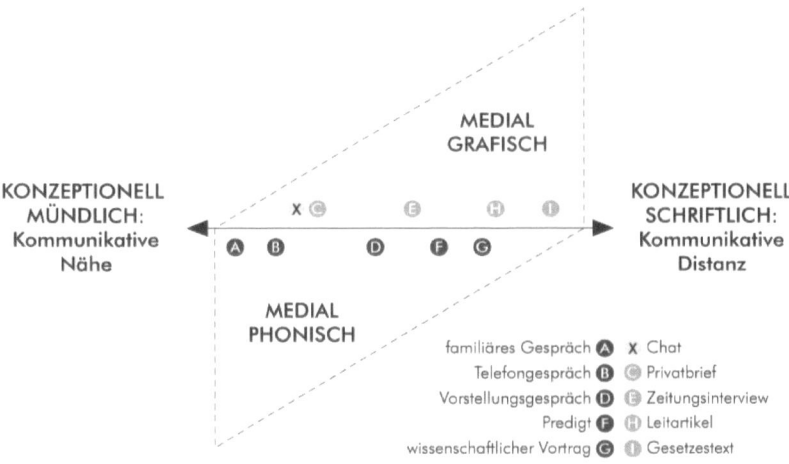

Abb. 4: Nähe/Distanz-Kontinuum nach Koch/Oesterreicher (1994)

ger häufig vorkommenden Mündlichkeitsmarkern niederschlägt. Im Korpus treten Mündlichkeitssignale auf verschiedenen sprachlichen Ebenen auf. Zu phonetisch-grafischen Mündlichkeitssignalen zählen Tilgungen (1,2 % aller Wortformen und 16,2 % aller Tilgung), Assimilationen (0,5 % aller Wortformen und 46,4 % aller Assimilationen), Klitisierungen (0,05 % aller Wortformen und 46,4 % aller Klitisierungen) und lautnahe Graphie (s. auch Beispiele (15)–(18)).

(15) viviana is halt einfach die coolste:)
(16) Jugendliche mit Handylautsprechern machen sich im Planten un Blomen breit. Ich glaub es wird Zeit zu gehen. Immerhin hören sie Metallica. :)
(17) hier siehts aus wie am ersten mai.
(18) eiscafe dirket im haus ist bööööse

Am häufigsten treten Tilgungen auf, neben der bekannten *t*-Tilgung wie in (15) die bereits erwähnte Tilgung des 1s-Flexivs (16), die als typisches gesprochensprachliches Merkmal aus verschiedenen digital basierten Kommunikationsformen bekannt ist, erstmals detailliert analysiert für die Chatkommunikation in Runkehl/Schlobinski/Siever (1998: 102).

Auf der lexikalischen Ebene finden sich Gesprächspartikeln und Onomatopoetika (1,3 %), Dialektwörter (0,2 %) und Wörter aus der Umgangssprache (1,5 %):

(19) woah, du geile mango, du bist dran!!!
(20) Ach Kinners, wat bin ich platt. Wird bald Zeit fürs Bettchen
(21) Nein, ich lass mir jetzt nicht die Laune davon verderben, dass ich meinen Hintergrund hier nicht so hinkriege wie geplant :-(. Nö. Pfffh.

Die lexikalischen Signale der Mündlichkeit sind als Marker der Nähesprachlichkeit zu interpretieren, die zusammen mit den Abweichungen von der schriftsprachlichen Norm die Distanz zwischen dem Twitterer und seinem/n Adressaten reduziert. Durch die Wahl der entsprechenden phonetisch-grafischen und lexikalischen Mittel wird im Nähe/Distanz-Kontinuum (Abb. 4) der Grad des Kommunikationsmodus nach links verschoben. Während SMS-Texte deutlich weiter in Richtung des Pols ›kommunikative Nähe/konzeptionelle Mündlichkeit‹ zu lokalisieren wären, lägen Blog-Texte etwas stärker in Richtung ›kommunikative Distanz/konzeptionelle Schriftlichkeit‹.

Auf die Syntax, speziell elliptische Strukturen, gehen wir gesondert ein (2.3.5).

2.3.3 Lexik

Hinsichtlich der Lexik soll das Augenmerk insbesondere auf dialektalen, umgangssprachlichen und fremdsprachlichen Wörtern liegen sowie auf Inflektiven, da all dies als typisch für digitale Kommunikation beschrieben wird.

Als wichtigste Merkmale gelten Dialekt und Umgangssprache, da diese am Pol konzeptioneller Mündlichkeit liegen. Dialektwörter finden sich in deutschsprachigen Tweets allerdings selten. 55 der 64 Account-Inhaber verwenden in ihren Tweets weder dialektale Lexik noch eine Dialektverschriftlichung. Die 10 Personen, die überhaupt dialektale Merkmale einbringen, reduzieren diese vor allem auf Verschriftlichung:

(22) Ach Kinners, wat bin ich platt. Wird bald Zeit fürs Bettchen
(23) @hhuhuhzzz wat fuer Minister??
(24) Teste jetzt für euch anti-katermittel basierend auf gin + wodka... Vomex und kieselerdetabletten 3 stueck mit aweng wasser. Koennte klappen
(25) @nnonnonn es muss rein... nur überlegen ob ma net extra n modul für schreibt...
(26) @nnonnnnonon Bisserl spät, aber trotzdem herzlich: alles Liebe fürs neue Lebensjahr! ♥

(27) @OnoNoonnon Bei Word! Symbol, einfügen, Copy & Paste. Nett, gell? ♥
(28) Warum Leude mit Nordic-Walking-Stöcken durch nen Park laufen verstehe ich nicht. Aber ich sitze hier mitm Netbook, das ist auch nich normal.

Wie die Belege zeigen, handelt es sich nicht um eine durchgehende Verschriftlichung von Dialekt, sondern um einzelne Einstreuungen, also Dialekt-Standard-Mischungen (Code-Switching). Zudem sind es allgemein bekannte Varianten wie *Kinners* (plattdt.), *aweng* (fränkisch), *bisserl* und *gell* (beides süddt./österr.), wenn man bei den ersten Dreien überhaupt von dialektaler Lexik sprechen mag – bis auf *gell* sind es eher besagte Dialektverschriftlichungen. Das Ergebnis fördert die Vermutung, dass es sich gar nicht um Personen handelt, die Dialekt sprechen (und dies wie besonders die Deutschschweizer schriftlich fixieren), sondern diesen nur stilistisch-funktional einsetzen, wofür der Tweet *hat sich frisch herausgeputzt. Berlin ick komme* ein guter Beleg ist.

Anders als von dialektaler Lexik wird von umgangssprachlicher rege Gebrauch gemacht; in nur neun der 64 Accounts findet sich kein entsprechender Beleg. 86 % der Twitternden verwenden also mindestens einmal umgangssprachliche Lexik, die von ›ehemals jugendsprachlich‹ (und heute nahezu standardsprachlich) bis ›derb‹ reicht:

(a) abgedreht, Alk, angequatscht, ätzend, aufraffen, echt sauer, bla, blöder, dolle, doof (2x), drinnen hocken, eklig, [am] rocken [sein], ist am Start ...
(b) Bitch, [Das ist] so krank, GEIL, Gesocks, [hat schön] mit de #rsch gewackelt, [keine] Sau, Klugscheisser, kotzt [mich], Miststück, scheiss [Wetter], Schweine-Seite, Schwuchtel, Spasten, Versteck- und Kackhöhle, Weiber

In der Summe sind 117 umgangssprachliche Lexeme belegt, was bedeutet, dass im Mittel alle 5,5 Tweets ein umgangssprachliches Lexem oder entsprechender Phraseologismus verwendet wird. Viele sind wohlbekannt aus dem Bereich der mündlichen Alltagssprache, was wiederum auf den Mündlichkeitsstil im Bereich privater digitaler Kommunikation hindeutet (2.3.2). Dazu zählen Lexeme wie *nee, nerven, prima, super lecker, trendig, genial, zoff, verdammt* und viele mehr. Die oben unter b) aufgeführten lexikalischen Einheiten sind hingegen – für geschriebene und (teil-)öffentliche Sprache (vgl. Dürscheid 2007) – und zum Teil selbst für die gesprochene Sprache markierte Fälle.

Das Gegenteil hierzu bilden die Diminutive *Bettchen, Rädchen, Schätzchen, Schirmchen* auf *-chen, äuglein* auf *-lein, Görli*[9], *Schnuckimucki* und *tussi* auf *-i* sowie *[ihr] süssen* als persönliche Anrede mit ähnlicher Konnotation.

(29) @nonononoono Schirmchen nicht vergessen! http://is.gd/xxxx
(30) Ach Kinners, wat bin ich platt. Wird bald Zeit fürs Bettchen
(31) Durch eine SMS wach geworden. Aber nochmal äuglein schließen. #Grunzen
(32) @nnnno: Sag mal meinem Lieblingsnachbarn, dem Görli einen Gruß, aber schön die Platiktüten wieder mitnehmen, die verhunzen den Balkonblick
(33) @nonnonnonn http://twitpic.com/xxxxx - hach, Schnuckimucki ♥♥♥
(34) @OnnoNoono hehe Danke, ja das stimmt. Sonst dreht man irgendwann am Rädchen.

Zwar sind davon drei in gegenteiliger Bedeutung, d.h. pejorativ verwendet (*Schätzchen, tussi, görli*), doch sind die übrigen ebenso markiert wie *Biatch* oder *Spasten* auf der anderen Seite – dennoch sind es im Gegensatz zu den umgangssprachlichen Wörtern niedrigfrequente Phänomene.

Neben dieser konzeptionelle Mündlichkeit evozierenden Lexik lohnt ein Blick auf fremdsprachige Lexeme. Da das Englische den derzeit größten Einfluss auf die deutsche Sprache hat und am meisten diskutiert wird, soll auf dieser Gebersprache ein besonderes Augenmerk liegen. Lediglich fünf Personen verfassten ihre Tweets ohne die Einbindung von Anglizismen oder englischsprachiger Lexik. So lässt sich einerseits der hohe Anteil von 2,32 %[10] in Bezug auf alle Wortformen erklären. Andererseits muss berücksichtigt werden, dass von diesen Belegen über 17 % darauf zurückzuführen sind, dass der vollständige Tweet in englischer Sprache verfasst worden ist, womit keine Anglizismen in einem deutschsprachigen Text vorliegen, sondern ein englischsprachiger Text. Wie beschrieben, handelt es sich jedoch um Accounts, die Tweets überwiegend in deutscher Sprache enthalten; aufgrund internationaler Kontakte oder Replys auf englischsprachige Tweets verfassen einige Personen jedoch ihre Texte in englischer Sprache (*I'm bored... thinking about to leave the session and get me another coffee.*); hinzu kommen sechs kurze Tweets, bei denen unklar ist, ob er an ein internationales Publikum adressiert ist oder ohne Notwendigkeit die

---

9 Bedeutungsableitung mit Konversion von engl. *girlie* mit lautnaher Graphie.
10 Natürlich können die Frequenzangaben nur eine Orientierung bieten, da eine klare zeitliche Grenze gezogen und im Einzelfall geprüft werden müsste, wann ein engl. Lexem erstmals verwendet bzw. entlehnt worden ist. Als Richtwert galten hier die letzten 50 Jahre.

englische Sprache gebraucht wird (*Bottle it Up!; Gangsta-soul; Morning, everyone!; goto palast; quit kojote; soooooooooooo great*); für die Einordnung als englischsprachige Tweets spricht die Tatsache, dass die Autoren mehrfach andere englischsprachige Texte produziert haben. Dazu kommen ein Vortrags-/Filmtitel *(Why every company should be a rockband, Bad Boys, i feel like dancing!!!, I want it all)*, eine Übersetzung *(I was in a bad Hagelschauer? I love her from ages ago at the Thalia)* und Zitate *(„What would Google do?"*, „Members you may know", „Ashton punked himself", „Dear M., asks for administration me to make the vat the invoice I number", Lost and Sound)* sowie ein schwer einzuordnender Text, der zwar kein deutschsprachiges Lexem enthält, allerdings der Retweet einer englischsprachigen Firma ist, und deshalb ebenfalls aus der Bewertung genommen wird:

(35) RT @hhuhhhhh: Darkened Dreams RPG + Construction Kit
      http://darkeneddreamsgame.b... #cool

Zieht man diese englischsprachigen Tweets ab, die weit über zwei Drittel (72,1 %) aller Wortformen mit englischsprachigem Bezug enthalten, so bleiben noch 276 Wortformen (in 215 Phrasen) bestehen, für die dieser Bezug besteht. Selbstverständlich müssen davon noch Eigen- und Produktnamen wie *AdSense [Einnahmen], Visible Tweets, Mario Kart DS Play Evening, Queen[-Zeit]* und *Word* sowie auch *Twitter, Tweet* und in der Folge[11] *twittern* extrahiert werden, wodurch sich schlussendlich der Anteil auf 21,5 % bzw. 213 Anglizismen oder englischsprachige Phrasen (148) reduziert. Auf Basislexeme[12] reduziert, handelt es sich um 137 verschiedene Anglizismen und englischsprachige Lexeme, von denen im Folgenden einige kategorisiert werden sollen:

(a) Blog (8)/Weblog (2), Communities, downloaden, E-Book, E-Mail/ Mail (3), Firmware (2), ...
(b) admin interface, Code (Injection), Cross Site Scripting, Dev Team, Encodings, IRCnet-Server, NAS, ...
(c) 50ies, Auto-Tuning, Bands, bye bye, check (2), chillen (2), cool (3), Copy & Paste, Country [Musikstil], Discofestival, Fake, Fundraising, happyhappyhappy[13], Headset, Interview (2), jammen, Kids, live

---

11 Zwar ist *twittern* ein Konversionsprodukt mit deutschsprachiger Flexion, doch vergleiche man *to twitter* im Englischen.
12 Gemeint ist, dass Wortformen wie *Blogeintrag, blogge, Bloggen, bloggen, [Medien]blogger* und *Blogs* auf die hier interessierende Anglizismus-Basis *Blog* bzw. *chillen* und *chillig* auf *chill(en)* reduziert werden. Nicht gemeint ist also das von Kobler-Trill (1994) so genannte Basislexem zu einem Kurzwort. Die Schreibung wurde teilweise angepasst.
13 Auffällig ist hier lediglich die Reduplikation bzw. vermutlich nur zusammengeschriebene Wiederholung.

(4), on stage, Mainstream, Meeting (2), mobben, Nordic-Walking[-Stöcken], Remix, revisited, Party, Prepaid, Shit, smile, Stalker, Statement (2), Story, T-Shirt, Verlagsmanager, wow
(d) adden, afaik, Bitch (2), bubbly bubbly, call me gridwischmeisterin, Corporate Blog (2), DesignToyAddicted, ever, HAPPY EASTER, I am listening to Oomph!, in-dream, ivory-whitehat, Let's go, Metaballs [Mathematik], New Blog Post (2), Oh my god!, parallelevent, pic, *sending looootz of tea*, Sound-Gimmicks, tonight, Tweet-Speaker[-Vorstellung], Thank God it's spring, Thumbs up, Weekend

Zahlreiche Lexeme sind herkunftsbedingt[14] englischsprachige Begriffe aus dem Computer- und Internetbereich, ohne die man sich dort kaum bewegen kann (a); darüber hinaus sind Fachtermini belegt, die eher von IT-Profis verwendet werden, und hier auch zu Recht (b); ferner sind viele Lexeme belegt, die im Standardwortschatz verortet werden können und von denen einige aus dem dynamischen Bereich der Musik stammen (*Discofestival, Headset, jammen, live, on stage*). Schließlich sind unter d) Lexeme (auch als Bestandteil von Phrasen) aufgeführt, die als ausnehmend bezeichnet werden könnten. Dennoch ist *afaik* eine im Internet durchaus belegte Kurzform zu *as far as I know*, *ever* bei jüngeren Menschen üblich (*bester [Film/Sommer/...] ever*), *Bitch* ein inzwischen nicht seltenes Schimpfwort und *Thumbs up* ebenfalls zunehmend bekannt.

Wenn man c) und d) als diejenigen Lexeme und Phrasen zusammenfasst, die nicht internetbezogen (fachsprachlich) sind, so bleiben 96 verschiedene Wörter bzw. 60 Phrasen (*New Blog Post, sending looootz of tea*) übrig. Zählt man die tatsächlichen (und nicht verschiedenen) Wörter, macht dies einen Anteil von 1,4 Prozent aus, d. h. jedes 113. Wort ist englischsprachig oder ein Anglizismus, wobei darunter stark usualisierte Anglizismen wie *50ies, bye bye, Party, Prepaid, Stalker, Statement* und *Story* vorzufinden sind.

Neben Anglizismen finden sich natürlich auch andere fremdsprachige Elemente. 105 Latinismen, Gräzismen, Gallizismen etc. finden sich in den Tweets, darunter *Abstinenz, Belletristik, degradiert, dystopisch, etablieren, Impetus, Jonglage, Lokalpatrioten, Masseur, merci, narkotisiert, Ödem, Plenum, rekursiv, semantisch, votum, Zensor* etc. Auch hier liegen also Fachtermini vor, die aus Medizin, Politik, Informatik etc. aus Gründen der Alltagsrelevanz in den Standardwortschatz eingegangen und mehr oder minder allgemeinverständlich sind.

Als weiteres Untersuchungsmerkmal sind Inflektive angesetzt, da sie als prototypisch für synchrone digitale Kommunikation betrachtet werden – eine der wenigen von Bieswanger (2013) als die computervermittelte Kommunikation

---

14 Herkunft in Bezug auf die technologische Entwicklung.

Microblogs global: Deutsch

kennzeichnend betrachteten sprachlichen Phänomene. Da es sich bei Tweets allerdings nicht um flüchtige und (teil-)öffentliche Kommunikation handelt, kann man von der Hypothese ausgehen, dass nur wenige Inflektive verwendet werden. Und tatsächlich liegen nur fünf echte Inflektive vor (vier distinkte, s. a):

(a) *g* (2), *grummel*, *notier*, *eiskaffee rüberschieb*
(b) *sending looootz of tea*, *smile*
(c) *winke*
(d) *hmpf*, *große Freude*, *seitenstechen*

Unter b) finden sich zwei Übertragungen ins Englische, wobei Inflektive dort nicht vorkommen (können), realisiert einmal mit einer Progressivform, im anderen Fall als ›Verbstamm‹ bzw. Infinitiv. Bei c) handelt es sich streng genommen um keinen Inflektiv, da hier das 1.P.Sg-Flexiv angehängt worden ist (›ich winke‹), aber dennoch ist die Wortform mit für Inflektive typischen Asterisken markiert worden. Unter d) schließlich finden ebenfalls visuelle Doubletten, doch handelt es sich hierbei um ein Onomatopoetikum und zwei Nominalphrasen, die der schreibenden Person zugewiesen werden (›ich habe/Person hat‹ ...). Wertet man nur die ›echten‹ Inflektive und die Übertragungen ins Englische, ergibt sich ein Anteil von 0,09 % aller Wortformen. Im Vergleich mit Chats ist dies ein marginaler Wert, verglichen mit SMS-Mitteilungen[15] relativ viel. Allerdings werden alle genannten Varianten von nur sieben Personen verwendet – also 1,5 pro Person.

Zuletzt sei darauf hingewiesen, dass vereinzelt auch Nichtstandardwörter bzw. eigene Wortbildungen in den Tweets enthalten sind. Zwar lässt sich nicht bestimmen, ob es bewusste oder fehlerhafte Bildungen sind, doch legen Wörter wie *Interessanzgrund* (*aus Interessanzgründen*), *unfollow*,

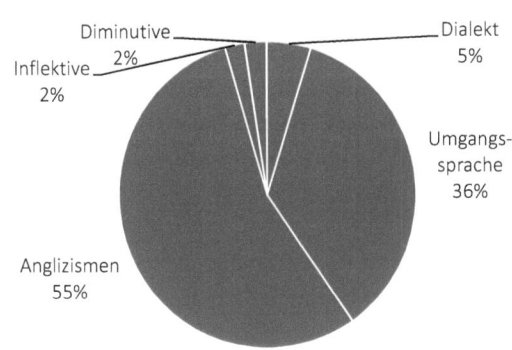

Abb. 5: Nichtstandardsprachliche Lexik

---

15 Im hannoverschen SMS-Korpus sind in Bezug auf *g* (11x), *fg* und *freu* (1x) 0,06 Prozent belegt.

Bezahnung 3.0 (Krone oder ›Dritte Zähne‹ einsetzen lassen) nahe, dass es sich um kreative Bildungen handelt.
Wortbildungen, die durch Kürzungsprozesse entstanden sind, etwa *Afri* statt *Afrika,* werden im folgenden Abschnitt behandelt.

2.3.4 Reduktion

Kurzformen finden sich bereits im Weiterleitungsstandard *RT* (< *Retweet*). Zudem bedarf es der Reduktion von URLs, die oft allein bereits den 140-Zeichen-Rahmen sprengen würden. So weist ein wahllos herausgegriffener Artikel-URL bei sueddeutsche.de (http://www.sueddeutsche.de/digital/messaging-dienst-whatsapp-verlangt-auch-von-iphone-nutzern-jahresgebuehr-1.1723410) bereits 117 Zeichen auf, womit bei einem darauf verweisenden Tweet eine Verweis-Begründung oder Inhaltsangabe in 23 Zeichen erfolgen müsste. Da dies kaum möglich bzw. wenig sinnvoll wäre, sieht die kommunikative Praxis bei Twitter den Umweg über einen so genannten URL-Verkürzer vor. Mit einem solchen Webdienst wird der URL in einer Datenbank abgelegt und ihm eine eindeutige ID in Form einer Zahl oder eines Zeichencodes[16] zugewiesen. Um zum so codierten URL zu gelangen, ist die ID an die (kurze) Domain anzufügen. So decodiert etwa der URL http://is.gd/hj1Sew den o. g. URL (und leitet zum besagten Artikel um) und stellt damit eine Reduktion um 98 Zeichen resp. 84 % dar. Im deutschsprachigen Korpus werden auf diese Weise 103 URLs reduziert, wohingegen nur 27 Original-URLs verwendet werden, die mehrheitlich reine Domainnamen ausmachen (drei ohne die Protokollangabe *http://*). Hierzu werden 14 verschiedene Kurz-URL-Dienste verwendet, vor allem *tinyurl.com, bit.ly, is.gd* und *ff.im.* Die Domainnamen tragen hierbei aufgrund ihrer Kürze bereits zur Kürzung bei – und deuten auf ihre Dienste hin: *tr.im* etwa auf die Kürzung, *redir.ec* auf die Funktion der Umleitung etc. In Extremfällen werden die auf den Zielseiten thematisierten Inhalte sogar mittelbar über den URL in den Mitteilungstext integriert, beispielsweise in (36):

(36) http://bit.ly/ASpom ist Prepaid, 19,95€/Monat, O2-Netz...

---

16 Der Vorteil von Zeichencodes ist die weitaus größere Kombinationsmöglichkeit, womit kürzere IDs möglich sind. In der Regel bestehen diese Codes aus Buchstaben, wobei Groß- und Kleinschreibung unterschieden werden, mitunter kombiniert mit Ziffern. Damit ist Anbietern wie *is.gd* möglich, trotz einer Anzahl von 970 921 698 gespeicherten URLs (Stand: 17.7.2013) einen solch kurzen URL wie http://is.gd/hj1Sew anzubieten.

Hier ist der Kurz-URL multifunktional: 1. Zeichenreduktion (beim URL), 2. Integration des URLs in den Satz (vgl. auch die Hashtags unten), 3. Ersatz des eigentlichen Subjekts (und damit Inhalts, der nicht genannt wird – ein Surfstick-Angebot) und 4. Verweisfunktion auf weitere Informationen.

Dem URL-Verkürzer ähnlich ist der Dienst *twitpic.com*, der allerdings keine URLs codiert und auf Webseiten umleitet, sondern Bilder und Videos codiert und diese direkt in Tweets einbindet[17], wodurch die auf Text begrenzte Beschränkung umgangen wird. In jedem 27. Tweet wurde über diese Funktion ein Bild integriert.

Neben diesen vorwiegend technischen Reduktionsarten existieren freilich auch sprachliche. Hier gibt es bekanntermaßen verschiedene Möglichkeiten, um eine Reduktion herbeizuführen. Auf Wort(bildungs)ebene lassen sich Wörter kürzen durch Wortbildung (Kurzwörter, Komposita) oder durch grafische Kürzung (Abkürzungen). Während bei den Abkürzungen (37) und Kurzwörtern (38) die Komplexität abnimmt, wird sie durch Komposition (39) erhöht:

(37) cel. < celsius, etc. < et cetera, h < Stunden, inzw. < inzwischen, km < Kilometer, max < maximal, Mitteldt. < Mitteldeutscher, u. a. < unter anderem, vs. < versus, wahrscheinl. < wahrscheinlich
(38) Afri < Afrika, Alk < Alkohol, HH < Hansestadt Hamburg, MdBs < Minister des Bundes, Next < Next conference, OHVler < Oberhaveler, Schanze < Schanzenviertel, SchwieEl < Schwiegereltern, Profs < Professoren, Uni < Universität
(39) #next09 RT Gewinnspielen, currywursteinnahme, LemonEisenLimo, Queen-Zeit, Schraubverschluss-Riesling, Social Media Newsroom, Vegan-kochen Bücher, Zensus 2011-Gesetz

Dabei können auch beide Verfahren miteinander kombiniert werden: *KH-Mitarbeiter* beinhaltet beispielsweise eine Kürzung bei *KH (< Krankenhaus)* und eine Komplexitätssteigerung durch Komposition *(KH + Mitarbeiter)* – sofern man von einer Vollform *Mitarbeiter des Krankenhauses* ausgeht. Natürlich ist dies eine morphologische Perspektive. Aus der syntaktischen würde die (syntaktische) Komplexität stark verringert (ausführlich in Siever 2011).

Durch die Reduktion tritt mitunter Ambiguität auf, etwa bei *Queen-Zeit*, womit entweder ›die Zeit, in der Queen gespielt hat‹, ›[sich] Zeit [nehmen] für Queen‹ oder ›an der Zeit, Queen zu hören‹ gemeint sein kann. In der Regel wirkt aber der Kotext ausreichend disambiguierend.

---

17 Anfänglich bot Twitter keine Integration, sodass auf die Bilder/Videos nur per URL verwiesen werden konnte.

Dies gilt umso mehr für Reduktionsformen, die (zu) stark reduziert sind, um die Vollform rekonstruieren zu können, oder ad hoc gebildet sind bzw. nur regional oder fachsprachlich gebräuchlich sind. Bei *OHVler* etwa hilft ein regionaler Bezug, wenn die Kenntnis der Nummernschild-Kurzform fehlt. Streng genommen wäre die korrekte Kurzform übrigens *OHVer* (›ein/die Einwohner des Landkreises Oberhavel‹), doch ist *OHVler* aussprachebedingt wie auch vor dem Hintergrund des ebenfalls produktiven Derivationssuffixes *-ler (Postler, Tischler)* konsequent. Unproblematisch sind vor allem Kopfabkürzungen (Siever 2011: 316ff., 383f.) wie *wahrscheinl.* < *wahrscheinlich, vorauss.* < *voraussichtlich* oder *gegensprech. (gegensprechanlage)* – letztere zumindest im Kotext:

(40) es klingelt. ich gehe mit max. 20 sekunden verzögerung an die gegensprech. höre auto draussen wegfahren. blauer zettel im briefkasten #dhl

Auch Wortgruppenellipsen, also die Reduktion von Wortgruppen auf einen repräsentativen Stellvertreter, sind belegt, wenngleich selten und nur stark usualisierte wie *Werder* < *SV Werder Bremen*. Die meisten Wortgruppen werden durch (Initial)kurzwortbildung reduziert *(DSDS, DVD, EKD, FAS, GNTM, NYT)*[18].

Quantitativ fallen vor allem Abkürzungen und Kurzwörter ins Gewicht. Hinsichtlich der Funktionswörter werden insbesondere Konjunktionen und Präpositionen reduziert; von allen verwendeten Konjunktionen sind es immerhin 11,5 %, bei allen Präpositionen 7,3 %, die gekürzt werden. Weder Artikel noch Pronomen finden sich reduziert. Letztere Aussage relativiert sich allerdings, wenn man die Syntax einbezieht: Sie werden mitunter getilgt (s. 2.3.5). Bei den Kurzwörtern, die aus Wortgruppen oder Komposita *(PM* < *Pressemitteilung)* gebildet sind, sollte es angesichts von 140 Zeichen nicht verwundern, dass nahezu 100 % nur in der reduzierten Form gebraucht werden, also nicht die Vollform-Doublette belegt ist.

Hinsichtlich der qualitativen Ökonomie (zur Zugänglichkeit der Tweets s. Siever 2013) lässt sich wie schon bei der lexikalischen Betrachtung feststellen, dass nur wenige Reduktionsformen unverständlich sind außerhalb des fachsprachlichen Kontextes, der entweder durch den Twitternden gegeben ist (Politiker, IT-Profi etc.) oder durch die Tatsache, dass es sich um Internetkommunikation handelt. Daneben existieren fast nur usualisierte Kurzformen. Bei den Abkürzungen etwa

---

18 Kurzwörter der Vollformen *Deutschland sucht den Superstar, Digital Versatile Disc* (heute), *Evangelische Kirche [in] Deutschland, Frankfurter Allgemeine Sonntagszeitung, Germany's next Topmodel, New York Times)*

(41) usualisiert/medienunspezifisch: 2-Zi.-Altbau-Wohnung, 24h-Service, Cel., lt., St.Pauli-Fan, vorauss., wahrscheinl.
(42) medienspezifisch: AFAIK (< As Far As I Know), BTW, cc[19], oauth, pls, WTF (< what the fuck)

Belegt ist ebenfalls das unkonventionelle *SchwieEl* (< Schwiegereltern), was sich allerdings aufgrund der langen ersten Komponente recht gut rekonstruieren lässt. Lediglich *RT-Spam* (< Retweet-Spam) ist eine eindeutig twitterbezogene Abkürzung. Kein anderes Bild ergibt sich bei den Kurzwörtern:

(43) usualisiert/medienunspezifisch: Ökos, ICE, KH (< Krankenhaus), Klo, gym, Prof, Schanze (< Schanzenviertel, HH) , Afri (< Afrika)
(44) medienspezifisch: NAS (< Network Attached Storage), E3 (< Electronic Entertainment Expo), app, LBS < (Location-based Services), openId

Dass die Kurzwörter eher aus dem Bereich der IT-Fachsprache stammen, ist erklärbar, da in der Regel Substantive oder substantivische Wortgruppen per Kurzwortbildung reduziert werden. Entsprechendes gilt für Komposita, an deren Bildung Kurzwörter beteiligt sind: *VPN-Einstellung, OpenSource-CMS, twitter admin interface, E-Mail-Server, Dev Team, Blog-Post[ing], XSS-Cross-Site-Scripting*. Neben dem IT-Wortschatz finden sich Kurzwörter, die im Bereich Politik und Journalismus übliche Reduktionsformen darstellen: *AP* (< Associated Press), *BM* (< Bundesminister), *BDK* (< Bundesdelegiertenkonferenz), *JU* (< Junge Union), *PM* (< Pressemitteilung), *FJS* (< Freie Journalistenschule), *MdB, ENC* (European Newspapers Congress), *EU* etc. (vgl. Siever 2005, Moraldo 2009)

Wenngleich mitunter stark kondensierte Tweets belegt sind, die auf eine entsprechende Sprachplanung hindeuten, finden sich trotz des geringen Maximalumfangs vereinzelt auch unökonomische Fälle. Beispielsweise weist *XSS-Cross-Site-Scripting* eine semantische Doppelung auf, denn *XSS* ist die Kurzform zu *Cross-Site-Scripting* (*X* ist hier ein ikonischer Bestandteil); vermutlich wollte der Urheber sowohl Kenntnisreichtum vermitteln als auch Verständlichkeit gewährleisten. Zwei weitere Tweets seien noch angeführt:

---

19 Hier interessanterweise in der ugs. Bedeutung ›in Kopie‹ gebraucht: *Mail aus Spanien CC bekommen*.

(45) wie sieht es mit warmen füssen aus?wer kennt ein rezept gegen winterfüsse im frühling. es ist kalt in #hamburg. minus 15 grad cel. (gefühlt).
(46) Ein neuer Blogbeitrag in meinem Weblog: http://tinyurl.com/[...]

In (45) ist die Gradspezifizierung nicht notwendig, da im deutschsprachigen Raum Temperaturdaten nur in Celsius angegeben werden. Beim Tweet (46) hingegen ist *Blog* redundant; es hätte nicht nur *Ein neuer Beitrag in meinem Weblog:* oder besser: *Ein neuer Blogbeitrag*: praktisch dasselbe ausgedrückt, sondern statt über die Form hätte der Autor etwas über den Inhalt aussagen können. Anders als beim unter (36) zitierten Tweet handelt es sich hier lediglich um einen Hinweis auf ein Dokument im Web mit dem entsprechenden Verweis-URL. Nicht redundant hingegen ist die Zeitangabe in

(47) Halb neun, neuen Kaffee holen.

Zwar wird der Generierungszeitpunkt durch das System ergänzt, doch betont *halb neun* die morgendliche Dimension in einer Weise, die man nicht unbedingt aus dem Zeitstempel ableiten kann/muss. Zudem spielt *halb neun* vermutlich auf die Knoppers-Werbung »Morgens *halb zehn* in Deutschland«[20] an. An der Schnittstelle zur Syntax sind schließlich noch die Hashtags zu nennen, und zwar solche, die dem Mitteilungstext nicht voran- oder hintangestellt sind, sondern diejenigen, die unmittelbar in den Mitteilungstext integriert sind (vgl. nochmals die besondere URL-Integration in (36)). Exemplarisch für ökonomisch verschlagwortete Tweet seien die folgenden angeführt:

(48) http://twitpic.com/4e70c - Arme #Katze, voll von der Sonne getroffen und umgeworfen worden.
(49) Kommt heute was anständiges im TV? Von #DSDS etc. möchte ich nichts hören.
(50) guten morgen ihr süssen, ich tanze mich gleich schon mal warm für den tanz in den mai. nur #internetradio. nie #ndr oder #ffn. #travolta
(51) #schweinegrippe angeblich in #mexikogrippe umgetauft

Nicht-integrativ realisiert wäre der Text[21] in (51) um 28 Zeichen oder 52 % länger (52 vs. 80 Zeichen). Dennoch sind nicht-integrierende Tweets belegt, selbst

---
20 http://www.knoppers.de/de/tv-spots
21 *schweinegrippe angeblich in mexikogrippe umgetauft #schweinegrippe #mexikogrippe*

wenn es sich um Redundanzen handelt und sogar exakt die Zeichenobergrenze erreicht worden ist:

(52) Vanity Fair Deutschland wird eingestellt. Das finde ich wirklich schade. Habe die Zeitschrift sehr gerne gelesen. #CondeNast #VanityFair

Zudem gibt es auch Mischformen wie in (50). Hier werden drei Hashtags integriert, ein weiterer am Ende ergänzt. Interessant an diesem Tweet ist, dass zwei Schlagwörter negiert werden, d.h. es wird nichts über den NDR oder ffn[22] thematisiert, sondern – gegen den Sinn von Tagging – ausgesagt, dass die Person die Inhalte dieser Sender nicht rezipiert.

Zum Teil werden Hashtags auch eingesetzt, um eine Begründung zu liefern:

(53) Kann mir bitte mal jemand einen Masseur / eine Masseurin vorbei schicken? #nackenverkrampfung

In solchen Fällen ist es schwierig zu entscheiden, ob der Tag integriert ist oder nicht; es wurde aber bei einer solch starken semantischen Beziehung und Nennungsnotwendigkeit als integriert gewertet.[23] Dies gilt auch für zwei Ausreißer hinsichtlich der Tag-Anzahl:

(54) ok ok ok hier kommt noch mal das beste: #knutsch #leck #stöhn #zunge #nase #ohr #hals #chanel #waschen #kuss #zunge #schokolade #betrüger
(55) #problem #idee #lernen #wissen #anders #denken #neuelösung #zensursula #angst #untergang #mut #kampf #langerweg #gemeinsam #licht #sonne

In (54) handelt es sich um Wiedergabe eines Hashtag-Gedichts mit einleitenden Worten; Tweet (55) besteht ausschließlich aus Hashtags und musste folglich als integriert gewertet werden.

Hashtags können auch zweckentfremdet und wenig sinnvoll eingesetzt werden, was weder im Sinne des Retrievals noch ökonomisch ist: *#gemeisnamesloriotvideoguckenaufutube* (wie ein Inflektiv verwendet), *#oderso*, *#irgendwieso* oder

---

22 Hannoverscher privater Radiosender (< Funk & Fernsehen Nordwestdeutschland)
23 Im folgenden Fall verhält es sich ähnlich; zudem ist der Tag in Bezug auf die Zeichensetzung in den Satz integriert (Fragezeichen am Ende), jedoch syntaktisch inkorrekt (es handelt sich um eine Anmerkung zur rhetorischen Frage): *Leut' habt ihr nix besseres zu tun als DSDS gucken? Weltherrschaft, Bloggen oder Lesen oder so? Oder ne gute DVD #vonmiraus?*

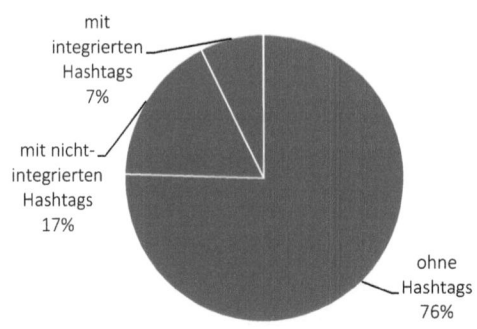

Abb. 6: Hashtag-Nutzung und Integration

#shockingnewshelfenammontagmorgen.

Wie Hashtags können auch Adressierungen (@user) integriert oder schlicht vorangestellt werden. Aus ökonomischer Sicht ist die Integration – wenngleich quantitativ nicht vergleichbar – wieder effizienter. Allerdings sind nur 8 von 258 @user-Adressierungen integriert; der Standardgebrauch sieht die Einleitung mit @user vor bzw. u. U. ein *RT/Retweeting* davor. In nur zwei Prozent der Fälle erfolgt die Adressierung tweetfinal.

Bei den meisten Tweets, in denen ein Account inmitten des Tweets gebraucht wird, handelt es sich um @mentions, d.h. die Person wird nicht angesprochen, sondern nur erwähnt:

(56) currywursteinnahme mit @huhu, @Huhhu, @huhhhuh und @hhuhu_huuhh erfolgreich abgeschlossen
(57) @hhuhuhuhu Siehe @dede etwa 8h zuvor...
(58) @hhhhuh ja in der Regel schon am besten @huhhuuhuhhuh folgen
(59) Das http://wahlgetwitter.de twittert natürlich auch unter @huhhhuhuhhuh (ohne T, weil kein „Twitter" im Namen sein darf) #pc09
(60) Würde gern bei Frau @nnonnonno ihren Wettbewerb mitmachen, belege aber zurzeit dauerhaft Platz 1 auf der Gutgeherliste. #peinlich

2.3.5 Syntaktische Strukturen

Aufgrund der Zeichenbegrenzung und bzgl. der faktischen Anzahl von Zeichen bzw. Wörtern pro Tweet (Kap. 2.3) sind Tweets relativ kurze Texte, entsprechend einfach sind die Satzstrukturen (s. Abb. 7).

Mit 43,3-%-Anteil elliptischer Strukturen und einem Anteil von 36,5 % an einfachen Sätzen sind einfache, nicht-komplexe Satzstrukturen das syntaktische Grundmuster in Tweets, während koordinierte Sätze mit 10,4 % und subordinierte Sätze mit 9,8 % demgegenüber wenig frequent auftreten.

(61) hab aber auch nix besseres, ausser kroatische ortsnamen.
(62) Mag es einfach nicht, wenn man versucht, Leute zu mobben.
(63) Lass gut sein.

Die Tilgung des Personalflexivs 1. Person Singular (s. o.) tritt außer in Sätzen mit dem Subjektpersonalpronomen in Erstposition besonders häufig auf in subjektlosen Sätzen (Autor-Ellipse, s. u.) und Sätzen mit invertiertem Subjekt. Auf der syntaktischen Ebene ist auffällig, dass häufig elliptische Konstruktionen gebraucht werden, darunter besonders oft die Tilgung des Subjektpronomens wie in (61), aber auch in komplexeren subordinierten Sätzen wie in (62). Es handelt sich hier um eine spezifische Variante der ›Person-Ellipse‹, die die Orientierung auf Gesprächsrollen voraussetzt und die in Tweets eine textsituative Ellipse darstellt, und die von Zifonun et al. (1997: 416) als »Autor-Ellipse« bezeichnet wird. Die Autor-Ellipse wie die Autorgruppen-Ellipse »findet sich vor allem in schriftlichen Textformen, wo mit eingegrenztem Adressatenkreis [...] eine größere Nähe zum Diskurs besteht. Dies betrifft private Briefe, Telegramme und [...] Tagebücher, Notizbücher, Mitteilungszettel usw.« (ibid.) und offensichtlich auch Tweets. Interessant in diesem Zusammenhang ist die Tatsache, dass die Tilgung des Subjektpronomens als typisch für den sog. ›Telegramm-Stil‹ gilt (vgl. hierzu Tesak/Dittmann 1991), der zunächst auf die Übermittlung per Telegrafen beschränkt war und sich erst dadurch breiter entwickeln konnte, »dass die Texte den geheimen Telegrafenstationen entrissen und in den Zeitungsmedien veröffentlicht werden. Die neue Textsorte wird erstmals zum öffentlichen Medientext. Ihre sprachlichen Normen

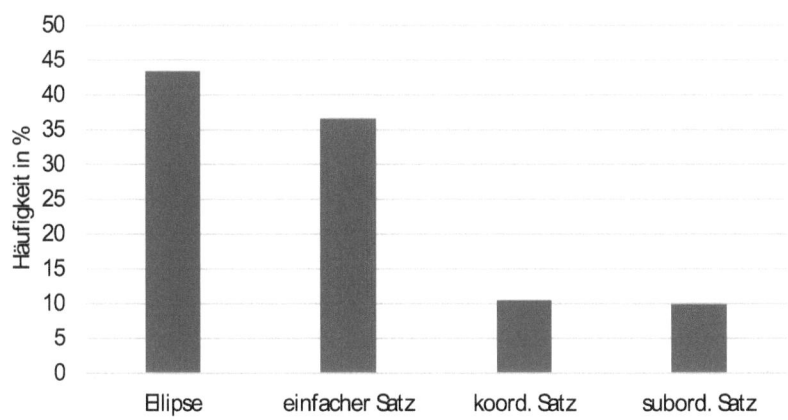

Abb. 7: Satztypen in deutschen Tweets

werden erkennbar, imitierbar und multiplizierbar.« (Jakob 2000: 115-116) Für die sprachliche Gestaltung in der Twitterkommunikation kann zum einen der Telegramm-Stil als über die Textsorte zugeschaltetes und die SMS-Kommunikation weiter vermitteltes Wissen vorausgesetzt werden; andererseits unterliegen Telegramme wie Tweets oder SMS-Nachrichten Ökonomieprinzipien, so dass redundante Information – der Schreiber ist bekannt, formale Markierung der Gesprächsrolle am Verb – weggelassen werden kann.

Auch in Impersonalkonstruktionen erfolgt eine Tilgung des (formalen) Subjektpronomens *es* wie z. B. in (63) und auch diese Form der Ellipse ist stark gesprochensprachlich motiviert und im vorliegenden Fall partiell phraseologisiert. Das gleiche gilt für Nominalkonstruktionen wie die Kodierung einer expressiven Sprechhandlung (64) und dem Gratulationsstereotyp in (65).

(64) Hurra, schon wieder Feierabend!
(65) Bisserl spät, aber trotzdem herzlich: alles Liebe fürs neue Lebensjahr!

Neben der Autor-Ellipse und der *es*-Ellipse tritt die Tilgung von Determinatoren wie in *Besprechung mit meinen Mitarbeitern für den BND-Untersuchungsausschuss.* auf sowie die Tilgung des Verbs plus Subjekt: *back in Berlin von der Hannover Messe.* Die Tilgung von Kopula-, Hilfs- oder Modalverben (+XP) wie in ›[Ø] *Ich dich besuchen?*‹, ›[Ø] *HEUTE LARA CROFT GUCKEN?*‹ (Schlobinski et al. 2001) oder Präpositionen wie in ›*Sitzen [Ø] Park, trinken Kaffee*‹ (Androutsopoulos/Schmidt 2001: 21) ist in unserem Korpus nicht belegt.

Gegenüber den elliptischen Strukturen finden sich komplexe koordinierte und subordinierte Strukturen, die dem Pol ›Schriftlichkeit‹ und ›Distanzsprache‹ zuzuordnen sind (vgl. Abb. 4):

(66) Auf meinem Balkon sitzt ein Mann in der Sonne und list Zeitung.
(67) Nein, ich lass mir jetzt nicht die Laune davon verderben, dass ich meinen Hintergrund hier nicht so hinkriege wie geplant.

Die Variationsbreite auf der syntaktischen Ebene ist abhängig von vielen Faktoren und die Achse *konzeptionelle Mündlichkeit – Schriftlichkeit* kann nur ein grobes Orientierungsraster bieten, wenn auch prototypisch nähesprachliche Tweets mehr Ellipsen und einfache Satzstrukturen aufweisen, distanzsprachliche Tweets hingegen komplexere Satzstrukturen und weniger Ellipsen.

2.3.6 Graphostilistik

Das den Twitter-Nutzern bei weitem wichtigste graphostilistische Mittel ist der Smiley – auch wenn 18 Personen auf sie verzichten. In der Summe sind 117 Smileys belegt, im Mittel findet sich also in jedem fünfeinhalbten Tweet ein ›Gesicht‹. In der überwiegenden Anzahl wird ein positives Signal übersendet:

44x :-) inkl. =)
41x ;-)
9x :D inkl. =D
4x :o) inkl. ;o)
3x :-(
3x -.- sowie
-_-, x_x, :9 und (*ˆ-ˆ*)

Als weitere graphostilische Mittel sind die Symbolzeichen ♥ (5) sowie ♫ belegt. Während das Notensymbol erwartungsgemäß im Kontext von Musik gebraucht wird *(I love this song! So australian! ♫ http://blip.fm/~55zb2)*, wird das Herz-Symbol nicht nur als Liebessymbol verwendet wird, sondern auch in der Bedeutung ›mag ich‹ und ›sehr schön‹ (via I♥NY):

(68) ein ♥ für „das pop-tagebuch". http://www.popkulturjunkie....
(69) Auf meinem Balkon sitzt ein Mann in der Sonne und list Zeitung. Huch, ist ja meiner #♥-Wetter

Darüber hinaus ist die Iteration von Zeichen belegt. Bei *Törööööööö, buaehhhh, Wahhh, bööööse, schöööööne, BAHAAh, looootz, laaaaaaaangweilig, sooooooooo-oooo [great]* und *Booooooooooaaaaah* handelt es dich um Wiederholungen von Buchstaben, durch die Vokaldehnung emuliert und der Ausdruck emphatisch hervorgehoben wird. Bei der Iteration von Interpunktionszeichen geht es ausschließlich um Emphase, um Missverständnis, Ungläubigkeit, Zweifel etc. auszurücken (70)/(71), die Aussage zu unterstreichen (71) oder Emotionalität anzufügen (72).

(70) @hhuhuhzzz wat fuer Minister??
(71) mein Spiegel wurde grad abgefahren!!!
(72) @Nnoonoo Wünsche dir einen schönen ersten Tag!!! :)
(73) woah, du geile mango, du bist dran!!!

Quantitativ spielt Iteration keine besondere Rolle, ist aber wiederum Ausdruck von Nähesprachlichkeit. 14 Mal werden Ausrufezeichen iteriert, 10 Mal Fragezeichen; ferner sind vier Kombinationen von ? und ! belegt: ?!? (2), ??! und !?. Das am häufigsten iterierte Satzzeichen ist allerdings der Punkt. Er wird als Auslassungs- oder Pausenzeichen verwendet und hat wiederum die Funktion die

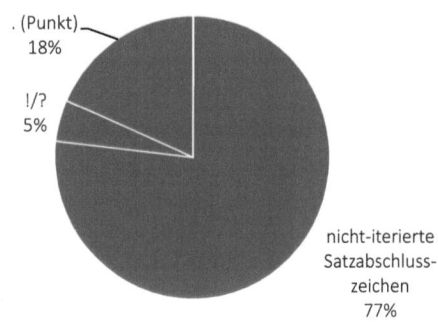

Abb. 8: Iteration von Satzabschlusszeichen

Aussage positiv (74) oder negativ (75) zu bewerten – wie schon ?? oder !!!:

(74) ... soooooooooooo great ... http://is.gd/khVO ...
(75) Manchen Leuten ist wirklich nichts zu peinlich...

Eine Gewichtung der Iteration von Satzabschlusszeichen sowie die Gegenüberstellung zu nicht-iterierter Verwendung findet sich in Abb. 8.

Graphostilistik ist – durchaus auch bei den Smileys, wenn man von Standardsmileys absieht – eine individuelle Frage. So ist beispielsweise zweimal das Symbol ♫ belegt und in beiden Fällen demselben Nutzer zuzuordnen. Auch bei Smileys gibt es individuelle Präferenzen: ein Nutzer verwendet dreimal das Emoji -.- sowie einmal x_x. Daneben wird zwar noch :D verwendet, doch keine der beiden Standard-Smileys :-) und ;-). Nahezu einheitlich und damit individuell unterschiedlich festgelegt ist auch die »Nasen«-Kennzeichnung: Wird sie realisiert, geschieht dies im Regelfall durchgängig (mehrfach :-) – :-)), im andern Fall ebenso: ;) – :9 – ;) und ein anderer Nutzer gar ;) – ;) – :D – ;) – :) – :(– :).[24]

2.3.7 Interaktion

Twitter ist interaktionsstark: Bei einem Drittel aller Tweets handelt es sich um reaktive Tweets. In 258 Tweets und damit rund 40 % sind überhaupt Usernamen eingebunden und von diesen insgesamt 322 Stück, womit im Mittel in jedem zweiten Tweet ein Nutzername integriert wird. Auf die Tweets reduziert,

---

24 Der Übersichtlichkeit halber wurden hier absichtlich Halbgeviertstriche statt Kommata verwendet.

die mindestens einen Nutzernamen aufweisen, folgt damit, dass im Mittel 1,2 Nutzernamen pro Tweet genannt werden. Der Regelfall sieht eine Adressierung zu Beginn des Tweets vor:

(76) @HuhzzH einem was?!?
(77) @uhuhhu Urgs, ja, Dev Team ist informiert. -_-

Sind mehrere @user genannt, so handelt es sich entweder um @mentions, auch in Form von Follow-Empfehlungen (73), oder vor allem um Danksagungen infolge von beantworteten Anfragen; exemplarisch sei (71) für mehrfach adressierte Tweets aufgeführt, (72) für @mentions:

(78) @Huhhuhhuhh @huuhhuhhhhuh @hhhuu Danke :)
(79) http://twitpic.com/xyxyx - @nnoonnnoonnnonn und @nonnonno baim abtrinken
(80) Mein Followtipps zum #Followfriday: @nonoonnononoo @NonononN @onnoonpp @ononnnonn @nnnnn @nonnon_noonnonn @ noonnnonnon @Nononnonn

Dabei spielen @mentions eine weitaus unwichtigere Rolle als Adressierungen, die mit 83,7 % aller @user-Einbindungen eindeutig überwiegen (20,2 % der Tweets enthalten @mentions).[25] Der Nutzername als Quellenangabe bei Retweets (Struktur *RT @user*) wurden hierbei den @mentions zugeschrieben. Dass die Parallelität von @mention und Adressierung grundsätzlich möglich ist, ist selbstverständlich; exemplarisch seien die Tweets *@hhhhuh ja in der Regel schon am besten @huhhuuhuhhuhuh folgen* und *@hhuhuhuhu Siehe @dede etwa 8h zuvor...* angeführt. @mention und Adressierung in einem ist allerdings in den 640 in nur einem Fall eindeutig belegt: *Willkommen @DeddeDeededd [...]*).

Obwohl es sich bei Microblogs um eine asynchrone Kommunikationsform handelt, sind bei den reaktiven Tweets im Regelfall reine Antworten oder Gegenfragen belegt – eine Wiederholung von Inhalten der Frage ist unüblich:

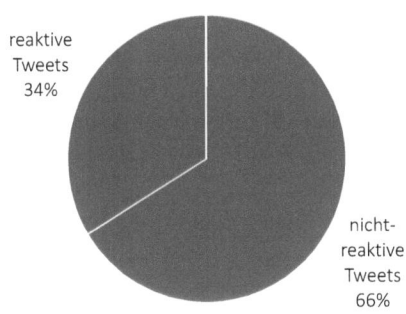

Abb. 9: Interaktion bei Twitter

---

25 Die Summe der Werte ist größer als 100 %, da in zehn Tweets sowohl @mention als auch Adressierung realisiert ist.

(81) @onnn Vergleichsweise unwahrscheinlich. Mal Rechte repariert? Plists gelöscht?
(82) @uhuhu definitiv.
(83) @OnonnnNonn B
(84) @hhuhuhuhu hä?
(85) @hhuhuhzzz wat fuer Minister??

Dies gilt auch für Fälle wie bei Pronominalisierung, in denen das Referenzierte wenig komplexer wäre (@*hhuhuhh* der *findet aber auch irgendwie nicht alles, wie ich eben feststellen durfte..*; Herv. TS)
In einem Tweet wird das @ anders als üblich verwendet:

(86) ist am Wochenende in Berlin. Tips und Veranstaltungshinweise werden über @ und DM entgegen genommen ;)

Das @-Zeichen leitet hier keinen Benutzernamen ein, sondern wird – ähnlich wie *cc* ›in Kopie‹ – umgedeutet in den ›Twitteraccount‹.

2.3.8 Funktionale Aspekte

Hinsichtlich der funktionalen Aspekte hat sich bei der Analyse gezeigt, dass die Kategorien des Analyserasters nicht immer unproblematisch sind. Tweets können zwei oder mehr Funktionen aufweisen, sodass Mehrfachnennungen möglich sind. Der Tweet *Guten Morgen! Wetter verspricht nicht, da besorg ich doch mal ein paar Brötchen.* umfasst eine Begrüßung und stellt gleichzeitig einen Sachverhalt dar. Damit verbunden sind Probleme der eindeutigen Kategorisierung. Ein Tweet wie *Maria muss an ihrer Figur arbeiten. WTF!* können als Statement, aber auch als Kommentierung interpretiert werden. Auch in solchen Fällen wurde eine Doppelkategorisierung vorgenommen. Der Unterschied von Nachricht und Statement ist nicht immer klar zu definieren. Unter ›Nachricht‹ wurden Pressenachrichten oder Presse ähnliche Nachrichten subsumiert. Ein Tweet wie *Preußen Münster - Paderborn 2:1 zur Pause. Verdiente Führung, schönes Spiel.* wurde also als Nachricht kategorisiert. Da Begrüßungen und Verabschiedungen vorkommen, wurde diese beiden zu der Kategorie ›Gruß‹ zusammengefasst. ›Anfragen‹ umfassen Fragen im allgemeinen Sinne, unter ›Andere‹ sind nicht nach den Kategorien klassifizierbare und nicht interpretierbare Tweets zusammengefasst. Schwierig gestaltete sich in textfunktionaler Perspektive die Kategorie ›Antwort‹, da zum Zeitpunkt der Analyse die Tweets nicht mehr im Kontext relokalisiert werden konnten, sodass allein eine

Microblogs global: Deutsch 69

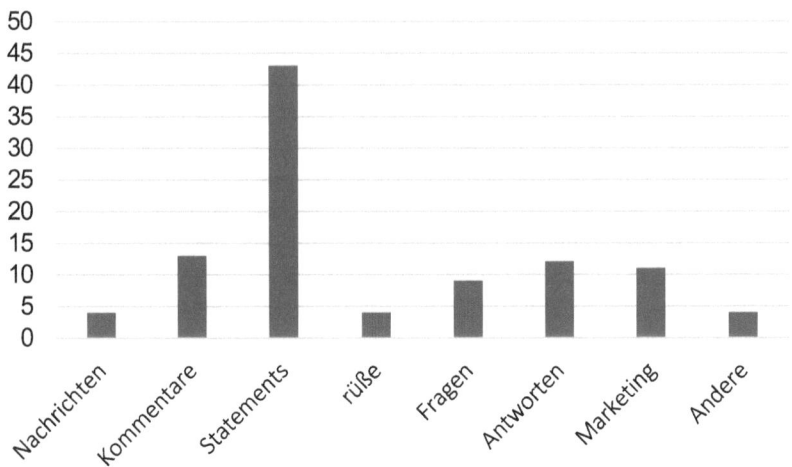

Abb. 10: Funktionen von deutschen Tweets (Angaben in %, gerundet)

Interpretation des jeweiligen Einzeltweets möglich war, z. B. *Ich habe keinen Bedarf danke.*

Wie Abbildung 10 zu entnehmen ist, bilden Statements mit 43 % den Hauptteil des funktionalen Spektrums, gefolgt von Kommentaren (13 %), Antworten (12 %), Marketing/PR (11 %), (An)Fragen (9 %). Nachrichten und Begrüßungen/Verabschiedungen nehmen mit 4 % eine untergeordnete Rolle ein.

Als weiteres Kriterium ist der Grad der *Ich-Bezogenheit* vs. *Sachbezogenheit* der in Tweets geposteten Inhalte interessant, z. B. *mach mal hinne. Ich bin schon da. :P* versus *zur liberalen Demokratietheorie trägt das Netz aber dennoch bei, es wird transparenter. #pc09 #pol20.* »Als ›ich-bezogen‹ stufen wir die Tweets ein, deren Inhalte sich überwiegend oder ausschließlich mit der eigenen Person des Twitterers beschäftigen bzw. mit der Kontaktpflege zu ihren Followern, ohne dabei inhaltlichen Bezug zu Themen von allgemeinem Interesse zu nehmen« (s. Sieberg in diesem Band). Allerdings stellen sich auch hier Probleme der Kategorisierung – sind Tweets wie *Blub, blub. Internet im Einstein geht :D* oder *Ich soll nächste Woche fürs Radio was zu Twitter erzählen. Gerne doch! :-) #twitter #interview #radio* eher ich- oder eher sachbezogen? Schließt man die Kategorien ›Nachrichten‹, ›Marketing‹ und ›Andere‹ aus der Analyse aus, so ergibt sich, dass gut die Hälfte aller Tweets (53 %) eher ich-bezogen sind, was den Befunden von Sieberg entspricht.

2.4 Zusammenfassung

Die Ergebnisse zur Analyse von deutschen Tweets bestätigen Studien, die die kurzen Mitteilungen zwischen Blogs und SMS-Mitteilung einordnen. Die deutschsprachigen Kurztexte weisen eine geringe Toleranz gegenüber der normkonformen Rechtschreibung auf und weisen eine geringe syntaktische Komplexität auf, was sich auch auf Wortebene zeigt. Durch die Begrenzung auf 140 Zeichen sollte der belegte Anteil an Kurzwörtern und Abkürzungen nicht verwundern, doch liegen die Werte auch nicht übermäßig hoch und unter denen von SMS-Mitteilungen (vgl. im Detail Siever 2012). Verständlich sind die Kurzformen fast durchgehend, wenn man Urheber und Zielgruppe berücksichtigt. So mag BDK (Bundesdeligiertenkonferenz) nicht jedem bekannt sein, doch 1. trifft dies sicherlich auch auf *DSDS* (Deutschland sucht den Superstar) zu 2. dürfte es kontextbezogen entschlüsselbarer sein und 3. sollten die Abonnenten des Politikers, der das Kurzwort verwendet, fachlich soweit gebildet sein, um es verstehen zu können. Auch hinsichtlich der belegten Anglizismen kann konstatiert werden, dass sie nicht so häufig wie erwartet (2,3 %) und im Regelfall (internet)fachsprachlich oder in der Standardsprache usualisiert sind (*Party*).

Typisch für deutschsprachige (und sicherlich auch anderssprachige) Tweets sind Hashtags und RT sowie @mentions und @-Adressierungen. Während @ mentions schon aus Logik in die Mitteilung integriert werden, ist dies insbesondere bei Hashtags eine kreative Handlung, die immerhin in 30 Prozent der Fälle realisiert wird. Sie stellt nach der Verwendung von Kurz-URLs das augenscheinlichste Mittel zur Reduktion von Zeichen dar. Auch dank ihnen schöpfen die Nutzer ihre Zeichenobergrenze kaum aus: Im Mittel weist ein Tweet 86 Zeichen auf, womit durchschnittlich 12,5 Wortformen gebildet werden.

Statements bilden mit 43 % den Hauptteil des funktionalen Spektrums, gefolgt von Kommentaren (13 %), Antworten (12 %), Marketing/PR (11 %), (An) Fragen (9 %). Nachrichten und Begrüßungen/Verabschiedungen nehmen mit 4 % eine untergeordnete Rolle ein (s. Abb. 10).

Kommuniziert wird hauptsächlich in deutscher Sprache, doch gibt es unter den analysierten 640 Tweets auch einige englischsprachige Äußerungen – darunter Replys auf englischsprachige Tweets. Das Werkzeug trägt damit klar zur internationen Kommunikation bei und dürfte dazu beitragen, die englische Sprache, die klar als Fremdsprache dominiert, weiter als lingua franca durchzusetzen.

Bereich	Merkmal	Ergebnis (gemessen an/ bezogen auf)
Statistische Angaben	Datenbasis	640 Tweets v. 32 männl. und 32 weibl. Usern
	Anzahl Zeichen	55 076
	Anzahl Wortformen	8 012
Orthografie	Standardschreibung	68,75 % (der Schreibung)
	Konsequente Kleinschreibung	7,81 % (der Schreibung)
	Konsequente Großschreibung	0 % (Schreibung)
	Satzinitiale Großschreibung	0 % aller Sätze
	Hybridschreibung	wortextern: 25 % (Schreibung)
		wortintern: 0 %
	Zusammenschreibung	0,63 % (aller Tweets)
	Hervorhebung durch Großschreibung	3,13 % (aller Wortformen)
	Tippfehler	0,11 % (der Gesamtzeichen)
	Fortfall von Akzenten	0,01 % (aller Wortformen)
Gesprochene Umgangssprache	Tilgungen	1,17 % (aller Wortformen) 16,5 % (aller Wortformen, die getilgt vorkommen)
	Assimilation	0,47 % (aller Wortformen), 64,41 % (aller Wortformen, die assimiliert vorkommen)
	Klitisierung	0,05 % (aller Wortformen), 22,22 % (aller Wortformen, die klitisiert vorkommen)
	Gesprächspartikeln	1,27 % (aller Wortformen)
Wörter	Dialekt	0,2 % (aller Wortformen)
	Umgangssprache	1,46 % (aller Wortformen)
	Anglizismen	2,32 % (aller Wortformen)
	Andere Fremdwörter	Französisch: 0,04 % (aller Wortformen) Arabisch: 0,01 % (aller Wortformen)
	Inflektive	0,1 %
	Andere:	Diminutive: 0,1 % (aller Wortformen)

Bereich	Merkmal	Ergebnis (gemessen an/ bezogen auf)
Reduktionsformen	Namen	Personen: 0,04 % (aller Wortformen) Städte: 0,11 %
	Funktionswörter	Artikel: 0 %
		Präpositionen: 0,04 % (aller Wortformen) 7,32 % (aller Präpositionen, die reduziert vorkommen)
		Pronomen: 0 %
		Konjunktionen: 0,16 % (aller Wortformen) 11,5 % (aller Konjunktionen, die reduziert vorkommen)
	Zusammensetzungen	0,55 % (aller Wortformen), 97,96 % (aller Zus., die reduziert vorkommen)
	Wortgruppen	0,1 % (aller Wortformen), 100 % (aller Wortgruppen, die reduziert vorkommen)
	Integration von Hashtags i. d. Mitteilung	30,5 % aller Hashtags ø 1,2 Stück pro Tweet (mit Hashtags)
	Integration v. @user i.d. Mitteilung	3,1 % aller Nennungen ø 1 Stück pro Tweet
	Andere:	Kurz-URLs: 79 % (aller URLs) (103 von 130)
Syntax	Einfacher Satz	36,5 % (aller Sätze)
	Ellipse	43,3 % (aller Sätze)
	Koordinierter Satz	10,4 % (aller Sätze)
	Subordinierter Satz	9,8 % (aller Sätze)
Graphostilistik	Smileys	1,46 % (aller Wortformen)
	Iteration: Interpunktion	4,7 % bei ! und ? (aller Satzabschlusszeichen) 18,4 % beim . (.. oder ...)
	Buchstaben Wörter	0,12 % (aller Wortformen) 0,01 % (aller Wortformen)
	Homophonie	0 %
Interaktion	Reaktive Tweets	33,75 % (aller Tweets)
	Adressierungen	40,31 % (aller Tweets)

Bereich	Merkmal	Ergebnis (gemessen an/ bezogen auf)
	@mentions	8,16 % (aller Tweets)
Länge der Einträge	Zeichenanzahl	86,1 Zeichen (je Tweet)
	Wortanzahl	12,5 Wortformen (je Tweet)
	Zeichen pro Wortform	6,87 Zeichen (ø)
Mehrsprachigkeit	Anzahl Sprachen	1–2 Sprachen (ø je Tweet)
	Anzahl Tweets in fremder Sprache	73 Tweets (11,4 % aller Tweets)
Funktionale Aspekte	Funktion der Tweets	Nachrichten: 4 % (aller Tweets)
		Kommentierungen: 13 %
		Statements: 43 %
		Begrüßungen/Verabschiedungen: 4 %
		(An)Fragen: 9 %
		Antworten: 12 %
		Marketing/PR: 11 %
	Andere:	4 % (aller Tweets)

Literatur

Bieswanger, Markus (2013). »Micro-linguistic structural features of computer-mediated communication«. In: Herring, Susan C., Dieter Stein & Tuija Virtanen (Hg.). Pragmatics of Computer-Mediated Communication. Berlin Boston. S. 463–485.
Dürscheid, Christa (2007). Private, nicht-öffentliche und öffentliche Kommunikation im Internet. In: Neue Beiträge zur Germanistik, hrsg. v. der Japanischen Gesellschaft für Germanistik 6(4), S. 22–41.
Kobler-Trill, Dorothea (1994). Das Kurzwort im Deutschen. Eine Untersuchung zu Definition, Typologie und Entwicklung. In: Reihe Germanistische Linguistik. Hrsg. v. Helmut Henne, Horst Sitta & Herbert Ernst Wiegand. Bd. 149. Tübingen.
Moraldo, Sandro M. (2009). »Twitter: Kommunikationsplattform zwischen Nachrichtendienst, Small Talk und SMS«. In: Moraldo, Sandro M. (Hg.). Internet.kom. Neue Sprach- und Kommunikationsformen im WorldWideWeb. Band 1: Kommunikationsplattformen. Rom. S. 245–281.
Neuberger, Christoph/vom Hofe, Hanna Jo/Nuernbergk, Christian (2011): Twitter und Journalismus. Der Einfluss des »Social Web« auf die Nachrichten. 3., überarbeitete Auflage, Düsseldorf: Landesanstalt für Medien Nordrhein-Westfalen (LfM) <http://lfmpublikationen.lfm-nrw. de/catalog/downloadproducts/L043_Band_38_Twitter.pdf>.
Runkehl, Jens, Peter Schlobinski & Torsten Siever (1998). Sprache und Kommunikation im Internet. Überblick und Analysen. Opladen.
Schlobinski, Peter, Nadine Fortmann, Olivia Groß, Florian Hogg, Frauke Horstmann & Rena Theel (2001). »Simsen. Eine Pilotstudie zu sprachlichen und kommunikativen Aspekten in der

SMS-Kommunikation«. <http://www.mediensprache.net/networx/networx-22.pdf>. In: Networx, Nr. 22. Hannover.

Schlobinski, Peter & Manabu Watanabe (2003). »SMS-Kommunikation – Deutsch/Japanisch kontrastiv. Eine explorative Studie«. <http://www.mediensprache.net/networx/networx-31.pdf>. In: Networx, Nr. 31. Hannover Tokyo.

Schlobinski, Peter & Torsten Siever (2005). »Sprachliche und textuelle Aspekte in deutschen Weblogs«. In: Schlobinski, Peter & Torsten Siever (Hg.). Sprachliche und textuelle Aspekte in Weblogs. Ein internationales Projekt. S. 52–85.

Siever, Torsten (2011). Texte i. d. Enge. Sprachökonomische Reduktion in stark raumbegrenzten Textsorten. In: Sprache – Medien – Innovationen. Hrsg. v. Runkehl, Jens, Peter Schlobinski & Torsten Siever. Bd. 1. Frankfurt/M. et al.

Siever, Torsten (2012). »Zwischen Blog und SMS: Das Microblog Twitter.com aus sprachlich-kommunikativer Perspektive«. In: Siever, Torstenm & Peter Schlobinskim (Hg.). Entwicklungen im Web 2.0. Ergebnisse des III. Workshops zur linguistischen Internetforschung. Frankfurt/M. et al. S. 73–96.

Siever, Torsten (2013). »Zugänglichkeitsaspekte zur Kommunikation im technischen Zeitalter«. In: Marx, Konstanze & Monika Schwarz-Friesel (Hg.). Sprache und Kommunikation im technischen Zeitalter. Wieviel Internet (v)erträgt unsere Gesellschaft? Berlin Boston. S. 7–25.

Saskia Kersten (Hildesheim) & Netaya Lotze (Hannover)

3 Microblogs global: Englisch

In diesem Artikel werden die Ergebnisse der Analysen zweier Twitter-Korpora aus dem anglophonen Sprachraum vorgestellt. Es handelt sich hierbei um ein Korpus aus Großbritannien und eines aus den USA, wobei die Kommunikation über Twitter für beide Sprachgemeinschaften separat erhoben wurde, da bereits bei erster Durchsicht der public time-line interessante Unterschiede zwischen den jeweiligen Sprachdaten auffielen. So schienen die BritInnen in erster Linie eine an Mündlichkeit orientierte, dialogische Kommunikation zu pflegen, während die US-AmerikanerInnen meist konventionelle Postings in Standard-Orthografie an eine breite Öffentlichkeit richteten. Gründe dafür können in den unterschiedlichen Technologiehistorien beider Länder liegen sowie in kulturellen und sprachlichen Unterschieden zwischen Großbritannien und den USA. Im Folgenden werden die Unterschiede zwischen den Korpora auf deskriptiver Ebene empirisch erfasst und erste Erklärungsversuche diskutiert.

Englisch ist eine indoeuropäische Sprache, die sich dem westlichen Zweig der germanischen Sprachen zuordnen lässt (vgl. z.B. Baugh/Cable 2002) und die im Laufe ihrer Entwicklung stark durch andere Sprachen und Kulturen beeinflusst wurde (u.a. Latein, Normannisch/Französisch und Altnordisch). Aufgrund dieser Einflüsse hat das Englische einen sehr großen Wortschatz, konservative Schätzungen gehen von etwa 500 000 Lexemen aus (vgl. z.B. Crystal 2003: 119).

Das Englische hat sich zu einer isolierenden Sprache entwickelt, es gibt nur acht Flektionsmorpheme (Fromkin/Rodman/Hyams 2007: 99). Aufgrund dieses isolierenden Charakters ist die Satzstellung wenig flexibel. Das Tempussystem besteht aus zwei Tempora (*past* und *present tense*), die morphologisch gebildet werden, während *future time* durch andere Formen realisiert wird (z.B. *will*, *going to*), sowie zwei Aspekten (Verlaufsform und perfektiver Aspekt, vgl. Crystal 2003: 224f.). Neben dem Indikativ und dem Imperativ gibt es auch

Konjunktivformen, die sich allerdings nur noch an der Form des Verbs der ersten Person Singular ablesen lassen. Für die Analyse geschriebener Sprache ist von Bedeutung, dass Englisch keine phonetische Sprache ist, d.h. keine Sprache, in der es eine regelhafte Übereinstimmung von Graphemen oder Graphemkombinationen und Phonemen gibt (Crystal 2003: 272).

Englisch wird nicht nur in Großbritannien, sondern auch in den USA, Australien und vielen anderen Ländern gesprochen (z.Z. ist Englisch offizielle Sprache in über 50 Ländern der Erde[1]). Diese Varietäten weisen z.T. deutliche Unterschiede auf (siehe z.B. Crystal 2003, Kirkpatrick 2010). Darüber hinaus sprechen viele Menschen Englisch als Zweit- oder Fremdsprache und benutzen es als Lingua Franca, wobei diese Varietät sich von dem Standard Englisch in Großbritannien und den USA etc. durchaus unterscheidet (siehe z.B. Prodromou 2008).

3.1 Blogosphären in Großbritannien und den USA

Die USA und Großbritannien waren in den ersten Jahren, als Twitter den globalen Markt stürmte, die beiden Nationen mit den meisten NutzerInnen. 2011 liegen die USA mit 50,88% der NutzerInnen weltweit weiterhin mit großem Abstand auf Platz eins, während Großbritannien von Brasilien überholt wurde und sich nun mit 7,20% der NutzerInnen auf Platz drei befindet.[2] In beiden Ländern ist Twitter allgemein bekannt, wird aber in Relation zur Gesamtbevölkerung nur von vergleichsweise wenigen Menschen genutzt. Eine Studie von Edison Research zeigt, dass in 2010 92% der über 12jährigen AmerikanerInnen Twitter kannten, aber nur 8% Twitter nutzten. Zum Vergleich: Facebook wurde von 51% der AmerikanerInnen genutzt. Außerdem zeigt die Studie von Heil und Pistorski[3] an der Harvard Business-School, dass 10% der amerikanischen Twitternden 90% der Inhalte produzieren. Fast zwei Drittel nutzen zum Twittern ein Mobilgerät. 55% der Twitter-Community in den USA sind männlich, 45% sind weiblich. 51% folgen Firmen, Marken oder Produkten.

Nielsen haben 2010 für Großbritannien erhoben, dass 2% aller Zugriffe im Bereich sozialer Medien auf Twitter entfielen, 51% entfielen auf Facebook.[4] Dabei produzieren 7% der User 79% der Inhalte.

---

1 http://en.wikipedia.org/wiki/List_of_countries_where_English_is_an_official_language
2 http://www.webanalyticsworld.net/2010/01/global-twitter-usage-2010-brazil-is.html (Zugriff 26.05.2011)
3 http://blogs.hbr.org/cs/2009/06/new_twitter_research_men_follo.html (Zugriff 26.05.2011)
4 http://www.clickymedia.co.uk/2010/02/social-media-statistics-february-2010/ (Zugriff 26.05.2011)

Eine Studie von Hitwise zeigt, dass Twitter in Großbritannien von sehr unterschiedlichen UserInnengruppen für unterschiedliche Zwecke genutzt wird. »Twitter is no longer purely in the domain of early-adopters; rather it is becoming a universal tool which is being used increasingly by all types of Internet users, regardless of their online preferences.« (Netlink 765) Die größte Gruppe von Twitternden weltweit lebt in London, während die größte Anzahl von Tweets in New York produziert wird.

3.2 Empirische Basis

Die Korpuserstellung erfolgte im Sommer 2010 von Juni bis August durch zwei linguistisch vorgebildete Hilfskräfte, die Tweets von britischen und US-amerikanischen UserInnen von der public time-line[5] in ein Analyseraster kopierten, das die Texte mit URLs, Hashtags und @mentions umfasst sowie Metainformationen zu den NutzerInnen aus ihren öffentlichen Profilen (d.h. Nickname, Wohnort, angegebenes Geschlecht und Kurzcharakteristik). Das Gesamtkorpus umfasst 640 Tweets (10 Tweets pro UserIn, sofern nicht erhebbar, normalisiert) zu gleichen Teilen von Männern und Frauen, wobei die Geschlechterrelation nicht repräsentativ ist für die Blogosphäre. Daraufhin wurde das Gesamtkorpus in die Teilkorpora US und GB gesplittet.

Die Teilkorpora wurden mit dem automatischen Tagger English PennTB-TreeTagger 2.0 getaggt. Hierzu wurden die Korpora in das Corpus Query System SketchEngine (Kilgariff et al. 2004, siehe auch the.sketchengine.co.uk) geladen und dann mitsamt der Part-of-Speech-Tags wieder extrahiert und in Excel importiert. Da der automatische Tagger nicht mit dieser Art von Textsorte trainiert worden ist, mussten die PoS-Tags nachträglich noch einmal kontrolliert werden. Falsch vergebene Tags wurden manuell verbessert. Dies war vor allem bei Twitter-spezifischen Wortformen (z.B. Emoticons, @mentions oder Klitisierungen ohne Apostroph) nötig.

Die Annotation der vorgegebenen Analyseparameter erfolgte per Hand, gegliedert nach Kategorien in Excel. Beim Taggen wurde auf ein im Projekt erstelltes Tag-Set zurückgegriffen, das aber während der Arbeit an den Korpora für die englische Sprache modifiziert werden musste.

Als problematisch erwies sich dabei z.B. das Taggen von syntaktischen Konstruktionen, da die Zeichenbegrenzung auf dieser Ebene die Vermeidung von komplexen Strukturen evoziert. Die in den Korpora vorliegenden Konstruktionen können in den meisten Fällen nicht als Satz im engeren Sinne bezeichnet werden, da ihnen oftmals das finite Verb oder ein obligatorisches

---

5   http://twitter.com/public_timeline (Zugriff 15.05.2010)

Subjekt oder Objekt fehlen. Daher werden wir in dieser Analyse die Menge der Konstruktionseinheiten eines Tweets mit dem Terminus *Tweet Constructional Unit (TwCU)* bezeichnen, in Analogie zur *Turn Constructional Unit (TCU)* in der Konversationsanalyse. Ein Tweet ist ein kurzer kommunikativer Beitrag zu einem dialogischen oder Mehrparteien-Gespräch oder einem weiter gefassten Diskurs. Adjazenz-Phänomene wie bspw. Tweets, die lediglich eine Responsivpartikel enthalten, sind nicht selten. Daher scheint uns die Analogie zur Konversationsanalyse an dieser Stelle vertretbar.

Die Auszählung der Tags erfolgte automatisch in Excel. Die Ergebnisse wurden durchgesehen, per Hand gruppiert und auf die jeweiligen Grundgesamtheiten bezogen, so dass die prozentualen Werte angegeben werden können. Die entsprechenden Werte für GB und US wurden einander synoptisch gegenübergestellt. Tags aus Retweets wurden bei der Auswertung nicht berücksichtigt, sondern separat gezählt.

Zusätzlich wurden nach Geschlechtern getrennte US- und GB-Korpora erstellt, indem die ursprünglichen Teilkorpora nach dem Taggen jeweils noch einmal separiert wurden. Bei der Zuordnung der Tweets wurde sich an den Angaben der User zum eigenen Geschlecht orientiert, welches nicht unbedingt der Wahrheit entsprechen muss. Die geschlechtsspezifischen Korpora umfassen einen eher geringen Umfang von je N=160 Tweets, so dass sie allein dazu dienen, Tendenzen sichtbar zu machen, die anhand größerer Stichproben überprüft werden müssen. Alle folgenden Ergebnisse für Frauen und Männer im Vergleich bilden nur Tendenzen ab und sollten unbedingt noch einmal an größeren Korpora überprüft werden.

Eine feinkörnige Analyse kompletter Dialogstrukturen erwies sich als nicht sinnvoll, da längere Sequenzen von Tweet-Wechseln nur schwer aufzufinden und zuzuordnen waren, bzw. nur im GB-Korpus vorlagen. Die Vermutung liegt nahe, dass amerikanische NutzerInnen für längere dialogische Kommunikation eher Direct Messages nutzen. Kürzere Sequenzen von Tweet-Wechseln gingen jedoch mit in die Korpora ein und werden im Kapitel *Interaktion* qualitativ besprochen.

3.3 Analyse englischsprachiger Tweets im Vergleich: USA vs. GB

In beiden Korpora wird ausschließlich auf Englisch getwittert. Während die Tweets im GB-Korpus im Durchschnitt zwar 10 Zeichen länger sind, enthalten sie aber nahe zu gleich viele Wortformen wie die Tweets im US-Korpus.

Microblogs global: Englisch

	GB	US
Anzahl Zeichen pro Tweet (Durchschnitt)	87,81	77,44
Anzahl Wortformen pro Tweet (Durchschnitt)	13,76	14,55

Die Anzahl der Retweets ist in beiden Korpora sehr unterschiedlich (N_{GB}=5, N_{US}=29), aber jeweils gering. Anhand unseres Datensatzes lassen sich keine verallgemeinerbaren Aussagen treffen. Daher wird auf eine Diskussion der Retweets weitgehend verzichtet.

3.3.1 Orthografie

In den untersuchten Korpora fällt auf, dass nur selten orthografische Fehler gemacht werden, nur 0,16 % aller Zeichen im GB-Korpus und sogar nur 0,07 % aller Zeichen im US-Korpus sind nicht korrekt. Von allen Wortformen sind in dem britischen Korpus 89,65 % korrekt geschrieben, im amerikanischen Korpus 93,89 %.

Bei der Analyse der Orthografie wurde nach verschiedenen Formen von Tippfehler unterschieden, die Übersicht zeigt nur die drei häufigsten.

Orthografie	GB		US	
	Anzahl	Prozent von Anz. Zeichen	Anzahl	Prozent von Anz. Zeichen
Graphemauslassung	21	0,08 %	9	0,03 %
Falsches Graphem	9	0,03 %	3	0,01 %
Graphem zuviel	7	0,02 %	3	0,01 %

Die Graphemauslassung ist mit Abstand der häufigste Tippfehler, was neben Unachtsamkeit bei der Eingabe auch der Beschränkung von Tweets auf 140 Zeichen geschuldet sein könnte. Bei den falschen Graphemen fällt auf, dass hier vor allem auf der Tastatur benachbarte Zeichen anstelle des korrekten benutzt werden, was sich ebenfalls auf Unachtsamkeit bei der Eingabe zurückführen lässt. Das mehrfache Drücken einer Taste, das bei dem Schreiben von SMS nötig ist, entfällt als mögliche Fehlerquelle zumeist, da die meisten Eingabegeräte über eine (virtuelle) Tastatur wie bei einem Desktop-Rechner verfügen.

- Graphemauslassung: (GB270) thi (statt thai)
- falsches Graphem: (US4970-74) in a field or daisies (statt in a field of daisies)
- Graphem zuviel: (US651) foir (statt for)

Von manchen Nutzern wird die Graphemauslassung auch bewusst als Stilmittel eingesetzt, um kenntlich zu machen, dass der Tweet dialektal gefärbt ist. So wird z. B. das sogenannte *H-dropping* graphemisch umgesetzt.

(GB361-369)   I'm not on ere to promote anything.

H-dropping ist ein typisches Merkmal des Cockney und Estuary English und anderer regionaler Akzente (Crystal 2003), aber auch von Soziolekten: "The use of /h/ in modern English has come to stand as one of the foremost signals of social identity, its presence in initial positions associated almost inevitably associated with the 'educated' and 'polite' while its loss commonly triggers popular connotations of the 'vulgar', the 'ignorant', and the 'lower class'" (Mugglestone 2003: 95). Dialekte, Soziolekte und andere Varietäten werden unter 3.3.3 genauer betrachtet.

In Bezug auf die **Interpunktion** fällt auf, dass Satzzeichen sowohl innerhalb des Tweets als auch am Ende des Tweets weggelassen werden, was wahrscheinlich zeichenökonomische Gründe hat. Im GB-Korpus fehlt die tweetfinale Interpunktion bei 20,48 % aller Tweets, im US-Korpus bei 20,88 % aller Tweets. Hier ist auffällig, dass andere Elemente, die dem eigentlichen Text folgen, also z. B. Hashtags oder URLs, oft den tweetfinalen Punkt ersetzen. Bei der Interpunktion innerhalb der Tweets unterscheiden sich die beiden Korpora stark voneinander, amerikanische NutzerInnen scheinen diese Satzzeichen regelkonformer zu setzen als britische NutzerInnen.

Orthografie: Interpunktion	GB		US	
	Anzahl	Prozent von Anz. TwCU	Anzahl	Prozent von Anz. TwCU
Interpunktion fehlend (ausgenommen tweetfinaler Punkt)	132	15,63 %	27	3,56 %

Da Englisch eine Sprache ist, in der außer Satzanfängen nur wenig andere Wörter innerhalb eines Satzes großgeschrieben werden, wäre zu erwarten, dass die **konsequente Kleinschreibung** von Tweets relativ häufig auftritt. Dies ist jedoch nicht der Fall. Nur 1,51 % aller britischen Tweets sind ausschließlich kleingeschrieben, im amerikanischen Korpus kommt die konsequente Kleinschreibung von Tweets überhaupt nicht vor. Die **konsequente Großschreibung** ist ebenfalls sehr selten, nur zwei Tweets im GB-Korpus und ein Tweet im US-Korpus sind konsequent großgeschrieben.

Bei der Hervorhebung durch Großschreibung wurde in den englischen Korpora auch die Hervorhebung durch wortinitiale Großschreibung von Wörtern mitgezählt, die standardsprachlich (außer natürlich am Satzanfang) nicht großgeschrieben werden. Wörter, die vollständig in Großbuchstaben geschrieben wurden, wurden zusätzlich gesondert getaggt (siehe 3.3.6). Dadurch ergibt sich folgendes Bild:

Orthografie: Großschreibung	GB		US	
	Anzahl	Prozent von Anz. WF	Anzahl	Prozent von Anz. WF
Hervorhebung durch Großschreibung gesamt	27	0,61 %	123	2,64 %
davon das ganze Wort in Großbuchstaben	11	0,24 %	51	1,08 %

(US166-168) over capacity AGAIN
(GB1371-80) now doing housewifey things, Washing, Cleaning, Hoovering

Die Hervorhebung durch Großschreibung in beiden Varianten findet sich oft zur Betonung und Hervorhebung einzelner Wortformen. Außerdem imitiert die Großschreibung von lexikalischen Wörtern Zeitungsschlagzeilen, was oft durch den telegraphischen Stil noch unterstützt wird (Crystal 2003: 382). Weitere Funktionen werden in Kapitel 3.3.6 genauer diskutiert.

Die satzinitiale Kleinschreibung kommt ebenfalls selten vor. Sie tritt nur in 6,27 % aller Tweet Constructional Units (TwCU) im GB-Korpus und 4,42 % aller TwCU im US-Korpus auf. Hierbei ist zu bemerken, dass in Tweets, die mit einem @mention beginnen, die Verwendung des Nutzernamens den Satzanfang bildet und dieser nicht großgeschrieben werden kann, da es keine gesonderte Form des @-Zeichens für diesen Zweck gibt. Die User schreiben nach einem solchen @mention die folgenden Wörter fast durchgehend klein. Auch in den meisten Apps, mit denen Twitter auf mobilen Geräten genutzt werden kann, ist bei der Nutzung der Reply-Funktion, die automatisch den Nutzernamen des Angesprochenen an den Tweetanfang stellt, die automatische Großschreibung des ersten Wortes nach dem @mention nicht aktiviert (so z.B. bei Twitter for iPhone). Bei der webbasierten Nutzung von Twitter über twitter. com gibt es keine automatische Großschreibung oder Rechtschreibprüfung.

Hybridschreibung, also die Mischung von Groß- und Kleinschreibung innerhalb eines Wortes oder durch die Auslassung von Leerzeichen bei der Aneinanderreihung von mehreren großgeschriebenen Wörtern finden sich in beiden Korpora gar nicht. Fließtext ohne Leerzeichen zwischen den einzelnen Wörtern kommt zwar vor, ist aber extrem selten (0,07 % aller Wortformen im GB-Korpus, 0,02 % aller Wortformen im US-Korpus).

Die Zusammenschreibung mehrerer Wörter findet sich im GB-Korpus nur bei einer Userin, die in allen drei Fällen andere Twitternde bittet, ihr zu folgen und als Begründung für diese Bitte »iluvya« (GB3908) oder »iloveyou« (GB3918) angibt. Der einzige Fall von Zusammenschreibung im US-Korpus ist der Tweet (US51):

Gooooooooaaaaaaaaaaaaaohfuckthereisstillanoilspilldestroyingtheplanet,

in dem die Zusammenschreibung einen komischen Effekt hat. Daraus kann man schließen, dass Zusammenschreibung nicht aus Gründen der Sprachökonomie eingesetzt wird; hierfür wird vor allem auf andere Formen der Reduktion zurückgegriffen (siehe Kapitel 3.3.4).

Aus orthografischer Sicht sind in den beiden englischsprachigen Korpora vor allem zwei Phänomene sehr interessant, die auch oft gemeinsam auftreten: Das englische Personalpronomen »*I*«, das aus historischen Gründen großgeschrieben wird (vgl. z. B. Crystal 2003: 260), wird oftmals kleingeschrieben. Des Weiteren wird das Apostrophzeichen, das bei klitisierten Formen in der Standardschreibung die Grenze zwischen Pronomen und klitisiertem Hilfsverb bildet oder Teil des Genitivmorphem *-'s* (z. B. in *Peter's cup*) ist, oft ausgelassen.

Orthografie: Sonstige	GB		US	
	Anzahl	Prozent von Anz. WF	Anzahl	Prozent von Anz. WF
ausgelassenes Apostroph	42	0,96 %	5	0,12 %
»I« kleingeschrieben	25	0,55 %	8	0,16 %
»I« kleingeschrieben plus Auslassung des Apostrophs	6	0,13 %	1	0,02 %

Hier zeigt sich ein großer Unterschied zwischen den beiden Korpora. Während die amerikanischen UserInnen erneut weitestgehend standardsprachlich

Microblogs global: Englisch 83

schreiben, neigen die britischen Twitternden dazu, Enklisen ohne Apostroph zu schreiben und das »*I*« kleinzuschreiben. Im US-Korpus sind nur 5,79 % aller Verwendungen von »*I*« kleingeschrieben, im GB-Korpus aber 13,29 %. Auf die Auslassung des Apostrophs in klitisierten Formen wird in Kapitel 3.3.2 nochmal genauer eingegangen.

3.3.2 Mündlichkeit

In *Internet Linguistics* argumentiert Crystal (2011), dass durch die Änderung des Prompts, also der Eingabeaufforderung bei Twitter, von *What are you doing* zu *What's happening* sich die Struktur und Funktion der Tweets ebenfalls verändert hat. »Twitter now has far fewer isolated postings and far more semantic threads« (Crystal 2011: 11). Twitter wandele sich also im Laufe der Zeit von einem Tool für Status-Updates zu einer Plattform für dialogische Kommunikation. Dies zeigt sich vor allem im GB-Korpus. Ähnlich wie in Chat- und SMS-Kommunikation weist die Interaktion über Twitter hier eine hohe Dichte von Phänomenen auf, die traditionell eher der mündlichen als der schriftlichen Kommunikation zugeordnet werden (Wilson 2000, Crystal 2003, Moraldo 2010).

Ein solches Phänomen ist die Tilgung von Teilen eines Satzes, die als bekannt vorausgesetzt werden können. Dies führt zu elliptischen Strukturen (siehe auch Kapitel 3.3.5); im GB-Korpus werden 6,33 % aller Wortformen getilgt, im US-Korpus 4,95 %. In beiden Korpora wurde am häufigsten das Subjektpronomen getilgt, da oft die explizite Erwähnung des Pronomens nicht für das Verständnis der Aussage notwendig ist.

Ähnlich verhält es sich mit dem finiten (Hilfs)verb, das der Empfänger des Tweets ebenfalls oft anhand des Kontextes selbst ergänzen kann. Dies geschieht aus Gründen der Sprachökonomie (vgl. auch Wilson 2000: 2, Moraldo 2010: 8f), weil so Tastenanschläge eingespart werden und verhindert wird, dass ein Tweet dadurch unnötig explizit (Crystal 2003: 228) wird. Andererseits kann die Tilgung von Satzbestandteilen auch einen Einfluss auf den Stil der Mitteilung haben, es führt zu der sogenannten *headlinese*, »a form of written language which typically uses telegraphic ellipsis« (Wilson 2000: 71).

(GB210-220) can't imagine how you got that gig.
(GB2566-2572) Been warming my voice up all day
(US54-58) Bad soccer day for Korean-Americans.
(US4480-4489) Making a triple batch of rugelach. Shockingly easy.

Tilgungen aufgelöst nach Einzeltags	GB		US	
	Anzahl	Prozent von Anz. WF	Anzahl	Prozent von Anz. WF
Subjektpronomen	122	2,78%	87	1,87%
finites (Hilfs)verb	115	2,61%	93	1,99%
Artikel	14	0,33%	19	0,42%
indefinites (Subjekt)pronomen	16	0,37%	22	0,46%

Wie die Tabelle zeigt, werden andere Satzbestandteile weit weniger oft getilgt. Auffällig ist zudem, dass oft das Subjektpronomen und das finite (Hilfs)verb gemeinsam getilgt werden, ein Phänomen, dass sich im Englischen auch in anderen Textsorten, z. B. Tagebucheinträgen, häufig findet (Wilson 2000: 56f).

Tilgungen	GB		US	
	Anzahl	Prozent von Anz. WF	Anzahl	Prozent von Anz. WF
Subjektpronomen und finites (Hilfs)verb getilgt	76	1,73%	64	1,37%
nur Subjektpronomen getilgt	46	1,05%	22	0,46%
nur finites (Hilfs)verb getilgt	26	0,59%	10	0,21%
indefinites (Subjekt)pronomen	16	0,37%	22	0,46%

Auch hier zeigt sich ein deutlicher Unterschied zwischen den Korpora: amerikanische NutzerInnen tilgen das Subjektpronomen oder das finite (Hilfs)verb weniger häufig als britische NutzerInnen. Auch die Kombination von getilgtem Subjektpronomen und getilgtem finiten (Hilfs)verb kommt im US-Korpus weniger häufig vor, allerdings ist hier der Unterschied nicht so ausgeprägt.

Assimilation ist ein typisches Phänomen des (schnellen) Sprechens, im geschriebenen Englischen tritt es eher selten auf. Dennoch gibt es auch die verschriftlichten Formen der Assimilation *gotta* (got to), *wanna* (want to), *gonna* bzw. *gunna* (going to; zu möglichen Assimilationen vgl. Crystal 2003: 275).

(GB2307-2311)   I've gotta go
(GB5568-5573)   I dont wanna go home
(US3457-3465)   today's gonna be a good day

In den untersuchten Korpora trat Assimilation extrem selten auf, nur 0,15 % aller Wortformen im GB-Korpus und 0,07 % aller Wortformen im US-Korpus liegen in assimilierter Form vor. Wenn man die Formen *wanna*, *gonna* und *gotta* genauer betrachtet, zeigt sich, dass im GB-Korpus 44,44 % aller möglichen Formen tatsächlich assimiliert vorkommen. Im US-Korpus hingegen sind es nur 27,27 %.

Eine mögliche Erklärung für das geringe Auftreten von Assimilationen in unseren Korpora insgesamt könnte sein, dass durch diese Formen der Assimilation kaum Zeichen eingespart werden und daher andere sprachökonomische Strategien verwendet werden. Dann wäre Sprachökonomie hier wichtiger als verschriftlichte Mündlichkeit.

Klitisierungen finden sich vor allem bei Formen des Verbs *to be* sowie bei Hilfs- und Modalverben und bei der Negation *not* (s. nächste Seite). Da die Negation gesondert im Kapitel 3.3.4 betrachtet wird, wird in diesem Kapitel nur auf die Klitisierung von Verben eingegangen.

Klitisierung	GB		US	
	Anzahl	Prozent von Anz. WF	Anzahl	Prozent von Anz. WF
Enklise	149	3,39 %	122	2,62 %

Von allen Wortformen, die potentiell klitisiert vorliegen können, sind in beiden Korpora etwa ein Viertel tatsächlich klitisiert (GB-Korpus 24,72 %, US-Korpus 24,46 %).

Die klitisierte Form ist immer unbetont; um z. B. das Verb zu betonen, wird die unkontrahierte Form bevorzugt.

(US1900-1918)   Ahhhhhhh!!!!! I am in Queens!!!!!!!!!
vs.
(US3086-3094)   I'm playing a game on my iPhone

Neben der regulären Enklise mit Apostroph ist auch eine besondere Form der Enklise in den beiden Korpora vertreten, die das Apostroph auslassen, also z. B. *Im* statt *I'm* oder *youre* statt *you're* (vgl. 3.3.1). Da diese Formen von dem automatischen Parts-of-Speech-Tagger nicht erkannt wurden, wurden sie per Hand gesondert getaggt und in eine Restkategorie eingeordnet.

Sonderform der Enklise	GB Anzahl	US Anzahl
Enklitische Form ohne Apostroph	89	12

Wiederum stellt man einen großen Unterschied zwischen den beiden Korpora fest, die BritInnen nutzen diese Sonderform der Enklise mehr als siebenmal häufiger als die amerikanischen NutzerInnen.

Ein weiteres Merkmal für Mündlichkeit ist die Verwendung von Diskursmarkern. Hier wurde nach Interjektionen, Antwortpartikeln und sonstigen Diskursmarkern unterschieden. Als Antwortpartikel wurden die Diskursmarker klassifiziert, die sich eindeutig auf einen anderen Tweet beziehen. In fast allen Fällen handelt es sich hier um bejahende oder verneinende Partikeln. Diejenigen Marker, deren Funktion nicht eindeutig den beiden anderen Kategorien zuzuordnen waren, wurden als »Sonstige Diskursmarker« eingeordnet.

- Interjektion: (GB1089-1093) Eurgh. Why Today?
  (US3232-3237) Oh my god the stars!
- Antwortpartikel: (US3977-3980) No, seriously.
  (GB4059) Yep
- sonst. Diskursmarker: (US3977-3980) No, seriously.
  (GB1522-1524) surely they mean

Mündlichkeit: Diskursmarker	GB		US	
	Anzahl	Prozent von Anz. WF	Anzahl	Prozent von Anz. WF
Interjektionen	106	2,41 %	47	1,02 %
Antwortpartikeln	18	0,42 %	10	0,21 %
sonstige Diskursmarker	8	0,18 %	9	0,19 %
Gesamt	132	3,00 %	66	1,41 %

Im Vergleich enthält das GB-Korpus mehr als doppelt so viele Diskursmarker. Dies lässt sich vor allem dadurch erklären, dass im britischen Korpus weit mehr Interjektion wie *aha* und *really* auftreten. In einem Fall finden sich sogar beide Beispiele in einem Tweet:

(GB5541-5548) Yeah it is.. aha really?

3.3.3 Lexik

Beide Korpora enthalten Beispiele für den Gebrauch von Dialekten und Soziolekten. Zum Teil wird dies durch nicht standardisierte Orthografie ausgedrückt (siehe auch 3.2.1), z.B. durch Auslassung des wortinitialen h (*H-dropping*) oder des wortfinalen g (*G-dropping*). Außerdem finden sich auch phonetische Schreibungen bestimmter Wörter, die Rückschlüsse auf den Akzent zulassen (z.B. /f/ statt /θ/ bzw. /v/ statt /ð/, das sogenannte *TH-fronting*, ein typisches Merkmal des Cockney und Estuary English, vgl. Crystal 2003; Mugglestone 2003). Darüber hinaus treten auch regional gefärbte Lexik und dialektale Abweichungen von der Standardgrammatik auf.

(GB3808-3817) Goin on school camp 2marra wif @username
(US4978-4985) I also made up for this wee-bit off
(GB3940-3944) Eyya, how yous?
(GB1249-1255) Aye, nice brunette tho'

Zu Beginn der Analyse wurden sogenannte Amerikanismen bzw. Britizismen in den Korpora getaggt.

(GB704-712) My parents always made me awesome homemade cakes

Diese Kategorie wurde 20-mal im GB-Korpus vergeben. Da aber die Unterscheidung zwischen britischem und amerikanischem English nicht immer eindeutig möglich war, wurden die vergebenen Tags der allgemeineren Kategorie »dialektales Material« zugeordnet. Erwähnenswert ist aber dennoch, dass in dem US-Korpus kein einziger Britizismus getaggt wurde.

Wörter: Soziolekt/Dialekt	GB		US	
	Anzahl	Prozent von Anz. WF	Anzahl	Prozent von Anz. WF
Gesamt	120	2,71 %	67	1,44 %

Mit eingeschlossen in der obigen Tabelle sind auch Verwendungen von umgangs- und vulgärsprachlichen Ausdrücken sowie gruppenspezifisches Vokabular, z.B. aus dem Bereich der Jugend- oder Wissenschaftssprache. In den folgenden Tabellen wird nach diesen Tags unterschieden.

Hier ist auffällig, dass vulgärsprachliche Ausdrücke im GB-Korpus sehr viel häufiger verwendet werden als im US-Korpus, wobei die britischen Nutzerinnen wiederum mehr Vulgärsprache verwenden als die britischen Nutzer

Wörter: Soziolekt/Dialekt	GB		US	
	Anzahl	Prozent von Anz. WF	Anzahl	Prozent von Anz. WF
Umgangssprache	46	1,05%	48	1,04%
Vulgärsprache	21	0,48%	8	0,16%
Dialekt	17	0,39%	1	0,02%

(8 Verwendungen bei den britischen Männern gegenüber 13 Verwendungen bei den britischen Frauen).

Bei der Verwendung von vulgärsprachlichen Ausdrücken finden sich auch Unterschiede zwischen den Korpora, so verwendet ein amerikanischer Tweet das Wort *douchebag* (US107), das ein eindeutig amerikanischer Ausdruck ist, der im britischen Korpus nicht vorkommt. Ähnlich verhält es sich mit der Verwendung der Begriffe *ass* (eher im Amerikanischen gebräuchlich) und *arse* (eher im Britischen gebräuchlich). Im GB-Korpus finden sich darüber hinaus Worte wie *fucking* (z. B. GB1508) und Euphemismen für diesen Ausdruck, z. B. *blooming* (GB2472), oder andere Schreibungen, z. B. *fook* (GB6394), die z. T. verwendet werden, um eine mögliche Zensur zu umgehen. Diese Art von Vulgärsprache findet sich im US-Korpus gar nicht.

Bei der Verwendung von Umgangssprache findet sich kein nennenswerter Unterschied zwischen den beiden Korpora: 1,05% aller Wortformen im GB-Korpus und 1,04% im US-Korpus wurden als umgangssprachliche Formen getaggt.

Andere Ausdrücke, die einer bestimmten Nutzergruppe zugeordnet werden können, traten in beiden Korpora so selten auf, dass sich keine verallgemeinernden Aussagen treffen lassen.

In unseren Korpora fand sich nur ein einziger Inflektiv und zwar im GB-Korpus:

(GB4431-4433) rolls down window

Hier zeigt sich ein deutlicher Unterschied zur Chat-Kommunikation, in der Inflektive vergleichsweise frequent verwendet werden.

In beiden Korpora finden sich lautmalerische Formen, vor allem *haha*, *hehe*he oder *ahahaha*, um Lachen auszudrücken. Daneben finden sich aber auch andere Verwendungen, die ebenfalls meist eine Emotion ausdrücken, z. B. Ekel (*ewww*, GB5061), Verzweiflung oder Frustration (*arrrgh*, GB2476, *ugh*, US4216) oder Erschrecken (*eek*, GB3973). Darüber hinaus finden sich auch andere onomatopoetische Ausdrücke:

(US155-160)   i tried buzzing you all day
(GB1071-1078) Ooppps my iPad just fell of my bed

Diese lautmalerischen Ausdrücke werden von den BritInnen (1,49% aller Wortformen) sehr viel häufiger genutzt als von den amerikanischen Twitternden (0,42% aller Wortformen). Darüber hinaus verwenden britische Nutzerinnen fast doppelt so viele onomatopoetische Ausdrücke wie die britischen Männer (42 zu 22 Verwendungen), während die Verteilung bei den Geschlechtern im US-Korpus fast ausgewogen ist (11 Verwendungen bei den Frauen, 9 bei den Männern).

Da die englische Sprache wenig flektiert, fällt es besonders leicht, polyseme, homonyme oder ähnlich klingende Wörter in einem Satz so zu verwenden, dass mehr als eine Bedeutung möglich ist. Diese Art von Wortspielen (sog. *puns*) erfreut sich großer Beliebtheit (s. z. B. Crystal 2003: 406ff.). Vor allem die Regenbogenpresse in Großbritannien ist für ihre *puns* in den Schlagzeilen berühmt. Um solche Wortspiele zu verstehen, bedarf es oft nicht nur des Wissens um die Mehrdeutigkeit der verwendeten Wörter, sondern auch eines breiten Allgemeinwissens, da sie oft auch Anspielungen auf die sogenannte *popular culture* enthalten.

(GB52-61)   it's the grace fulness of his briefer posts
(GB1344-1352) Trying to boost her "Sagging" Career
              (über eine Schauspielerin, die eine Brustvergrößerung hatte)
(US4209-4213) Is cupworld over yet?

Wortspiele dieser Art sind in beiden Korpora selten, auch lässt sich kein Unterschied in der Verteilung feststellen.

3.3.4 Reduktion

Die Reduktion einzelner sprachlicher Einheiten ist seit Beginn der Verbreitung von digitalen Kommunikationsmedien als ein besonders häufiges Phänomen im Bereich der computervermittelten Kommunikation bekannt. Dabei war die englische Sprache stets Gegenstand der meisten Untersuchungen in diesem Bereich (vgl. z. B. Herring 1996).

Bei reduzierten sprachlichen Einheiten kann es sich sowohl um einzelne Wortformen (*probs* statt *problems*) als auch um ganze Wortgruppen (*lol* für *laughing out loud*) handeln. Reduktionen können einerseits Mündlichkeit imitieren (s.o.) oder medial schriftlich der Sprachökonomie dienen.

Bestimmte technische Voraussetzungen des jeweiligen Mediums bringen ein konkretes Reduktionsverhalten seitens der Nutzer mit sich. Dabei spielt es eine wichtige Rolle, ob die Kommunikation über die Botentechnologie synchron (z. B. Skype), quasi-synchron (Chat) oder asynchron (SMS) erfolgt und ob eine Zeichenbegrenzung für die einzelnen Turns vom Anbieter vorgegeben ist. Twitter kann als asynchrone oder quasi-synchrone Kommunikationstechnologie genutzt werden und hat mit 140 Zeichen pro Tweet eine enge Zeichenbegrenzung.

Die limitierte Anzahl der Zeichen pro Tweet führt ähnlich wie beim Text-Messaging zu sprachökonomischen Reduktionen, die die Zeichenzahl pro Wortform verringern sollen. Zu diesem Zweck dienen Akronym- und Kurzwortbildung sowie Enklise (siehe 3.3.2) und einige graphostilistische Elemente (siehe 3.3.6).

Bei quasi-synchroner Nutzung des Mediums erweisen sich Reduktionen als besonders effizient, da zusätzlich zur Zeichenbegrenzung ein gewisser Zeitdruck vorliegt, der Nutzer bei der Eingabe von Tweets beeinflussen kann. Verkürzte Formen sind schneller eingegeben als ihre Vollformen.

Reduzierte Formen treten in Tweets auch im Bereich der funktionalen Zeichen auf. Hashtags, URLs und @mentions werden in dieser Untersuchung als Reduktionsformen analysiert, aber separat von den textuellen Reduktionsformen besprochen.

Kurzformen, die eindeutig der Imitation von Mündlichkeit dienen, wurden innerhalb dieses Analyseparameters nicht getaggt. Allerdings ist eine klare Zuordnung einzelner Tokens teilweise nicht möglich, da die Abgrenzung zwischen den Analysekategorien »Mündlichkeit« und »Reduktion« durchlässig ist. So sind manche Reduktionen dem Umstand der Quasi-Synchronizität geschuldet, der besonders im GB-Korpus eine prominente Rolle spielt, und gleichzeitig können sie auch dem Parameter »Mündlichkeit« zugeordnet werden, da gerade der dialogische Austausch von Tweets einem mündlichen Face-to-Face-Szenario nahe kommt und zu konzeptionell mündlichen Äußerungen anzuregen scheint.

Die reduzierten Formen werden innerhalb der Analyse wie folgt unterschieden:

1. textuelle Reduktionsformen, untergliedert hinsichtlich der lexikalischen Kategorie
    a) Nominale Kategorien, untergliedert nach semantischen Kriterien + Pronomina + Adjektive

Microblogs global: Englisch

b) Verbale Kategorien (Vollverb, Hilfsverb, Modalverb, Participles und Gerunds)
c) Nichtflektierbare Kategorien (Negationen, Präpositionen, Konjunktionen, Adverben, Partikeln)
2. Wortgruppen
3. funktionale Reduktionsformen

Vergleicht man die Types in Bezug auf die Reduktionsformen so fällt auf, dass im GB-Korpus die größere Vielfalt unter den textuellen Reduktionen vorliegt. Hier finden wir Belege aus allen oben genannten Wortartenkategorien. Im US-Korpus dagegen liegen nur solche für Nomina, Vollverben, Hilfsverben und Negationen sowie vernachlässigenswert wenige Pronomina und Präpositionen vor.

Vergleicht man die reduzierten Tokens quantitativ, zeichnet sich folgendes Bild ab.

Reduktionsformen	GB		US	
	Anzahl	Prozent von Anz. WF	Anzahl	Prozent von Anz. WF
Nomina	65	1,47%	46	1,00%
Verben	108	2,45%	99	2,13%
weitere Wortformen	51	1,16%	43	0,93%
Wortgruppen	46	1,05%	11	0,23%
Funkt. Kategorien	172	3,90%	246	5,28%

Die Tabelle zeigt, dass textuelle Reduktion im GB-Korpus allgemein häufiger vorkommt. Alle Werte in diesem Bereich sind für Großbritannien ca. 10% höher als für die USA. Dieses Ergebnis passt gut zum allgemein stärker vom Standardenglischen abweichenden Profil des GB-Korpus´ im Vergleich zum US-Korpus.

Die beiden am häufigsten reduzierten nominalen Kategorien in beiden Korpora sind genuine Nomina als Kurzwörter (vgl. *probs*) und Eigennamen[6] von Firmen, TV-Serien oder Gegenständen des täglichen Gebrauchs als Akronyme (SATC für *Sex and the City*). Personen- und Städtenamen wurden separat erhoben, machen aber einen sehr geringen Anteil an den Reduktionsformen in beiden Korpora aus (vgl. die folgende Tabelle).

---

6   Der Wert für Eigennamen bezieht sich nicht auf Usernamen in @mentions. Diese werden unter die funktionalen Reduktionen subsumiert.

Reduktionsformen	GB		US	
	Anzahl	Prozent von Anz. WF	Anzahl	Prozent von Anz. WF
Reduzierte Nomina	31	0,70%	13	0,28%
Reduzierte Eigennamen: Akronym	22	0,50%	15	0,32%

Akronymbildung bei Eigennamen ist jedoch weder ein twitter-spezifisches Phänomen noch ist sie besonders typisch für den anglophonen Sprachraum. Belege für Reduktionen dieser Art finden sich in vielen Sprachen vermittelt über unterschiedliche Medien. Bei zahlreichen der reduzierten genuinen Nomina handelt es sich ebenfalls um verbreitete Abkürzungen (vgl. Crystal 2011: 44), z.B.

(GB291)   sat, sun, wed, etc. (Abkürzungen für Wochentage)
(US 3739) gf (für girlfriend)

Insgesamt gebrauchen die BritInnen in unseren Korpora mehr als doppelt so viele reduzierte genuine Nomina wie die AmerikanerInnen.

Im Bereich der Verben fallen vor allem die unterschiedlichen Werte für reduzierte Hilfsverben und Vollverben in den unterschiedlichen Korpora auf (reduzierte Modalverben sind vernachlässigbar selten). Sowohl die britischen als auch die amerikanischen Twitternden nutzen reduzierte verbale Formen in hohem Maße.

Reduktionsformen: Verben	GB		US	
	Anzahl	Prozent von Anz. VV/HV	Anzahl	Prozent von Anz. VV/HV
Reduzierte VV	57	10,30%	25	4,10%
Reduzierte HV	51	18,58%	57	21,47%

Betrachtet man die absoluten Häufigkeiten, so findet man im GB-Korpus mehr als doppelt so viele reduzierte Vollverben als im US-Korpus, wobei auch Formen von *to be* als Kopula (vgl. *That's amazing*) unter die Kategorie »Vollverben« subsumiert wurden. Reduzierte Vollverben können als Kurzwörter oder schriftlich realisierte Mündlichkeit auftreten sowie in Form von Akronymen.

(US1485)   Aubs No U (To know wird realisiert als No)
(GB3931)   DM me! (DM f. Direct Message wird hier als Verb verwendet)

Bei den Hilfsverben ist der Unterschied US/GB geringer (nur knapp 3%). Die große Zahl der reduzierten Hilfsverben scheint nicht web-spezifisch oder eingabebedingt zu sein (vgl. Kapitel 3.3.2), da im Englischen reduzierte Hilfsverben auch in der schriftlichen Kommunikation in bestimmten Genres als Standard angesehen werden können. Reduzierte Vollverben erinnern an Chat-Kommunikation und Internet-Slang. Sie kommen in beiden Korpora seltener vor, wobei sich die britischen NutzerInnen ihrer häufiger bedienen als die US-AmerikanerInnen.

Betrachtet man die Unterschiede zwischen den Geschlechtern in Bezug auf textuelle Reduktionsformen, so ergibt sich folgende Tendenz: Frauen im GB-Korpus nutzen doppelt so viele reduzierte Vollverben wie die Männer im gleichen Korpus. Bei Hilfsverben besteht kein großer Unterschied. Bei den funktionalen Reduktionsformen zeigt sich, dass Frauen im GB-Korpus 20% mehr @ mentions gebrauchen als Männer. Im US-Korpus sind die Verhältnisse anders: Es fällt auf, dass Männer etwa 50% mehr reduzierte Hilfsverben gebrauchen als Frauen – allerdings vor dem Hintergrund, dass die Männer im US-Korpus allgemein 30% mehr Hilfsverben gebrauchen.

Betrachtet man die anderen lexikalischen Kategorien, so fällt auf, dass besonders im Bereich der Negationen in beiden Korpora vermehrt Reduktionsformen auftreten (N_{GB}=25, N_{US}=33).

Über ein Drittel aller Negationen liegen reduziert vor, sowohl im GB- als auch im US-Korpus. Die Grundgesamtheit der Negationen bezieht sich auf alle Formen von *not* und *never*. Reduziert wird lediglich *not*. *Never* liegt nicht in reduzierter Form vor. Ähnlich wie bei den reduzierten Hilfsverben, scheint es sich hier nicht um eine medial bedingte Reduktion zu handeln. Reduktionsformen von *not* wie *isn't* oder *don't* sind im Englischen allgemein hochgradig konventionalisiert, nicht nur im Bereich der mündlichen Kommunikation, sondern auch medial schriftlich. So lässt sich u.U. auch erklären, weshalb reduzierte Negationen im US-Korpus stärker vertreten sind, während bei allen anderen lexikalischen Kategorien im GB-Korpus mehr Reduktionsformen vorliegen.

Die Reduktion von Wortgruppen bzw. ganzer Phrasen als Akronym ist ein beliebtes sprachökonomisches Prinzip, das seinen Ursprung in der Chat-Kommunikation hat. Dabei können unter anderem Aspekte der Mündlichkeit in die medial schriftliche Kommunikation übergehen.

(GB329)   lol (für *laughing out loud*)

Des Weiteren werden Reduktionsformen verwendet, wenn die Vollform gegen gesellschaftliche Konventionen verstößt.

(GB6249)   lmao (für laughing my ass off)
(GB6666)   ffs (für for fuck's sake)
(GB2770)   wtf (für what the fuck)

Beim Twittern bedienen sich NutzerInnen verstärkt des Prinzips der konzeptionellen Mündlichkeit, wenn das Medium zur dialogischen Kommunikation genutzt wird. *Lol* und *lmao* sind in reaktiven Tweets häufig. Allgemein ist es nicht verwunderlich, dass solche Reduktionsformen wesentlich häufiger im GB-Korpus vorliegen, da dort ein umgangssprachliches Register überwiegt (N_{GB}=46, N_{US}=11).

Akronyme für Phrasen finden sich nicht nur, wenn konzeptionelle Mündlichkeit medial schriftlich umgesetzt wird, sondern auch bei besonders frequenten, stark konventionalisierten Phrasen.

(GB3851)   tbh (für to be honest)
(GB5817)   idk (für I don't know)

Die obigen Ausführungen haben gezeigt, dass **textuelle Reduktion** im GB-Korpus häufiger vorliegt als im US-Korpus. Reduzierte funktionale Kategorien sind dagegen umgekehrt im US-Korpus häufiger. Dieses Ergebnis ist in erster Linie dadurch bedingt, dass im US-Korpus siebenmal so viele URLs in Tweets vorliegen.

Hashtags werden allgemein wenig verwendet (N_{GB}=5, N_{US}=20), jedoch finden sich im US-Korpus immer noch viermal so viele wie im GB-Korpus.

Die **Adressierung** von Tweets mit Hilfe von @mentions scheint zahlenmäßig in Großbritannien und den USA zunächst ähnlich (GB: 48% aller WF, US: 47% aller WF). Man kann jedoch daraus nicht schließen, dass jeweils knapp die Hälfte aller Tweets adressiert wäre und sich die Korpora in diesem Punkt glichen. Vielmehr weisen die US-amerikanischen Tweets häufig Mehrfachadressierungen auf, was im GB-Korpus selten der Fall ist. AmerikanerInnen scheinen ihre Tweets häufiger an die gesamte Twitter-Community zu posten und wenn sie die Tweets adressieren, dann oftmals an eine Gruppe von Followern. Im Gegensatz dazu ist im GB-Korpus tatsächlich nahezu die Hälfte aller Tweets adressiert, was die Interpretation nahe legt, dass in Großbritannien tendenziell häufiger wirkliche Kommunikation über Twitter betrieben wird, während das Medium in den USA eher als Plattform zu Publikationszwecken genutzt wird.

3.3.5 Syntaktische Strukturen

Das GB-Korpus enthält 845 TwCUs inklusive RTs, das US-Korpus nur 756 TwCUs. In beiden Korpora finden wir hauptsächlich elliptische Strukturen und einfache Sätze mit einer finiten Verbform. Auch reduzierte Wortgruppen wie *omg* oder *lol* wurden als Ellipsen gekennzeichnet (vgl. Crystal 2011: 46).

Es fällt auf, dass im GB-Korpus die Ellipsen überwiegen, während im US-Korpus die einfachen Sätze die häufigste Konstruktion darstellen. Auch an diesem Phänomen zeigt sich, dass in der britischen Twitter-Gemeinde ein unkonventionelleres Register bevorzugt wird.

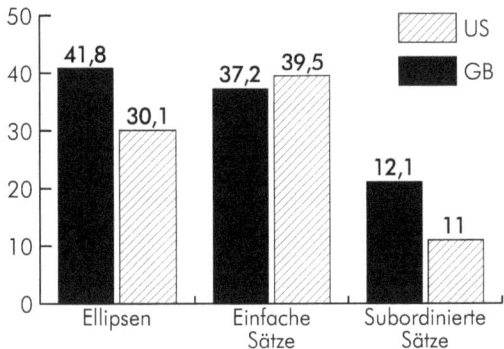

Abb. 1: Syntaktische Strukturen im Englischen

Subordinierte Sätze sind allgemein selten und liegen häufiger im GB-Korpus vor. Koordinierte Sätze nehmen in beiden Korpora nur einen Anteil von 2,28% der TwCUs ein, während die Koordination von Ellipsen häufiger ist (US: 3,56%/TwCU, GB: 2,51%/TwCU). Der auffällig häufige Gebrauch von Gerund- und Participle-Formen ist in bei den Korpora gleich (Ger: 3%/TwCU, Par: 5%/TwCU). Gerunds und Participles scheinen sich für anglophone Twitternde anzubieten, wenn sie sich sprachökonomisch ausdrücken müssen.

Qualitativ fällt auf, dass anaphorische und kataphorische Strukturen sehr produktiv verwendet werden.

(GB592-605)   He won. By a good 5 minutes. BLoody books.

Einzelne elliptische Strukturen verweisen hier auf den tweet-initialen einfachen Satz. Diese telegraphische Art der Kommunikation ist häufig, sowohl in privaten als auch in kommerziellen Tweets.

(GB3186-3196) The Infidel is available pre-order now on DVD URL

Wie eine Zeitungsschlagzeile verweist »The Infidel is available« auf die nachfolgende Aufforderung, die DVD unter der angegeben URL zu bestellen. Schlagzeilenstil und Kataphorik sind ein häufiges Stilmittel in kommerziellen Tweets.

Zieht man den Vergleich zwischen den Geschlechtern, fällt auf, dass allgemein mehr TwCUs auf Männer entfallen - bei nahezu gleicher Menge an Parts-of-Speech im Männer- und im Frauen-Korpus. Das legt die Vermutung nahe, dass Männer zwar mehr TwCUs produzieren, diese aber kürzer sind. Im GB-Korpus fällt zusätzlich auf, dass Männer mehr Ellipsen verwenden. Die Werte für subordinierte Sätze sind bei beiden Geschlechtern in beiden Korpora ähnlich.

3.3.6 Graphostilistik

Durch den Umgang einer breiten Masse mit synchroner Kommunikation unter den schriftsprachlichen Voraussetzungen der gängigen computervermittelten Interaktion (CMC) in der Chat- und SMS-Kommunikation haben sich bestimmte graphische Konventionen herausgebildet, um Parameter aus dem mündlichen Diskurs graphemisch auszudrücken. Was einst kreatives Sprachspiel war, ist längst verbreiteter Standard für computervermittelte Kommunikation. Prominentestes Beispiel der vergangenen 20 Jahre dürften hier die Emoticons sein, die analog zur Mimik im oralen Dialog die emotionale Disposition des Sprechers zum Gesagten verraten. »Das, was im Gespräch Gesprächspartikeln und Interjektionen, Prosodie, Mimik und Gestik funktional leisten, wird im Chat durch andere Mittel ausgedrückt.« (Runkehl et al. 1998: 99). Werry (1996: 56f.) beobachtet »a complex set of orthographic strategies designed to compensate for the lack of intonation and paralinguistic cues that interactive written discourse imposes on its users.« Und Haase et al. sprechen hier von »emulierter Prosodie« (1997: 68).

Auch die Twitter-Community bedient sich solcher graphostilistischer Elemente, um konzeptionelle Mündlichkeit zu kommunizieren (vgl. Emoticons und Iterationen). Darüber hinaus dienen graphostilistische Elemente auch häufig der Sprachökonomie (vgl. Homophonie).

(GB468-474)   Hey, u ok? ;)
(GB3635-3638)   Ive sum sad news

Im GB-Korpus entfallen auf einen Tweet 1,28 graphostilistische Elemente. Im US-Korpus sind es zwar nur halb so viele, aber immer noch 0,63 Elemente pro Tweet. In beiden Korpora variiert die Menge an Graphostilistika pro Tweet stark. Obwohl sich das Inventar an graphostilistischen Merkmalen im GB- und US-Korpus gleicht, sind die Unterschiede in Menge und Verteilung der Phänomene groß.

Allgemein besteht bei der Datenerhebung im Bereich Graphostilistik das besondere Problem, dass ikonische Zeichenkombinationen mittlerweile von den meisten Mobilgeräten erkannt und als Icons auf dem Bildschirm umgesetzt werden. Ob die Zeichenkombinationen, wie sie in der public timeline erscheinen und in unser Korpus eingegangen sind, so auch auf den Mobilgeräten der Sender und der Empfänger aussahen, wissen wir nicht.

Wir unterscheiden im Bereich der Graphostilistik zwischen Emoticons, Iterationen von Buchstaben, Zeichen und Wörtern, Homophonie und anderen graphostilistischen Merkmalen. Zusätzlich verstehen wir die konsequente Großschreibung dann als graphostilistisches Mittel, wenn sie prosodische Merkmale kennzeichnet (vgl. »Brülltaste«).

Quantitativ ergibt sich folgendes Bild:

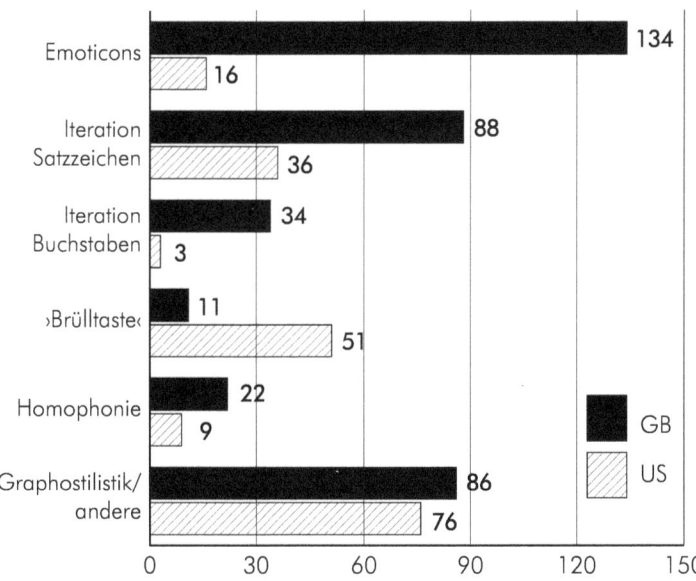

Abb. 2: Graphostilistik im Englischen

Zu Emoticons rechnen wir nicht nur Smileys, sondern auch andere Zeichen für emotionale Dispositionen wie z. B. Herzen (<3) und Küsse (xxx). Emoticons finden sich wesentlich häufiger im GB-Korpus als im US-Korpus (N_{GB}=134, N_{US}=16). Es ergibt sich ein Verhältnis von 1:8. Genau wie die Verteilung anderer Analyseparameter spiegelt auch dieser große Unterschied zwischen GB und US deutlich die unterschiedlichen Charaktere der beiden Korpora wider (GB: dialogisch, umgangssprachlich, privat; US: monologisch, standardsprachlich, öffentlich).

Emoticons treten im GB-Korpus häufig in Kombination mit Iterationsphänomenen auf. Die Aussage des Emoticons wird dadurch verstärkt. So impliziert z. B. diese Zeichenkombination einen besonders traurigen Smiley und damit auch den Ausdruck besonderer Enttäuschung seitens des Users.

(GB5581-5588) Leaving in 15 minutes. :(((

Auch häufig ist die Iteration von Kusssymbolen.

(GB4959-4963) Thank you xxx

In beiden Korpora fällt auf, dass Frauen mehr Emoticons verwenden als Männer. Die Britinnen in unserem Korpus verwenden dreimal so viele Emoticons wie ihre männlichen Landsleute, die Amerikanerinnen verwenden immerhin doppelt so viele Emoticons wie die männlichen Amerikaner.

Außerdem fällt auf, dass gerade der Gebrauch von Emoticons in seiner Art und Frequenz sehr stark userabhängig ist.

Die Iteration von Satzzeichen findet sich mehr als doppelt so häufig im GB-Korpus wie im US-Korpus (N_{GB}=88, N_{US}=36).

Bei den Satzzeichen in Reihe handelt es sich in erster Linie um Punkte, aber auch um Fragezeichen oder Ausrufezeichen oder Kombinationen aus beidem. Dabei ist die Kennzeichnung von automatischem Splitten überlanger Postings, die durch drei Punkte gekennzeichnet wird, vernachlässigenswert selten. Reihungen von Fragezeichen oder Ausrufezeichen verstärken den Charakter der Frage oder des Ausrufs. Ihre besondere Häufigkeit im GB-Korpus unterstützt den umgangssprachlichen Charakter des Korpus' (vgl. Emoticons). Reihungen von Punkten könnten dagegen einen Hinweis auf einen kulturellen Unterschied darstellen. Eine Deutung als Hedges wäre denkbar, die von BritInnen vielleicht häufiger verwendet werden als von AmerikanerInnen, um ihre Aussagen tentativer wirken zu lassen. In Bezug auf die orale Kommunikation wird diese Vermutung kontrovers diskutiert (vgl. Mittmann 2004).

Interessant ist hier auch, dass die Verteilung der Belege für Iteration von Satzzeichen im Gegensatz zu Emoticons zu gleichen Teilen auf Männer und Frauen entfällt – im GB-Korpus wie im US-Korpus.
Ähnlich wie bei der Markierung einzelner Passagen durch Kapitalisierung wird »[...] die Iteration von Zeichen für Dehnungen und Intonationskonturen [verwendet], meist um Emphase zu markieren. Beide Strategien finden sich auch kombiniert« (Runkehl et al. 1998: 99). Iteration und Großbuchstaben spielen also prominente Rollen bei der graphischen Umsetzung von Intonation in Chats und Text-Messages und finden sich auch auf Twitter.

(GB6700)   Riiiight

Allerdings scheint sich Iteration zu einem Platzhalter für Verstärkung allgemein zu entwickeln, denn nicht immer folgt die Vielfachschreibung von Buchstaben auch der intendierten Intonationskurve.

(GB6494-6497) phil is so adorableeee

Dieser Umstand zeigt sich im Englischen besonders deutlich, da hier Grapheme und Laute nicht immer in direkter Relation zueinander stehen.
Die absoluten Häufigkeiten für den Untersuchungsparameter »Iteration Buchstaben« stehen im GB- und US-Korpus im Verhältnis 1:10 (N_{GB}=34, N_{US}=3). Auch in Bezug auf diesen Untersuchungsparameter zeigt sich die allgemein sehr unterschiedliche Zusammenstellung sprachlicher Phänomene in den beiden Korpora.
Homophonie wird als Stilmittel in beiden Korpora eher selten verwendet und findet sich mehr als doppelt so häufig im GB-Korpus wie im US-Korpus (N_{GB}=22, N_{US}=9). Der häufigste Gebrauch von Homophonie in beiden Korpora sind die Verschriftung des Personalpronomens *you* als *u* oder *U* und die Realisierung der Kopula *are* als *r* oder *R* und deren Kombinationen als *ur* und *ru* mit Spatium oder ohne.

(GB 2257-2261) Where abouts r u?

Auch häufig und im Bereich der Chat-Kommunikation schon klassisch ist die Ersetzung von *to* als Teil der Verbform im Infinitiv durch die Zahl *2*.

(GB 3239-3297) Time 2 start Disturbing Dublin

Hinzu kommen die Ersetzung der Silben /eɪt/ und /fɔ/ (bzw. /fɔr/ im amerikanischen Englisch) – unabhängig von der Orthografie des jeweiligen Wortes – als die Zahlen *8* und *4*.

(GB306-312)   my m8s bday
(GB406-411)   all b4 loose women

Schon seit Mitte der 90er Jahre finden sich sog. Netiquetten der Chat-Anbieter, die deutlich darauf hinweisen, dass Großbuchstaben per Konvention im Chat für eine laute Intonation stehen und dass sie von der Chat-Community allgemein als »Brüllen« empfunden werden. Damit seien sie innerhalb des betreffenden Chatrooms zu vermeiden.[7] »Die bereits zuvor erwähnte Großschreibung wird für das ›Schreien‹ angewandt […], also für den sprechsprachlichen Parameter ›Lautstärke‹« (Runkehl et al. 1998: 99). Wir bezeichnen diesen Parameter als »Brülltaste« in Anlehnung an die Feststelltaste auf der Computertastatur, die durchgängige Kapitalisierung hervorruft.[8]

(US3274-3281)   WHAT'S WITH THE SHEETROCK BRAH?
(US35043510)   STOP SLOUCHING! Posture check right now.

Davon abzugrenzen ist die Großschreibung einzelner Wörter oder Phrasen zur Kennzeichnung einer ansteigenden Intonationskurve.

In den beiden Forschungskorpora tritt konsequente Großschreibung zur Markierung lauter Intonation oder Emphase auf – jedoch im Gegensatz zu den bisher besprochenen Untersuchungsparametern wesentlich häufiger im US-Korpus als im GB-Korpus (5:1) (N_{GB}=11, N_{US}=51). Dieses Phänomen könnte in Zusammenhang stehen mit den häufigen Werbe-Tweets im US-Korpus, in denen der eigentliche Werbeslogan oft in Großbuchstaben erscheint.

(US3468-3501)   HIRE OUT! Pay someone 2 do tasks/chores/errands
                 that eat up ur time when u could be spending that time
                 making money! What' ur time worth?

»Graphostilistik andere« ist eine Restklasse, unter der wir alle Phänomene subsumieren, die nicht unter einen der o. g. Untersuchungsparameter fallen. Dazu zählen z. B. Gedankenstriche, Klammerschreibung, die Verwendung von Zahlen außerhalb der Homophonie u. v. m. Entsprechend hoch sind die Wer-

---

7   Vgl. http://www.chatcity.de/helpfarm.htm in Runkehl et al. (1998: 76).
8   Vgl. http://www.spiegel.de/netzwelt/tech/0,1518,540964-3,00.html (Zugriff 30.09.2008).

Microblogs global: Englisch

te in beiden Korpora und entsprechend eng liegen sie beieinander (N_{GB}=86, N_{US}=76). Da hier keine Besonderheiten der Kommunikation digitaler Medien, sondern eher Phänomene der Schriftlichkeit an sich in Erscheinung treten, sind die Ergebnisse nicht unerwartet.

3.3.7 Interaktion

Kommunikationsstrukturen wurden erfasst, indem an jeden Tweet annotiert wurde, ob es sich hierbei um einen aktiven oder einen reaktiven Tweet handelt. Außerdem wurde gekennzeichnet, ob der jeweilige Tweet eine thematische oder eine rhematische Information enthält. Auch Kombinationen aus beidem liegen vor. Die aktiven Tweets wurden als First Pair-Parts (FPP) und die reaktiven als Second Pair-Parts (SPP) bezeichnet (vgl. Sacks 1992).

Interaktion	GB		US	
	Tweets	Prozent von Anz. Tweets	Tweets	Prozent von Anz. Tweets
FPP (thematisch)	117	36,45 %	155	48,48 %
SPP (rhematisch)	89	27,71 %	68	21,21 %
FPP (Thema/Rhema)	45	14,16 %	38	11,78 %
SPP (Rhema/Thema)	51	15,96 %	19	6,06 %

In beiden Korpora finden sich erwartungsgemäß mehr aktive als reaktive Tweets (GB: FPP=162, SPP=140; US: FPP=193, SPP=87). Alle übrigen Tweets sind Retweets und werden hier nicht angeführt.

Das Verhältnis aktiv-reaktiv im US-Korpus ist wesentlich unausgeglichener als das im GB-Korpus. Hier liegen mehr als doppelt so viele FPPs vor. Wie bereits an anderen Stellen, zeigen sich auch hier die unterschiedlichen Zusammensetzungen der Korpora: Während im GB-Korpus mehr dialogische Konversation stattfindet, finden sich im US-Korpus mehr PR-Tweets und journalistische Micro-Publikationen, die nicht unbedingt einen reaktiven Tweet als SPP fordern.

Im GB-Korpus fällt auf, dass die reaktiven Tweets meist länger sind als die dazugehörigen FPPs. Es dominiert also in Bezug auf dialogische Kommunikation das Muster:

- FPP: Frage oder kurzes Statement in Form einer TwCU, thematisch

- SPP: Antwort oder Kommentar, meist mehr als eine TwCU, syntaktisch komplexer, rhematisch (bzw. zusätzlich thematisch, da ein neues Thema aufgeworfen wird, nachdem das Thema des FPPs kommentiert wurde)

Komplexe FPPs und SPPs in Form von einfachen Adjazenzellipsen, wie sie in der Face-to-face-Kommunikation häufig sind, sind seltener. Das Verhältnis von FPP zu SPP ist in beiden Korpora bei Männern und Frauen gleich.

3.3.8 Funktionale Aspekte

Wenn man versucht, die Tweets einer bestimmten kommunikativen Funktion zuzuordnen, fällt als erstes ins Auge, dass trotz der Beschränkung auf nur 140 Zeichen es erstaunlicherweise nicht immer leicht fällt, einem Tweet nur eine Funktion zuzuordnen. 6,63% aller Tweets im GB-Korpus und 8,42% aller Tweets im US-Korpus haben mehr als eine Funktion. Hier handelt es sich oft um die Vermischung persönlicher Statements mit anderen funktionalen Kategorien, z.B. Kommentaren zum Weltgeschehen oder allgemeinen Fragen an Follower.

- persönliches Statements:
  (GB5615-5628) Just woke up again.. 10:45, much better!
- allgemeine Kommentare:
  (US73-91) RIP Senator Byrd. For as long as I knew of you, you always seemed impossibly old.
- allgemeine Antworten:
  (GB5690-5699) @username Ouuuuuch. that's harsh.
- allgemeine Fragen:
  (US171-180) So hey, any good Flag Day parties tonight?
- Antworten/Hilfestellungen:
  (GB4836-4850) @username put a bumper on it and it will be absolutely fine x
- Nachrichten:
  (US384-397) Science of the Spill: What's the oil really doing? URL
- Verabschiedungen:
  (GB5529-5535) Bed time for me Goodnight!!
- Anfragen:
  (GB6917-6925) [...] And is the emblem orange or red? Xx

Microblogs global: Englisch 103

- Marketing & PR:
  (US5822-5839) WIN: My Coke Rewards Prize Pack: This summer,
  Coca-Cola is leveraging My Coke URL
- Begrüßungen:
  (GB2631-2648) Morning Guys up having some cereal before a day in
  the studio! have a good day x
- Scherzkommunikation:
  (GB4471-4496) If a tree falls in the forest and no one is there to hear it,
  is there really such a thing as bad porn?

Es zeigt sich deutlich, dass die Beziehungsebene bei der Kommunikation über Twitter bei den BritInnen eine größere Rolle spielt als bei den AmerikanerInnen. Sowohl persönlich Statements als auch allgemeine Antworten (also Antworten, die nicht eine konkrete Hilfestellung oder ähnliches bieten z. B. über die Benutzung eines Programms bei kommerziellen IT-Support-Anbietern) treten hier sehr viel häufiger auf. Darüber hinaus finden sich im GB-Korpus auch Begrüßungen und Verabschiedungen, die eindeutig signalisieren, dass man jetzt bereit ist, sich über Twitter auszutauschen oder das man nicht mehr antworten wird, weil man sich ausgeloggt hat. Diese Art der Kommunikation findet sich im US-Korpus überhaupt nicht.

Die folgende Abbildung 3 gibt einen Überblick über die Verteilung der Tweets, denen nur eine Funktion zugeordnet wurde.

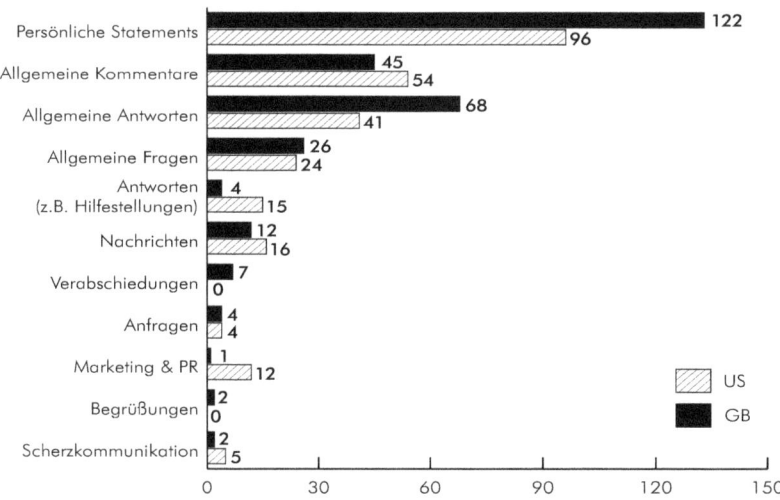

Abb. 3: Funktionen von Tweets im Englischen

Während im GB-Korpus nur ein einziger Tweet eindeutig Marketingzwecken dient, sind es im US-Korpus 12 (3,70% aller Tweets). Auch Nachrichten finden sich im amerikanischen Korpus häufiger (5,05% gegenüber nur 3,61% im britischen Korpus).

Bei dem Vergleich der Geschlechter zeigt sich, dass britische Männer häufiger persönliche Statements (73 gegenüber 50 bei den Frauen) abgeben, während Frauen mehr allgemeine Antworten auf Fragen bzw. andere Tweets geben (41 gegenüber 26 bei den Männern). Bei beiden ist jedoch das persönliche Statement die am häufigsten vergebene Kategorie. Dies ist im US-Korpus nicht der Fall, hier sind diese beiden Kategorien fast gleich verteilt. Amerikanische Männer twittern dafür mehr Nachrichten (15 Tweets, die nur dieser Kategorie zugeordnet wurden) als amerikanische Frauen (2 Tweets).

3.4 Zusammenfassung

Die Untersuchung der beiden englischen Twitter-Korpora (US/GB) zeigt, dass ein und dasselbe Medium in unterschiedlichen Sprachgemeinschaften unterschiedliche Ausformungen hervorrufen kann – auch wenn es sich bei den verglichenen Sprachen lediglich um Varietäten des Englischen handelt. Selbstverständlich finden sich zahlreiche Gemeinsamkeiten, die auf strukturelle Besonderheiten der englischen Sprache an sich zurückzuführen sind (Reduktion von Pronomina, Hilfsverben und Negationen, häufige Verwendung von Gerunds und Participles, spielerischer Umgang mit *puns*). Allerdings überwiegen hinsichtlich der angelegten Analysekriterien die Unterschiede zwischen den Korpora. Im GB-Korpus fällt ein umgangssprachliches Register auf, das sich durch Aspekte der Mündlichkeit wie dialektale Formen oder Enklise auszeichnet. Ferner finden sich zahlreiche Belege für kompetente Nutzung sprachökonomischer Graphie wie Reduktionsformen, elliptische Konstruktionen oder Graphostilistika. Im US-Korpus dagegen finden sich überwiegend Standard-Orthografie, vollständige Sätze, weniger Reduktionsformen (mit Ausnahme von Pronomina, Hilfsverben und Negationen), kaum Graphostilistik, aber dafür mehr Hervorhebung durch Großschreibung und mehr in die Tweets integrierte Links in Form von URLs. Außerdem fällt auf, dass das GB-Korpus wesentlich mehr reaktive Tweets enthält als das US-Korpus (s. 3.3.7 Interaktion) und quasi-synchrone, dialogische Kommunikation häufiger ist. Dies hat wiederum Auswirkungen auf das NutzerInnenverhalten hinsichtlich sprachökonomischer Reduktionen, da sich Twitternde beispielsweise wechselseitig hinsichtlich ihres Sprachgebrauchs beeinflussen könnten im Sinne von lexikalischem oder syntaktischem Alignment (Pickering/Garrod 2004).

Eine Übersicht über alle untersuchten Parameter im GB- und im US-Korpus befindet sich am Ende des Beitrags.

All diese Faktoren stützen die Hypothese, dass Twitter in Großbritannien eher als Plattform für dialogische Kommunikation zwischen zwei oder mehreren Parteien genutzt wird, während Twitter in den USA in erster Linie ein Forum für kommerzielle und journalistische Publikationen bietet. Dialogische Kommunikation über Twitter findet auch in den USA statt, aber eher über Direct-Messaging. Selbstverständlich sollte diese Hypothese anhand eines größeren Samples, das über einen längeren Zeitraum erhoben wurde, überprüft werden.

Vor diesem Hintergrund erscheint es nicht verwunderlich, dass der Charakter von Twitter als Kommunikationskanal in der englischsprachigen Literatur umstritten ist. Konstatiert Crystal, Twitter sei mit 140 Zeichen die »SMS des Internets« (vgl. Crystal 2010: 11), charakterisieren andere Autoren auch nach genauerer Untersuchung Twitter als »publishing service« (Heil/Piskorski 2009: 2) im ursprünglich intendierten Sinne eines Micro-Blogs. »This implies that Twitter's resembles more of a one-way, one-to-many publishing service more than a two-way, peer-to-peer communication network.« (ibid.)

In beiden Korpora lassen sich sowohl Tweets oder Sequenzen von Tweets nachweisen, die der SMS-Kommunikation gleichen, als auch solche, die einem Blog im Mikro-Format ähneln. Eine Definition der kommunikativen Funktion von Twitter müsste also unbedingt beide Aspekte umfassen, da die Technologie auch beide Formen der Nutzung ermöglicht und diese auch angewendet werden. Wir können jedoch darüber hinaus abgrenzen, dass im GB-Korpus der SMS-Charakter überwiegt, während das US-Korpus deutlich eher dem Charakter von Blogs entspricht.

Einen möglichen Interpretationsansatz liefert Crystal (2010), der technologiehistorisch feststellt, dass Text-Messages in Großbritannien wesentlich früher Verbreitung fanden als in den USA. Die erste SMS überhaupt wurde 1992 in Großbritannien verschickt. BritInnen sind vertrauter mit dem Medium SMS als AmerikanerInnen, so dass die Nutzung von Twitter als »SMS des Internets« für sie nahe liegt, während die AmerikanerInnen Twitter als mobilen »Publikations-Service« zu verstehen scheinen. Folglich gehen die mit Zeichenbegrenzungen vertrauten BritInnen entsprechend gewandter mit sprachökonomischen Strategien um und orientieren sich stark an Mündlichkeit für ihren privaten Dialog, während die AmerikanerInnen häufiger einen Schlagzeilenstil mit Kapitalisierung und Standard-Orthografie pflegen, um eine große, öffentliche Gruppe von Adressaten auf ein Produkt oder eine Idee aufmerksam zu machen. Ob allerdings PR-Tweets grundsätzlich weniger SMS- oder chatsprachliche Phänomene enthalten oder ob diese gerade als Stilmittel eingesetzt werden, wenn ein Anbieter über Twitter wirbt, müsste in weiteren Studien überprüft werden.

Einschränkend muss erwähnt werden, dass in beiden Korpora eine große Varianz von unterschiedlichen Usertypen vorliegt. Zusätzlich stellt sich das Problem, dass viele mobile Geräte über Erkennungs- und Korrekturfunktionen verfügen, so dass wir nicht sicher sein können, ob eine Abfolge von Zeichen, wie wir sie in der Public Time-Line vorfinden, das Ergebnis einer Eingabe Keystroke-per-Keystroke oder Produkt der Korrekturfunktion ist. Viele Mobilgeräte geben nach Eingabe der Kurzform automatisch die Vollform aus und Emoticons werden als Piktogramme dargestellt. Mehr Standardformen im US-Korpus könnten demnach auch auf höher automatisierte Endgeräte schließen lassen. Dieser Umstand erschwert die Analyse von bereits geposteten Tweets, sofern nicht zusätzliche Informationen über die jeweils genutzte Technologie vorliegen. Wünschenswert wären diesbezüglich Aufzeichnungen des Eingabeprozesses in Form von Protokollen, Screenshots oder Videos. Eine Untersuchung von Twitterkommunikation in Abhängigkeit von der Hardware, dem Kanal (Web vs. Smartphone vs. Social Media Apps wie Hootsuite oder Tweetdeck) wäre darüber hinaus aufschlussreich – ins Besondere unter der Fragestellung, ob sich innovative Anwendungen schneller in den USA als in Großbritannien verbreiten und ob Tweets in Zuge dessen maschinell regelkonformer werden.

Allgemein scheinen die Verbreitung und die Nutzung von Twitter in engem Zusammenhang zu stehen mit der Entwicklung von Mobilgeräten. Ob der Vormarsch von Smartphones in Großbritannien und den USA zu einem Anstieg, einem Rückgang oder einer Veränderung der Kommunikation über Twitter führen wird, ist momentan noch schwer zu prognostizieren. Bislang ist die Gruppe der Twitternden trotz exponentiellen Wachstums in den letzten zwei Jahren eine marginale Erscheinung unter den NutzerInnen der unterschiedlichen Online-Anwendungen. Interessant und zukunftsweisend bleibt jedoch die Tatsache, dass sich interkulturelle Unterschiede auch beim Umgang mit neuen Botentechnologien manifestieren. Die sensible Betrachtung der verschiedenen Variablen, die in solchen Prozessen Einfluss darauf nehmen, wer was über welches Gerät in welcher Sprache wie kommuniziert, bleibt ein Desiderat für weitere Untersuchungen.

Microblogs global: Englisch

Bereich	Merkmal	Ergebnis GB (gemessen an/bezogen auf)	Ergebnis US (gemessen an/bezogen auf)
Orthografie	Standardschreibung	89,65% aller Wortformen (Schreibung)	93,89% aller Wortformen (Schreibung)
	Konsequente Kleinschreibung	1,51% aller Tweets (Schreibung)	0% aller Tweets (Schreibung)
	Konsequente Großschreibung	0,60% aller Tweets (Schreibung)	0,34% aller Tweets (Schreibung)
	Satzinitiale Großschreibung	93,73% aller TwCU (Schreibung)	95,58% aller TwCU (Schreibung)
	Hybridschreibung	wortextern: 0% wortintern: 0%	wortextern: 0% wortintern: 0%
	Zusammenschreibung	0,90% (aller Tweets), 0,07% (aller Wortformen)	0,34% (aller Tweets), 0,02% (aller Wortformen)
	Hervorhebung durch Großschreibung	0,61% (aller Wortformen)	2,64% (aller Wortformen)
	Tippfehler	0,16% (der Gesamtzeichen)	0,07% (der Gesamtzeichen)
	Wegfall von Akzenten	–	–
	Andere:	Tweetfinale Interpunktion fehlend: 20,48% (aller Tweets)	Tweetfinale Interpunktion fehlend: 20,88% (aller Tweets)
		Interpunktion fehlend: 15,63% (aller TwCUs)	Interpunktion fehlend: 3,56% (aller TwCUs)
		Personalpronomen I kleingeschrieben: 0,55% (aller Wortformen), 13,29% (aller Verwendungen von I)	Personalpronomen I kleingeschrieben: 0,16% (aller Wortformen), 5,79% (aller Verwendungen von I)
		Auslassung des Apostrophs: 0,96% (aller Wortformen), 28,39% (aller Enklisen)	Auslassung des Apostrophs: 0,12% (aller Wortformen), 4,42% (aller Enklisen)
Gesprochene Umgangssprache	Tilgung	6,33% (aller Wortformen), 16,62% (aller Wortformen, die getilgt vorkommen)	4,95% (aller Wortformen), 13,69% (aller Wortformen, die getilgt vorkommen)

Bereich	Merkmal	Ergebnis GB (gemessen an/bezogen auf)	Ergebnis US (gemessen an/bezogen auf)
(Gesprochene Umgangssprache)	Assimilation	0,15% (aller Wortformen), 44,44% (aller Wortformen, die assimiliert vorkommen)	0,07% (aller Wortformen), 27,27% (aller Wortformen, die assimiliert vorkommen)
	Klitisierung	3,39% (aller Wortformen), 24,72% (aller Wortformen, die klitisiert vorkommen)	2,62% (aller Wortformen), 24,46% (aller Wortformen, die klitisiert vorkommen)
	Gesprächspartikeln	3,02% (aller Wortformen)	1,41% (aller Wortformen)
Wörter	Dialekt	0,39% (aller Wortformen)	0,02% (aller Wortformen)
	Umgangssprache	1,05% (aller Wortformen)	1,04% (aller Wortformen)
	Anglizismen	–	–
	Andere Fremdwörter:	Amerikanismen: 0,44% (aller Wortformen)	0%
	Inflektive	0,02% (aller Wortformen)	0%
	Andere:	Vulgärsprache: 0,46% (aller Wortformen)	Vulgärsprache: 0,16% (aller Wortformen)
		Onomatopoesie: 1,49% (aller Wortformen)	Onomatopoesie: 0,42% (aller Wortformen)
		Wortspiele/puns: 0,11% (aller Wortformen)	Wortspiele/puns: 0,09% (aller Wortformen)
Reduktionsformen	Namen	Personen: 0,09% (aller Wortformen)	Personen: 3,23% (aller Wortformen)
		Städte: 0,07% (aller Wortformen)	Städte: 6,46% (aller Wortformen)
		andere: 1,31% (aller Wortformen)	andere: 36,63% (aller Wortformen)
	Funktionswörter	Artikel: 0,07% (aller Wortformen), 0,98% (aller Artikel, die reduziert vorkommen)	Artikel: 0%

Microblogs global: Englisch

Bereich	Merkmal	Ergebnis GB (gemessen an/bezogen auf)	Ergebnis US (gemessen an/bezogen auf)
(Reduktionsformen)		Präpositionen: 0,07% (aller Wortformen), 0,76% (aller Präpositionen, die reduziert vorkommen)	Präpositionen: 0,07% (aller Wortformen), 0,68% (aller Präpositionen, die reduziert vorkommen)
		Pronomen: 0,22% (aller Wortformen), 2,20% (aller Pronomen, die reduziert vorkommen)	Pronomen: 0,09% (aller Wortformen), 0,96% (aller Pronomen, die reduziert vorkommen)
		Konjunktionen: 0,04% (aller Wortformen), 1,95% (aller Konjunktionen, die reduziert vorkommen)	Konjunktionen: 0%
	Andere Wörter:	Negationen: 0,57% (aller Wortformen), 34,84% (aller Negationen)	Negationen: 0,72% (aller Wortformen), 37,53% (aller Negationen)
		Vollverben: 1,29% (aller Wortformen), 10,30% (aller VV)	Vollverben: 0,53% (aller Wortformen), 4,10% (aller VV)
		Hilfsverben: 1,16% (aller Wortformen), 18,58 (aller HV)	Hilfsverben: 1,23% (aller Wortformen), 21,47% (aller HV)
	Zusammensetzungen	s. Mündlichkeit	s. Mündlichkeit
	Wortgruppen	1,10% (aller Wortformen)	0,23% (aller Wortformen)
	Integration v. Hashtags i.d. Mitteilung	0,13% (aller Wortformen), ø 0,02 Stück pro Tweet	0,44% (aller Wortformen), ø 0,06 Stück pro Tweet
	Integration v. @user i.d. Mitteilung	0,20% (aller Wortformen), ø 0,03 Stück pro Tweet	0,14% (aller Wortformen), ø 0,02 Stück pro Tweet
	Andere:	URL: 0,18% (aller Wortformen), ø 0,02 Stück pro Tweet	URL: 1,04% (aller Wortformen), ø 0,15 Stück pro Tweet
Syntax	Einfacher Satz	37,19% (aller Sätze)	39,48% (aller Sätze)
	Ellipse	40,84% (aller Sätze)	30,07% (aller Sätze)
	Koordinierter Satz	4,79% (aller Sätze)	7,84% (aller Sätze)
	Subordinierter Satz	14,60% (aller Sätze)	15,11% (aller Sätze)

Bereich	Merkmal	Ergebnis GB (gemessen an/bezogen auf)	Ergebnis US (gemessen an/bezogen auf)
(Syntax)	Andere:	Gerund: 2,71% (aller Wortformen)	Gerund: 2,78% (aller Wortformen)
		Participle: 4,82% (aller Wortformen)	Participle: 4,81% (aller Wortformen)
Graphostilistik	Smileys	3,04% (aller Wortformen)	0,35% (aller Wortformen)
	Iteration	Iteration Wörter: 0,77% (aller Wortformen)	Iteration Wörter: 0,19% (aller Wortformen)
		Iteration Satzzeichen: 10,78% (aller Satzzeichen)	Iteration Satzzeichen: 4,79% (aller Satzzeichen)
	Homophonie	0,50% (aller Wortformen)	0,19% (aller Wortformen)
	Andere, nämlich (gruppiert):	Kapitalisierung: 0,24% (aller Wortformen)	Kapitalisierung: 1,09% (aller Wortformen)
		Andere: 1,95% (aller Wortformen)	Andere: 1,64% (aller Wortformen)
Interaktion	Reaktive Tweets	43,68% (aller Tweets)	27,27% (aller Tweets)
	Adressierung	45,48% (aller Tweets)	44,11% (aller Tweets)
Länge der Einträge	Zeichenanzahl	87,81 Zeichen (je Tweet)	77,44 Zeichen (je Tweet)
	Wortanzahl	13,76 Wortformen (je Tweet)	14,55 Wortformen (je Tweet)
Mehrsprachigkeit	Anzahl Sprachen	1 Sprache (ø je Tweet)	1 Sprache (ø je Tweet)
	Anzahl Tweets in fremder Sprache	0 Tweets	0 Tweets
Funktionale Aspekte	Funktion der Tweets	Nachrichten: 3,61% (aller Tweets)	Nachrichten: 5,05% (aller Tweets)
		Kommentierungen: 14,16%	Kommentierungen: 16,84%
		Statements: 38,25%	Statements: 29,97%
		Begrüßungen: 0,60%	Begrüßungen: 0%
		Scherzkommunikation: 0,60%	Scherzkommunikation: 1,68%
		Anfragen: 1,20%	Anfragen: 1,35%
		Antworten: 1,20%	Antworten: 4,71%

Bereich	Merkmal	Ergebnis GB (gemessen an/bezogen auf)	Ergebnis US (gemessen an/bezogen auf)
(Funktionale Aspekte)		Marketing/PR: 0,30%	Marketing/PR: 3,70%
		Andere: 39,18% (aller Tweets), davon u.a. 21,39% allgemeine Antworten, 8,13% allgemeine Fragen, 2,11% Verabschiedungen und 6,63% Tweets mit mehr als einer Funktion	Andere: 28,96% (aller Tweets) davon u.a. 12,79% allgemeine Antworten, 7,41% allgemeine Fragen, 1,01% (Literatur)zitate und 8,42% Tweets mit mehr als einer Funktion
		Re-Tweets: 0,90%	Re-Tweets: 7,74%

Literatur

Baugh, Albert C. & Thomas Cable (2002). A History of the English Language. London.
Crystal, David (2003). The Cambridge Encyclopedia of the English Language. Cambridge.
Crystal, David (2008). Txtng: The Gr8 Db8. Oxford.
Crystal, David (2011). Internet Linguistics: A Student Guide. London.
Fromkin, Victoria, Robert Rodman & Nina Hyams (2007). An Introduction to Language. Boston.
Kilgarriff, Adam, Pavel Rychly, Pavel Smrz & David Tugwell (2004). The Sketch Engine. Proc EURALEX, pp. 105-116, Lorient. Siehe auch the.sketchengine.co.uk
Kirkpatrick, Andy (Hg.) (2010). The Routledge Handbook of World Englishes. London.
Haase, Martin; Michael Huber; Alexander Krumeich; Georg Rehm (1997). Internetlinguistik und Sprachwandel. In: Rüdiger Weingarten (Hg.). Sprachwandel durch Computer. Opladen. S. 51-85.
Heil, Bill & Mikolaj Jan Piskorski (2009). Men follow Men and Nobody tweets. E-Journal: HarvardBusiness.org
Herring, Susan C. (Hg.). (1996). Computer-Mediated Communication: Linguistic, Social and Cross-Cultural Perspectives. Amsterdam.
McCarthy, Michael (1991). Discourse Analysis for Language Teachers. Cambridge.
Mittmann, Brigitta (2004). Mehrwort-Cluster in der englischen Alltagskonversation. Unterschiede zwischen britischem und amerikanischem gesprochenen Englisch als Indikatoren für den präfabrizierten Charakter der Sprache. Tübingen.
Mugglestone, Lynda (2003). Talking Proper: The rise of accent as a social symbol. Oxford.
Pickering, Michael J. & Simon Garrod (2004). Towards a mechanistic Psychology of dialogue. Behavioral and Brain Sciences (27). Cambridge. S. 169–226.
Piskorski, Mikolaj J. (2011). Networks as covers: Evidence from an on-line social network. Working Paper, Harvard Business School.
Piskorski, Mikolaj J. & Andreea Gorbatai (2011). Social structure of collaboration on Wikipedia. Working Paper, Harvard Business School.
Prodromou, Luke (2008). English as a Lingua Franca: A corpus-based analysis. London.

Runkehl, Jens, Peter Schlobinski & Torsten Siever (1998). Sprache und Kommunikation im Internet. Überblick und Analysen. E-Book: http://www.mediensprache.net/archiv/pubs/3-531-13267-9.pdf
Sacks, Harvey, Gail Jefferson & Emanuel Schegloff (Hg.) (1992). Lectures on Conversation. Oxford.
Werry, Christopher C. (1996). Linguistic and interactional features of Internet Relay Chat. In: Susan C. Herring (Hg.). *Computer-mediated communication: Linguistic, social and cross-cultural perspectives* (S. 47-61). Amsterdam.
Wilson, Peter (2000). Mind the Gap: Ellipsis and Stylistic Variation in Spoken and Written English. Harlow.

Links

http://blog.nielsen.com/nielsenwire/global/social-norms-twitter-users-follow-the-797-rule-in-the-u-k/ (Zugriff 15.05.2011)
http://blogs.hbr.org/cs/2009/06/new_twitter_research_men_follo.html (Zugriff 15.05.2011)
http://eu.techcrunch.com/2009/01/22/twitter-use-in-the-uk-explodes/ (Zugriff 15.05.2011)
http://jeffbullas.com/2010/04/16/twitter-reveals-11-new-facts-on-its-traffic-and-usage/ (Zugriff 15.05.2011)
http://news.bbc.co.uk/2/hi/8089508.stm (Zugriff 15.05.2011)
http://wearesocial.net/blog/2011/05/twitter-grows-uk-mainstream/ (Zugriff 15.05.2011)
http://weblogs.hitwise.com/robin-goad/2009/01/twitter_traffic_up_10-fold.html (Zugriff 15.05.2011)
http://www.clickymedia.co.uk/2010/02/social-media-statistics-february-2010/ (Zugriff 15.05.2011)
http://www.convinceandconvert.com/twitter/7-surprising-statistics-about-twitter-in-america/ (Zugriff 15.05.2011)
http://www.edisonresearch.com/twitter_usage_2010.php (Zugriff 15.05.2011)
http://www.spiegel.de/netzwelt/tech/0,1518,540964-3,00.html (Zugriff 30.09.2008)
http://www.webanalyticsworld.net/2010/01/global-twitter-usage-2010-brazil-is.html (Zugriff 15.05.2011)

SABRINA BRAUKMEIER (LEIPZIG), ALEXA MATHIAS (HANNOVER)
& HÉLÈNE STOYE (KASSEL)

4 Microblogs global: Französisch

Das Französische ist für ca. 200 Millionen Menschen weltweit Bildungs- und Verkehrsprache; für 110 Millionen Sprecher ist es die Muttersprache. Es nimmt auf der Rangliste der am häufigsten gesprochenen Sprachen somit Platz 11 ein (Crystal 1997: 288) und wird nicht nur in Frankreich gesprochen, sondern auch in vielen anderen Ländern Europas und der Welt (z. B. DOM/TOM[1]). Das Französische als Standardsprache ist (historisch) durch eine starke Orientierung an den strengen präskriptiven Normen der Distanzsprache gekennzeichnet. Diese starke Normierung führt bereits im 19. Jh. zur massiven Schwächung der diatopischen Varietäten, ja sogar zur Entdialektalisierung. Auch im heutigen Französisch ist die Varietätendimension im Vergleich zu anderen Sprachen schwächer ausgeprägt (Oesterreicher 1995: 10f.). Die Orientierung an der Distanzsprache führt nicht zuletzt zu einer Kluft zwischen gesprochenem und geschriebenem Französisch. So weist Blanche-Benveniste darauf hin, dass das umfassende Inventar an Flexionsformen in der französischen Schriftsprache zwar graphisch realisiert werden müsse, in der Mündlichkeit artikulatorisch jedoch zumeist keinen Niederschlag finde.[2] (Blanche-Benveniste 2000: 137). Die Wahrnehmung der Orthographie durch die frankophonen Sprecher stellt Meisenburg (2003: 173) mit folgenden Worten dar: »(Sie) hat keinen guten Ruf: sie gilt als kompliziert, unregelmäßig, schwer«. Dies ist hauptsächlich auf den tiefgreifenden phonetischen Wandel zurückzuführen, welchen die französische Sprache in ihrer Diachronie durchgemacht hat: während die Aussprache sich veränderte, wurden die alten Graphien beibehalten. So werden die 33 Phoneme graphisch mit 133 verschiedenen Graphemen, die

---

1 Départements d'outre-mer bzw. Territoires d'outre-mer: überseeische Regionen Frankreichs mit Status der Festlanddépartements (DOM) bzw. Autonomie (TOM; seit 2003: COM = Collectivité d'outre-mer)
2 »Ce ›supplément grammatical‹, qu'on doit appliquer dès qu'on écrit en francais, est d'un autre ordre que la morphologie utilisée pour le parlé.« (Blanche-Benveniste 2000: 137)

sich auf 45 Basisgrapheme reduzieren lassen können, dargestellt. Noch eine formelle Besonderheit ist das Versehen von einfachen Phonemen mit diakritischen Zeichen (Akut, Gravis, Zirkumflex, Trema, Cedille). Dies lässt uns im französischen Twitterkorpus interessante Innovationen hinsichtlich der Orthographie erwarten. Während die Orthographie strikt geregelt ist, kann hingegen die Zeichensetzung im Französischen dem Bereich der Stilistik zugeordnet werden. Die Interpunktion entspricht zwar im Großen und Ganzen dem Standard anderer europäischer Sprachen; ein Unterschied betrifft jedoch die Kommasetzung: Während im Deutschen die Subordination durch ein Komma markiert wird, ist dies für das Französische nicht zwingend der Fall. Vielmehr dienen Kommata dazu, Satzglieder graphisch abzutrennen, die in topologisch markierter Stellung stehen. Zudem werden Kommata häufig zur graphischen Realisierung prosodischer Merkmale gesetzt und stehen nicht immer in zwingender Relation zur Syntax der französischen Sprache.

4.1 Twittersphäre in Frankreich

»Le coq ne veut pas du petit oiseau«, so resümiert Nil Sanyas (2011, Netlink 602) auf dem Portal PC INpact in Bezug zu den Ergebnissen einer Publikation von Semiocast[3] zur Twitternutzung in Frankreich. Auch eine Studie des *Institut français d'opinion publique* (Ifop) von 2009 bestätigt das Fazit Sanyas. Das Ifop führte vom 17. bis 19.11.2009 mittels Fragebögen eine Untersuchung mit 1 052 französischen Internetnutzern ab 15 Jahren durch (Ifop 2009: 2, Netlink 598). Dabei stellte sich heraus, dass zwar 60 % der Befragten Twitter kennen, davon aber nur 9 % einen eigenen Twitteraccount besitzen. Aus der Gesamtheit der Personen, die Twitter kennen, besitzen 11 % der Frauen und 7 % der Männer einen Account. Die französischen Twitternutzer sind meistens nicht älter als 34 Jahre und kommen aus dem Ballungsgebiet Paris (Ifop 2009: 4, Netlink 598). Von 47 Nutzern versenden 22 mit Hilfe einer Anwendung ihres Computers ihre Tweets, 22 mittels Internetseiten und 3 mit dem iPhone (Ifop 2009: 4, Netlink 598). Die Twitternutzer gaben an, dass sie Twitter vor allem für nützlich halten, um mit der Twittergemeinschaft die Inhalte ihrer Tweets zu teilen (76 %), exklusive Informationen zu verbreiten (74 %) und um Meinungen und Ansichten spezifischer Peergroups zu erheben (72 %) (Ifop 2009: 5, Netlink 598). Am 31. März 2010 veröffentlichte Semiocast die Information, dass 500 000 Tweets pro Tag aus Frankreich gesendet werden. 44 % dieser Tweets sind, so Semiocast, auf Französisch geschrieben, 34 % auf Englisch. Damit ge-

---

3   Ein Dienstleistungsunternehmen für Firmen, die das Potenzial des Realtime Webs nutzen möchten (Netlink 603).

höre Frankreich zusammen mit Italien zu den Ländern, in denen am wenigsten in der Amtssprache getwittert wird (Netlink 605). Aus einem kurzen Artikel von Semiocast vom 8. März 2011 zur Nutzung von Twitter in Frankreich geht hervor, dass Twitter in Frankreich von 2,4 Millionen Menschen verwendet wird, verglichen mit 210 Millionen weltweit. 1,1 % der Twitterprofile stammen aus Frankreich. Damit befindet sich Frankreich laut Semiocast weltweit betrachtet auf dem 17. Platz (Netlink 604). Des Weiteren enthält der Artikel eine Grafik, aus der deutlich wird, dass in Frankreich Twitter unmittelbar nach seiner Einführung eher verhalten genutzt wurde, die Nutzerzahl ab der zweiten Jahreshälfte 2008 aber rapide in die Höhe schnellte und 2009 die 500 000er Marke erreichte. Seit der ersten Jahreshälfte 2009 ist das Twitterportal auf Französisch verfügbar (Netlink 604).

4.2 Empirische Basis

Der nachfolgend dargestellten Untersuchung französischsprachiger Tweets liegt ein Korpus mit insgesamt 640 Belegen (Tweets) zugrunde, welche zwischen dem 19. Mai und dem 29. Juni 2010 erhoben wurden. Aus je 32 Accounts männlicher sowie weiblicher User fanden jeweils 10 Tweets, die in dem genannten Zeitraum verfasst wurden, Eingang in das Korpus; es enthält somit je 320 Tweets männlicher und weiblicher User (= je 50 %). Eine flankierende Stichprobe, in der über ein halbes Jahr hinweg zu 25 Zeitpunkten die Userprofile der jeweiligen 20 Toptweets erhoben wurden (gesamt: 500 Tweets), zeigt jedoch, dass zwar tatsächlich knapp die Hälfte dieser Tweets (249 = 49,8 %) von Männern stammen, jedoch nur 78 (= 15,6 %) von Frauen. Bei 52 Tweets (10,4 %) konnte das Geschlecht des Verfassers bzw. der Verfasserin nicht ermittelt werden; dem gegenüber stehen 121 Tweets (24,2 %), die von Organisationen oder Firmen ins Netz geschickt wurden. Insofern vermittelt das Korpus unter quantitativem Aspekt kein völlig repräsentatives Bild geschlechtsspezifischer Mediennutzung.

Im Hinblick auf die geographische Herkunft der frankophonen User besteht das Korpus – soweit der Ort angegeben wurde und den Nutzerprofilen Glauben geschenkt werden darf – zum größten Teil aus Tweets von in Frankreich lebenden Nutzern. Von den 64 erhobenen Accounts enthalten 10 (= 15,63 %) keine Angaben zum Wohnort des Users. 31 User haben als einzigen Wohnort, 2 weitere als Zweitwohnsitz Paris angegeben (insgesamt 33 User = 51,56 %). Eine Nutzerin stammt aus Belgien (1,56 %), zwei Nutzer aus dem frankophonen Teil Kanadas (3,13 %), jedoch weist einer der beiden darauf hin, dass er Franzose ist. Alle anderen User leben an verschiedenen Orten in Frankreich

(20 = 31,25 %). In Addition mit den Nutzern aus Paris zeigt sich, dass 51 Accountinhaber (= 79,69 %) als ständigen Wohnsitz Frankreich angegeben haben.

4.3 Analyse französischsprachiger Tweets

Zur Analyse der Tweets wurde das Korpus entsprechend der zu ermittelnden Untersuchungsparameter getaggt (vgl. Auswertungsbogen); hierfür wurde ein Tagset erstellt, welches alle Parameter enkodiert, die zur Beschreibung des Korpus herangezogen wurden. Bei der Erhebung von Quantitäten wurden im Unterschied zu Crystals Analyse (2011) von uns die Retweets mit berücksichtigt. Hinsichtlich der Untersuchungsparameter zeigte sich allerdings, dass nicht alle für das Französische Relevanz besaßen. Sofern dies der Fall war, wird in der Darstellung der jeweiligen Ergebnisse darauf hingewiesen.

Die 640 Tweets des französischen Korpus enthalten 8 241 Wortformtoken mit insgesamt 44 321 Zeichen; die durchschnittliche Länge der Korpusbelege beträgt somit 12,88 Wortformtoken bzw. 69,25 Zeichen (72,68 mit Leerzeichen) pro Tweet. Im Vergleich dazu bestehen die 146 englischsprachigen Tweets aus Crystals Korpus durchschnittlich aus 100,9 Zeichen bzw. 14,7 Wörtern (Crystal 2011: 43). Crystal gibt an, dass die Tweets aus seinem Korpus mindestens 2, maximal 28 Wörter aufweisen (Crystal 2011: 46). Die Anzahl der Wörter in den Tweets des von uns untersuchten französischen Korpus variiert demgegenüber zwischen 2 und 32. Bei der Zählung wurden nur sichtbare Zeichen berücksichtigt.[4] Technisch generierte Angaben, mit denen jeder Tweet versehen wird, wurden nicht mitgezählt.

Für die Untersuchung von Mehrsprachigkeit wurden alle Vorkommen fremdsprachlichen Materials im Korpus getaggt. Lexikalisierte Anglizismen wurden für die quantitative Auswertung von Mehrsprachigkeit nicht berücksichtigt (vgl. hierzu 4.3.3). Die Analyse zeigte, dass Englisch die am häufigsten verwendete Fremdsprache darstellt: Die betreffenden Tweets enthalten vereinzelte englische Passagen, sind aber teilweise auch vollständig auf Englisch verfasst worden. Es existieren 26 Einträge, die in einer anderen Sprache als Französisch verfasst sind, das sind 4,06 % des gesamten Korpus. Bei 24 dieser Tweets wurde sich der englischen Sprache bedient, die anderen beiden wurden auf Portugiesisch bzw. Polnisch geschrieben:

---

4 Tweets, deren Länge 140 Zeichen überschreitet, enden mit drei Punkten. Der Rest des Eintrags wird bei Twitter erst sichtbar, wenn man den entsprechenden Hyperlink dazu öffnet.

(319) GOOOOOOLLLLL BRASIIIIILLLLLL \o/ FINALMENTE
ALGO CERTO, ROBIIINHOOOOOOOO #bra 🎉#bra 🎉#bra
🎉#bra 🎉#bra 🎉

bzw.

(349) @xyz[5] Tylko troche

Außer der Tatsache, dass der Ersteller des portugiesischen Tweets Fan der brasilianischen Fußballnationalmannschaft ist, bleibt unklar, warum er den Eintrag auf Portugiesisch verfasst hat. Der Nachname der Erstellerin des polnischen Tweets weist darauf hin, dass sie polnische Wurzeln hat oder mit einem Polen verheiratet ist. Alle weiteren Vorkommen fremdsprachlichen Materials verteilen sich auf die restlichen Tweets, so dass die Anzahl der Sprachen pro Tweet 1,03% beträgt. Bis auf eine Ausnahme sind die gemischtsprachlichen Tweets Französisch-Englisch. Die Ausnahme bildet der Tweet

(573) *oh oui, fais-moi heimlich http://vimeo.com/12204236*,

der das deutsche Wort »*heimlich*« beinhaltet. Der Verweis auf das Werbevideo einer Firma für Unterwäsche erklärt den Sprachwechsel nicht, da das Video englischsprachig ist.

4.3.1 Orthografie

Für die französische Schriftlichkeit existieren seit Louis Meigrets *Traité touchant le commun usage* (1542) mehrere Empfehlungen hinsichtlich orthographischer Standards, die zunächst keinen verpflichtenden Charakter hatten. Mit der ersten Ausgabe des *Dictionnaire de l'Académie française* im Jahre 1694 tritt erstmals eine Rechtschreibregelung in Kraft, die normativen Anspruch erhebt. Diese wird im Laufe der folgenden dreihundert Jahre mehrfachen Modernisierungen unterzogen, welche im Übrigen nicht nur die Graphie, sondern – orientiert am phonetischen Wandel in der Oralität – auch morphologische Aspekte betreffen (z. B. *j'avois* > *j'avais*). Die letzte Rechtschreibreform tritt am 6. Dezember 1990 in Kraft. Anders als im deutschsprachigen Raum existiert in Frankreich mit der *Académie française* eine Institution, deren Aufgabe »veiller sur la langue française« und »défini[r] le bon usage« normativen Charakter für die gesamte Frankophonie und alle Bereiche der französischen Sprache hat:

---

5 Die Namen der Nutzer wurden für diesen Beitrag durch Buchstaben (»a«, »b« »xyz«) anonymisiert oder durch »Nickname« ersetzt.

»Pour s'en acquitter, l'Académie a travaillé dans le passé à fixer la langue, pour en faire un patrimoine commun à tous les Français et à tous ceux qui pratiquent notre langue.«[6]

In Orientierung an den Normen der letzten französischen Rechtschreibreform von 1990 wurden im Korpus nur Token getaggt, die von der dort festgelegten Standardschreibung abweichen. Der Wert für die relative Häufigkeit für Standardschreibung aller Wortformen im Korpus wurde rechnerisch ermittelt durch die Differenz zwischen 100 % und der Summe aller Häufigkeiten graphisch abweichender Token entsprechend der angesetzten Untersuchungsparameter, die sich auf Wortformen beziehen. So beinhaltet das Korpus absolut N = 8 241 Wortformtoken (= 100 %); in die Berechnung der relativen Häufigkeit für den Wert Standardschreibung eingeflossen sind, die wortformbezogenen Untersuchungsparameter *konsequente Kleinschreibung* (Häufigkeit absolut: 2 = relativ: 0,02 % aller Wortformen)[7], *konsequente Großschreibung* (7 = 0,08 %), *Hybridschreibung wortextern* (23 = 0,28 %) bzw. *wortintern* (4 = 0,05 %), *Zusammenschreibung* (1 = 0,01), *Hervorhebung durch Großschreibung* (40 = 0,49 %), *Wegfall von Akzenten* (42 = 0,51 %) sowie *Tippfehler* (55 = 0,67 %). Tippfehler wurden in der Analyse noch einmal qualitativ spezifiziert untersucht; so entfallen auf insgesamt 55 Tippfehler 26 Items (= 47,27 % von 55), in denen ein Graphem ausgelassen wurde, 11 Wortformtoken (= 20 %) enthielten ein beliebiges Graphem zu viel, in 3 Fällen (= 5,45 %) wurde das vorangegangene Graphem verdoppelt, ohne dass kontextuell eine Intention zur absichtlichen Iteration (z. B. zur Hervorhebung der Expressivität, vgl. 4.3.6) erkennbar gewesen wäre. 14 Token (= 25,45 %) enthielten ein falsches Graphem und in einer Wortform (= 1,81 %) waren zwei Grapheme positionell vertauscht. Summarisch ergibt sich für graphisch abweichende Wortformen folglich ein Wert von 174 Token (= 2,11 % bezogen auf N = 8241); das bedeutet, dass immerhin 97,89 % aller Wortformen im Korpus korrekt geschrieben sind.

Für eine Interpretation der ermittelten Abweichungen von der Standardschreibung sei hier exemplarisch auf die fehlerhafte oder fehlende Akzentsetzung eingegangen. Zu berücksichtigen ist aus technischer Sicht, dass Tweets sowohl von internetfähigen Handys als auch vom Rechner aus geschrieben und versandt werden können (vgl. hierzu auch 4.1). Entsprechend liegen der Textproduktion zwei mögliche Tastaturtypen zugrunde – einmal eine Handytastatur (bei der akzentuierte Vokale sowie <ç> durch mehrfachen Tastendruck erzeugt werden) und zum anderen eine Computertastatur in AZERTY-Tastenbelegung, welche in Frankreich und Belgien Standard ist und die für <ç> sowie alle akzentuierten Grapheme (außer Vokale mit Circonflex <^>) eigene

---

6   http://www.academie-francaise.fr/role/index.html
7   Alle relativen Häufigkeiten sind gerundet auf zwei Stellen hinter dem Komma.

Tasten enthält[8]. Diese Grapheme sind folglich für den Textproduzenten beim Schreibprozess am Rechner mit geringerem manuellen Aufwand verbunden als bei der Textproduktion mit Hilfe eines Handys. Im Korpus entfallen auf einen Sollwert von 795 Items für erforderliche Akzentsetzung 753 Items für tatsächlich gesetzte Akzente (davon 2 unkorrekt)[9]. Diesen gegenüber stehen 42 Fälle fehlender Akzentsetzung. Die Fehlerhäufigkeit relativ zur jeweiligen Grundgesamtheit liegt bei Akzentsetzung mit 5,28 % damit mehr als doppelt so hoch wie der Wert für Schreibfehler allgemein (2,11 %). Unter Berücksichtigung der oben beschriebenen Spezifikationen der in frankophonen Ländern gebräuchlichen Tastaturen lässt dieser relativ hohe Wert an fehlenden Akzenten (der sich sicherlich nicht allein aus orthographischen Defiziten der jeweiligen Verfasser erklären lässt, zumal die betreffenden Belege aus ganz unterschiedlichen Accounts stammen) darauf schließen, dass in diesen Fällen wohl mehrheitlich Handys für das Verfassen der betreffenden Tweets verwendet wurden, was von den in 4.1 dargestellten Befunden aus der Ifop-Studie zur Verwendung von Endgeräten abweichen würde.

Von der eingangs dargestellten Berechnung der orthographischen Standardschreibung ausgenommen wurde der Parameter *satzinitiale Großschreibung*, da diesem – im Unterschied zu den anderen orthographiebezogenen Parametern – nicht die Grundgesamtheit aller *Wortformen* sondern die Grundgesamtheit aller *Sätze* im Korpus (N = 894) zugrunde zu legen sind. In Hinblick auf Groß- bzw. Kleinschreibung im Französischen sei allgemein angemerkt, dass – anders als im Deutschen – in französischsprachigen Texten satzintern ausschließlich Eigennamen (wie z. B. von natürlichen bzw. juristischen Personen, Organisationen, geographischen Entitäten, Nationalbezeichnungen) großgeschrieben werden; zudem beginnt jedes satzinitiale Wort mit einer Majuskel. Alle weiteren Wortformen werden satzintern kleingeschrieben, unabhängig von ihrer

---

8   Zur geographischen Herkunft der User vgl. 4.2. Die im frankophonen Teil Kanadas gebräuchlichen QUERTY-Tastaturen sind in zwei Varianten erhältlich; eine entspricht hinsichtlich akzentuierter Grapheme dem französischen AZERTY-Standard, die andere weist nur für <é> eine eigene Taste auf, alle anderen akzentuierten Grapheme sowie <ç> müssen durch zwei Tastendrucks erzeugt werden. Von den beiden frankokanadischen Usern lebt und arbeitet allerdings einer dauerhaft in Frankreich. Französischschweizer Tastaturlayouts können hier vernachlässigt werden, da das Korpus keine Useraccounts aus dem frankophonen Teil der Schweiz enthält.
    Zu Tastaturlayouts vgl. http://www.uni-regensburg.de/EDV/Misc/KeyBoards/#KanadaFranz, http://de.wikipedia.org/wiki/Tastaturbelegung sowie http://de.wikipedia.org/wiki/AZERTY-Tastaturbelegung.
9   Bei der Berechnung der Fehlerquote für Akzentsetzungen wurden diese zwei Belege nicht berücksichtigt, da in beiden Fällen Akzente gesetzt wurden, wenn auch inkorrekt:
    Tweet (324): »*Un jour je serais sociable. Àppparemment pas ce soir.*«
    Tweet (325): »*http://www.youtube.com/watch?v=sXoYK4b_q24 un jour les poneys domineront le monde. Il règneront en maitres et ce sera TERRIBLE*«

Wortart. Als markiert kann im vorliegenden Korpus *satzinitiale Kleinschreibung* gelten sowie Eigennamen mit wortinitialer Minuskel. Angesichts der gängigen technischen Voreinstellungen an den Geräten, die für den Versand von Tweets genutzt werden können (integrierte orthographische Anpassung des initialen Graphems nach <.>, <!> und <?> plus Spatium, bzw. tweetinitiale Majuskel), überrascht es, dass nur 91,09 % aller Sätze im Korpus satz- oder tweetinitiale Majuskeln aufweisen. Stattdessen wäre zu erwarten gewesen, dass die Technik in diesem Fall für einen Wert sorgt, der annähernd 100 % Korrektheit bei satz- oder tweetinitialen Majuskeln beträgt. Frappant ist in diesem Zusammenhang, dass sich der – technisch regulierbare! – Parameter *satzinitiale Großschreibung* mit einer Abweichung von 8,91 % als störungsanfälliger erwiesen hat als der Wert für Abweichungen von der *Standardschreibung* aller Wortformen (2,11 %), welchem die manuell erzeugten Eingaben der User zugrunde liegen und bei dem folglich eine höhere Fehlerquote zu vermuten gewesen wäre, zumal unter Berücksichtigung des Faktors Geschwindigkeit bei der Erzeugung von Tweets (zu Aspekten der Ökonomie vgl. a. 4.3.4).

Interessant wäre im Anschluss eine vergleichende Studie mit Daten aus einem französischsprachigen SMS-Korpus, da sich die Nutzungsbedingungen dieses Mediums annähernd ähneln (begrenzte Zeichenzahl, hohes Produktionstempo). Leider steht ein solches Vergleichskorpus derzeit noch nicht zur Verfügung.

4.3.2 Mündlichkeit

Die untersuchten Phänomene der Mündlichkeit sind die *Tilgung*, die *Assimilation*, die *Klitisierung*, die Verwendung von *Gesprächspartikeln* und anderen Gesprächswörtern. Auffällig hinsichtlich der drei ersten Kategorien ist, dass sie relativ selten vorkommen: *Tilgungen* stellen 1,3 % der Gesamtwortzahl von N = 8 241 dar, Belege für eine *Assimilation* konnten im Korpus nicht gefunden werden[10] und der Wert für *Klitisierungen*, die hier ausschließlich aus Proklise (inklusive der Elision) bestehen, beträgt 0,2 % von N = 8 241. Dies lässt darauf schließen, dass bei Twitter die konzeptuelle Mündlichkeit[11] präferiert durch andere Sprachmittel realisiert wird, die nicht zuletzt durch die Beschaffenheit des Mediums bedingt sind. Hierzu später mehr; zunächst zu den Tilgungen.

---

10 Die Assimilation besteht im Französischen durchaus als Phänomen der Mündlichkeit – z. B. *apsent* statt *absent* oder *métcin* statt *médecin* oder *pasque* statt *parce que* (vgl. Léon 2005: 70ff.).

11 Zur Darstellung der konzeptuellen Mündlichkeit und konzeptuellen Schriftlichkeit siehe: Koch/Oesterreich (1985); Koch/Oesterreicher (1990); Koch/Oesterreicher (1994); Koch/Oesterreicher (2007). Und zu einer kritischen Auseinandersetzung und Weiterentwicklung des Distanz/Nähe Modell siehe Ágel/Hennig (2007).

Auffällig ist eine bevorzugte Tilgung des Pronomens *il* in impersonalen (unpersönlichen) Konstruktionen wie *il y a* »es gibt«, *il faut* »man muss« oder *il reste* »bleibt«. Die Tilgung von *il* als impersonales Subjektpronomen beträgt 0,15 % aller 8 241 Wortformen. Bezogen auf die Gesamtheit aller impersonalen Konstruktionen ändert sich jedoch die Gewichtung, denn *il* ist in immerhin 46,6 % dieser Konstruktionen getilgt. An zweiter Stelle wird mit 0,7 % aller Wortformen die Negationspartikel *ne* – in der Negationskonstruktion *ne...pas* – getilgt; das entspricht 44 % aller Negationsformen. Ein Sonderfall bildet Tweet (493): »[...] *T'inquiètes je reviens* [...]«, in der beide Partikeln getilgt wurden. Es handelt sich hier nicht um eine einmalige Ausnahme oder Ad-hoc-Bildung: Der Ausdruck *t'inquiète*, »mach dir keine Sorgen«, kommt häufig in der Umgangssprache ohne Negationspartikel vor; die Negierung ist hierbei quasi im Verb lexikalisiert enthalten. An dritthäufigster Stelle wird das Pronomen *en* getilgt (0,15 % aller Wortformen und 20 % der Pronomen). Die Einführung einer Nominalgruppe oder einer Konstituenten durch einen *présentatif (c'est)* ist nach Riegel/Pellat/Rioul ([4]2004: 453) ein beliebtes Verfahren der Mündlichkeit, mit dem der Sprecher auf einen Referenten in der Äußerungssituation verweisen kann. In unserem Korpus sind *présentatifs* allerdings zu 10,8 % getilgt; das entspricht 0,15 % aller Wortformen und ist damit der vierthäufigste Tilgungstyp. Weitere Formen der Tilgung in unserem Korpus umfassen die Subjektpronomina *je, tu, il, elle* (0,2 % aller Wortformen), die Tilgung des finiten oder indefiniten Artikels *le* bzw. *un* (0,06 %), die Tilgung der Präposition *de* (0,05 %) und die Tilgung der Konjunktion *que* (0,01 %). Diese Fälle können jedoch als periphere Phänomene betrachtet werden, da sie jeweils nur 7 %, 2,4 %, 1,5 und 1,3 % der jeweiligen Wortklasse darstellen.

Die Klitisierung bzw. die Proklise betrifft die Personalpronomina *je (j')*, *tu (t'), vous (z')* und die Reflexivpronomina *me (m'), te (t'), se (s')*. Insgesamt kommen 0,2 % der Wortformen klitisiert vor und 13,3 % der betroffenen Formen treten klitisiert auf: *te* ist mit 23 % am häufigsten klitisiert, die Vorkommen von *se* sind zu 10 % klitisiert, von *je* zu 4,8 %, *vous* zu 3,8 % und *me* zu 2 % klitisiert. Da die nähesprachliche Mündlichkeit im Zentrum dieses Kapitels steht, wurde das Augenmerk ausschließlich auf Klitisierungen und Elisionen gelenkt, die von der phonetischen Norm abweichen. So werden in der phonetischen Norm die auslautenden Vokale vor einem vokalisch anlautenden Folgelexem elidiert. Folglich bildet der vor dem elidierten Vokal stehende Konsonant mit dem folgenden Wort eine Silbe. Hauptsächlich betrifft die Elision die Vokale /e/ und /a/ (Le Bon Usage [14]2008: 49). Diese Veränderungen können auch in der Schriftsprache ihre Spuren hinterlassen, indem sie mit einem Apostroph gekennzeichnet werden. So wird etwa in *L'ami d'Agnès* zwei Mal der Vokal <e>

elidiert und in *je m'appelle* schwindet bei *me* das <e> (vgl. *Le Bon Usage* ¹⁴2008: 49). Bei der Auswertung des Korpus wurden gerade diese Fälle allerdings nicht berücksichtigt, da sie dem Normalfall entsprechen und sowohl in der gesprochenen als auch in der geschriebenen Sprache zu finden sind. Vielmehr wurden markierte Fälle von Klitisierungen getaggt, wie z. B. Vokalelision vor einem Konsonanten. So wird im Tweet (101) das <e> in *je* klitisiert, so dass zwei Konsonanten aufeinander folgen: »*j'm'appelle Guillaume*« (Tweet 101). Auch findet sich ein Beleg für irreguläre Elision[12] des Vokals <u> in *tu*: »*tas aussi un concours nostalgie*« (Tweet 271). Schließlich sei noch Tweet (68) angeführt – »*Z'êtes passés à côté du buzz*« – bei dem das Personalpronomen *vous* nur noch durch die mit <Z'> graphophonematisch dargestellte Liaison mit dem Anlautvokal des Folgelexems seine Spuren hinterlässt.

Das quantitativ bedeutendste Mittel der konzeptuellen Mündlichkeit im französischen Twitter-Teilkorpus besteht in der Verwendung von Gesprächspartikeln. Die Gesprächspartikeln stellen 5,69 % der gesamten Wortformen dar. Sie bestehen zu 1,6 % aus Diskursmarkern (*bon, mais, alors*) zu 1,15 % aus Antwortpartikeln (*oui, merci, non*), zu 1,06 % aus Intensitätspartikeln (*très, beaucoup, même*), zu 0,7 % aus Modalpartikeln (*bien, juste, peut-être*), zu 0,07 % aus Kontaktpartikeln (*bonne soirée, salut, bienvenu*) und zu 1,4 % aus Interjektionen (*oh, eh, ah, bah*). Interjektionen verweisen auf einen hohen Grad an Expressivität und Subjektivität; diese Eigenschaft teilen sie mit Onomatopoetika wie *cocorico, clic* oder *miaou* (0,04 % der Gesamtwortformen). Die Antwortpartikeln weisen indes auf dialogische Interaktionsmuster hin, aber auch auf eine starke Kooperation zwischen den Gesprächspartnern. In diesem Zusammenhang deuten die Vorkommen von *merci* (23 Token) auf höflichen Umgang der Teilnehmer. Allgemein ist die hohe Frequenz der Gesprächspartikeln ein Indiz für einen hohen Grad an Spontaneität und emotionaler Beteiligung des Sprechers (Crystal 2011: 50ff.). Es ist bekannt, dass Diskursmarker zahlreiche Funktionen übernehmen können; im französischen Twitterkorpus fungieren sie hauptsächlich als Markierung für die *Turn*abgabe und -übernahme, bzw. den Anfang und das Ende eines Redebeitrags und z.T. auch als Hesitationsmarker. Diese Funktionen weisen auf die Dialogizität des Austausches hin, aber auch auf die spontane Formulierung der Nachrichten und können somit als Indizien für die konzeptuelle Mündlichkeit verstanden werden.

Andere Elemente aus dem Inventar nähesprachlicher Strategien sind das bereits erwähnte *présentatif* (1,3 % der Wortformen), die Deiktika (1,2 % der Wortformen), die *pronoms toniques* (0,2 % der Wortformen) sowie in *moi je* (dieser Konstruktion entspricht die intonatorische Hervorhebung des »ich«

---

12 Vgl. Le Bon Usage (¹⁴2008: 51).

im Deutschen) und schließlich die Konnektoren (0,6 % der Wortformen). In diesem Zusammenhang ist es besonders interessant festzustellen, dass Deiktika, die auch Bestandteil des *présentatif* sind, ein wesentliches Element des Inventars der gesprochenen Sprache sind. Durch den direkten Verweis auf die Gesprächssituation wird hier eine Strategie der konzeptuellen Mündlichkeit ausgelotet. Die verwendeten Deiktika sind in unterschiedlichen Dimensionen verankert (Maaß 2010: 48ff.): personal (*je, tu*), temporal (frz. *hier* = dt. *gestern*: Tweet (52): »*Quand Amel Bent fait du Beyoncé dans Nouvelle Star hier soir*«), lokal (frz. *ici* = dt. *hier*: Tweet (178): »*Bon, il reste plus grand monde, je pense qu'il vaut mieux que j'y aille sinon je risque de dormir ici :P*«) und objektal (frz. *ça* = dt. *das*: Tweet (181): » *«Vraiment PD» sur Twitter, vous trouvez ça drôle?* «). Diese aus unterschiedlichen Dimensionen stammenden Deiktika haben eine Verankerung der Kommunikation im Diskurs und in der Origo der Gesprächssituation. Sie gehören zum Modus der Situationsdeixis: »*je connais bien ce sac*« (9) oder der Diskursdeixis (Maaß 2010: 48ff.): »*retenez Lio...c'est un gamin, il mérite pas ça!* « (25). Die Fülle von Deiktika liegt nicht zuletzt am »Realtime«-Anspruch von Twitter (Böhringer/Gluchowski 2009: 507): So können deiktische Verweise zwar sprachökonomisch motiviert sein, können jedoch der Kohärenz entgegenwirken (Honeycutt/Herring 2009) und somit für Verwirrung sorgen – und dies nicht nur für den Linguisten, der sich mit dem Korpus auseinandersetzt, sondern auch für die Twitterbenutzer selbst. So kann man folgendes lesen: »*à quoi répondiez-vous? l'inconvénient de twitter c'est que je ne comprends rien aux conversations... bonne soirée*«[13] (608). Hinsichtlich der Mündlichkeit kann abschließend gesagt werden, dass die Trennung zwischen Medium und Konzeption sich als nützlich erweist. Während die Sprache bei Twitter medial schriftlich ist, weist sie dagegen zahlreiche Versprachlichungsstrategien der Nähesprache auf. Diese kommen jedoch mehr durch die Verwendung von subjektivitäts- und expressivitätsmarkierenden Einheiten zustande (wie die der Diskursmaker oder der Deiktika) als durch morphologische Veränderungen, deren Ziel es ist, nähesprachliche Strategien der Oralität zu vermitteln.

4.3.3 Lexik

Zur Beschreibung der Lexik im Korpus wurden folgende Kategorien betrachtet: *diatopisch* und *diaphasisch* bzw. *diastratisch markiertes Sprachmaterial*, *Anglizismen* sowie andere *fremdsprachliche Wörter und Wortsequenzen*. Für die Kategorie *Inflektive* konnten keine Belege gefunden werden; hier kann nur

---

13 Dt.: »Worauf richtet sich Ihre Antwort? das Problem bei Twitter ist, dass ich nichts mehr von den Gesprächen verstehe...einen schönen Abend noch«

hypothetisch angenommen werden, dass die spezifische Flexionsmorphologie des Französischen die Bildung von Inflektiven erschwert, so dass die User auf andere Mittel zurückgreifen wie z. B. auf elaborierte Interjektionen wie *mort de rire*, dt. etwa »*vorlachensterb*«, wobei »sterben« im französischen Beleg jedoch durch das *participe passé* und nicht – wie im deutschen Äquivalent – durch eine Inflektivkonstruktion bzw. Inkorporation realisiert wird[14]. Aufgrund der Korpusevidenz wurden zudem in der Rubrik »Sonstige« folgende Kategorien miteinbezogen: *Archaismen, diastratisch markiertes Sprachmaterial, Onomatopoesie* (siehe 4.3.2, Mündlichkeit) sowie *okkasionnelle Neubildungen*.

Im französischen Twitterkorpus spielen mit 0,01 % der Wortformen dialektale (also diatopisch markierte) Wörter eine sehr geringe Rolle. Nur der Ausdruck *copaings* deutet graphophonematisch mit *-ings* auf eine Denasalisierung hin. Diese steht typischerweise für eine südfranzösische dialektale Färbung (Weinhold 2003: 85). Die schwache Anzahl dialektaler Wörter kann einerseits auf die stark normative und vereinheitlichende Sprachpolitik Frankreichs zurückgeführt werden, andererseits aber auch auf den soziologischen Hintergrund der Twitterbenutzer: ihr Alter liegt in der Regel zwischen 25–54 Jahren – die Mehrheit ist um die 35 (Crystal 2011: 53 und Moraldo 2009: 264) und der Habitus, den Twitternutzer ausstrahlen möchten, kann zufolge Altmann (2009: 313) typischerweise als Trendsetter und Netzwerker beschrieben werden. Schließlich sind dialektale Markierungen überwiegend in der Aussprache wahrnehmbar; solche phonologischen Phänomene werden allerdings durch die medial schriftliche Eigenschaft von Twitter neutralisiert. Wenn sie jedoch zum Ausdruck gebracht werden, müssen sie von den Nutzern – wie im Falle von *copaings* – zusätzlich morphologisch markiert werden, was mit dem Ökonomieanspruch Twitters in Konflikt gerät. Kurzum liegt die Besonderheit der Lexik im französischen Twitterkorpus nicht im Bereich der Markierung von diatopischen Varietäten, sondern wird auf anderen Ebenen realisiert.

Diastratische und diaphasische Varietäten spielen bei Twitter eine große Rolle; sie betreffen insgesamt 5,3 % der Wortformen. Im Bereich der französischen Sprachregister kann ein subtiler Unterschied zwischen dem *français familier* und dem *français vulgaire* gemacht werden. Nach *Le Bon Usage* (^{14}2008: 23f.) ist das *registre familier* dasjenige des Alltags: Es ist in der gesprochenen Sprache und in Gesprächen sogar von Menschen gehobenen Bildungs- und Sozialniveaus üblich, während das *registre vulgaire* Wörter enthält, die oft in Relation mit Körperteilen stehen, welche die Dezenz zu bedecken befiehlt oder die Menschen wie Tiere erscheinen lassen. Insgesamt können 1,8 % der Wortformen in diesem Sinne als umgangssprachlich betrachtet werden; sie verteilen

---

14 Vgl. hierzu Schlobinski (2001).

sich auf 1,4 % = 119 Token, die mit Formen wie *mec*, *trucs*, *bosser* dem *français familier* zuzuordnen sind, während 33 Token (= 0,4 %) der Wortformen wie *chier*, *connard*, *enculer* dem Register *français vulgaire* zugerechnet werden können. Des Weiteren finden sich mit Lexemen wie *nounou*, *dodo* und *cucul* 6 Belege für die Kindersprache und 31 Belege für die Jugendsprache. Demnach spielt die Jugendsprache im Bereich der Lexik eine wichtige Rolle: *kiffer* in *je vous kiffe* oder dem aus dem englischen *slang* stammenden *flipper*, wie in *je flippe*. In dieser Kategorie befinden sich auch Ausdrücke aus dem Verlan, – Verfahren der Silbentauschung – wie in *meufs* (2 Token) statt *femme*. Häufig werden Intensitätsmarker noch intensiviert: statt *très* »sehr« wird *trop* »zu sehr« gewählt (13 Token) und *grave* »schlimm« statt *vraiment* wie in Tweet (257): »*D'ailleurs il y a un acteur qui te ressemble grave*«. Die Mehrheit des umgangssprachlichen Materials ist immer noch relativ nah an der Norm, betont jedoch die nähesprachliche Kommunikationskonzeption der Twitternutzer.

Fachsprachliche Termini im Korpus entstammen in einigen Fällen Bereichen wie der Medizin oder der Kosmetik: so finden sich im Korpus 5 Belege für Fachtermini wie etwa *vortex* und *anticernes*. Der größte Anteil an varietätenspezifischer Lexik entfällt mit 244 Token allerdings auf den Bereich der Mediensprache. Dies konnte festgestellt werden, indem Begriffe aus der Medienspache, sowohl Substantive (*MegaBit*, *Internet*, *url*) als auch Eigennamen (*Twitter*, *facebook*, *iPad*) getaggt wurden. *Twitter* erscheint 24 Mal, *twittos* 6 Mal, *retweet* auch in der reduzierten Form *RT* 7 Mal. Auffällig ist das korrelierte Vorkommen von mediensprachlich einzustufenden Lexemen und Anglizismen, denn bei 76 der mediensprachlichen Termini handelt es sich um Anglizismen (*Rewind*, *Web*, *loltoshop*, *tabs* oder *mail*). Unserer Ansicht nach ist die Häufigkeit der mediensprachlichen Ausdrücke besonders interessant, denn dieser Befund macht deutlich, dass beim Microblog *Twitter* Medium und Inhalt sehr nah beieinander stehen und sowohl gemeinschafts- als auch diskursbildend sind, wie nachfolgend ausgeführt wird.

Die französische Sprachpolitik ist hinsichtlich Anglizismen wenig liberal[15]: 1994 wurde nicht nur die *Loi Toubon* verabschiedet, sondern es wurde auch das *Dictionnaire des termes officiels*, »eine alphabetische Sammlung von offiziellen Ersatzwörter für ca. 3 000 inkriminierte Anglizismen« (Braselmann 2003: 206ff.) von der *Délégation générale à la langue française et aux langues de France*[16] herausgegeben. Auch die *Commission générale de terminologie et de néologie*, die unter der Leitung des Premierministers steht und mit der *Académie française*

---

15 Vgl. Trabant (2003: 134f.) über *la crise du français*.
16 DGLFLF: Eine Kommission des französischen Kultusministeriums zur Pflege der Gesetzesvorschriften auf Basis des Gesetzes vom 4. August 1994 über die Verwendung der französischen Sprache.

zusammenarbeitet, publiziert im *Journal officiel* eine aktuelle Liste obligatorisch zu verwendender französischer Wörter in Abgrenzung zu Anglizismen oder anderem fremdsprachlichen Material. Demzufolge sind *logiciel, télécharger, courriel* die französischen Begriffe für *software, download* und *email*: so zumindest die offizielle Norm. Bei dem Microblog Twitter sieht es jedoch anders aus: Anglizismen spielen nämlich mit 2,4 % der Wortformen eine größere Rolle als zumindest umgangssprachliches Sprachmaterial (1,8 %) und eine nahezu genauso bedeutende Rolle wie sonstige oben aufgeführte diaphasisch markierte Lexik (3,5 %). Dabei muss darauf hingewiesen werden, dass die Kategorie der Anglizismen breit gefasst wurde: Nicht nur einzelne Wörter, sondern auch komplexere Ausdrücke v.a. im Hinblick auf Hashtags – wie etwa *#nowplaying* oder *#notalone* – wurden mit berücksichtigt. Diese Ausdrücke wurden bei der Ermittlung von Anglizismen berücksichtigt, weil sie als Schlagwörter von den Nutzern als einheitliche funktionale Ausdrücke wahrgenommen werden. Interessant ist, dass neben Anglizismen wie *Happy Birthday, sorry* oder *yes*, die zum Vokabular der Alltagssprache zählen können, zahlreiche Types dem Bereich der Mediensprache entstammen: *followers, app, online* etc. Damit werden folglich nicht nur Begriffe verwendet, dessen Konzepte bereits in der entlehnenden Sprache zu finden sind, sondern es wird auch auf äußeres Lehngut – Gegenstände und Konzepte – zurückgegriffen, die ihren Ursprung in der englischen Sprache haben und keine Entsprechung im Französischen haben (Braselmann 2003: 207). Das in jüngster Zeit der Mediensprache entlehnte Sprachgut ist bereits produktiv: so entstanden aus dem (ursprünglich deverbalen englischen) Nomen *Twitter* sowohl durch Konversion im Französischen das Verb *twitter*, wie z. B. im Tweet (157): »*@xyz arrette de twitter et ramène toi sur le plateau du JT !!!!*« (dt.: »hör' auf zu twittern und komm' endlich zu den Fernsehnachrichten«) als auch durch Derivation das Substantiv *twittos* zur Bezeichnung der Twitternutzer: »*j'utilise twitter pas les twittos, je parle avec les twittos pas avec twitter ou de twitter, mais c'est un choix perso*« (292). Zufolge Zimmerman (2003: 201) gelte das Suffix -*o(s)* als morphologischer Markierung speziell der Jugendsprache; aufgrund des Alters der meisten Twitternutzer kann dies für unseren Gegenstand nur als bedingt zutreffend gewertet werden. Vielmehr kann *twittos* eher als mediensprachlicher Ausdruck betrachtet werden. Durch die Hauptfunktion von -*os* für die Markierung sozialer Gruppenzugehörigkeit spiegelt der Begriff *twittos* die Selbstwahrnehmung der Twitternutzer wider und kann als Teil der Selbstinszenierung ihres intendierten Habitus betrachtet werden: Es sind Aktanten, die (gerne) über übereinzelsprachlichen Kompetenzen verfügen, und die auch auf Basis ihrer Lexik eine stark kohäsive kulturelle Gemeinschaft bilden (Crystal 2011: 53).

Als fremdsprachliches Material wurden ferner Lexeme anderer Sprachen berücksichtigt sowie längere Wortsequenzen in englischer Sprache. Diese machen 0,6 % der Wortformen aus. Somit ist bezogen auf fremdsprachliches Material insgesamt der Anteil von Anglizismen am höchsten.

Die okkasionellen Neubildungen sind ein relativ seltenes Phänomen (8 Token = 0,1 % aller Wortformen), weisen jedoch auf die Kreativität der Twitternutzer hin. Für Nicht-Twitternutzer bleiben sogar bestimmte Begriffe rätselhaft. So zum Beispiel im Fall von *flabistouflant*; hier kann nur angenommen werden, dass die Bildung auf das Adjektiv *époustouflant* (dt. unglaublich, verblüffend) zurückzuführen ist. Andere weisen interessante kompositionelle Verfahren auf: Im Tweet

(426) @xyz Le fermier aussi prolégomène son chien : http://shop.lego. com/product/?p=5647&LangId=1036&ShipTo=FR (cc @xyz)

besteht das konjugierte Verb *prolégomène*, aus *promène* »geht spazieren« und *lego* »Legostein« – anstatt einer vermutenden Derivation zum bildungssprachlichen Gräzismus »prolégomena«. Dennoch finden sich im Korpus auch innovative Derivationsbildungen wie *raisonnabilitude,* das aus dem Adjektiv *raisonnable* »vernünftig« unter Suffigierung von -*itude* ein Substantiv bildet, das auf einem Zustand hindeutet.

4.3.4 Reduktion

In mediensprachlichen Textsorten, die aufgrund begrenzter Zeichenzahl dem Zwang zur graphischen Ökonomie unterliegen, verdienen Strategien zur möglichen Reduktion der übermittelten Nachricht bei gleichzeitiger Erhaltung größtmöglicher Verständlichkeit besondere Aufmerksamkeit. Zu untersuchen waren im Rahmen des Projekts die Wortarten *Nomina (inkl. Eigennamen), Artikel, Präpositionen, Konjunktionen, Antwortpartikel* sowie *Zusammenziehungen* von Wörtern und reduzierte *Wortgruppenbildung.* Diese Parameter galten einheitlich für die Korpora aller erhobenen Sprachen, so dass einzelne Parameter aufgrund einzelsprachlicher Spezifika für die jeweilige Analyse entfallen können. Im Französischen ist dies für die definiten *Artikel* im Singular der Fall: da diese in entsprechender lautlicher Umgebung sowohl phonetisch als auch graphisch normativ klitisiert werden (vgl. 4.3.2), wurden Artikel für die Untersuchung von Reduktionsphänomenen ausgenommen. Auch für definite Pluralartikel sowie indefinite Artikel in reduzierter Form war die Zahl der Befunde 0.

Insgesamt lassen sich für das gesamte französische Korpus 115 Wortformen in reduzierter Graphie nachweisen (= 1,39 % aller Wortformen). Die von den Usern am häufigsten reduzierte Wortart ist dabei das normale Nomen mit 44 Token absolut (= 0,53 % aller Wortformen bzw. 38,26 % aller Reduktionsformen). Hierunter fallen Kürzungen standardsprachlicher Lexeme wie *pb* (für *problèmes*, Tweet 59), *cathos* (für *catholiques*, 60) und *tps* (für *temps*, 200) gleichermaßen wie IT- oder medienfachsprachliche Termini (*FX* für *effects*, 47; *appli* für *application*, 104, *hd* für *high definition*, *hs* für *high speed*, beides Tweet 59). Exakt halb so viele Belege für Kürzungen entfallen auf *Eigennamen*; diese stehen mit insgesamt 22 Token (= 0,25 % der WF, 18,26 % der RF) deutlich hinter der Kategorie *normales Nomen* zurück. Für die Untersuchung gefragt war hinsichtlich der Eigennamen eine Unterscheidung zwischen Personen und Städten; hierzu fällt auf, dass das französische Korpus keinen einzigen Nachweis für die Kürzung eines Städtenamens und nur eine Kürzung für eine geographische Bezeichnung überhaupt liefert (Tweet 585: *C-Shell* für Seychellen; hierzu siehe auch Abschnitt 4.3.6 unter *Homophonie*). Personennamen werden nur 4 Mal gekürzt (= 18,18 % der 22 reduzierten Eigennamen; z. B. *DSK* für *Dominique Strauss-Kahn*, Tweet 278; *Biebs* für *Justin Bieber*, 378; *antho* für *Anthony*, 508). Der weitaus größte Anteil an reduzierten Eigennamen entfällt auf Namen von Organisationen, Firmen, Parteien und Medien; diese sind in 17 (= 77,27 % der 22 reduzierten EN) Fällen nachweisbar, was einem Anteil von 0,2 % aller Wortformen und 14,78 % aller Reduktionsformen entspricht (*McDo* für die Firma *McDonalds*, Tweet 51; *FN* für die Partei *Front National*, 310; *OL* für den Fußballverein *Olympique Lyon*, 275; *libé* für die Zeitschrift *La Libération*, 337). Von den 22 Belegen für Kürzungen von Eigennamen entfallen allein 11 auf die Namen von sowohl Zeitungen als auch Fernsehsendern und Onlinemedien (= 50 % aller gekürzten Eigennamen); dieser hohe Wert frappiert insofern wenig, als viele der User ihren Accountangaben zufolge in Medienberufen arbeiten, so dass die Vermutung naheliegt, dass es sich bei diesen Kürzungen um einen branchenüblichen Jargon handelt.

Kürzungen anderer Wortarten sind ausgesprochen selten. Mit gleich niedriger Häufigkeit (jeweils 5 = 0,06 % aller WF bzw. 4,35 % aller RF) finden sich Belege für graphisch reduzierte Präpositionen sowie Pronomina. Der Wert für gekürzte Präpositionen weist allerdings keine Signifikanz für die bevorzugte Kürzung bestimmter Items auf; d. h. die 5 Token repräsentieren 5 verschiedene Types. Pronomina, die – wie in 4.3.2 dargestellt – normativ klitisiert auftreten, wurden bei der Erhebung ökonomiebedingt reduzierter Formen nicht berücksichtigt; bei den markierten Kurzformen aus dieser Wortart handelt es sich in der Regel um Indefinitpronomina wie *beaucoup* (*bcp*, Tweet 611) oder *toute* (*tte*, 199). Im gesamten Korpus tritt nur eine Konjunktion in reduzierter Graphie auf (*Qd* für *quand*, Tweet 593: »*Nicolas Domenach défend les apéros fbk „Qd j'étais jeune, y'avait des fêtes de village et des morts: tjs un qui finissait ds la rivière" #ES*«); interessanterweise mit initialer Majuskel, obwohl diese nicht durch vorangehende Interpunktion motiviert ist. Dieser Beleg veranschaulicht somit die Differenzierung der Verfasser von mediensprachlichen Texten zwischen physikalischer Ökonomie (Verringerung des Tippaufwandes) und ökonomischem Umgang mit begrenzter Zeichenanzahl, auf die Siever im Zusammenhang mit konsequenter Kleinschreibung in E-Mails hinweist (2006: 77): bevorzugt dort der User eine hohe Schreibgeschwindigkeit, ohne auf eine durch das Medium bedingte limitierte Zeichenzahl reagieren zu müssen (physikalische Ökonomie), steht im Tweet (593) mit *Qd* die graphische Ökonomie im Vordergrund, wobei die Betätigung zusätzlicher Tasten (es handelt sich hier um den Beginn eines Zitats, jedoch nicht eines durch Interpunktion abgetrennten Satzes) in Kauf genommen wird[17]. Weitere reduziert vorkommende Wortarten sind Adjektive und Adverbien mit jeweils 4 Token (je 0,05 % aller WF bzw. 3,48 % aller RF) sowie Antwortpartikel (3 Token = 0,04 % aller WF bzw. 2,61 % aller RF).

Abgesehen von gekürzten Einzelwörtern finden sich im Korpus immerhin 28 *Wortgruppen* in reduzierter Graphie (= 0,34 % aller WF, 24,35 % aller RF), davon sind 10 der Internationalismus »lol« in unterschiedlichen Intensitätsstufen (das Maximum in Tweet 153: »*[...] looooool [...]*«). Die französischen Äquivalente *mdr* (*mort de rire*) bzw. *ptdr[rrr]* (*peter de rire*) sind mit Häufigkeiten von 2 bzw. 4 deutlich seltener vertreten. Bei der Ermittlung von Wortformen und Wortgruppen in reduzierter Graphie wurden Schlagwörter, die durch vorangesetztes Hashtag gekennzeichnet wurden, quantitativ nicht berücksichtigt. Diese umfassen insgesamt 156 Einzeltoken (= 1,89 % von N); in 33 Fällen (= 0,4 % von N bzw. 21,15 % von 156) wurden diese Schlagwörter in den Text des Tweets integriert. Integrationen findet man auch bei durch @ gekennzeichnete Adressierungen; diese umfassen 515 Token = 6,25 % aller Wortformen. Die durchschnittliche Frequenz pro Tweet beträgt bei integrierten Hashtags 0,05, bei Adressierungen 0,8. Eine ausführliche Untersuchung der @-Adressierungen sowie der Hashtags wird in den Abschnitten 4.3.7 (Interaktion) 4.3.8 (Funktionale Aspekte) dargestellt.

Der Anteil von Wortformen in reduzierter Graphie bezogen auf die Gesamtwortzahl des Korpus (1,39 % von N = 8241) kann abschließend als erstaunlich niedrig eingestuft werden, wenn man die Notwendigkeit zur graphi-

---

17   Interessant an diesem Beispiel ist zudem, dass zwar insgesamt 5 Reduktionsformen ganz unterschiedlicher Wortarten verwendet werden, der Urheber des Zitats jedoch mit vollem Vor- und Nachnamen ausgeschrieben wird.

schen Ökonomie berücksichtigt, die die begrenzte Zeichenzahl des Mediums dem Nutzer auferlegt. Ein Vergleich mit einer Vorab-Studie von Siever an einem deutschen Twitterkorpus im März 2010 zeigt, dass dort bei einer nur geringfügig niedrigeren Zahl von Wortformen (8012) immerhin 6,6 % der Token reduziert vorkommen[18].

4.3.5 Syntaktische Strukturen

Zur Beschreibung syntaktischer Strukturen im Korpus wird eine ermittelte Grundgesamtheit von N = 894 Sätzen zugrunde gelegt. Von diesen handelt es sich bei 401 Belegen (44,85 %) um einfache Sätze, bei 273 = 30,76 % um Ellipsen. In den 273 Ellipsen sind auch die 31 im Abschnitt 4.3.2 als Tilgungen des Subjektpronomens bzw. des impersonalen Subjektpronomens beschriebenen Belege enthalten; neben getilgten Pronomina in Subjektposition wurden entsprechend den parametrischen Standards im Rahmen dieses Projekts getilgte Verba Finita als Ellipsen getaggt.

Wie ein von der Notwendigkeit zur Zeichenökonomie geprägtes Medium erwarten lässt, sind im französischen Korpus komplexe Satzstrukturen aus Koordinationen bzw. Subordinationen deutlich seltener vertreten als Ellipsen und einfache Sätze. Das Korpus enthält summiert 218 komplexe Sätze mit Ko- bzw. Subordinationsstruktur. Die Dominanz koordinierter Satzgefüge im Vergleich zu Subordinationen überrascht dabei wenig: 129 Belegen mit Koordinationsstruktur (= 14,43 % von N; das entspricht 59,17 % der 218 summierten komplexen Strukturen) stehen nur 89 Subordinationen gegenüber (= 9,96 % von N bzw. 40,83 % von 218). Von den 129 koordinierten Satzkonstruktionen enthalten 103 (= 79,84 % von 129) genau 2 Teilsätze, 22 (= 17,05 %) bestehen aus 3 koordinierten Teilsätzen und 4 (=3,1 %) sind aus 4 oder mehr Teilsätzen konstruiert. Die Anteile bezogen auf N = 894 sind 11,52 % (für 2 TS), 2,46 % (für 3 TS) und 0,45 % (für 4+ TS); die durchschnittliche Zahl von Teilsätzen pro Koordination beträgt 2,25 TS. Von den insgesamt 290 koordinierten Teilsätzen weisen 42 (= 14,48 % von 290) eine elliptische Satzstruktur auf, 210 Teilsätze (72,41 %) sind vollständige einfache Sätze. In 30 Sätzen mit koordinierter Struktur weist mindestens einer der koordinierten Teilsätze intern eine Subordinationsstruktur auf; diese Fälle wurden für den Wert für die allgemeine Kategorie »Subordination« allerdings nicht berücksichtigt, da es

---

18 Dargestellt von Siever im Rahmen des III. Workshops zur linguistischen Internetforschung am 26. März 2010 in Hannover; für die für o. g. Wert berücksichtigten Reduktionsformen des deutschen Korpus wurden Sievers Einzelparameter Abkürzungen, Kurzwörter und -wortbildungen, Morphemtilgungen und Wortgruppenellipsen herangezogen, um Vergleichbarkeit herzustellen.

sich um eine den Koordinationsfällen untergeordnete Kategorie handelt. Von den 89 Belegen für eine durch Subordination charakterisierte Satzstruktur ist der Hauptsatz in 19 Fällen (= 21,35 % von 89) elliptisch; hierbei handelt es sich in der Regel um Tilgungen des impersonalen Subjektpronomens bzw. des *présentatif*; in einem Fall auch um die Tilgung der subordinierenden Konjunktion *que*. Obgleich subordinierte Nebensätze im Französischen – anders als im Deutschen – keine Verbletztstellung aufweisen und im Korpus daher im Wesentlichen durch Konnektoren zu identifizieren sind, kann angenommen werden, dass Subordinationen dennoch kognitiv aufwendiger zu realisierende Strukturen darstellen. Da bereits die im Abschnitt 4.3.2 dargestellten Untersuchungsergebnisse eine Nähe zur konzeptuellen Mündlichkeit für Twitter als Medium nahe legen, mag es nicht überraschen, dass Subordinationen einen so geringen Anteil an den Korpusbelegen haben und von den Usern bevorzugt die kognitiv weniger belastenden Satztypen *einfacher* bzw. *koordinierter Satz* oder gar *Ellipsen* verwendet werden. Ob sich auch der Zwang zur Kürze (140 Zeichen) auf die Auswahl des Satztyps durch den Verfasser eines Tweets auswirkt, könnte in einer weitergehenden Analyse ggf. noch ermittelt werden.

4.3.6 Graphostilistik

Insgesamt kommen 158 *Smileys* (1,92 % aller Wortformen) im Korpus vor. Davon sind 136 europäische bzw. amerikanische, 22 japanische Smileys (zur Klassifikation international gebräuchlicher Smileys vgl. Shirai 2009 sowie Schlobinski 2009: 96ff.). Die meisten Emoticons[19] drücken Freude aus. Dafür wurden die Smileys »:)« (40x), »:-)« (11x), »:D« (15x) oder Alternativen dieser eingesetzt. Außerdem werden die japanischen Emoticons[20] »^^« (14x) und »\o/« (7x) verwendet, wobei Ersteres ein lächelndes Gesicht darstellt, also auch Freude ausdrückt, und Letzteres einen Freudenschrei mit erhobenen Armen repräsentiert. Eine besonders hohe Frequenz weist der Zwinkersmiley in Form von »;)« (33x) und »;-)« (3x) auf. Emoticons, die andere Emotionen als Freude ausdrücken, kommen seltener im Korpus vor. Es fällt auf, dass die Smileys in ihrer komprimierten Form häufiger auftreten als in der »Vollversion«. Grund dafür ist wahrscheinlich das Zeichenlimit der Tweets.

Eine funktionale Zuordnung der Smileys ist insofern problematisch, als sie entweder als Kommentar oder als Zustandsbeschreibung, d. h. Gefühlszustand, interpretierbar sind. Ein Beispiel dafür findet man in Tweet (582): »@xyz Bah chez moi il pleut toujours :-(«. In diesem Beispiel kann das Emoti-

---
19 »Emoticon« wird hier als Synonym von »Smiley« benutzt.
20 Diese werden auch Kawaicons, vom japanischen Adjektiv kawaii, welches »süß, niedlich« bedeutet, genannt (Netlink 601).

con entweder als Gefühlsregung (»ich bin traurig, dass es regnet«) oder als Kommentar (»das gefällt mir nicht«) gedeutet werden. Deshalb wurden die Emoticons in der Analyse der funktionalen Aspekte nur dann berücksichtigt, wenn sie den Tweets eindeutig eine Zusatzfunktion geben (zu allen weiteren funktionalen Aspekten s. 4.3.8). Michel Marcoccia und Nadia Gauducheau haben die Rolle von Smileys in Foren analysiert und dabei vier unterschiedliche Funktionstypen zugrunde gelegt: »[...] les smileys expressifs, d'humour et d'ironie, relationnels (de proximité)[21], et de politesse« (Marcoccia/Gauducheau 2007: 40; Netlink 609). Die expressiven Smileys können nach Marcoccia/Gauducheau (2007: 43f.) den Gefühlszustand des Senders ausdrücken, wenn er nicht im Text explizit gemacht wird oder mehrere Interpretationen der Nachricht möglich sind. Andererseits können die Smileys eine bereits aus dem Text deutlich werdende expressive Haltung verstärken. Auch in den Tweets unseres Korpus werden diese unterschiedlichen Funktionstypen verwendet. So wird im folgenden Beleg die Antwortpartikel *merci* durch den expressiven Smiley intensiviert: »*@xyz merci :)*« (Tweet 403). Eine scherzhafte Anmerkung wird in diesem Beispiel durch den Zwinkersmiley in Verbindung mit dem Hashtag »*#Folle*« trotz des fehlenden Kontexts ersichtlich[22]: »*@xyz Heu... Ben oui, tu t'en rends compte maintenant seulement ? ;) #Folle*« (Tweet 615). Der Smiley in Tweet (78) kann als Beziehungssmiley identifiziert werden: »*@xyz j'irais faire un tour dans l'après midi, je te prendrais quelques photos :)*«. Als Höflichkeitssmiley kann das Emoticon in diesem Tweet gewertet werden: »*@xyz Je n'ai pas vraiment le loisir vous savez. :)*« (Tweet 345). Der Smiley schwächt in diesem Tweet die Aussage ab – ein prototypisches Merkmal der Höflichkeitssmileys, die zufolge Marcoccia/Gauducheau dazu dienen, die möglicherweise bedrohliche oder feindselige Wirkung einer Nachricht abzuschwächen: »[...] à atténuer le caractère menaçant ou hostile du contenu verbal d'un message (Thompson & Foulger, 1996) [...]« (Marcoccia/Gauducheau 2007: 46).

Iterationen von Buchstaben und Wörtern tauchen selten im Korpus auf. Die Iteration von Buchstaben beträgt lediglich 0,23 % aller Wortformen, die Iteration von Wörtern 0,89 % aller Sätze. Es kann davon ausgegangen werden, dass die Wiederholung von Buchstaben als expressives Mittel fungiert, beispielsweise bei »*GOOOOOOLLLLL BRASIIIIILLLLLL [...]*« (319), das durch die Majuskeln noch verstärkt wird. Dies gilt ebenfalls für die Wiederholung von Wörtern: »*@xyz Non non, je ne part absolument pas perdant [...]*« (242). Ursache

---

21 Dazu erläutern Marcoccia und und Gauducheau: »Utiliser un smiley peut permettre à un locuteur d'indiquer qu'il entretient ou aimerait entretenir une relation de familiarité ou de connivence avec son destinataire (Marcoccia, 2000a).« (Marcoccia/Gauducheau 2007: 45).
22 Da die Inhalte der Tweets durch die relative Kontextunabhängigkeit schwer zu deuten sind, können ironische oder scherzhafte Bemerkungen nicht immer richtig gedeutet werden.

für die sehr geringe Häufigkeit von Iterationen im Korpus können, wie im Falle der komprimierten Smileys, sprachökomische Erwägungen sein.
Belege für *Homophonie* weist das Korpus nur sehr wenige auf (11). Von diesen ist wegen der Kreativität *C-Shell* (für »Seychelles«, Tweet 585) besonders erwähnenswert. Ein weiteres Beispiel für Homophonie, das im Korpus vorkommt, ist *pd* (561), welches für *pédé* steht, eine Abkürzung von *pédéraste*[23]. Diese Abkürzung wird auch in »#*VraimentPD*« (181) eingesetzt, welches zuf. Magnaudeix (Netlink 597) als *Internetmem* (zu Internetmemen s. 4.3.8) verstanden werden kann.

4.3.7 Interaktion

Im Folgenden wird auf Adressierungsformen in Tweets eingegangen und an einer Stichprobe gezeigt, wie Interaktion im Rahmen der Twitterkommunikation aussehen kann. Dass Interaktion innerhalb der Twittergemeinschaft stattfindet, wird durch die Adressierungen in den Tweets besonders offensichtlich. Adressierungen stehen meistens am Anfang des Tweets und bestehen aus dem Symbol @ und dem Nickname des Adressaten. Eine Variante ist die aus der E-Mail-Kommunikation bekannte Form »cc @Nickname«. Diese wird im Korpus jedoch nicht am Anfang des Tweets eingesetzt[24]. Als Adressierungen wurden auch Eigennamen oder andere Anredeformen (z. B. »*les twitterriens*« (551) sowie die Personal- und Objektpronomina *vous, tu, toi, t'* und *te* im Korpus getaggt.
Initiale Adressierung geschieht vorwiegend durch die Angabe »@Nickname« zu Beginn des Tweets. Von 640 Tweets weisen 340 Tweets (= 53,13 %) mindestens eine Adressierung auf. Diese stehen entweder in Form von »@Nickname« (ein- oder mehrfache Zuweisung) direkt am Anfang des Tweets (»*@Nickname1 @Nickname2 le 10... Ouais je sais*« (539)) oder es finden sich »@Nickname«, andere Anredeformen, Eigennamen und Pronomina auf unterschiedliche Weise kombiniert. Selten ist die alleinige Verwendung von Pronomina. Im Fall von *vous* werden dabei Aussagen oder Fragen an die gesamte Leserschaft gerichtet, wie in diesem Beispiel:

(227) Vous croyez que les publicitaires qui bossent pour la MAAF comprendront un jour qu'ils ne sont pas drôles?

---

23 Eine Bezeichnung für Homosexuelle.
24 »@« wird im Korpus auch anderweitig verwendet, so vor Anwendungen (»@Twitter_Fr Suite«) oder in »via @Nickname«, mit welchem angezeigt wird, woher die Informationen aus einem Tweet stammen. Die Angabe »@Nickname« wird auch zur Nennung von Personen verwendet, ohne dass eine Adressierung erfolgt: »*Raclette avec @a et @b...*« (Tweet 569). Zur Verwendung des Zeichens @ s. Honeycutt/Herring 2009 (Netlink 607).

Solche Pluralformen kommen mit 15 Belegen im Vergleich zu den Pronomina der 2. Person Singular *tu, toi, t'* und *te* häufiger vor: Letztere findet man ohne weitere Anredeformen nur in 3 Tweets, z. B. in diesem:

(580) le jour où tu voudras vraiment acheter éco-responsable, tu jeteras ton iphone et tu prendras un nokia à la place. Hypocrite.

Aus dem Eintrag geht nicht hervor, ob *tu* sich auf eine bestimmte Person bezieht, die nicht genannt wird, oder ob *tu* sich an die Allgemeinheit richtet. Auch der Kontext gibt keinen Aufschluss über die Bedeutung dieser Anredeform im Tweet.

Zur Untersuchung von Interaktion wurden einige Tweets in ihrem dialogischen Zusammenhang betrachtet. Für diese Analyse wurden Tweets hinzugezogen die im Gesamtkorpus nicht enthalten sind, jedoch als Reaktion auf einzelne Tweets der erhobenen Useraccounts nachvollzogen werden konnten. Bei der Analyse der Dialogsstruktur war die Untersuchung von Crystal (2011: 48) hilfreich. Crystal zufolge werden *conjunctions, connective adverbs, response utterances, clarificatory utterances, anaphoric forms, direct address forms, commands* und *direct questions* als kohäsive Elemente innerhalb von Tweets eingesetzt (Crystal 2011: 48). Am folgenden Beispiel soll gezeigt werden, wie sich zwischen Tweets ein Dialog entfalten kann:

1. a @b Le frère aîné de Carla Bruni, Virginio, marin et photographe, est décédé à Paris le 4 juillet 2006 des suites du SIDA. (Wikipedia)
2. b @a Beaucoup de personnes sont décédées du SIDA et pourtant elles ne sont pas sur cette vidéo. Je trouve ça malsain :/
3. a @b Faut bien que la première dame trouve à s'occuper! C'est une tradition qu'elle fasse de l'humanitaire. Ca vaut les pièces jaunes[25].
4. a @b et au moins, elle a choisi un sujet qui la touche vraiment, je vois pas ce qu'il y de mal à ça
5. b @a Ah ah ah c'est vrai :D Faut qu'ils trouvent une cause à défendre pour la prochaine!
6. a @b Si c'est Anne Sinclair, ça sera féminisme light. Si c'est les verts, cause écolo. Si c'est le FN, défense des animaux (blancs ^^)
7. b @a C'est juste le fait qu'on mélange politique (elle peut pas y échapper) à l'humanitaire. Au fond je m'en fiche en fait :)

---

25 Pièces Jaunes ist eine Stiftung, die es sich zur Aufgabe gemacht hat, Projekte, die die Lebensbedingungen von Kinder und Jugendlichen im Krankenhaus verbessern sollen, finanziell zu unterstützen (Netlink 599).

Im ersten Tweet wird die Information gegeben, dass Carla Brunis Bruder an Aids gestorben ist (»*est décédé du Sida*«). Dieser Tweet ist an b adressiert. Der zweite Tweet ist auf zweierlei Weise mit dem ersten verknüpft. Zum einen ist er an den Sender des ersten Tweets gerichtet, zum anderen wird »*décédé du Sida*« anaphorisch verwendet, um einen inhaltlichen Bezug herzustellen. Im zweiten Tweet wird auf »*cette vidéo*« verwiesen. Da dieses Video im ersten Tweet nicht genannt wird, ist davon auszugehen, dass die Kommunikation schon vor Tweet 1 begonnen wurde. In Tweet 2 kritisiert b, dass das Video, von dem nichts Weiteres bekannt wird, keine anderen Personen zeigt, die an Aids gestorben sind (»*elles ne sont pas sur cette vidéo*«). Mit Tweet 3 und 4, beide von a an b adressiert, folgt eine Rechtfertigung für das Handeln von Carla Bruni (»*Faut bien*«, »*je vois pas ce qu'il y de mal à ça*«). Daher kann gefolgert werden, dass das Video ihren Bruder zeigt und sie auf irgendeine Weise verantwortlich für das Video ist. Carla Bruni wird nicht mit ihrem Eigennamen thematisch wieder aufgenommen, sondern in Tweet 3 durch ihre Funktion als »*la première dame*« und durch das Personalpronomen »*elle*« sowie in Tweet 4 durch »*elle*« und das Objektpronomen »*la*«. a äußert in Tweet 3 und 4, dass die Frau des Staatspräsidenten sich traditionell um humanitäre Belange kümmere und dass Carla Bruni sich zumindest ein Thema ausgewählt habe, dass sie wirklich berührt. Daraufhin antwortet b mit einem Tweet, der wieder direkt an a adressiert ist: »*Ah ah ah c'est vrai [...]*«, wobei durch »*c'est*« der inhaltliche Bezug zu den Aussagen in Tweet 3 und 4 hergestellt wird. »*Ah ah ah*« soll vermutlich Lachen und / oder eine ironische Kenntnisnahme der vorherigen Aussage ausdrücken und kann somit als direkte Reaktion auf Tweet 4 verstanden werden. Damit kann es zu Crystals (2011: 48) Kategorie der *response utterances* gezählt werden, in der er selbst »*ha, ha, ha*« anführt. Interessant in Hinblick auf die Informationsstruktur des Dialogs ist der anschließende Teil von Tweet 5, in dem b äußert, dass für die nächste *première dame* eine Angelegenheit gefunden werden müsse, für die sie sich im Rahmen humanitären Engagements einsetzen könne. Mit »*ils*« und »*la prochaine*« wird auf den außersprachlichen Kontext des Dialogs verwiesen, der aber aus dem Dialog erschlossen werden kann und durch den nachfolgenden Tweet deutlich wird: Mit »*ils*« bezieht sich b auf Politiker und mit »*la prochaine*« auf die nächste *première dame*. Evident wird dies im nächsten Tweet von a, der aufzählt, welche Themengebiete in Abhängigkeit vom Ergebnis der nächsten Präsidentschaftswahlen in den Mittelpunkt rücken werden: »*Si c'est le FN, défense des animaux (blancs^^)*«[26]. Mit »*cause à défendre*« wird dabei ein Bezug zu »*sujet*« im vorherigen Tweet hergestellt, was wiederum auf die in Tweet 3 genannten humanitären Aufgaben rekurriert. Im letzten Tweet wird mit »*elle*«

---

26 »Wenn es der FN [Front National, die frz. Rechten, Anm. d. Verf.] ist, Einsatz für die (weißhäutigen^^) Tiere«.

erneut auf Carla Bruni verwiesen, weil b klarstellen will, dass Bruni sich der Aufgabe, sich humanitär zu engagieren, nicht entziehen kann und dass es der Schreiberin b im Allgemeinen missfällt, dass Politik und humanitäre Projekte vermischt werden. »*C'est juste le fait*« stellt im Sinne von Crystals Klassifizierung kohäsiver Elemente eine klärende Äußerung dar. Im Beispiel konnten somit vier der von Crystal genannten Elemente zur Herstellung von Kohäsion ausgemacht werden, und zwar *response utterances, clarificatory utterances, anaphoric forms* und *direct address forms*. Die einzelnen Tweets sind durch anaphorische Elemente miteinander verknüpft. Aus diesem Grund geben bis auf den ersten Eintrag alle Tweets alte und neue Informationen und können deswegen als kategorisch eingestuft werden. Der erste Tweet ist, da er den Anfang des Ausschnitts einer Twitterkonversation darstellt, thetisch. Die Tatsache, dass jeder Tweet eine direkte Adressierung enthält, verstärkt die Dialogstruktur und erleichtert die Kommunikation, denn obwohl einige Dialogstrukturen im Nachhinein in ihrem Zusammenhang nachvollziehbar sind, ist *Twitter* nicht interaktionsfreundlich angelegt, wie auch die Metakommunikation der Nutzer deutlich macht, wie z. B.

(608) @xyz à quoi répondiez-vous? l'inconvénient de twitter c'est que je ne comprends rien aux conversations...bonne soirée

4.3.8 Funktionale Aspekte

In »Internet Linguistics« (2011) stellt Crystal die Ergebnisse seiner Analyse hinsichtlich der Kommunikationsfunktionen vor: »In my sample, over 80 per cent of the tweets were reports, opinions, and advertisements, which locates the output at some remove from outputs whose primary function is social networking.« (Crystal 2011: 53f.). Diese Untersuchung kommt zu ähnlichen Resultaten. Am häufigsten kommen Statements wie z. B. Zustandsbeschreibungen, Entdeckungen, Erklärungen o. Ä. im Korpus vor (46,08 %). Am zweithäufigsten sind Kommentare (28,17 %). Nachrichten nehmen den dritten Platz ein (10,87 %). Erst danach folgen Marketing und PR-Maßnahmen (8,15 %) und Scherzkommunikation (5,23 %). Hilfestellungen (0,70 %), Anfragen (0,40 %) sowie Begrüßungen (0,40 %) sind selten. Es muss jedoch darauf hingewiesen werden, dass funktionale Kategorien für Forschende unterschiedliche Bedeutungen besitzen können (Crystal 2011: 51). Deswegen ist es problematisch sie miteinander zu vergleichen, wenn keine genauen Kategorienbeschreibungen vorliegen. Zudem überlappen sich die Kategorien der funktionalen Aspekte teilweise. So ist es z. B. nicht immer möglich, einen positiven Kommentar zu einem Produkt oder einer Firma von PR zu unterscheiden, da die Intentionen, die den Tweets zugrunde liegen, meist nicht durchschaubar sind. Helfen kann ein Blick auf das Nutzerprofil, um zu sehen, ob eine Verbindung zu einem Produkt oder einer Firma besteht. Besonders problematisch ist die Entscheidung, ob ein Statement oder ein Kommentar vorliegt, da die Grenzen dieser Kategorien fließend sind. Zusätzlich wird die funktionale Zuweisung durch den fehlenden Kontext erschwert. Deshalb sei darauf hingewiesen, dass die quantitativen Resultate für die funktionalen Aspekte nicht als feststehende Zahlenwerte, sondern als Tendenzen gewertet werden müssen.

Um unsere Zuordnung von Kategorien transparent zu machen, werden im Folgenden einige zentrale Punkte erläutert, die bei der Vorgehensweise beachtet werden mussten: Bei der Analyse wurde den Tweets mindestens eine Funktion zugeordnet, ggf. auch mehrere. Das schließt auch Retweets (RTs) und Weblinks mit ein, die als eigenständige Elemente betrachtet wurden und denen deswegen auch jeweils mindestens eine Funktion zugewiesen wurde. Syntaktisch nicht integrierte Hashtags wurden aus der quantitativen Analyse ausgeschlossen und extra untersucht. Grund dafür ist, dass die quantitativen Ergebnisse bei einer Berücksichtigung verfälscht worden wären, da diese Hashtags in den meisten Fällen dazu genutzt werden, den Tweet kontextuell einzuordnen. Da die Berücksichtigung des jeweiligen Kontexts für die Zuordnung der Tweets zu unterschiedlichen Funktionsklassen unerlässlich war, wurden bei Tweets, die 140 Zeichen überschreiten, für die funktionsbezogenen Untersuchungsparameter ausnahmsweise auch die Links zum nicht sichtbaren Rest des jeweiligen Belegs aufgerufen. Bei Tweets, die lediglich aus einem RT bestehen und keine weiteren Anmerkungen besitzen, wurde einzig der RT auf seine Funktionen hin getaggt, da man nur darüber spekulieren kann, warum der Tweet geretweetet wird. Bei zwei Tweets wurde eine Ausnahme gemacht, da bei diesen dem unkommentierten Eintrag durch den RT eine Funktion zugewiesen wird:

(468) RT @xyz: #RT IF YOU HATE OVERCAPACITY !! [...]
und
(505) RT @xyz Notre site internet est en ligne : http://www.ouaispapa.fr please RT Merci :)

Aus diesen RTs geht hervor, warum sie in einem neuen Tweet wieder aufgenommen wurden; im ersten Fall, um eine Meinung kundzutun, im zweiten Fall, um Werbung zu betreiben.

Die funktionalen Aspekte der Tweets im französischen Korpus sind durch die Ausgestaltungsmöglichkeiten der Tweets komplex. Retweets und Weblinks, die in den Tweet integriert werden können, können eigene Kommunikationsfunktionen besitzen, d.h. Tweets sind nicht immer funktional homogen. Ein verhältnismäßig überschaubarer Tweet in Bezug auf seine Funktion sieht beispielsweise so aus: »*@xyz est en page d'accueil de Twitter!*« (8). Der Tweet ist an den Nutzer adressiert, um ihm zu erklären, dass sich etwas Bestimmtes auf der Hauptseite von *Twitter* finden lässt. Die Funktion des Tweets ist daher, Hilfestellung zu geben. Funktional betrachtet schwieriger bestimmbar sind Tweets mit integrierten Links. Gut veranschaulicht wird die Beziehung zwischen Tweet und Link an diesem Beispiel: »*Les beaux jours sont là \o/*« (481). Ein Link verweist auf ein Foto bei *twitpic*, dass die Tweetposterin dort eingestellt hat. Darauf sind ein paar Füße mit lackierten Nägeln in Sommersandalen zu sehen. Es wird also auf dem Foto ein Zustand präsentiert, der im Tweet selbst kommentiert wird. Ein ähnliches Beispiel ist dieses:

(530) RT @xyz: La journée de lutte contre l'homophobie, c'était hier. C'est bon, on peut reprendre. http://bit.ly/9p6nGM

Es wird nicht deutlich, wie sich die Erstellerin des Eintrags in Beziehung zu dem RT setzt, da sie selbst sich nicht dazu äußert. Daher wurde dem Tweet keine Funktion zugewiesen. Im RT wird die Information gegeben, dass der Tag gegen die Homophobie am vorherigen Tag stattgefunden hat. Dieser Teil des RTs kann als Nachricht verstanden werden. Eine Wertung wird durch »*C'est bon*« hinzugefügt. Eine weitere Funktionsebene wird durch den Verweis auf eine Webseite eröffnet. »*on peut reprendre*« löst den Verweis aus. Die verlinkte Webseite stellt die Begründung dieses Kommentars dar, denn auf der Seite der BBC NEWS AFRICA befindet sich ein Zeitungsartikel vom 18.5.2010, der auf die Umstände der Verurteilung eines Paares wegen ihrer Homosexualität in Malawi eingeht. Demnach besitzt der Link eine Nachrichtenfunktion. Beide Beispiele sind insofern repräsentativ, als den Links in den meisten Fällen Aussagen oder Kommentare vorausgehen.

Wurden in den vorherigen Beispielen zwei Funktionsebenen miteinander verknüpft, werden diese im folgenden Beispiel um mehrere Ebenen erweitert:

(601) me too NSFW RT @a NOUS AUSSI RT @b J'avais raté ça :Etude Playboy sur Evolution of the boob http://bit.ly/9uaX2N

Der Link verweist auf einen Artikel im Playboy, der auf die Entwicklung der fotografischen Darstellung von Brüsten seit den fünfziger Jahren des 20. Jh. eingeht. Der Artikel kann den Funktionen *Kommentar, Statement*, aber auch *Marketing* zugeordnet werden. User b weist mit dem Statement, dass er den Artikel verpasst hat, und einem Hinweis auf den Inhalt auf den Artikel selbst hin. Die gesamte Nachricht wird von a noch einmal getweetet mit dem Kommentar, dass auch sie den Artikel nicht wahrgenommen hatten. Diese Aussage kann ebenfalls als Statement betrachtet werden. Daraufhin tweetet c den RT und äußert ebenfalls, dass sie den Artikel übersehen hat. Zudem weist sie mit »*NSFW*« (»*Not Suitable For Work*«) die Leserschaft darauf hin, dass der Link nicht am Arbeitsplatz geöffnet werden sollte. Die Aussage besteht daher aus einem Statement und einem Kommentar. Der Tweet demonstriert, welche Komplexität 140 Zeichen aus pragmatischer Perspektive besitzen können. Tweets dieser Art sind allerdings selten und deswegen nicht repräsentativ für das Korpus.

Eine weitere Funktionsebene entsteht durch die syntaktisch nicht integrierten Hashtags. Im *Twitter Hilfe-Center* wird »Hashtag« folgendermaßen definiert: »Das #Symbol, Hashtag genannt, wird verwendet, um Schlagworte oder Themen in einem Tweet zu markieren. Es wurde ursprünglich von Twitter Nutzern selbst entwickelt, um Nachrichten zu kategorisieren« (Netlink 608). In Bezug auf die Verwendung von Hashtags wird auf einen Artikel des *Twitter Fan Wiki* verwiesen, nach welchem Hashtags eingesetzt werden können, um Tweets mit den Zusätzen *Events/Konferenzen, Katastrophen, Meme*[27]*, Kontexte, Erinnerungsnotizen* und *Zitate* zu versehen (Netlink 600). Hashtags nehmen im Korpus oft die Funktion ein, den Eintrag thematisch einzuordnen. Sie können also der Leserschaft dabei helfen, Einträge trotz des fehlenden Kontexts zu verstehen, wie dieses Beispiel demonstriert:

(226) Hahaha quatre bleus pour Ramon, le gag de l'année ! #ns

Bei diesem Tweet gibt »*#ns*« an, dass der Kommentar sich auf die Fernsehshow *Nouvelle Star* bezieht. Eine weitere Möglichkeit, von Hashtags Gebrauch zu

---

27 Wikipedia, wenn auch als Quelle nur bedingt geeignet, liefert in diesem Fall eine schlüssige Definition: »An Internet meme is an idea that is propagated through the World Wide Web. The idea may take the form of a hyperlink, video, picture, website, hashtag, or just a word or phrase. [...] The meme may spread from person to person via social networks, blogs, direct email, news sources, or other web-based services. An Internet meme may stay the same or may evolve over time, by chance or through commentary, imitations, parody, or by incorporating news accounts about itself. Internet memes can evolve and spread extremely rapidly, sometimes reaching world-wide popularity and vanishing within a few days.« (Netlink 606).

machen, ist, sie als Erklärung dafür zu nutzen, wie ein Tweet verstanden werden soll: »*@a @b et @c tweet la nuit ;) #tips*« (473). Dieser Tweet soll wegen des Zwinkersmileys scherzhaft, als Ratschlag betrachtet werden, wohingegen bei dem Eintrag

(618) RT: @a: RT @b #help ch. studio sur lille Vauban, debut aout environ 300-350€ 20-25m^2, vous auriez des pistes? #Lille

durch den Hashtag das Einfordern von Hilfe bei der Suche nach einer Einraumwohnung verdeutlicht wird. Zudem fungieren Hashtags in einigen Fällen als Kommentar zum Tweet:

(474) Mon corps ne m'obeit plus : désormais, il déteste le nutella et tous ces beaux garçons #WTF

Der Text des Tweets kann als Zustandsbeschreibung betrachtet werden. Im Hashtag dagegen verbirgt sich der Kommentar dazu. »*WTF*« wird als Abkürzung für »*what the fuck*« verwendet. Der Hashtag erweitert demnach die funktionalen Aspekte des Eintrags. Die Wirkung des Hashtags ähnelt dabei einem *aside*, einer Art Nebenbemerkung. Im Korpus werden die Hashtags in einem Tweet thematisiert, in welchem darauf verwiesen wird, dass *France/24h* eine Liste der Top-Hashtags veröffentlicht hat. Auf dieser Liste nimmt *#WTF* den 4. Platz ein.

Da sie schnell aus der Mode geraten können (Netlink 606) und vermutlich von Kulturkreis zu Kulturkreis differieren, gestaltet sich das Auffinden von Internetmemen als schwierig. Einige in den syntaktisch nicht integrierten Hashtags vorhandene Meme konnten im Korpus dennoch ausgemacht werden, und zwar: »*#jeudideconfession*«, »*#fail*« (auch »*#failBurner*«), »*#iDoit2*«, »*#mojitwave*« und »*#lolcatroulette*«. Bei *lolcatroulette* handelt es sich z. B. um eine Seite auf der mittels Random-Verfahren – deswegen die Bezeichnung Roulette – kurze, als lustig empfundene Videos von Katzen gezeigt werden.

4.4 Zusammenfassung

Vergleicht man die vorangehend dargestellten Befunde aus unserer Korpusanalyse mit den Studien von Semiocast und Ifop (vgl. 4.1), lässt sich folgendes Fazit ziehen: Der Umstand, dass zufolge Ifop 11 % der Frauen und 7 % der Männer einen Twitteraccount besitzen, unserer Stichprobe zufolge jedoch 49,8 % aller Tweets von Männern und nur 15,6 % von Frauen stammen (vgl. 4.2), legt die Vermutung nahe, dass Männer ihre Twitteraccounts deutlich häufiger zu nutzen scheinen. Zumindest in der Frankophonie scheint Twitter wohl ein männlich dominiertes Medium zu sein. Auf die Schwierigkeit, Tweets unter funktionalem Aspekt trennscharf zu klassifizieren, wurde in 4.3.8 bereits hingewiesen, so dass auch die nachfolgend gezogenen Vergleiche nur tendenzielle Aussagekraft beanspruchen können. Eine Gruppierung der von uns untersuchten Parameter nach dem Vorbild von Crystals sehr grob gefasstem Raster »*social networking*« (Nachrichten, Meinungen, Marketing) enthielte hier *Nachrichten, Kommentare, Statements, Marketing* und würde mit insgesamt 93,27 % den von Crystal ermittelten Wert (»over 80 per cent«; 2011: 53f.) noch deutlich überschreiten, wobei in 4.3.8 bereits auf mögliche Mehrfachzuweisungen unserer Tweets hingewiesen wurde. Die Klassifikation im Rahmen der Ifop-Studie (vgl. 4.1) ist parametrisch nicht direkt mit Crystal vergleichbar, wiese aber mit einer Umgruppierung unserer Kategorien ähnlich hohe Werte hinsichtlich der jeweiligen Parameter auf: *Kommentare, Statements, Nachrichten, Scherze* = 90,35 % als »*Inhalte mit Community teilen*« (Ifop: 76 %); *Anfragen, Antworten, Kommentare, Statements*, ggf. auch *Nachrichten* und *Marketing* = 95,67 % als »*exklusive Informationen verbreiten*« (Ifop: 74 %; verzichtet man unter Berücksichtigung des Faktors »*Exklusivität*« auf *Nachrichten* und *Marketing*, wären immerhin auch noch 76,65 % unserer Tweets dieser Gruppe zuzuordnen). Die dritte Ifop-Kategorie »*Meinungserhebung*« enthielte nach unserer Klassifikation die Kategorien *Marketing* und ggf. *Anfragen und Antworten* und fiele mit 9,25 % aller Tweets deutlich von den Ergebnissen der Ifop-Studie (72 %) ab, wobei unklar ist, ob im Rahmen der Befragung ausschließlich professionelle Werbung berücksichtigt wurde. Die Signifikanz im Bereich funktionaler Zuordnungen wird – wie in 4.3.8 bereits erwähnt – zum einen durch kontextuell unklare Klassifikationsmöglichkeiten der Tweets, zum anderen durch uneinheitliche Parameter im Rahmen der verschiedenen Studien beeinträchtigt. Ein Vergleich mit den Ergebnissen von Semiocast hinsichtlich der Sprache, in denen Tweets französischer Nutzer verfasst werden, ist an dieser Stelle nicht möglich, da im Rahmen unserer Untersuchung Tweets in französischer Sprache fokussiert wurden; somit bilden andersprachige Tweets die Ausnahme in unserem Korpus und flossen nur in die Untersuchung ein, wenn der Accountinhaber ansonsten auf Französisch twitterte (4.3 und 4.3.3). Auch eine präzise Ermittlung zur Nutzungsfrequenz von Twitter in frankophonen Ländern konnte im Rahmen unserer Untersuchung nicht geleistet werden; heuristische Erfahrungswerte im Zuge der Datenerhebung legen jedoch nahe, dass Twitter in Frankreich (woher mindestens 79,69 % der erhobenen frankophonen Accounts stammen; siehe 4.2) im Großen und Ganzen kein ausgeprägt präferiertes Medium ist. Für diese Annahme spricht auch die genderisierte Stichprobe (vgl. 4.2): hierbei konnten die Toptweets meist nur zwei Mal pro Woche erhoben werden, um die Mehrfacherhebung einzelner Tweets zu vermeiden.

Bereich	Merkmal	Ergebnis (gemessen an/ bezogen auf)
Orthografie	Standardschreibung	97,89 % (aller Wortformen)
	Konsequente Kleinschreibung	0,02 % (aller Wortformen)
	Konsequente Großschreibung	0,08 % (aller Wortformen)
	Satzinitiale Großschreibung	91,09 % (aller Sätze)
	Hybridschreibung	wortextern: 0,28 % (aller Wortformen)
		wortintern: 0,05 % (aller Wortformen)
	Zusammenschreibung	0,01 % (aller Wortformen) bzw. 0,16 % (aller Tweets)
	Hervorhebung durch Großschreibung	0,49 % (aller Wortformen)
	Tippfehler	0,67 % (aller Wortformen), 0,12 % (aller Zeichen)
	Wegfall von Akzenten	0,51 % (aller Wortformen)
	Anders:	Auslassung von Spatien nach Interpunktion: 0,22 %
Gesprochene Umgangssprache	Tilgungen	1,3 % (aller Wortformen), 32 % (aller Wortformen, die getilgt vorkommen)
	Assimilation	–
	Klitisierung	0,2 % (aller Wortformen), 13,3 % (aller Wortformen, die klitisiert vorkommen)
	Gesprächspartikeln	5,7 % (aller Wortformen)
	Anders: »Pronom Tonique« Deiktikon »Présentatif«	3,7 % (aller Wortformen)
Wörter	Dialekt	0,01 % (aller Wortformen)
	Umgangssprache	1,8 % (aller Wortformen)
	Anglizismen	2,4 % (aller Wortformen)
	Andere Fremdwörter:	0,6 %

Microblogs global: Französisch

Bereich	Merkmal	Ergebnis (gemessen an/ bezogen auf)
	Inflektive	–
	Andere, nämlich:	3,75 % (gruppiert)
		Diachron markierte Wörter: 0,01 %
		Diastratisch markierte Wörter: 3,5 %
		Onomatopoetika: 0,04 %
		Neubildungen, okkasionell: 0,1 %
Reduktionsformen	gesamt	1,39 % (aller Wortformen)
	Namen	Personen: 0,05 % (aller Wortformen), 3,48 % (aller Reduktionsformen)
		Städte: –
		Organisationen, Firmen, Parteien, Medien: 0,2 % (aller Wortformen), 14,78 % (aller Reduktionsformen)
		Normale Nomen: 0,53 % (aller Wortformen), 38,26 % (aller Reduktionsformen)
	Funktionswörter in reduzierter Graphie:	Artikel: –
		Präpositionen: 0,06 % (aller Wortformen), 4,35 % (aller Reduktionsformen)
		Pronomina: 0,06 % (aller Wortformen), 4,35 % (aller Reduktionsformen)
		Konjunktionen: 0,01 % (aller Wortformen), 0,87 % (aller Reduktionsformen)
	Andere Wörter in reduzierter Graphie:	Antwortpartikeln: 0,04 % (aller Wortformen), 2,61 % (aller Reduktionsformen)

Bereich	Merkmal	Ergebnis (gemessen an/ bezogen auf)
		Adjektive: 0,05 % (aller Wortformen), 3,48 % (aller Reduktionsformen)
		Adverbien: 0,05 % (aller Wortformen), 3,48 % (aller Reduktionsformen)
	Zusammensetzungen	–
	Wortgruppen	0,34 % (aller Wortformen), 24,35 % (aller Reduktionsformen)
	Integration von Hashtags i. d. Mitteilung	0,4 %, ø 0,05 Stück pro Tweet
	Integration von @user i. d. Mitteilung	6,25 %, Anzahl: ø 0,8 Stück pro Tweet
Syntax	Einfacher Satz	44,85 % (aller Sätze)
	Ellipse	30,76 % (aller Sätze)
	Koordinierter Satz	14,43 % (aller Sätze)
	Subordinierter Satz	9,96 % (aller Sätze)
Graphostilistik	Smileys	1,92 % (aller Wortformen)
	Iteration Buchstaben	0,23 % (aller Wortformen)
	Iteration Wörter	0,89 % (aller Sätze)
	Homophonie	0,13 % (aller Wortformen)
Interaktion	Reaktive Tweets	53,44 % (aller Tweets)
	Adressierung	53,13 % (aller Tweets)
Länge der Einträge	Zeichenanzahl	69,25 Zeichen (je Tweet)
	Wortanzahl	12,88 Wortformen (je Tweet)
Mehrsprachigkeit	Anzahl Sprachen	1,03 Sprachen (ø je Tweet)
	Anzahl Tweets in fremder Sprache	26 Tweets, davon
		24 Englisch
		1 Portugiesisch
		1 Polnisch
Funktionale Aspekte	Funktion der Tweets	Nachrichten: 10,87 % (aller Funktionen)

Bereich	Merkmal	Ergebnis (gemessen an/ bezogen auf)
		Kommentierungen: 28,17 %
		Statements: 46,08 %
		Begrüßungen: 0,4 %
		Scherzkommunikation: 5,23 %
		Anfragen: 0,4 %
		Antworten (Hilfestellungen): 0,7 %
		Marketing/PR: 8,15 %

Tab. 1: Zusammenfassung der Ergebnisse für das Französische

Literatur

Ágel, Vilmos & Mathilde Hennig (2007). »Überlegungen zur Theorie und Praxis des Nähe- und Distanzsprechens«. In: Ágel, Vilmos & Hennig, Mathilde (Hgg. 2007): Zugänge zur Grammatik der gesprochenen Sprache. Tübingen, (Reihe Germanistische Linguistik 269), S. 179–216.
Alfaro Madrigal, Gabriela (2009). »Le Renouvèlement de l'orthographie française?« In: Revista de Lenguas Modernas, No. 10/2009, S. 433–442.
Blanche-Benveniste, Claire (2000). Aproches de la langue parlée en francais, Paris.
Braselmann, Petra (2003). »Anglizismen«. In: Kolboom, Ingo, Kotschi, Thomas & Reichel, Edward (Hgg. 2003). Handbuch Französisch. Berlin, S. 204–208.
Crystal, David ([2]1997). The Cambridge Encyclopedia of Language. Cambridge.
Crystal, David (2011). Internet Linguistics. London.
Grevisse, Maurice (Hg. [14]2008). Le Bon Usage. Grammaire française. Paris
Honeycutt, Courtenay & Susan C. Herring (2009). »Beyond microblogging. Conversation and collaboration via Twitter«. Proceedings of the Forty-Second Hawai'i International Conference on System Sciences. Los Alamitos, CA, IEEE Press. Preprint: http://ella.slis.indiana. edu/~herring/honeycutt.herring.2009.pdf
Institut français d'opinion publique (Ifop) (November 2009). http://www.ifop.com/media/ poll/1020-1-annexe_file.pdf [07.05.2011]. Netlink 598
Koch, Peter & Wulf Oesterreicher (1985). »Sprache der Nähe - Sprache der Distanz. Mündlichkeit und Schriftlichkeit im Spannungsfeld von Sprachtheorie und Sprachgeschichte«. In: Romanistisches Jahrbuch 36, S. 15–43.
Koch, Peter & Wulf Oesterreicher (1990). Gesprochene Sprache in der Romania: Französisch, Italienisch, Spanisch. Tübingen.
Koch, Peter & Wulf Oesterreicher (1994). »Funktionale Aspekte der Schriftkultur«. In: Steger, Hugo & Wiegand, Herbert Ernst (Hg. 1994). Handbücher zur Sprach- und Kommunikationswissenschaft. Berlin/New York. S. 587–604.
Koch, Peter & Wulf Oesterreicher (2007). »Schriftlichkeit und kommunikative Distanz«. In: Zeitschrift für Germanistische Linguistik, 35, S. 346–375.
Léon, Pierre R. (2005). Phonétisme et prononciations du français. Paris.
Maaß, Christiane (2010). Diskursdeixis im Französischen. Eine korpusbasierte Studie zu Semantik und Pragmatik diskursdeiktischer Verweise. Beiheft zur Zeitschrift für romanische Philologie. Berlin/New York.

Magnaudeix, Mathieu (02.06.2010): »VraimentPD« sur Twitter, vous trouvez ça drôle? http://www.mediapart.fr/node/83334 [07.05.2011]. Netlink 597

Marcoccia, Michel & Nadia Gauducheau (2007). »L'analyse du rôle des smileys en production et en réception: un retour sur la question de l'oralité des écrits numériques«. In: GLOTTOPOL. Révue de sociolinguistique en ligne 10. S. 39–55.

Meisenburg, Trudel (2003). »Rechtschreibung und Zeichensetzung des Französischen«. In: Kolboom, Ingo, Kotschi, Thomas & Reichel, Edward (Hgg. 203). Handbuch Französisch. Berlin, S. 173–178.

Moraldo, Sandro (im Druck). »Obwohl...Korrektur: Polizei HAT Gebäude im coolen Duisburger Innenhafen«. Die Kommunikationsplattform Twitter an der Schnittstelle zwischen Sprechsprachlichkeit und medial bedingter Schriftlichkeit. In: Günthner, Susanne, et al. (Hgg.) Kommunikation und Öffentlichkeit. Sprachwissenschaftliche Potenziale zwischen Empirie und Norm.

Oesterreicher, Wulf (1995). »Die Architektur romanischer Sprachen im Vergleich«. In: Dahmen, Wolfgang et al. (Hgg. 1995). Konvergenz und Divergenz in den romanischen Sprachen. Romanistisches Kolloquium VII. Tübingen, S. 3–21.

Pujo, Marianne (5.1.2011): Communiqué de presse http://www.piecesjaunes.fr/espace-presse [06.05.2011]. Netlink 599

Riegel, Martin ; Jean-Christophe Pellat & René Rioul (⁴2004). Grammaire méthodique du français. Paris.

Sanyas, Nil (09.03.2011): http://www.pcinpact.com/actu/news/62371-twitter-france-etatsunis-japon-bresil.htm [07.05.2011] Netlink 602

Schlobinski, Peter (2001). »*knuddel – zurueckknuddel – dich ganzdollknuddel*. Inflektive und Inflektivkonstruktionen im Deutschen«. In: Zeitschrift für germanistische Linguistik, Nr. 29.2, S. 192–218.

Schlobinski, Peter (2009). Von HDL bis DUBIDODO. (K)ein Wörterbuch zur SMS. Mannheim.

Shirai, Hiromi (23.06.2009): Kawaicons: Emoticons im japanischen Chat (?_?). <http://www.mediensprache.net/de/websprache/chat/emoticons/kawaicons.aspx> [07.05.2011]. Netlink 601

Siever, Torsten (2006). »Sprachökonomie in den ›Neuen Medien‹«. In: Schlobinski, Peter (Hg. 2006). Von hdl bis cul8er. Sprache und Kommunikation in den Neuen Medien. Mannheim, S. 71–88.

Teuber, Oliver (1998). »fasel beschreib erwähn – Der Inflektiv als Wortform des Deutschen«. In: Germanistische Linguistik, Nr. 141–142, S. 7–26.

Trabant, Jürgen (2003). »Die politische und kulturelle Bedeutung des Französischen«. In: Kolboom, Ingo, Kotschi, Thomas & Reichel, Edward (Hg. 2003). Handbuch Französisch. Berlin, S. 128–129.

Messina, Chris (Hg, 2010). Twitter Fan Wiki. Hashtags. http://twitter.pbworks.com/w/page/1779812/Hashtags [30.04.11]. Netlink 600

Weinhold, Norbert (2003). »Diatopische Varietäten des Französischen«. In: Kolboom, Ingo, Kotschi, Thomas & Reichel, Edward (Hgg. 2003). Handbuch Französisch. Berlin. S. 78–87.

Zimmerman, Klaus (2003). »Argot, verlan, Jugendsprache und Verwandtes«. In: Kolboom, Ingo, Kotschi, Thomas & Reichel, Edward (Hgg. 2003). Handbuch Französisch. Berlin. S. 197–204.

Sandro M. Moraldo (Bologna, Forlì)

5 Microblogs global: Italienisch

Italienisch gehört zum romanischen Zweig der indogermanischen Sprachen und stammt vom Lateinischen ab, das als Amts- und Schriftsprache und als Sprache der Kirche auch nach dem Zusammenbruch des Römischen Reiches bestehen blieb. Gesprochen wurde allerdings das vom schriftlichen Standard abweichende Vulgärlatein, aus dem sich dann so langsam die romanischen Einzelsprachen entwickelten. Als sich im 13. Jahrhundert eine eigenständige italienische Literatur zu formieren begann, überwanden die Schriftsteller mit einem überregionalen Standard die Sprachdifferenzen zwischen den zahlreichen Dialekten. Entscheidend wirkten hier die *tre corone* (drei Kronen) der italienischen Literatur: Dante Alighieri, Francesco Petrarca und Giovanni Boccaccio. Doch erst als am 17. März 1861 das Königreich von Italien proklamiert und damit der italienische Einheitsstaat gegründet wurde, erfolgte auch eine sprachliche Vereinheitlichung. Durchsetzen konnte sich schließlich der florentinische Dialekt. Lange Zeit blieb das Italienische eine Schriftsprache, während die Mehrheit der Bevölkerung einen der Dialekte sprach, die sich nach dem Zusammenbruch des römischen Reiches ausgebildet hatten und die noch heute vereinzelt und in bestimmten Kommunikationssituationen verwendet werden (D'Achille 2003: 23). Erst infolge verschiedener Ereignisse wie z. B.

> »la progressiva alfabetizzazione legata all'obbligo scolastico, l'emigrazione esterna e interna, l'urbanizzazione, le mutate condizioni sociali, economiche e culturali della popolazione, i più forti contatti dei cittadini con gli apparati amministrativi statali (l'esercito, la burocrazia, ecc.) e, infine, lo sviluppo dei mezzi di comunicazione di massa (cinema, radio, televisione), l'italiano ha progressivamente ampliato i propri àmbiti, togliendo spazio ai dialetti« (D'Achille 2003: 24).

Das gesprochene Italienisch ist neben dem Standard diatopisch stark markiert. Beim *italiano regionale*, »nato dall'incontro della lingua nazionale con il dialetto« (D'Achille 2003: 177), sind insbesondere die toskanische, römische und südländische Varietät hervorzuheben. Während unter diaphasischer Perspektive die Jugendsprache, »un registro, utilizzato dai ragazzi in situazioni comunicative informali e prevalentemente orali«, nicht zuletzt wegen seiner oft »spielerischen Funktion« (»funzione ludica«) (D'Achille 2003: 185) und den daraus entstehenden sprachlichen Rückkopplungsphänomenen, erwähnenswert ist.

Das geschriebene Italienisch lehnt sich dagegen weitgehend an den Standard an. Es lassen sich aber vielseitige textsortenspezifische Merkmale nachweisen, die als »innovativ« gelten können (ebd.: 189). Wichtig für unsere Untersuchung ist die Feststellung, dass sich im Laufe des 20. Jahrhunderts neben den beiden traditionellen Übertragungskanälen für Sprache, dem Gesprochenen und dem Geschriebenen, sich »un terzo mezzo«, nämlich »il trasmesso«,[1] etabliert hat. Anfangs handelte es sich dabei vorwiegend um ein via Telefon, Radio, Kino und Fernsehen vermitteltes »*parlato a distanza*«, das auch als *parlato trasmesso* bezeichnet wird (ebd.: 209). Mit dem Aufkommen neumedialer Kommunikationspraxen wie SMS, E-Mail, Chat u.a. wird es um das *scritto a distanza* ergänzt und in Anlehnung an die ‚Übertragung des Mündlichen' als *scritto trasmesso* bezeichnet. Infolge dieses technologischen Fortschritts kommt es zu einer »trasformazione linguistica« der Standardsprache: »l'italiano utilizzato nel trasmesso, sia parlato sia scritto, presenta infatti alcune specificità, anche se con sensibili variazioni da mezzo a mezzo« (ebd.). Auf diese »sprachliche Veränderung« wird im weiteren Verlauf noch eingegangen.

Derzeit wird Italienisch weltweit von etwa 70 Millionen Menschen als Mutter-, Fremd- oder Zweitsprache gesprochen. Offizielle Amtssprache ist sie in Italien, der Schweiz (rund 7% der Schweizer sprechen Italienisch, größtenteils im Tessin), der Republik San Marino und im unabhängigen Staat Vatikanstadt. In Slowenien und Kroatien ist Italienisch anerkannte Minderheitensprache. Weltweit finden sich zudem zahlreiche Enklaven (u.a. in Nordamerika, Kanada, Argentinien, Brasilien und Venezuela), in denen Italienisch gepflegt wird. (vgl. Moraldo 2010). Italien zeichnet sich aufgrund seiner sozial-historischen politischen Verhältnisse mit seinen ehemaligen zahlreichen Stadtstaaten durch eine komplexe heterogene Sprachsituation aus. Diese wird bestimmt sowohl durch »die reiche interne regionalsprachliche und tief zerklüftete dialektale Differenzierung« als auch durch »die hohe Zahl anerkannter Minderheitensprachen« (Tanzmeister 2003: 97). In keinem anderen Land der EU ist die Sprachenvielfalt so ausgeprägt wie hier.

---

1   Der Begriff *italiano trasmesso* wurde von Sabatini (1982) geprägt.

5.1 Blogosphäre in Italien

Nach Meinung des Bloggers *Vincos*, dessen Beiträge und Postings in der ›Szene‹ hoch geschätzt werden, lässt sich in Italien die Geschichte der sozialen Netzwerke in drei Phasen einteilen. Der Anfang datiert auf das Jahr 2007. Mit dem »Sichverlieben in MySpace« (»innamoramento per MySpace«), einer Plattform, die den registrierten Nutzern kostenlose Benutzerprofile zur Verfügung stellt und es ermöglicht, u.a. Interessen-Gruppen einzurichten, Fotos, Videos und Blogs hoch zu laden, und d. h.: sich selbst aktiv einzubringen, wird eine Welle der Begeisterung in Gang gesetzt, die bis heute anhält. Für einen weiteren, zweiten Paradigmenwechsel sorgten dann die »Teenager« Mitte der 1980er-Jahre. Ihr Interesse an sogenannten »bridging communities« wie *Netlog* oder *Badoo* wird mit dem Hang zur Sozialisation über das Netz begründet, da es auf diesen Plattformen »hauptsächlich darum geht, neue Freundschaften zu schließen«. Die dritte und bisher letzte Phase setzt mit der »Liebe zu Facebook« ein, »die seit September 2008 ständig wächst«. Eine vierte Phase, die von *Vincos* durchaus für die Zukunft in Aussicht gestellt wird, betrifft die Kommunikationsplattform *Twitter*. Er schreibt dazu in seinem Blog vom 15. Juni 2010: »Twitter wächst sehr langsam und hat derzeit 1 Mio. Besucher im Monat (die Zahl der eingeschriebenen Mitglieder ist unbekannt)« und zieht daraus das Fazit: »Ich habe das Gefühl, dass wir auf eine vierte Phase noch ein bisschen warten müssen.« (Netlink 500). Nur kurze Zeit später, am 9. Oktober 2010, postete Massimo Mantellini, ein in der italienischen Blogosphäre weiterer bekannter Internaut (vgl. Moraldo 2005), eine Meldung mit dem provokativen Titel »Quattro gatti che cinguettano« (Netlink 501)[2], die als ironische Reaktion auf die allseits anzutreffende Twitter-Hype-Stimmung gedacht war. Die in allen Medien gepriesenen Wachstumsraten der Microblogging-Plattform *Twitter* werden hier auf ein Minimales reduziert.[3] Die IT-Branche reagierte umgehend. Salvo Mizzi, verantwortlich für *Internet Media & Digital Communication* beim italienischen Telekommunikationsriesen *Telecom Italia*, postete einen Kommentar zu Mantellinis Angaben und legte erstmals konkrete Zahlen für die Kommunikationsplattform *Twitter* vor. Hier die Daten im einzelnen:

---

2 ‚Quattro gatti' (wörtlich ‚vier Katzen') ist im Italienischen eine idiomatisierte Redewendung und bedeutet ‚nur ein paar/wenige Leute'.
3 Mantellini widerspricht der Meinung der Bloggerin Lyla Pavone, die 2010 auf einem Kongress in Capri behauptete, in Italien gebe es ca. 1 Mio. registrierte Twitterer. Mantellini schätzt diese Zahl auf ca. ein Zehntel.

1. Registered Users in Italy (number): ~1.3M
2. Active Users in Italy (%): ~350K on a trailing 30 day basis (counted by login to Twitter or API, not including SMS use)
3. Demographics Italian subscribers (gender, age split %): We don't capture these statistics
4. Italian unique visitors (month): ~7.8M to Twitter.com
5. Italian Twitter Users growth (last 12 months): We've seen a 30% increase in signups over the last 30 days with a total of ~100K in that trailing 30 day period. We don't have statistics for a full year on this.
6. Daily tweets from Italian subscribers: ~350K tweets/day

Sein Fazit: »Non sembra siano proprio 4 gatti, la tendenza è comunque in crescita«. (»Das scheinen wahrlich nicht wenige zu sein, die Tendenz ist jedenfalls steigend«. (Netlink 502)) Wie dem auch sei: Da es in Italien keine öffentlich-rechtlichen Untersuchungen über Online-User, Medien-Nutzungsverhalten und -frequenz etc. gibt – im Gegensatz etwa zur ARD/ZDF-Online-Studie in Deutschland –, lassen sich über die Einschreibzahlen der italienischen Twitter-Community kaum genaue Angaben machen. Fakt ist, dass laut *Vincos* nur 27% der bei *Twitter* registrierten italienischen User überhaupt aktiv sind, d. h. selbst *user content* generieren. Nimmt man die Zahl der 1,3 Millionen registrierten User bei *Twitter*, so ergibt sich im Vergleich etwa zu *Linkedin* und *Facebook* folgendes Bild (Netlink 503).

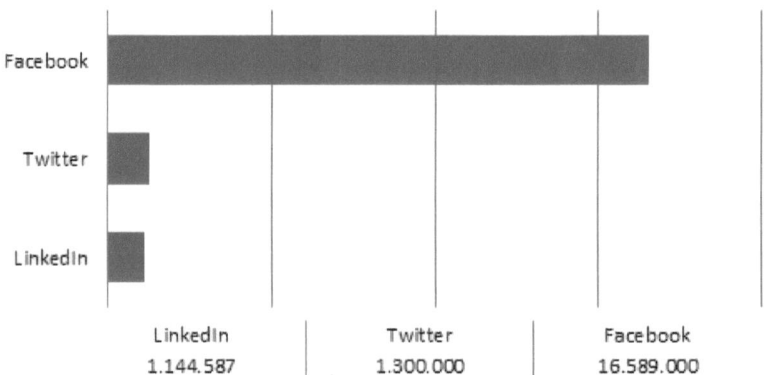

Abb. 1: In Italien registrierte User von LinkedIn, Twitter und Facebook nach *Vincos* (Stand Oktober 2010)

Facebook hat in Italien mit knapp 16,5 Millionen registrierten Nutzern bei weitem die meisten Abonnenten, gefolgt von *Twitter* an zweiter und dem beruflichen Netzwerk *LinkedIn* mit knapp 1,1 Mio. Nutzern an dritter Stelle.[4]

5.2 Empirische Basis

Im Erhebungszeitraum vom 2. April bis 25. Dezember 2010 wurden auf der italienischen Twittertimeline nach dem Zufallsprinzip 32 weibliche und 32 männliche Twitterer ausgesucht und jeweils 10 Kurznachrichten abgespeichert. Das entsprach dem vorgegebenen Korpusumfang von 640 Tweets. Das Zufallsprinzip wurde nur insofern gesteuert, als neben der zahlenmäßig paritätischen Aufteilung geschlechtsspezifischer Microblogger weiterhin darauf geachtet wurde, dass diese sowohl regional weit gestreut waren als auch biographisch unterschiedliche Voraussetzungen (in Bezug auf Alter, Ausbildung etc.) mitbrachten. Sie sind zwar keineswegs repräsentativ, garantieren aber auch keine einseitigen Ergebnisse. So finden sich zum einen Twitterer sowohl aus Nord-, Mittel- und Süditalien als auch aus Sardinien. Zum anderen setzen sie sich aus den verschiedensten Berufssparten zusammen, angefangen bei den auszubildenden Jugendlichen, die meist über Alltägliches, Belangloses und Szenetypisches twittern, dem Zeitungsdesigner und den Journalisten, die nicht nur über ihre Arbeit in der Redaktion, sondern auch Statusmeldungen texten, über den Schönheitschirurgen, der seine Ratschläge zum Besten gibt, dem Intellektuellen, der gegen die Atomkraftwerke zwitschert bis hin zum Internet Marketing Specialist und den Politikern, die von ihren parlamentarischen Sitzungen berichten.

Die das Korpus umfassenden 640 Tweets haben eine Gesamtanzahl von 47 048 Zeichen, das entspricht einem Schnitt von 73,5 Zeichen pro Kurznachricht. Das heißt: Nur die Hälfte der zur Verfügung stehenden 140 Zeichen werden für die Übermittlung der Mitteilung überhaupt in Anspruch genommen. Weiterhin besteht das Korpus aus insgesamt 6 168 Wörtern, im Durchschnitt sind das 9,6 Wortformen je Tweet.

Mehrsprachigkeit spielt in den italienischen Tweets zwar keine zentrale aber auch keine untergeordnete Rolle, wie man das vielleicht erwarten würde, wenn man davon aus, dass Italiener nur ausreichende Fremdsprachenkenntnisse haben (vgl. dazu Moraldo 2007 und 2010). Insgesamt sind 57 Kurznachrichten,

---

4 Nach jüngsten Daten (Stand Mai 2011) von *Socialbakers* (*Netlink 504*) gibt es in Italien mehr als 19,5 Mio. registrierte *Facebook*-Nutzer. Damit liegt es nach den USA, Indonesien, dem Vereinigten Königreich, der Türkei, Indien, Mexiko und den Philippinen immerhin auf Platz 8 in der Welt und damit noch vor Deutschland (ca. 18,6 Mio. User).

immerhin 8,9%, komplett in einer Fremdsprache verfasst. Den Löwenanteil, nämlich 54 Einträge, machen englischsprachige Tweets aus, zwei sind auf Französisch (*Le déluge, finalement....*; 36 und *@BertydeParis Sûrement! Merci*; 386) und einer auf Spanisch (*España por primera vez en la final!!!!*; 624). Zudem werden in 19 weiteren Mitteilungen ganze Sätze auf Englisch in die italienische Kurznachricht eingebettet, so dass ein eigentümlicher Sprachen-Mix entsteht, wie etwa in folgendem Beispiel:

(90) #FF to my „worst" friend on twitter, but my best friend in real life @scarletgrey1 ! :P Ovv nn sai ancora cos'è ‚sto #FF, ve'? Brava‚pur'io.

5.3 Analyse italienischsprachiger Tweets

5.3.1 Orthografie

Da das Italienische eine gemäßigte Kleinschreibung vorsieht und die Großschreibung u.a. auf die Bereiche Satzanfang, Eigennamen und fachsprachliche Akronyme beschränkt, fällt bei der sprachlichen Analyse der Tweets im Bereich der Orthographie insbesondere der hohe Anteil satzinitialer Kleinschreibung auf. 83 Tweets, d.h. 13% der Gesamtsumme, setzen normwidrig mit Kleinschreibung ein. Bedenkt man weiterhin, dass auch bei weiteren 90 Meldungen (14%), die mit einer direkten, persönlichen Adressierung an einen anderen Twitterer (@reply) beginnen, der eigentliche Satzanfang der Nachricht dann kleingeschrieben wird (z.B. Tweet Nr. 371: *@maxkava se ne necessiti !*), macht dies dann zusammen immerhin über ein Viertel (27%) aller Kurznachrichten aus. Auch bei 2 Tweets mit *RT* (Retweet)-Funktion, die dazu dient, interessante Meldungen weiter zu posten, wird nach dem Usernamen des ursprünglichen Verfassers der Kurznachricht satzinitial kleingeschrieben (*RT @Gabry89: ma chi è IL GENIO!? E' FANTASTICO: http://twitpic.com/25 gzp8*; 456).

Bei 5 Tweets (0,8%) liegt dagegen konsequente Großschreibung vor, wie z.B. in *365 GIORNI, ZERO SIGARETTE* (145), *ANGURIA PER TUTTA LA VITA!!!* (627) oder *ECCO COSA CI VORREBBE PER L'ATTACCO DELL' ITALIA MONDIALE... http://yfrog.com/eskvdj* (331), was sich eindeutig als Kompensationsstrategie – Gefühlsausruck und Wichtigkeit der Nachricht – deuten lässt. Hinzu kommt zum einen, dass 12 Kurznachrichten (1,9%) strenggenommen nicht unter die Rubrik *Orthographie* zu rechnen sind. 8 davon bestehen nämlich nur aus einem Link, mit dem auf Zeitungsmeldungen oder Audio(visuelles) Material verwiesen wird (z. B.: *http://www.youtube.com/ watch?v=Rf3 C6rLwK0Y*; 391). Nachricht 395 wiederum versteckt seine Message (sofern er eine hat) hinter 69 (!) Sonderzeichen. Tweet 146 setzt sich dagegen nur aus 4 *@replys* und einem abschließenden Piktogramm (♥) zusammen, Textmeldung 373 dann aus einer *@reply*-Angabe, gefolgt von dem klassischen Standardsmiley :-) und Statusmeldung 299 nur aus einem Satzzeichen, dem Ausrufezeichen, das dann aber gleich 39 mal iteriert wird. Strenggenommen liegt also bei nur 69,4 % der Tweets satzinitiale Großschreibung vor.

Während die Hybridschreibung nur in zwei Mitteilungen eingesetzt wird, nämlich im wortspielerischen Tweet 326 *("SatisfictiONNNNNN....")*[5], mit dem der Twitterer seine Zufriedenheit über einen Film/eine Sendung ausdrücken möchte, was durch die Iteration des Endkonsonanten noch verstärkt wird, lassen sich Zusammenschreibungen überhaupt nicht nachweisen. Demgegenüber kommt vereinzelt normwidrige Großschreibung als graphostilistisches Mittel mit unterschiedlicher Zielsetzung vor. Insgesamt weisen 37 Tweets (5,8 %) dieses Phänomen auf. Diese Markierungsmethode ist im Gros der Fälle auf ein Wort limitiert, in 13 Fällen sind davon allerdings Syntagmen betroffen. *Emotionale* Userreaktionen spielen dabei die größte Rolle, wie z. B. in *VITTORIA! http://ff.im/-kL7jS* (11) oder *@scarletgrey1 NO! Mi piacerebbe avere un ragazzo come Satomi però, coi capelli lunghi viola! Che bell'uomo! E che bel nome! :-D Bella Satò!* (84), in der ein Widerspruch gegen eine vorherige Aussage des Twitterers *scarletgrey1* eingelegt und markiert wird, oder in *I love WATERMELON!!!! <3 <3 <3* (623), das eine alimentäre Vorliebe unterstreicht. In Tweet 137 wird die Antwort sogar onomatopoetisch kommentiert (*@Taly04 e lo so però' nn puoi esaurire anke gli altri! lo sai ke poi io gia' lo sono poi ti ci metti anke tu! AHHAAH*). Markierungsfunktion innerhalb einer Kurznachricht hat in diesem Zusammenhang auch die Großschreibung von Zeitschriften (CHI, MONOCLE), Musikalben (MONEY FOR NOTHING), Büchertiteln (IL PROGETTO LAZARUS) oder weiteren Eigennamen wie Rockgruppen (u.a. DIRE STRAITES), Veranstaltungen (FORUMPA 2010), Zeitungsrubriken (ITALIANS), Online-Spielen (MAME)[6] oder Fernsehsendungen (LOST). Die typographische Hervorhebung setzt den Eigennamen vom Rest der normgerecht geschriebenen Nachricht ab, was die Wiedererkennung und Kontextualisierung der Nachricht erleichtert und damit den Erkenntniswert der Information steigert. Visuell auffällig ist innerhalb von Kurz-Mitteilungen

---

5   Angespielt wird hier eindeutig auf den Hit der Rolling Stones *Satisfaction* (in Kurznachricht 325 nur wenige Tage spricht der Twitterer (Acc-ID 33) von „Stones in Exile").
6   »*Mame* ist ein Emulator, der alte Spielhallengeräte 1:1 auf dem heimischen PC emuliert. Die Abkürzung *Mame* steht für *Multiple Arcade Maschine Emulator*«. (http://home.arcor.de/ steffen8/Mame/Was_ist_Mame.html)

allerdings auch der häufige Wechsel zwischen Klein- und Großschreibung bei Syntagmen, einzelnen Satzgliedern als auch vollständigen Sätzen. Die Twitterer konzipieren dabei ihre Meldung so, dass der orthographische Wechsel in seiner Funktion als Eye-Catcher wahrgenommen und rezipiert wird. Dabei entstehen Meldungen wie @*FrancescoCocco OTTIMA IDEA! Oppure pranzo con un'anima che mi dia chiacchiera!* (68) oder *È da poco online il NUOVO SITO del Sole 24 ORE • http://bit.ly/aXW84K* (271).

Weiterhin sorgen auf orthographischer Ebene neben Rechtschreib- auch Akzent- und Apostrophfehler für eine typographische Verzerrung des vertrauten Schriftbildes. Neben wenigen eindeutigen Orthographiefehlern (*bestialo→ *bestiale*; *cilvile → *civile*; *a propsito → *a proposito*; *veticali → *verticali*; *la vita *di rimette giù sempre!!!!* → *la vita ti rimette giù sempre!!!!*; *signofica → *significa*; *funonzi → *funzioni*; *welocome → *welcome*; *abemus → *habemus*), Buchstabendrehern (*Mourniho → *Mourinho*; *amministartori → *amministratori*) und Tippfehlern (*THank → *Thank*), kommen doch relativ viele Akzent-, Apostroph-, sowie Spatien- und Satzzeichenfehler vor.

Akzent-/Apostrophfehler	Anzahl	Wortform	Anteil an allen Wortformen
Apostroph statt Akzent	14	*E'→ È (5); *e'→ è (3); *pero'→ però (3); *gia'→ già (1); *piu'→ più (1); *sara'→ sarà (1)	0,22%
Akzent statt Apostroph	4	*bé→ be' (1); *dì→ di'[1] (1); *vabé→ vabe' (2)	0,06%
Akzentfehler	6	*perchè→ perché (2); *é→ è (2); *faró→ farò (1), *pipí→ pipì (1)	0,09%
fehlender Apostroph	3	*d estate→ d'estate (1); *l impermeabile→ l'impermeabile (1); *l ingiustizia→ l'ingiustizia (1)	0,05%
fehlender Akzent	4	*si→ sì[2] (3); *buon di→ buon dì (1)	0,06%
nicht standardisierter, okkasioneller Apostroph	1	*ve'→ vero[3] (1)	0,01%

1 Es handelt sich hier um die verkürzte Imperativform *dite* des Verbes *dire*, im Unterschied etwa zu *di* (von lat. *dies*), der antiken und poetischen Form für Tag (*giorno*), was man noch an Formen wie *buondì* = *buongiorno* erkennen kann. 2 Es handelt sich hier um die Dialogpartikel *sì* (dt. *ja*) im Unterschied zum Reflexiv- (dt. *sich*) oder Indefinitpronomen *si* (dt. *man*). 3 Die gekürzte Form *ve'* des Versicherungssignals *vero?* (dt. *nicht wahr*) im Tweet 90 ([...] Ovv *nn* sai ancora cos'è 'sto #FF, ve'? [...]) ist eine rein okkasionelle Bildung.

Tab. 1: Akzent- und Apostrophfehler (in Klammern die Anzahl der vorkommenden Formen)

Auffällig ist zum einen die 14malige Verwechslung eines Akzentes mit einem Apostroph, insbesondere bei der Konjunktion *però* (**pero'→però*). Der Akzent hat als suprasegmentales Zeichen die Aufgabe, bei der phonetischen Realisierung eines Wortes, eine bestimmte Silbe hervorzuheben. Wird er – wie im Fall von *però* (dt. *aber*) – nicht gesetzt, kommt es zu einer Verwechslung mit dem Substantiv *pero* (dt. *Birnenbaum*), auch wenn man davon ausgehen kann, dass durch den Kontext und den gleich darauffolgenden Apostroph die Ambiguität aufgelöst wird. Demgegenüber wird der Apostroph nur in 4 Fällen mit dem Akzent verwechselt. Der multifunktionale Apostroph dagegen, den man im Italienischen als Hilfszeichen einsetzt, um den Wegfall eines Endvokals zu signalisieren und damit das Aufeinandertreffen zweier Vokale vermeidet, oder der weiterhin als Elisionsmarkierung bestimmter Wortteile fungieren kann, wird dagegen in nur 4 Fällen mit dem Akzent verwechselt, in drei weiteren einfach weggelassen (*d estate; l impermeabile; l ingiustizia*).

Zum anderen werden 284 Tweets, dies entspricht 44,4 % der Gesamtzahl, ohne Punkt abgeschlossen. In 11 weiteren Kurznachrichten (1,7 %) fehlt innerhalb der Tweets der Punkt als Satzabschlusszeichen und damit als -grenzmarkierung. 66 weitere (10,3 %) enden mit drei Auslassungspunkten, die typographisch anzeigen, dass entweder etwas von der Textnachricht fehlt oder ein Grundgedanke offen gelassen wird, um den Leser zur Reflektion anzuregen. Auf den Dreipunkt als Stilmittel wird in Tweet 449 zurückgegriffen: „*Libero" presenta da lunedì prossimo un ciclo di 6 DVD sui discorsi di Mussolini. Pensate se accadesse in Germania...* Hier referiert ein Twitterer über die Produktlinienerweiterung der rechten Tageszeitung *Libero*, die ihren Lesern sechs DVDs von Benito Mussolinis Reden zum zusätzlichen Kauf anbietet. Danach ruft er seine Follower zum Nachdenken darüber auf, was wohl in Deutschland bei einer ähnlichen Aktion passieren würde und der gesetzte Dreipunkt steht für die gedankliche Leerstelle, die seine Follower aufzufüllen haben. Das Komma in seiner »funzione dimarcativa« (Mortara Garavalli 2003: 16) fehlt dagegen in 17 Tweets (2,7 %), insbesondere nach einleitenden Dialogpartikeln wie *Sì* (*@Taly04 sì[,] lo so! e io glielo anke detto,pero' nn lo capisce!*; 133) und *No* (*Mi sono appena svegliato e non so che fare fino a stasera... No[,] ma che figo...*; 70).

Ein eklatantes Beispiel für fehlende Satzzeichen im Allgemeinen ist die Textnachricht 112, in der nur ein einziges, nämlich ein Ausrufezeichen, gesetzt wird. Die Textgliederung wird entweder überhaupt nicht, oder nur mit Smileys markiert: *@_the_BiRDMAN_ Ma taci va! Non è che mi è venuto così dal nulla[,] eh[.] :) No[,] dai[,] sto imparando con calma[.] ci arriverò[.] dai[,] non mi insultare[!] :(.*

Weiterhin werden in 33 Tweets insgesamt 42 Leerzeichen normwidrig eingespart, die sich nicht immer aufgrund ihrer ökonomischen Funktion rechtfertigen lassen,[7] zumal nur in Tweet 273 *(@kylestanding It's like a spectrum,illustration on one side,information in the other,if you go too close to a side infographic lose interest)* durch das Tilgen gleich dreier Leerzeichen die 140 Zeichengrenze nicht überschritten wird.

Eher die Ausnahme als die Regel ist dann schließlich noch folgender Tweet: *@Taly04 si lo so! e io glielo anke detto,pero' nn lo capisce!* (133). Hier tauchen gleich mehrere orthographische Parameter des Analyserasters auf wie etwa Kleinschreibung am Satzanfang, fehlende Akzente und Satzzeichen (*si→sì; si lo so!→ si, lo so!*), Verwechslung des Elisionsapostrophs mit einem Akzent (*pero'→ però*), phonetische Schreibung (*k* statt *ch* in *anke*), SMS-typische Tilgung von Buchstaben (*nn→non*) und Leerzeichenfehler (*...detto,pero'...*).

5.3.2 Mündlichkeit

Gesprochene Umgangssprache ist ein wichtiger Bestandteil des *italiano trasmesso*, auch wenn diese in weit geringerem Maße vorkommt, als man vielleicht erwarten würde. Auf phraseologischer und lexikalischer Ebene fällt zumindest die sprechsprachliche Gebrauchspräferenz für umgangssprachliche Formulierungen auf. Lexeme (vgl. auch 5.3.3.) wie z.B. *flippare* (dt. *ausflippen*): *@ scarletgrey1 Lo so, hai ragione! Mi sto flippando troppo! Cmq ora cucino una pasta veloce! :-) A te come va? Novità?* (88), *infischiarsene* (dt. *darauf pfeifen*): *A me le multinazionali mi followano. E io me ne infischio.* (281), *casino* (dt. *Durcheinander*): *ho l'impressione di aver fatto un po' di casino...va bhè...pazienza!!*; 485) oder Wortgruppen-Lexeme wie *presa in giro* (dt. *auf den Arm nehmen, verarschen*): *nn era una presa in giro...credi quello ke vuoi!* (132) sind durchaus diskursiv motiviert und charakterisieren den konzeptionell mündlichen Grundton der Tweets. Auch flotte Redensarten und stereotype Floskeln wie *Calma, ragazzi* (1), *cazzo se fa caldo oggi* (79), *Salve a tutti.* (360) etc. gehören zum lockeren atmosphären Grundton und zum festen Bestandteil des funktionalen Sprachregisters des *italiano trasmesso*. Phraseologismen, die eine hohe Idiomatizität aufweisen sind selten: *Meraviglioso spot Nike. Peccato porti rogna, mi sa che son già tutti fuori. http://ff.im/n4QpE* (41); *ci tirano in ballo* (95); *@Mufliz No, le foto sono la cigliegina sulla torta U.U*; 569). Unter den Lexemen und Wortgruppen-Lexemen findet

---

7   Einen Sonderfall stellt sicherlich Tweet 538 *(la verita' e' cio' che piu' mi ossessiona.;)*) dar, in dem der Akzent in gleich vier Fällen durch einen Apostroph ersetzt wird. Auch wenn man hier von einem bewussten Verstoß ausgehen kann, ist der Grund nicht ganz einsichtig, da zum einen auf der italienischen Tastatur die akzentuierten Vokale vorhanden sind und zum anderen dadurch vier Zeichen ‚verloren' gehen.

man zudem auch Konstituenten aus der Fäkalien- und Genitaliensprache wie *merda* (dt. *Scheiße*): *@_the_BiRDMAN_ Bella merda oh! Non scegli una cosa che una giusta ragazzo! :)* (117) oder *cazzo* (dt. *Schwanz*): *@roofiomusic tu hai tempo di fare un cazzooooooo!!* (260); *@_the_BiRDMAN_ Mi hai fatta arrivare pure quaaaaaaa! :) Come cavolo si usaaaaaaaaaaaaaaaa? :(* (111), die eindeutig vulgär markiert sind.

Relevant für die Bestimmung konzeptioneller Mündlichkeit des *italiano trasmesso* sind im Korpus neben der gesprochenen Umgangssprache weiterhin Tilgungen (0,32%), Assimilationen (0.03%) und Klitisierungen (0,75%), die allerdings auch keine entscheidende Rolle spielen. Diese werden u.a. mit den verschiedensten rhetorischen Mitteln erzielt. Der Anlautschwund, die Aphärese, betrifft das Adjektiv *sto/sti* (→*questo/*→*questi*) und das Adverb *tanto* (→*intanto*). In beiden Fällen wird jeweils eine Silbe getilgt. Bei der Apokope kommt dagegen sowohl vokalische (*son*→*sono*; *a far sparire*→*a fare sparire*; *se tentar*→*se tentare*) als auch Silbentilgung (*fan tutti*→*fanno tutti;*) vor. Nur ein Wort wird um einen Bestandteil reduziert und zwar *buongiorno* (*giornoooo. Curiosa di vedere 'sti torinesi (ancora chiusi nel guscio della loro stanzetta)*; 267) während sich Assimilationen nur in zwei Fällen (0,03%) nachweisen lassen: *sepoffà* (→*si può fare*) und *col* (→*con il*). Interjektionen, sind im Korpus mit 1,3% aller Wortformen vertreten. Die Gesprächspartikeln gehören »zu den auffälligsten Eigenschaften des Nähesprechens«. Satzinitial oder -final steht bei diesen invarianten Sprachzeichen »der Ausdruck von Emotionen des Sprechers hinsichtlich seines Partners (Affektivität) oder hinsichtlich des Gesprächsgegenstandes (Expressivität) ganz im Zentrum« (Koch/Oesterreicher [2]2011: 60). Man unterscheidet im Italienischen zwischen *interiezioni univoche*, »che hanno esclusivamente valore olofrastico«, wie *ah(!)* (51, 376, 588) , *ah, ah(!)* (32, 61, 85, 86, 87, 120, 127, 136, 137, 138, 140, 150, 475, 593, 605), *beh* (64, 297), *boh* (78, 488)), *dai* (112), *ecco* (561), *eh* (112, 113, 412, 513, 578, 596), *ehi* (135, 412), *già* (408), *ma* (57, 112), *macché* (62), *mah* (92), *no* (389, 508, 515, 569, 592, 596, 629), *oh* (117, 621), *ok* (380, 588) und *interiezioni plurivoche*, d. h. Lexeme »che appartengono anche al lessico del linguaggio articolato e che sono usate con valore esclamativo« (D'Achille 2003: 174) wie *certo!* (55), *fatto* (54), *cacchio!!!!* (69), *cazzo!* (120), *Auguri!!!* (78), *Basta, basta!* (86), *finalmente!!!* (105), *grazie(!)* (142, 308, 332, 372, 383, 384, 385, 388, 576, 638), *grandeeeeeeeeeeee* (333), *buongiorno* (334, 339), *calma* (587). Ein typisches Beispiel wäre etwa folgende Nachricht:

(112) @_the_BiRDMAN_ Ma taci va! Non è che mi è venuto così dal nulla eh :) No dai sto imparando con calma ci arriverò dai non mi insultare :(

Von den Interjektionen unterschieden werden die sogenannten *ideòfoni*. Sie haben eine rein deskriptive Funktion und werden eingesetzt, »per rendere, attraverso un meccanismo onomatopeico definito fonosimbolismo suoni o rumori« (ebd.). Nachgewiesen ist im Korpus allerdings nur der Anglizismus *wow* in seiner Originalschreibung: *wow 100 followers!!* (337); *Welcome to @gluca! wow :)* (581) und in phonetischer Umschrift *uao* (*@Mufliz Ti eri sbagliata, ecco! Perchè quella canzone aveva una dose di allegria anche troppo alta per la serata u.u l'altra è uao *_**; 561).

5.3.3 Lexik

Dialekt oder dialektale Einflüsse auf lexikalischer Ebene sind im Korpus – sieht man von zwei Wortformen ab: *mo' risolvo* → *adesso risolvo* (265) und *sepoffà* → *si può fare* (269) – nur bei einem Twitterer nachzuweisen und diatopisch eindeutig dem römischen Einschlag zuzuordnen. Bei der Umgangssprache reduziert sich das Kommunikationspotenzial auf 1,18 % der Wortformen. Den Löwenanteil macht dabei das aus der Vulgärsprache stammende *cazzo* (dt. *Schwanz*) und davon abgeleitete Formen (*incazzati, incazzarsi, cazzeggiare*) aus. Im täglichen Umgang werden auch dessen Alternativwörter *cacchio*, »entrato nell'uso comune anche come alternativa meno scurrile del termine *cazzo*« (Netlink 506) oder *cavolo*, »als mildere Form zum vulgäreren Begriff *cazzo*« (Netlink 507) eingesetzt. Nicht zuletzt sind 176 der Wortformen (2,85 %) – als einzelne Wörter oder Wortgruppen – Anglizismen. In den meisten Fällen handelt es sich um Fachbegriffe aus den neuen digitalen Technologien: *streaming, youtube, blog, flickr, facebook, notebook, social network, social media, google chrome* etc. Dazu zählt auch das auf phonetische Umschrift zurückgehende *Danghiu* (engl. *Thank you*) in Kurznachricht (265):

(265) @Stefigno danghiu. Sto provando. @setterespiri prrrrrrr. Il mio nokietto è spettacoloso. Mo' risolvo.

Nicht ins Gewicht fallen weitere Fremdwörter wie Latinismen (*idem, sui generis, *abemus*) mit 0,06 %, Französismen (*inizia il tour de force...basta non dormire per fare tutto...*; 414) mit 0,04 % und ein Germanismus (*Achtung. Dal dottore. http://twitpic.com/2fxljb*; 263) mit 0,01 %. Auch Neologismen wie *signorinllina* (518) – eine zweimalige Diminutivform (*-ina* + *-lina*) in einer Wortform – oder *webosfera* (499) spielen keine Rolle.

5.3.4 Reduktion

Reduktionen finden in italienischen Tweets – im Gegensatz etwa zu den *messaggini*, den SMS-Kurznachrichten (vgl. Moraldo 2004) – geringen Niederschlag. Bedenkt man, dass der Zeichendurchschnitt der Tweets bei 73,5 Zeichen liegt, besteht anscheinend auch keine Notwendigkeit, sprachökonomisch zu kommunizieren. So kommen Artikel, Eigennamen von Städten und Personen, Zusammensetzungen in verkürzter Form erst garnicht vor. Nur bei der einzigen Wortgruppe (*lol*: *laughing out loud*) und der zwei Mal um den Vokal reduzierten Präposition *di* in Tweet 110 liegt eindeutig ein sprachökonomischer Grund vor. So überschreitet die Kurznachricht dank der zweimaligen Sparschreibung und der Tilgung eines Leerzeichens nicht die vorgegebene 140 Zeichen Länge: *L'anima d certa gente ricorda le lavagne d scuola sulle quali il Tempo traccia segni,regole ed esempi che una spugna bagnata subito cancella.* Die Ellision des Vokals ist hier insofern unproblematisch, da im Italienischen der Buchstabe *d* phonetisch wie die Präposition *di* realisiert wird, nämlich /di/. Bei dem Eingriff in die Phonem-Buchstaben-Zuordnungen ist dann schon eher die *k*-Schreibung der lautlichen Realisierung des Diphthongs *ch* (**ke → che*; **anke → anche*; **parekkio → parecchio*) auffallend (0,11 %). Des Weiteren wird neben der Kürzung eines Pronomens (*Qst → questo/a*), eines Adverbs (*ovv → ovviamente*) und eines Verbs (**sn → sono*) die Negationspartikel *non* gleich zehn (→ **nn*) und die Konjunktion *comunque* (dt. *jedenfalls*) sechs Mal (→ *cmq*[.]) verkürzt geschrieben. Vereinzelt kommen zudem sowohl konventionalisierte (z. B. *Prof. → Professore*, *bio → biografia*) als auch nicht-konventionalisierte Sparschreibungen (**discuss. → discussione*; **un → università*) vor. In letzteren garantiert allerdings der Kontext, dass die Satzsemantik nicht kompromittiert wird, auch wenn beide Abkürzungsformen in einer Meldung zusammen auftreten: *Oggi a Roma(ore 18, Fac. Scienze della Comunicazione-Un.La Sapienza) con Flavia Marzano parlerò di open source nella PA... Ingresso libero :)* (154). Dass es um ein Treffen an der Fakultät (*Fac.*) für Kommunikationswissenschaften an der Universität (*Un.*) *La Sapienza* in Rom geht, um über das Thema der öffentlichen Verwaltung (*Pubblica Amministrazione*) zu diskutieren, versteht man sofort. Auch Akronyme (0,4 %) kommen – sieht man von einmal von *bb* (192) ab – in rein konventionalisierter Schreibweise vor. Diese stammen u.a. aus den Bereichen neue Technologien (*RSS → Really Simple Syndication*, *DM → Direct Message*, *FF → Follow Friday*), Politik (*ddl → decreto di legge*, *PD → Partito Democratico*, *PDL → Partito della Libertà*), Sport (*GP → Gran Premio*) oder Fernsehen (*Rai → Radiotelevisione Italiana*, *gf → grande fratello*. Auch Hashtags (1,6 %) werden in die Mitteilungen integriert. Ein Hashtag (aus engl. *hash* = Raute und *tag* = Anhänger) ist »ein ikonisch hervorgehobenes Schlag- oder

Stichwort, das die Nachricht thematisch zuordnet und dadurch die Such-Orientierung und Archivierung von Themen, Personen, Ereignissen etc. erleichtert« und »der Twitter-Gemeinschaften als roter Diskussions-Faden dient« (Moraldo 2009: 257).

5.3.5 Syntaktische Strukturen

»I testi scritti trasmessi«, schreibt D'Achille (2003: 216), »tendono alla brevità o comunque a semplificarsi e a strutturarsi in parti brevi«. Daraus folgt »l'abbandono o la riduzione delle strutture subordinate, caratteristiche dell'italiano della tadizione letteraria«. Die syntaktische Auswertung des Korpus scheint diese Aussage zu bestätigen.

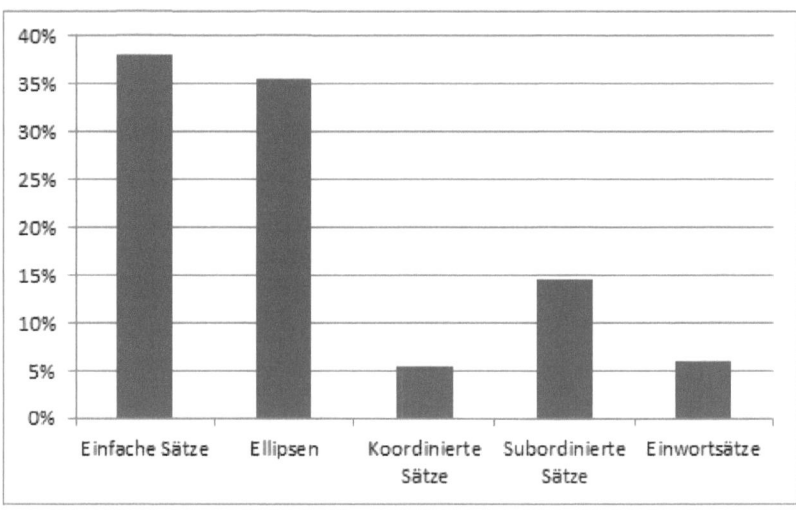

Abb. 2: Syntaktische Auswertung der italienischen Tweets

Bei einer Gesamtanzahl von 1 123 Sätzen sind einfacher Satzbau (35,7 %) und elliptische Konstruktionen (38,4 %) auffallend, zwei prototypische Charakteristika, die der Sprachwirklichkeit im mündlichen Diskurs entsprechen. Reduzierte, fragmentarische Satzstrukturen sind z. B. Konstruktionen, die durch einen Satznominativ (*L'inutile sole milanese.*; 47) – auch mit nachfolgender primärer Interjektion (*Bella merda, oh!*; 117) – realisiert werden oder durch einen nachfolgenden Link den Followern die Verständnisbasis liefern (*la prima pietra http://ff.im/-jWbXE*; 19). Weiterhin imperativische Kurzformen (*@maxkava basta twittare !!*, 374), Temporalangaben (*ridiretta oggi*; 20) oder telegrammstilartige Aufzeichnungen, die allerdings durch »thematische Optionen« (Schwitalla 2003: 108) kommunikativ vervollständigt werden. Aus sprachökonomischen Gründen reduziert man den Informationskern in diesen Fällen auf das Wesentlichste. Typisch für telegrammstilartiges Komprimieren sind etwa folgende Tweets:

(37) doccia rinfrescante, subsonica come colonna sonora, ora un bel thè freddo......lunedì quasi archiviato!
(306) Marco Travaglio | La grande abbuffata (Passaparola, 12 luglio 2010) - micromega-online - micromega http://bit.ly/bqpIj9
(450) Maggio, ancora. Rassegna culturale del Collettivo VoceNueva. Oggi 18.30 primo appuntamento

Auch der nähesprachliche Kommunikation kennzeichnende »stile nominale« mit seiner Prägnanz im Ausdruck und der Erfassung des Wesentlichen kommt gehäuft vor. Im Schriftlichen erscheinen die »enunciati privi di verbo (...) sistematicamente in titoli, insegne (...) e, ormai da vari decenni, nei titoli di giornali« (D'Achille 2003: 194). Überschriften- oder Schlagzeilen-Charakter, wie man das aus Zeitungen kennt, haben im Korpus Meldungen wie *Manovra: inaccettabile la fiducia preventiva.* (230) oder *Pensione a 70 anni http:// tinyurl. com/37847pe* (470), die die Aussage auf das Wesentlichste komprimieren.

Auch bei Adjazenzellipsen, die auf Frage-Antwort-Sequenzen zurückgehen, liegt aufgrund einer engen kohäsiven Beziehung zu dem Vorausgesagten kommunikative Vollständigkeit vor, da sich die syntaktisch unvollständige Struktur pragmatisch am gemeinsamen Verständnishorizont ausrichtet. Situationsbedingt werden entbehrliche Teile des Satzes eingespart:

(89) Classica frase del parrucchiere qnd sta x tagliarti i capelli e ne prende più del dovuto: „Che faccio? Lascio?" E tu, impanicata: "NOOOOO!!!"

Dass sich eine Dialogstruktur in einem Tweet befindet, ist jedoch untypisch. Hier handelt es sich um einen nachgestellten Wortwechsel. Typisch für Adjazenzellipsen ist eher die Bezugnahme auf eine vorausgehende Kurzmitteilung, wie in diesen Beispielen, in denen das Bezugtweet zum besseren Verständnis mitgegeben wird:

A: @robic72 bene, Roberto. Interessanti gli eventi di Bologna IN; ma... in futuro a qualcuno di essi potrà infilarsi anche...un riminese :-P?

B: @robertosaponi certo! :-) (55)
A: @guglielmoscilla nella sala computer del college di Nottingham.. meglio no!! xD
B: @Lauren_Wild macché!! Stupendo!! (62)

Die Antworten bestehen jeweils aus Einwortsätzen, deren Aussage situationsadäquat verstanden werden kann. Für dieses Extrem sprachlicher Knappheit stehen weiterhin die Beispiele *Noia noia noia!* (40), *Novità?* (88), *Achtung. Dal dottore. http://twitpic.com/2fxljb* (263), *pauuura eh?* (412), die die Funktion einer sprachlichen Handlung (u. a. Kommentar, Grundeinstellung, Äußerung einer Befindlichkeit etc.) haben. Bedenkt man, dass 5,8% der Tweets aus Einwortsätzen bestehen, dann basieren 41,5% der geposteten Kurznachrichten auf Einsparung von sprachlichem Material.

Syntaktisch auffallend sind weiterhin einfache Sätze (38,4%), die zusammen mit parataktischen Konstruktionen (5,6%) wie die Reihung von Hauptsätzen oder die durch koordinierende Konjunktionen erzielte Nebenordnung gleichberechtigter Hauptsätze zusammen 44% der Gesamtmenge ausmachen. Die Restmenge, 14,5%, entfällt dann auf eines der »komplexesten und planungsintensivsten Verfahren der Syntax« (Koch/Oesterreicher 2011: 99), nämlich der Hypotaxe.

5.3.6 Graphostilistik

Auf Graphostilistika, d. h. die »Verwendung schreibtechnischer Mittel zur Gestaltung eines Textes« (Dürscheid 2002: 277), wird in neumedialen Kommunikationsformen gerne zurückgegriffen, um metasprachliche Informationen wie Stimmungen, Gefühle, Tonfall, Gestik, Mimik usw. zu kompensieren. Graphostilistische Markierungen können dabei typographisch auf verschiedene Art und Weise realisiert werden. Die Iteration von Buchstaben und Satzzeichen z. B. ist ein solches kreatives Kompensationsmittel und nicht zuletzt auch ein Aufmerksamkeitsheischendes graphisches Element. In 12,5% aller Tweets wird auf iterierte Buchstaben und/oder Satzzeichenkombination zurückgegriffen. Allein 9,4% verstärken die Aussage durch ein Ausrufe- oder Fragezeichen. Verleiht die Mehrfachsetzung des Ausrufezeichens in Tweet 293: *oggi non é decisamente una buona giornata!!!!!* der Aussage eine eindeutige Expressivität, so wird die Verwunderung über das lange Anhalten des Regens in Kurznachricht 468 (*ma quanto piove?????*) durch das gleich viermal wiederholte Fragezeichen besonders nachdrücklich markiert. Auf die normwidrige Mehrfachsetzung eines Vokals und/oder Konsonanten innerhalb einer Wortform wird insgesamt

18 Mal (2,8 %) zurückgegriffen. Bei der Reduplikation einzelner Buchstaben handelt es sich um eine Strategie, Gesprochensprachliches im Schriftbild zu fixieren. Was phonostilistisch realisiert wird, nämlich die expressive Dehnung der Vokale, wird graphostilistisch durch deren mehrfache Wiederholung imitiert. So wird in Tweet 400 die Begeisterung über die neue Plattform *Twitter* durch Mehrfachsetzung des Vokals (und unterstützendem Lachgesicht) ausgedrückt: *Che bello Twitter!Spettacoloooooooooo :-)))*.

Des Weiteren greifen die italienischen Twitterer auf Sonderzeichen-Homophonie zurück (0,24 %), die auch Einsparfunktion haben kann. So wird der Klammeraffe von Twitterin 43 gleich 5 mal als Lokalpräposition da (dt. *bei*) eingesetzt (*4 moretti per consolarsi... (@ Sorbetteria Castiglione) http://4sq.com/ bkKnww*; 428), wobei die genaue Anschrift und geographische Lage immer verlinkt werden. Dagegen kann der aus der Mathematik entlehnte Buchstabe *x* (lautlich realisiert als *per*) entweder präpositionalen Charakter (dt. *für*): *@ radiozammu Fino al 12 psicologia sociale dopo : ce li hai presente i libri illustrati dei bambini?solo figure?oooh OTTIMI X IL MARE ^_^* (621) oder die Funktion einer finalen Konjunktion (dt. *um*) übernehmen: *RT Uomini.. siete tutti invitati a cena...ed ovviamente offro IO!!!!!...si dice così x dire su su..* (451). Auch auf das Plus-Zeichen + (it. *più*) als Verbindungspartikel (dt. *und*) wird einmal benutzt: *Divano + filmetto. Mmm...dov'è il gelato?* (482).

Weiterhin sind Emoticons, Bixies und neuerdings auch Kaomojis, d. h. die japanischen Lachgesichter, in diesem Zusammenhang zu erwähnen. Emoticons (Kontraktion aus engl. *emotion*: dt. *Emotion/Gefühl* und engl. *icon*: dt. *Bildzeichen*) sind die »in der schriftlichen elektronischen Kommunikation verwendeten Zeichenfolgen, die Smileys nachbilden« (Netlink 505). Sie werden aufgrund der Tatsache, dass sie Emotionen vermitteln wollen, dem Begriff Smiley vorgezogen. Unter den zahlreichen graphischen Varianten werden allerdings – wie auch andere Untersuchungen ergeben haben – »nur wenige systematisch und rekurrent gebraucht« (Schlobinski 2005: 135). Es überwiegen eindeutig das klassische, um 90° rotierte lachende :-) und zwinkernde ;-) Smiley (*@Silviaa5 cuoreeeeeeeeeeeeee....che bello vederti su twitter! Un abbraccio forte! Ci vediamo presto...ti voglio bene ;-)*; 101) und deren Allographen, wie z. B :) (*@ CarlottaPicco ahahahahah :) hai fatto tutto tu gay! :P cmq sei proprio impedita :)*; 597) und ;) (*@MMedifocus sono una perfezionista ;)*, 149).

Auch hier wird durch »Iteration der rechtsstehenden Zeichenkomponente (...) Expressivität markiert« (ebd.): *RT @Lis_ Selavy: Tutta la verità sull'IPhone 4. http://bit.ly/baBVIO #parodia #iphone4 #ita (video fantastico) thx :-))* (638). Das traurige Emoticon :-(kommt dagegen nur zwei Mal in seiner allographen

Realisierung :(vor.⁸ Die japanischen Varianten der westlichen Smileys heißen Kaomojis, auf Deutsch *Gesichtszeichen* (vgl. Schlobinski 2009: 95). Sie werden, im Vergleich zu den gedrehten, vertikalen Emoticons, horizontal geschrieben. Die Zeichenfolge ^_^ etwa (*30 minuti fa ha firmato il contratto d'acquisto per la sua prima automobile!!! Momento di vero godimento!!!* ^_^; 545) entspricht dem klassischen Smiley :-).⁹ Sie kommen allerdings nur in 0,2 % der Fälle vor. Bixies dagegen »sind kleine Bilder aus ASCII-Zeichen, die als Ergänzung zu den Textmitteilungen verschiedene Gegenstände darstellen können« (Müller 2001: 5), wie das Herz in @_the_BiRDMAN_ .... <3 (119). Sie lassen sich nur drei Mal nachweisen, sind also, wie auch das Piktogramm ♥ als Ausdruck eines Liebesbekenntnisses in nur zwei Fällen, sehr selten.

5.3.7 Interaktion

Damit jemand auch die Nachricht(en) liest, die ein Twitter-Accountinhaber verschickt, müssen sogenannte *Follower* gefunden werden. *Follower* sind Twitterer, die Nachrichten anderer abonnieren, also jemandem *folgen* (ital. seguire + Akk.), oder wie es Neuitalienisch heißt *followare* (*@TheMadLeaf l'attempata @ dania non ha il mio fascino bestialo. Ma sepoffà di followarla (se non ti ricambia di a me che la picchio):-))*; 269). Wie bei neuen Medien (SMS, Chat, E-Mail, Blog) allgemein üblich, ermöglicht es auch *Twitter*, mit »zwei oder mehreren Individuen, Kommunikationsereignisse zu initiieren und interaktiv fortzusetzen« (Androutsopoulos 2007: 75). Tweets sind in erster Linie nicht dialogzentriert. Doch auch wenn *Twitter* ursprünglich weniger als Kommunikations- denn als Informations- und Mitteilungsplattform konzipiert wurde, bietet es mittels einer Replytaste die Möglichkeit eines Gesprächs und Meinungsaustauschs. Kommunikationstechnisch gesehen klickt man bei einem abonnierten Tweet auf *Antworten* (*Reply*) und im ‚Tweetkasten' erscheint dann automatisch *@username* des ursprünglichen Verfassers der Mitteilung. Man braucht dann nur noch den Kommentar einzutippen, wie dies bei 99 Tweets (15,5 %) der Fall ist. Hier ein simples Beispiel für eine Twitterei:

A: @colorami ciao!
B: @ciccillo90 ciao giuseppe, piacere

---

8 Stehen Smileys in SMS und Chats »in der Regel gesprächsschrittfinal« (Schlobinski 2005: 95), so lassen sich im Korpus innerhalb eines einzelnen Tweets sehr viele satzfinale Lachgesichter nachweisen, die nicht mit dem Ende der Kurznachricht zusammenfallen: *@CarlottaPicco ahahahahah :) hai fatto tutto tu gay! :P cmq sei proprio impedita :)* (597).
9 Im Gegensatz aber zur Originalausführung, in der die Zeichenfolge ›umklammert‹ wird, das lächelnde Gesicht also (^_^) geschrieben wird, fehlen in meinem Korpus bei allen Kaomojis die Klammern.

Ciccillo90 wendet sich mit Hilfe des @-Zeichens direkt an *colorami* und begrüßt sie. Der Gruß wird von *ciccillo90* auf die gleich Art und Weise erwidert. Ein weiteres Beispiel soll zur temporalen Veranschaulichung der Kommunikationsprozesse auf der Plattform dienen:

A_1: @stefanogabbana ciao! considerando il tuo indiscutibile buon gusto me lo daresti un parere sui miei quadri? www.flickr.com/silviarossi
23 Jun 9.46

in risposta a @silviarossi78 ↑
B_1: @silviarossi78 Belli!!!!! :-)
23. Juni 23.46

in risposta a @stefanogabbana ↑
A_2: @stefanogabbana grazie!!
24. Juni 8.47

Dieser »getippte Dialog« (Dürscheid/Brommer 2009)[10] über ein Geschmacksurteil macht auch deutlich, dass *Twitter* in erster Linie eine asynchrone Kommunikationsform ist. D. h.: Die dialogische Kommunikation findet im zeitlich »zerdehnten Austausch« statt (Androutsopoulos 2007: 78). *@silviarossi78* schickt am 23. Juni 2010 um 9.46 an einen bekannten Modeschöpfer ein Tweet mit der Bitte um einen Kommentar zu ihren Fotografien, die sie auf *Flickr* hochgeladen und im Tweet verlinkt hat. *@stefangabbana* antwortet am gleichen Tag um 23.46 mit einem durchaus positiven Urteil, für das sich *@silviarossi* wiederum mit einem Tweet am darauffolgenden Morgen, dem 24. Juni, um 8.47 bedankt. Es kann zwar unter bestimmten Umständen vorkommen, dass ein Twitter-Dialog in quasi Echtzeit vonstatten geht. Meist vergehen (wie in diesem Fall) jedoch Minuten, manchmal gar Stunden oder Tage, bis initiierte Gesprächssequenzen abgeschlossen werden. Getippte Tweet-Dialoge können daher in Anlehnung an die Textnachrichten der Kommunikationsplattform SMS »als Abfolge von mindestens zwei aufeinander bezogenen zeitlich und thematisch zusammenhängenden Beiträgen (Zügen) verschiedener Sender« (Androutsopoulos/Schmidt 2002: 60) definiert werden. Da aber der Kanal nach mehreren Seiten offen ist, besteht durchaus die Möglichkeit, dass mehre-

---

10   Im Gegensatz zu Storrer (2001), die den Begriff ›getippte Gespräche‹ in die Diskussion eingeführt hat, ziehen Dürscheid/Brommer (2009: 4) m. E. zu Recht »die Bezeichnung ›getippte Dialoge‹ vor, da bei diesem Schreiben in den neuen Medien trotz der Nähe zur medialen Mündlichkeit das wesentliche Merkmal von Gesprächen fehlt: Rezeption und Produktion der Äußerung laufen nicht simultan.«

re Follower an einem Meinungsaustausch teilnehmen. Allerdings basieren die meisten reaktiven Tweets im Korpus auf Paarsequenzen, bestehend aus einem initiierenden und einem respondierenden, reaktiven Gesprächsschritt (Terminologie nach Brinker/Sager ³2001: 80ff.). Bei diesen Paarsequenzen, die – wie wir an den Beispielen gesehen haben – nach der Grundstruktur von (An)Frage-Antwort, Vorschlag-Zustimmung/Ablehnung, Beschwerde-Trost usw. konzipiert sind, handelt es sich um »Minimaldialoge«, d. h. um »abgeschlossene Sprechaktsequenzen« zwischen zwei Twitterern. Auf eine ankommende Textnachricht wird mittels einer »spezifische[n] Reaktionshandlung [...] eine definitive Entscheidung im Hinblick auf das Handlungsziel« des Kommunikationspartners erreicht (Franke 1990: 22 und 25). Allerdings sind aufgrund von »Nebensequenzen« (Verständnis-/Rückfragen, Verschiebung von Terminen, Gegenvorschläge etc.), wie wir weiterhin gesehen haben, auch mehrgliedrige Sequenzen möglich. Komplexere Sachverhalte, die mehr als drei Turns in Anspruch nehmen, sind im Korpus nicht nachgewiesen. 49 Tweets (7,65 %) sind dagegen Direktadressierungen an andere Twitterer, d. h. sie leiten einen möglichen ›getippten Twitter-Dialog‹ ein.

5.3.8 Funktionale Aspekte

Twitter deckt in der Palette digitaler Medien ein breites Spektrum an Funktionalitäten ab. Für persönliche Statusmeldungen, Small Talk oder News im journalistischen Kleinformat ist es ebenso einsetzbar, wie zur Befriedigung geschäftlicher, sozialer und emotionaler Bedürfnisse. Zwar ist der Einsatzbereich von Tweets sehr umfangreich und deren Funktionen gestalten sich äußerst vielfältig, sodass sich deren Inhalte nicht (oder zumindest nicht immer) eindeutig funktional zuordnen lassen. Dennoch lässt sich eine relativ leicht zu überschaubare Anzahl von Funktionen nachweisen, deren jeweiliges grundlegendes Konzept nun anhand anschaulicher Beispiele vermittelt werden soll.

Das Gros der Kurznachrichten machen mit 38,3 % (245 Tweets) Statements wie Zustandsbeschreibungen (*(sussurrato) direi che oggi mi sento super bene*; 4), Weisheiten (*Dare a Cesare quel che è di tutti*; 26), Entdeckungen (*Che bello Twitter!Spettacolooooooooooo :-)))*; 400), Wunschäußerungen (*@_the_BiRDMAN_ . Cazzo! Sono in mezzo agli Svedesi, biondi, alti come faccio a non pensare sempre a te? Ahaha Mi manchi tanto F <3*; 120) und Gefühlsbekundungen (*@jar_jar_55 @paolamalara @mantemante @pancio79* ♥; 146) aus. Mit 126 Tweets stellen Nachrichten, die Informationen über das aktuelle Tagesgeschehen verbreiten oder relevante Themen für den öffentlichen Diskurs verlinken (*Social media: dalla rivoluzione all'evoluzione della specie. http://url.to.it/09b*; 76) und damit eine Diskussions-Plattform für die Follower bieten, prozentmäßig gesehen (19,7%) den zweitgrößten Anteil der Tweets dar. An dritter Stellen stehen mit 10,5% Marketing- und PR-Maßnahmen, auch und insbesondere in eigener Sache (*Domani 13/5 alle 21,10 sarò ospite di Michele Santoro ad Annozero su Rai2. Seguitemi e commentate sul mio blog. http://www.fabiogranata.com*); 191). Es folgen Kommentierungen von Sendungen (*Auditel: quasi 8 milioni di spettatori per Fazio, Saviano e Benigni. Sconfitto il Grande fratello http://t.co/bwcdnkz*; 187), Promi-Äußerungen (*@tya79 vabé, ma il siparietto Tatangelo-D'Abbraccio dove lo metti allora.*; 441), Weltgeschehen etc. mit 9,4%. Unter die Rubrik Begrüßungen (*buon di a tuttiiiiiiiiiiiiiiiiiiiiiiiii!!!!!!!!!!*; 131), Verabschiedungen (*buon viaggio edoardo*, 532), Aufforderungen oder Danksagungen (*@PeytonS19 buonanotte e grazie del follow*; 453) lassen sich 6,7% Tweets subsumieren, während knapp 5,5% der Scherzkommunikation zugeordnet werden können. Hier gewinnt die Mitteilung »eine Doppelbödigkeit, die sich der Anspielungshaftigkeit und strategischen Ambiguisierung des Humoristischen verdankt« (Kotthoff 2006: 8). Für diese Art von scherzhafter Rede ist der allererste Tweet unseres Korpus ein markantes Beispiel. Es stammt von dem Journalisten des *Corriere della sera*, Beppe Severgnini, der für seine humorvolle Art der Präsentation in Italien bekannt ist: *Da Corriere.it: „Ecco tutte le misure": Calma, ragazzi: non sono di Miss America, ma della manovra di Tremonti*. In seiner Kurznachricht vermag er dank der Polysemie des Wortes ‚misure' (dt. sowohl *Maßnahmen* als auch *Maße* bei Frauen) auch einer für den Steuerzahler schwer verdaubaren Mitteilung über die vom Finanzminister getroffenen Maßnahmen zur Konsolidierung des Finanzhaushaltes noch eine humorvolle Note abgewinnen. Den geringsten Funktionswert im Korpus haben Anfragen (*Cercasi contatti twitter (inizio a prenderci gusto a usare questo „coso"):P*; 80) mit 1,4% und Antworten – wie etwa Hilfestellungen (*Come funziona un sito web http://goo.gl/fb/ HD8ZJ*; 491) – mit 1,6%.

Darüber hinaus lassen sich 25 Tweets als Zitate nachweisen (3,9%). Es kann sich dabei um bekannte Anspielungen handeln wie etwa in *No Bertolaso, no party* (468)[11], *@larryjaffe to tweet or not to tweet :-)* (635) und *so #blog or not blog?* (340) oder um Originalzitate, die dann auch in Anführungszeichen gesetzt und mit Quellenangabe versehen werden. Als kurze und prägnante schriftlich fixierte Formulierung formulieren sie einen Leitgedanken, der als Motto des Tages fungieren kann. Sie stammen von Schriftstellern (*@ilblasco7 „Nascere è*

---

11 Angespielt wird hier sowohl auf die bekannte Schaumwein-Werbung *No Martini, no party* als auch auf den ehemaligen Chef des Zivilschutzes, Guido Bertolaso, der Anfang 2010 ins Zwielicht geraten ist, weil er angeblich milliardenschwere öffentliche Aufträge unter der Hand vergeben haben soll. Auch Tweet 268 (*no campo, no party*) spielt auf diesen Werbespot an.

umano. E' perseverare che è diabolico" (Gesualdo Bufalino, Dicerie dell'untore; 329), Philosophen (*"È vero che non sei responsabile di quello che sei, ma sei responsabile di quello che fai di ciò che sei." Jean-Paul Sartre*; 542), aber auch Politikern (*Fini*: «*La mafia è anche al Nord Non capisco come ci si possa indignare*» *null*; 188) und Liedermachern (*"Il mondo si divide in due categorie: quelli che pensano e quelli che lasciano pensare gli altri" [Fabrizio De Andrè]*; 366; *"C'è una crepa in ogni cosa.Ed è da lì che entra la luce".(Leonard Cohen)*; 397). Eine Sonderstellung nehmen in diesem Zusammenhang die Mitteilungen 502–506 ein. Bei diesen fünf Kurznachrichten informiert die Twitterin ihre Follower über die Lesung des italienischen Schriftstellers Nicolò Ammaniti. Getwittert werden Live-Aussagen wie *"Da piccolo c'erano due cose che mi piacevano: mettermi paura e piangere."* #*anteprime* (502) und *"Lo scrittore è quello che alla festa non balla, guarda gli altri che ballano come un etologo"* #*anteprime* (504) entweder direkt oder auch indirekt: *Ad Ammaniti scappa la pipí. Ci tiene a farvelo sapere.* #*anteprime* (510). Auch der Anteil an Vorschlägen fällt mit 2,3% relativ gering aus. Die unverbindlichen Empfehlungen betreffen u.a. sowohl Videos (*Video: piacevolmente didascalico. http://tumblr.com/x9ego0dpt*; 178) wie Filme (*nothing better than #RobinHood with Kevin Costner on La7...*; 336) oder Tourismusattraktionen (*Una delle piazze da non perdere nella vita. (@ Piazza Anfiteatro) http://4sq.com/ bDKL9q*; 421). Mit gerade mal 5 Kurznachrichten (0,8%) bilden schließlich vier *FollowFriday*-Tweets (*#FollowFriday @Daghi__ @silvioporcellan @Fortune_Cat @naimaisonline @andreapernici @JACK1971 @rootnl2k @CreativiQ @marcocarrieri e @seoer*; 73) und ein *FridayReads* (*È venerdì, quindi, se volete, #FridayReads Che libro state leggendo?*; 75) das Schlusslicht bei der funktionalen Auswertung des Korpus. Bei *FollowFriday*-Tweets erstellt man eine persönliche *Best of*-Liste von Twitter-Usern, denen es sich zu ›folgen‹ lohnt. Die Kurzmeldung wird dann freitags an die eigenen Follower getwittert.[12]

5.4 Zusammenfassung

Mit der Geburt des *parlato trasmesso* schien das Schriftitalienisch »destinato a una lenta ma inesorabile fine« (D'Achille 2003: 215). Doch dank der Informations- und Kommunikationstechnologie rückte die »lingua scritta« wieder in den Mittelpunkt des öffentlichen und wissenschaftlichen Interesses, »come dimostra il recente sviluppo, anche in Italia, dei siti Internet, della posta elettronica (*e-mail*), delle *chat-lines* e, infine, dei messaggini telefonici (SMS).« Demzufolge scheint nun kein Zweifel mehr darüber zu bestehen, »che, al momento,

---

12 *FridayReads* ist in Anlehnung an *FollowFriday* entstanden. Hier werden jeweils am Freitag Leseempfehlungen verschickt.

i testi scritti siano, in questi tipi di trasmesso, largamente predominanti« (ebd.). Dass die Microblogging-Plattform *Twitter* diesen Trend in Italien fortsetzen wird, steht außer Frage. Zwar lassen sich im Korpus nicht alle für das *scritto trasmesso* veranschlagten Parameter wie z. B. Reduktionsformen, Akronyme, Siglen etc. in repräsentativer Form nachweisen. Doch syntaktische Elliptizität und einfache, parataktische Satzstrukturen stehen eindeutig für eine konzeptionell geradezu auf Alltagskommunikation zugeschnittene schriftbasierte Kommunikationsplattform. Auch die »riduzione nei segni di punteggiatura« (ebd.: 216), was sich allein schon an den 46,1 % der Tweets ablesen lässt, bei denen das Satzabschlusszeichen fehlt, zeugt von einer für das *scritto trasmesso* typischen Eigenschaft. Nicht zuletzt haben die textbasierten Kommunikationsplattformen, zu denen ja *Twitter* auch gehört, die »ricerca della dimensione dialogica« als gemeinsamen Nenner: »da qui la simulazione mediante particolari accorgimenti, di tratti propri del parlato o comunque l'adozione di un tono meno formale rispetto alla scrittura tradizionale« (ebd.). Die dialogische, asynchrone Organisationsstruktur führt letztlich zu Rückkopplungseffekten von gesprochener Sprache auf das Schreiben, das auf Spontaneität und Informalität der Gesprächssituation basiert.

Bereich	Merkmal	Ergebnis (gemessen an/ bezogen auf)
Orthografie	Standardschreibung	59,9 % (der Schreibung)
	Konsequente Kleinschreibung	25,75 % (der Schreibung)
	Konsequente Großschreibung	0,8 % (Schreibung)
	Satzinitiale Großschreibung	9,5 % aller Sätze
	Hybridschreibung	wortextern: 0 %
		wortintern: 0,3 % (Schreibung)
	Zusammenschreibung	0 %
	Hervorhebung durch Großschreibung	5,8 % (aller Wortformen)
	Tippfehler	0,28 % (der Gesamtzeichen)
	Fortfall von Akzenten, davon Apostroph statt Akzent Akzent statt Apostroph Akzentfehler fehlender Apostroph fehlender Akzent	0,5 % (aller Wortformen) 0,22 % 0,06 % 0,09 % 0,05 % 0,05 %

Bereich	Merkmal	Ergebnis (gemessen an/ bezogen auf)
Orthografie (Forts.)	Leerzeichenfehler	0,08 % (aller Zeichen)
	Anderes (gruppiert): Tweets, die nur aus einem Link, Reply-Funktion(en) oder Sonderzeichen bestehen	1,9 %
	Tweets mit finalen Auslassungspunkten	10,3 %
	Tweets mit fehlendem Satzabschlusszeichen	46,1 %
Gesprochene Umgangssprache	Tilgungen	0,32 % (aller Wortformen)
	Assimilation	0,03 % (aller Wortformen)
	Klitisierung	0,75 % (aller Wortformen)
	Gesprächspartikeln	1,3 % (aller Wortformen)
Wörter	Dialekt	0,04 % (aller Wortformen)
	Umgangssprache	1,18 % (aller Wortformen)
	Anglizismen	2,85 % (aller Wortformen)
	Andere Fremdwörter	Latinismen: 0,06 % (aller Wortformen) Französismen: 0,04 % (aller Wortformen) Germanismen: 0,01 % (aller Wortformen)
	Inflektive	0 %
Reduktionsformen	Namen	Personen: 0,01 % (aller Wortformen) Städte: 0 %
	Funktionswörter	Artikel: 0 %
		Präpositionen: 0,05 % (aller Wortformen)
		Pronomen: 0,01 % (aller Wortformen)
		Konjunktionen: 0,1 % (aller Wortformen)
	Andere Wörter (gruppiert): Substantive Negationspartikeln Adverb Verb	(aller Wortformen) 0,16 % 0,16 % 0,01 % 0,01 %
	Zusammensetzungen	0,0 %

Microblogs global: Italienisch 171

Bereich	Merkmal	Ergebnis (gemessen an/ bezogen auf)
Reduktionsformen (Forts.)	Wortgruppen	0,1 % (aller Wortformen)
	Integration von Hashtags i. d. Mitteilung	1,6 % (aller Wortformen) ø 0,15 Stück pro Tweet
	Integration v. @user i.d. Mitteilung	3,2 % (aller Wortformen) ø 0,3 Stück pro Tweet
	Andere (gruppiert): k-Schreibung statt ›ch‹ (z.B. *anke → anche)	0,11 % (aller Wortformen)
	Akronyme (z.B. *ddl*, *PDL*, *DM*)	0,4 % (aller Wortformen)
Syntax	Einfacher Satz	38,4 % (aller Sätze)
	Ellipse	35,7 % (aller Sätze)
	Einwortsatz	5,8 % (aller Sätze)
	Koordinierter Satz	5,6 % (aller Sätze)
	Subordinierter Satz	14,5 % (aller Sätze)
Graphostilistik	Smileys, davon vertikale (westliche Smileys) horizontale (u.a. japanische Smileys: Kaomojis, dt. Gesichtszeichen) Andere: 1) Bixies (<3) 2) Piktogramm (♥)	1,9 % (aller Wortformen) 1,7 % 0,2 % 0,04% 0,03%
	Iteration: Buchstaben Satzzeichen Buchstaben und Satzzeichen	12,5 % (aller Tweets) 2,8 % 9,4 % 0,3 %
	Homophonie (der Sonderzeichen @, x und +)	0,26 %
Interaktion	Reaktive Tweets	15,5 % (aller Tweets)
	Adressierungen	7,65 % (aller Tweets)
Länge der Einträge	Zeichenanzahl	73,5 Zeichen (je Tweet)
	Wortanzahl	9,6 Wortformen (je Tweet)
Mehrsprachigkeit	Anzahl Sprachen	4 Sprachen (ø je Tweet)
	Anzahl Tweets in fremder Sprache	57 Tweets (8,9 % aller Tweets)
Funktionale Aspekte	Funktion der Tweets	Nachrichten: 19,7 % (aller Tweets)
		Kommentierungen: 9,4 %
		Statements: 38,4 %

Bereich	Merkmal	Ergebnis (gemessen an/bezogen auf)
Funktionale Aspekte (Forts.)		Begrüßungen: 6,7 %
		Scherzkommunikation: 5,5 %
		Anfragen: 1,4 %
		Antworten: 1,6 %
		Marketing/PR: 10,5 %
	Andere:	Zitate: 3,9% Vorschläge: 2,3% FollowFriday: 0,8%

Literatur

Androutsopoulos, Jannis (2007): »Neue Medien – Neue Schriftlichkeit?«. In: Mitteilungen des Deutschen Germanistenverbandes 54.1, 72-97.
Brinker, Klaus/Sven F. Sager (^{3}2001): Linguistische Gesprächsanalyse. Eine Einführung, Berlin.
Dürscheid, Christa (2002): Einführung in die Schriftlinguistik. Wiesbaden.
Dürscheid, Christa/Brommer, Sarah (2009): »Getippte Dialoge in neuen Medien. Sprachkritische Aspekte und linguistische Analysen.« In: Linguistik online 37, 1, 1–18.
Franke, Wilhelm (1990): Elementare Dialogstrukturen. Darstellung, Analyse, Diskussion, Tübingen.
Kwak, Haewoon, Changhyun Lee, Hosung Park, Sue Moon (2010): »What is Twitter, a Social Network or a News Media?« Online abrufbar unter: http://an.kaist.ac.kr/~haewoon/papers/2010-www-twitter.pdf <15.01.2011>
Koch, Peter/Oesterreicher, Wulf (^{2}2011): Gesprochene Sprache in der Romania. Französisch, Italienisch, Spanisch. Berlin/New York.
Kotthoff, Helga (Hg.) (2006): »Vorwort.« In: Dies., Scherzkommunikation. Beiträge aus der empirischen Gesprächsforschung. http://www.verlag-gespraechsforschung.de/2006/pdf/scherzkommunikation.pdf, 1–19.
Marzullo, Mara (o.J.): »Guida all'uso di accenti e apostrofi nell'italiano« Online: http://www.accademiadellacrusca.it/faq/faq_risp.php?id=4319&ctg_id=93
Moraldo, Sandro M. (2007): »Kommunikative Einheit in sprachlicher Vielfalt. Die Fremdsprachenfrage in Italien: Befunde und Anmerkungen aus einer sprachpolitisch-praktischen Perspektive.« In: Muttersprache 117 (2007), H. 3, 199–215.
Moraldo, Sandro M. (2009): »Twitter: Kommunikationsplattform zwischen Nachrichtendienst, Small Talk und SMS.« In: Ders. (Hg.), Internet.kom. Neue Sprach- und Kommunikationsformen im WorldWideWeb, Band 1: Kommunikationsplattformen, Roma, 245–281.
Moraldo, Sandro M. (2010) »Die Fremdsprachen an den Schulen Italiens im Kontext einer europäischen Bildungspolitik.« In: Sociolinguistica 24, 134-152.
Moraldo, Sandro M. (i. Er.): »‹Obwohl...Korrektur: Polizei HAT Gebäude im coolen Duisburger Innenhafen›. Die Kommunikationsplattform *Twitter* an der Schnittstelle zwischen Sprechsprachlichkeit und medial bedingter Schriftlichkeit.« In: Susanne Günthner et al. (Hgg.): Kommunikation und Öffentlichkeit. Sprachwissenschaftliche Potenziale zwischen Empirie und Norm.
Mortara Garavelli, Bice (2003): Prontuario di punteggiatura, Bari.
Müller, Jörg (2001): SMS for two. Für Schule, Freizeit, Dates und mehr, München.
Poggi, Isabella (1981): Le interiezioni. Studio di linguaggio e analisi della mente, Torino.

Sabatini, Francesco (1982): »La comunicazione orale, scritta e trasmessa: la diversità del mezzo, della lingua e delle funzioni.« In: Educazione linguistica nella scuola superiore: sei argomenti per un curriculo, a cura di Anna Maria Boccafurni e Simonetta Serromani, Roma 1982, 105-127.

Schlobinski, Peter (2005): »Mündlichkeit und Schriftlichkeit in den neuen Medien.« In: Eichinger, Ludwig/Kallmeyer, Werner (Hgg.): Standardvariation. Wie viel Variation verträgt die deutsche Sprache?, Berlin/New York, 126-142.

Schlobinski, Peter (2009): Von HDL bis DUBIDODO. (K)ein Wörterbuch zur SMS, Mannheim et al. 2009.

Schwitalla, Johannes (2003): Gesprochenes Deutsch. Eine Einführung, Berlin.

Stein, Marten (2009): Angst vor der Twitteratur. In: Zeit Online, <28.09.2010>

Tanzmeister, Robert (2003): »Von den Alpen bis Sizilien. Sprachliche Vielfalt und Sprachenpolitik in Italien.« In: Eva Gugenberger/Mechthild Blumberg (Hrsg.): Vielsprachiges Europa. Zur Situation des regionalen Sprachen von der Iberischen Halbinsel bis zum Kaukasus, Frankfurt a. M. et al., 97–121.

HIROMI SHIRAI & SHOTA TANAKA (TOKYO)

6 Microblogs global: Japanisch

Japanisch gehört zur Gruppe der agglutinierenden Sprachen: Grammatische Funktionen, z. B. Kasus, Modus und Zeit, werden durch das Anhängen von monosemantischen Suffixen bzw. Partikeln ausgedrückt. Die genealogische Herkunft des Japanischen ist noch umstritten. Das Japanische ist reich an regionalen Mundarten, die sich in ostjapanische und westjapanische Dialekte gruppieren lassen. Die heutige japanische Standardsprache beruht auf der in und um Tokyo gesprochenen Mundart. Der Kansai-Dialekt (aus der Region um Osaka, Kobe und Kyoto) gilt als der zweitbekannteste bzw. -verbreitetste Dialekt in Japan.

Das japanische Schriftsystem ist in der Welt unikal komplex. Es besteht aus zwei Teilsystemen. Ein Teilsystem gehört dem syllabischen Schrifttypus an, das andere dem logographischen. Die Schriftzeichen des syllabischen Typus werden als *Kana* (Silbenschriftzeichen), die des logographischen als *Kanji* (chinesische Schriftzeichen) bezeichnet. Kana wiederum besteht aus zwei Typen von Silbenschriften, und zwar aus *Katakana*[1] und *Hiragana*[2]. Mit dieser kurzen Charakterisierung der japanischen Schrift wird bereits deutlich, dass es sich hier um ein Mischsystem handelt. Im japanischen Schriftsystem ist die Kombination zweier Schrifttypen ein konstitutives Prinzip: »Essen« z. B. schreibt man im Japanischen gewöhnlich mit einem Kanji-Buchstaben und zwei Hiragana-Buchstaben: 食べる. Daneben spielen im heutigen Japanisch auch die *Rōmaji*, die Buchstaben des lateinischen Alphabets, eine bestimmte Rolle. Sie werden vor allem in der Werbung, für Abkürzungen aus dem Technik- und Computerbereich und auf Verkehrs- und Hinweisschildern verwendet. Insge-

---
1 »Mit Katakana werden fremdsprachige Eigennamen und Fremdwörter, aber auch dialektale Ausdrücke, Interjektionen, lautmalerische Wörter und fachsprachliche Termini geschrieben.« (Dürscheid 2006: 83)
2 »Hiragana dienen zur Schreibung von Funktionswörtern (z. B. Konjunktionen), Adverbien und nicht selbständig vorkommenden grammatischen Morphemen. So werden Tempus-, Aspekt- und Kasusmarkierungen in Hiragana geschrieben.« (Dürscheid 2006: 83)

samt lässt sich jedes Wort im Japanischen prinzipiell auf vier Arten schriftlich darstellen, wie z. B. im Fall von *kokoro* »Herz«:

Hiragana: こころ　　*Katakana*: ココロ
Kanji: 心　　*Rōmaji*: kokoro

Japanische Twitterer haben es insofern einfacher, als sie mittels der Silben- und Bedeutungsschriften (Kana und Kanji) in der Begrenztheit von 140 Zeichen prinzipiell mehr Inhalt schreiben können als europäische Twitterer mittels der phonetisch basierten Alphabetsysteme.

5.1 Blogosphäre in Japan

Der Twitter-Dienst, der in seiner Anfangsphase nur auf Englisch verfügbar gewesen war, wurde im April 2008 zunächst ins Japanische übersetzt. Seit dem 22.04.2008 gibt es Twitter in einer eigenen japanischen Version. Spanische und Französische Fassungen folgten dann im November 2009. Dank des frühen Einsatzes der japanischen Twitterversion ist Japanisch nach der Statistik von »TechCrunch« im Februar 2010 die Sprache bei Twitter, die nach Englisch am zweithäufigsten benutzt wird (vgl. Abb. 1)[3].

Nach der Berechnung von »comScore Data Mine« vom Januar 2011 entwickelte sich Twitter im November 2010 zur meistbesuchten Social-Networking-Seite in Japan. Im Dezember 2010 erreichte Twitter Besucherzahlen von 14,6 Millionen (eine Zunahme von 176 % gegenüber dem Vorjahr), während Mixi 13,5 Millionen und Facebook 6,1 Millionen Besucher hatte (vgl. Abb. 2)[4].

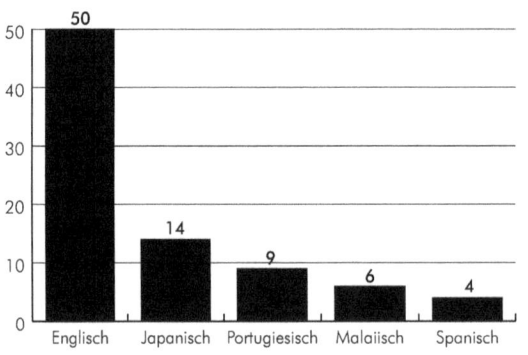

Abb. 1: Sprachen bei Twitter   Quelle: techcrunch.com

Der Weltrekord für die meisten TPS (Tweets pro Sekunde) wurde übrigens in Japan am 18.07.2011 (japanische Zeit), als Japan im Finale der Frauen-Fußball-Weltmeisterschaft die USA besiegte, mit 7 916 Tweets aufgestellt (Stand: 05.08.2011).

3   http://techcrunch.com/2010/02/24/twitter-languages/
4   http://www.comscoredatamine.com/2011/01/twitter-leads-japan-social-networking-market/

Microblogs global: Japanisch

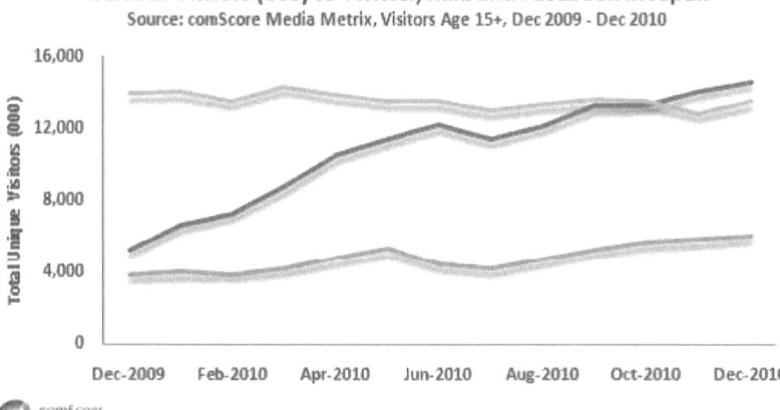

Abb. 2: Nutzungstrend bei Twitter, Mixi und Facebook in Japan   Quelle: comScore

5.2 Empirische Basis

Das japanische Korpus besteht aus Twitter-Beiträgen von insgesamt 64 Personen, 32 Männern und 32 Frauen. Bei der Korpusbildung wurden folgende Punkte berücksichtigt: Erstens, ob es klar ist, wie alt der Twitterer ist oder welchem Berufszustand er angehört, damit vermieden wird, dass alle Testpersonen gleichalterig sind oder aber sich in übereinstimmenden oder ähnlichen Berufssituationen befinden. Nach diesen Kriterien betrachteten wir von männlichen Twitterern elf Accounts von Nutzern im Alter 20–29, neun im Alter 30–39, sieben im Alter 40–49, ein Account eines Nutzers im Alter 60–69 und vier Accounts von Nutzern der Altersangabe »sonstige«. Diese letzten vier, die ihr Alter nicht angaben, verzichten aus beruflichen Gründen auf Angaben zu ihrem Alter, um ihr persönliches Image nicht zu verletzen. Bei den Frauenaccounts wählten wir als Beispiele vier Accounts von Benutzerinnen im Teenageralter, 21 im Alter 20–29, vier im Alter 30–39, ein Account einer Nutzerin im Alter von 50–59 und ebenfalls ein Account einer Nutzerin im Alter von 60–69 aus. Die genaue Anzahl der jeweiligen Altersschicht ist in Abb. 3 zu sehen.

Man kann davon ausgehen, dass sich das Alter der meisten Twitter-Benutzer in Japan auf ein Alter zwischen Anfang zwanzig und Ende vierzig konzentriert. Twitterer in einem Alter von über fünfzig oder über sechzig sind nur ausgesprochen selten zu finden.

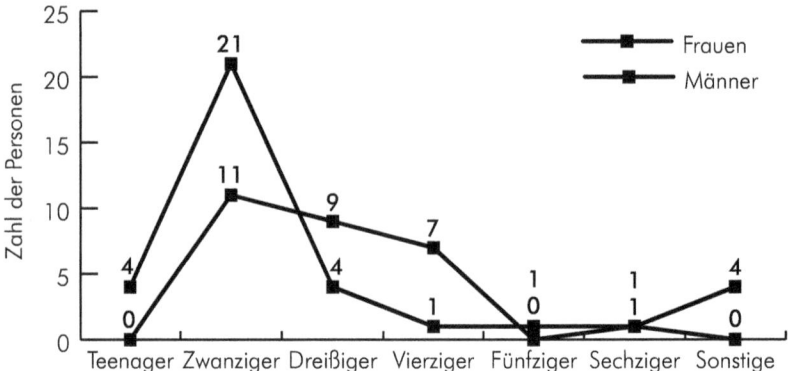

Abb. 3: Alter, Geschlecht und Anzahl der untersuchten Twitterer

Die Verteilung der Berufstypen der Twitterer, deren Äußerungen wir sammelten, sieht folgendermaßen aus: Aus dem Medienbereich betrachteten wir u. a. Tweets von Komiker(inne)n, Models, Radio-Moderator(inn)en, Sänger(inne)n, Schauspieler(inne)n und Synchronsprecher(inne)n. Aus dem Sportbereich beachteten wir Tweets von Baseballspielern, Eiskunstläufer(inne)n, Fußballspielern, Golfspieler(inne)n, Reitern, Tänzer(inne)n und Turner(inne)n. Tweets aus dem Kunstbereich stammen von Architekt(inne)n, Fotograf(inne)n, Illustrator(inne)n, Manga-Zeichner(inne)n und Regisseur(inne)n. Zusätzlich wurden Tweets von einer Hausfrau, von Student(inne)n und einer Verkäuferin untersucht.

Von jeder Person sammelten wir zehn Tweets im Zeitraum vom 13.10.2010 bis zum 11.3.2011 und haben uns dabei jeweils auf die Zeiträume konzentriert, in denen die jeweilige Person am häufigsten twitterte.

5.3 Analyse japanischsprachiger Tweets

Durchschnittlich hat ein japanischer Tweet 18,83 Wortformen, genauer gesagt 39,78 Zeichen. Die Person, die die kürzesten Sätze schreibt, hat je Tweet durchschnittlich 5,1 Wortformen und 11,5 Zeichen. Demgegenüber verwendet die Person mit den längsten Sätzen pro Tweet durchschnittlich 38,9 Wortformen und 97,9 Zeichen. Dabei sind die Tweets von Männern tendenziell kürzer als die von Frauen.

Die Tweets sind überwiegend auf Japanisch geschrieben. Es lässt sich kein Fall finden, in dem der gesamte Text vollständig in einer Fremdsprache geschrieben ist.

5.3.1 Orthografie

In der Orthografie kennt die japanische Sprache die im Deutschen bestehende Regel nicht, satzinitial groß zu schreiben. Dafür kann man im Japanischen durch die (absichtliche) Abweichung von der normalen Schreibung, und zwar durch die unterschiedlichen Schriftgrößen der japanischen Hiragana-Vokale (あ, い, う, え, お; ぁ, ぃ, ぅ, ぇ, ぉ), ein klein gesetztes Tsu (っ), Geviertstrich (ー, 〜) oder Nigorierungszeichen (゛), Akzent oder Betonung ausdrücken. Im Fall der Betonung etwa, kann man durch drei verschiedene Schreibungen (Geviertstrich, Petitschreibung des Vokals und Doppelschreibung des Vokals) den Satz betonen: お〜い, おぉい, おおい. Die Bedeutung bleibt dabei gleich.

Diese orthografischen Variationsmöglichkeiten werden in unseren Twitter-Daten als Mittel zur Betonung bzw. anschaulichen Darstellung von Sachverhalten angewandt, wie folgende Beispiele zeigen:

Petitschreibung von Hiragana:
(1) 寒かったなぁ！
 samukatta naa!
 (Es war aber kaalt!)
(2) 日本とうちゃぁぁぁぁく！
 nihon tōchaaaaku!
 (In Japan angekomeeeen!)

Ein klein gesetztes Tsu (っ):
(3) 服ミス！あっつい！
 fuku misu! attsui!
 (Falsch angezogen! Es ist zuuuu warm!)
(4) ねっむ
 nemmu
 (müüüüde)

Geviertstrich:
(5) 今から四国の高知県に行ってきまーす!!
 imakara shikoku no kōchiken ni ittekimaaaasu!!
 (Ich gehe dann maaaal nach Kōchi in Shikoku!!)
(6) よっしゃー！鍼行けるー！
 yosshaaaa! hari ikeruuuu!
 (Jaaaa! Ich kann zum Akupunkteuuuur!)

Nigorierungszeichen:
(7) お゛は゛よ゛ー(6 в 6)♪なんか声が゛ラガ゛ラっ(˙˙)
    gobagyō (6 в 6)♪*nanka koe garagara(˙˙)*
    (Guten Morgen(6 в 6)♪Meine Stimme ist irgendwie rau(˙˙))
(8) あ゛ぁぁア゛ア゛ア゛ぁぁア゛ーーーー寒い゛！！！！
    gaaaaaaaaaaa zabugi!!!!
    (Arghhhhhh kaaaalt!!!!)

In Beispiel 7 wird durch das Nigorierungszeichen der Zustand ausgedrückt, dass sich die Person erkältet hat und daher die Stimme rau geworden ist.
Tippfehler waren insgesamt in nur 0,46 % aller Zeichen zu beobachten. Es gibt mehrere Möglichkeiten bei der Umwandlung der Eingabe in Kanji und/oder Kanji mit Okurigana (Hiragana, die an ein Kanji angefügt werden, um Flexion, Wortart, Tempus o. Ä. anzuzeigen.) im Japanischen. Ein Beispiel hierzu aus Beispiel 10: Für die Lesung »*taichō*« gibt es im Japanischen 8 Möglichkeiten der Kombination von Kanji; »体調 (dt. Körperliche Kondition)«, »体長 (dt. Länge)«, »隊長 (dt. Kommandant)«, »退潮 (dt. Ebbe)«, »退庁 (dt. Verlassen des Büros)«, »太町 (Name einer Stadt)«, »田井町 (Name einer Stadt)« und »対頂 ((eigentlich mit »角/*kaku* (dt. Winkel)« zusammen) dt. Scheitelwinkel)«. Die genannten Beispiele werden alle »*taichō*« gelesen. Das war auch in verschiedenen Tweets der Fall, in denen die Twitterer ein falsches Kanji oder ein Kanji mit falschen Okurigana wählten. Hierfür sind verschiedene Gründe denkbar, wie mangelnde Aufmerksamkeit des Schreibenden auf das Geschriebene oder Unkenntnis der richtigen Kombination von Kanji bzw. Kanji und Okurigana. Hierzu folgende Beispiele:

(9) 本日は羽織を*来て（着て）寺を駆け巡るシーン。
    honjitsu wa haori o kite tera o kakemeguru shiin.
    (Heute drehen wir eine Szene, in der ich mit Haori [= einem japanischen traditionellen Überzieher] im Tempel herumlaufe.)

In Beispiel 9 wählte der Schreiber den Ausdruck »来て (dt. kommen)« statt »着て (dt. anziehen)« – beide Ausdrücke erhalten dieselbe Lesung »*kite*« – aus.

(10) 本日*体長（体調）不良
    honjitsu taichō furyō
    (Heute geht's mir nicht gut)

In Beispiel 10 geht es, wie schon oben dargelegt, um eine falsche Wahl der Kanji. Hier sollte eigentlich »体調/taichō (dt. Körperliche Kondition)« verwendet werden, aber stattdessen wurde »体長/taichō (dt. Länge)« gewählt.

(11) 数年前の*話し (話) をしたわけでして、、、
sūnenmae no *hanashi* o shitawakedeshite,,,
(Ich habe doch die Geschichte vor einigen Jahren erzählt,,,)

Hier traten nicht nur Fehler bei der Wahl von Kanji, sondern auch Fehler bei der Wahl von Okurigana auf. In Beispiel 11 sollte eigentlich »話/hanashi (dt. Geschichte)«, ein Nomen stehen, aber stattdessen erscheint die Verbform von »Geschichte«, »話し/hanashi (dt. sprechen)«[5]. In Beispiel 12 fehlt ein klein gesetztes Tsu »っ«, das eigentlich zusammen mit »ズー« und »と« die Bedeutung von *immer* hat:

(12) 夕方からニッポン放送の生放送に*ズーと出ています～
yūgata kara nippon hōsō no namahōsō ni *zū* to deteimasu~
(Ab heute Abend bin ich immer in der Live-Sendung vom Nippon-Sender zu sehen~)

Mittlerweile wird von manchen Twitterern die Partikel »は/ha« als »わ/wa« geschrieben wie z. B. »こんにちわ/ konnichi*wa* (Hallo)« statt der eigentlichen Schreibweise von »こんにちは/ konnichi*wa* (Hallo)«. Die Lesung bleibt dabei gleich, weil das Hiragana »は/ha« als Partikel »わ/wa« ausgesprochen wird. Weil das Hiragana in diesem Fall eher im Scherz absichtlich in Abweichung geschrieben wird, wird diese Umschreibung nicht als Fehler gezählt.

5.3.2 Mündlichkeit

Phonetische Tilgungen sind in unserem Korpus in 6,32 % aller Wortformen zu finden. Genauer betrachtet finden sich in unserem Korpus drei verschiedene Tilgungstypen, und zwar die wortinitiale, wortmediale und wortfinale Tilgung:

Wortinitiale Tilgungen:
(1) 大変だったけどいいのができました。
taihen data kedo ii *no* (<mono) ga dekimashita.
(Es war anstrengend, aber ich habe was Gutes geschafft.)

---

5 Das Wort »*Hanashi* (dt. Geschichte)« wird nur mit Kanji geschrieben, wenn es als Nomen verwendet wird. Als Verb muss es mit dem Okurigana »shi« kombiniert werden.

Wortmediale Tilgungen:
(2) お腹いっぱい<u>だけど</u>、まだなんか食べたい(^ ε ^)♪
    onaka ippai <u>dakedo</u> (<dakeredo), mada nanka tabetai(^ ε ^)♪
    (Ich bin zwar satt, aber will noch was essen(^ ε ^)♪)
(3) <u>やってる</u>人いる〜?
    <u>yatteru</u> (yatteiru) hito irū?
    (Ist jemand, der das auch macht?)

Wortfinale Tilgungen:
(4) がん<u>ばろ</u>。
    <u>ganbaro</u> (<ganbarō).
    (Ich gebe mein Bestes.)
(5) ご飯<u>ウマウマ</u>〜
    gohan <u>uma um</u>ā (<umai umai)
    (Das Essen war so lecker lecker~)

Der Anteil der Assimilation betrug in unserem Korpus insgesamt 2,37 %. Hierzu die folgenden Beispiele:

(6) みぃちゃんはるなが頼んだバーニャカウダ―全部<u>食べちゃう</u>
    miichan haruna ga tanonda bānyakauda zenbu <u>tabechau</u> (<tabeteshimau)
    (Miichan isst Bagna cauda auf, die Haruna bestellt hat.)
(7) <u>やっちまった</u>・・・
    <u>yatchimatta</u> (<yatteshimatta) ...
    (Was habe ich getan...)

Gesprächspartikeln traten im Korpus insgesamt zu 1,86 % auf. Im Japanischen sind Satzendpartikeln wie *ne* oder *yo* »ein typisches Phänomen der gesprochenen Sprache« (Oberwinkler 2006: 116). Die japanischen Satzendpartikeln haben als »particles of rapport« (Nishimura 2003: 175) die Funktion, die »Involviertheit der Gesprächspartner« (Oberwinkler 2006: 116) auszudrücken. Es gilt deshalb die Grundregel, »dass je vertraulicher sich die Gesprächspartner sind, desto mehr Satzendpartikeln verwendet werden« (ibid.).

(8) 起きれた<u>よー</u>\(//▽//)\
    okireta <u>yō</u>\(//▽//)\
    (Ich konnte doch aufstehen-\(//▽//)\)

(9) 今日は初雪だね☆*:..｡o..:*☆
    kyō wa hatsuyuki da<u>ne</u>☆:..｡o..:*☆
    (Heute schneit es ja zum ersten Mal in diesem Jahr☆*:..｡o..:*☆)

5.3.3 Lexik

Das am häufigsten vorkommende Merkmal der Lexik japanischer Tweets sind Äußerungen in Umgangssprache mit einem Anteil von 21,99 %. Daraus kann man schließen, dass auf Japanisch geschriebene Tweets eine relativ starke Mündlichkeit aufweisen. Japanische Twitterer schreiben Sätze wie im Alltag, aber diese Tendenz hängt wiederum von den Faktoren Alter und Geschlecht ab. Frauen schreiben häufiger Tweets in Umgangssprache als Männer. Der Einsatz von Umgangssprache ist zudem bei jüngeren Twitterern häufiger zu beobachten als bei älteren.

Die häufigsten umgangssprachlichen Formen stellen phonetisch getilgte Wortformen dar, wie z. B. »teru« statt »teiru = Zustand der Person«, »kedo« statt »keredo = dennoch« oder »dokka« statt »dokoka = irgendwo«:

(1) ふふ、今日、俺、<u>寝てない</u>...。
    fufu, kyō, ore, <u>netenai</u> (<neteinai)...
    (Huhu, heute habe ich gar nicht geschlafen...)
(2) あ、<u>けど</u>こんな時間...
    a, <u>kedo</u> (<keredo) konna jikan...
    (Oh, es ist aber schon so spät...)
(3) 前の撮影で<u>どっか</u>壁に<u>よっかかった</u>のかねぇ (笑)
    mae no satsuei de <u>dokka</u> (<dokoka) kabe ni <u>yokkakatta</u> (<yorikakatta) no kanē (warai)
    (Vielleicht hat sich jemand beim letzten Shooting irgendwo gegen die Wand gestützt. lol)

Das zweithäufigste Merkmal stellen Anglizismen mit 7,53 % dar. Es gibt im Japanischen Wörter, die ursprünglich aus dem Englischen stammen, heute jedoch als einheimische Substantive verwendet werden. Wie man im Deutschen flektierbare Verbformen mit englischen Stämmen wie »shoppen« oder »googlen« hat, kennt auch das Japanische konjugierende Verben mit englischen Stammwörtern wie *misuru* (< mistake) und *memoru* (< memo):

(4)　ミスらんよーに…(>_<)！
　　　misuran yōni…(>_<)！
　　　(Ich hoffe, dass ich keinen Fehler mache... (>_<)!)
(5)　メモればいいものの、難しい言葉がで過ぎて、メモさえ出来ず。。
　　　memoreba ii monono, muzukashii kotoba ga desugite, memo sae dekizu..
　　　(Ich hätte notieren sollen, aber weil es so viele schwierige Wörter waren, konnte ich nicht einmal notieren..)

Aber auch Fremdwörter aus anderen Sprachen wie z. B. dem Deutschen, Französischen oder Italienischen sind in japanischen Tweets zu finden. Einige Fremdwörter davon wurden ins Japanische übernommen und werden heute als Lehnwörter benutzt. Hierzu die Beispiele 6 und 7:

(6)　アルバイト
　　　arubaito
　　　(urspr. dt. Arbeit; dt. Nebenjob, Ferienjob)
(7)　シュシュ
　　　shushu
　　　(urspr. fr. chouchou; dt. Haargummi)

Auch die Bezeichnungen für ausländische Speisen und Gerichte, für dies es keinen eigenen japanischen Namen gibt, werden ins Japanische übernommen und dabei mit Katakana geschrieben.

Ein besonderes und auffälliges Merkmal japanischer Tweets ist, dass das englische Wort »なう/*nau* (engl. now; dh. jetzt)« ans Ende eines Satzes, einer Phrase oder eines Wortes gestellt wird und hier zur temporalen Situierung dient:

(8)　地下鉄なう。
　　　chikatetsu nau.
　　　(jetzt in der U-Bahn.)
(9)　長崎到着なう。
　　　nagasaki tōchaku nau.
　　　(jetzt in Nagasaki angekommen.)

Dieser Ausdruck ist heutzutage typisch für das japanische Twitter und ermöglicht es den Twitterern, ihre temporale Situation kompakt auszudrücken und somit den Eintrag schnell fertig zu schreiben, da vor der Endstellung des

Wortes »なう/*nau*« meistens ein Nomen gesetzt wird. Diese Nomen-»*nau*«-Abfolge beschreibt den aktuellen Zustand der Schreiber - wie im Beispiel 8, das wörtlich übersetzt nur »U-Bahn jetzt« bedeutet. Gleichermaßen kann man mit den Wörtern »ういる/*wiru* (engl. will; dt. werden)«, »だん/*dan* (engl. done; dt. getan)« oder »ふいん/*fin* (frz. fin; dt. erledigt)« das jeweilige Tempus ausdrücken; dadurch wird signalisiert, dass die Person etwas machen will oder schon gemacht hat. Aber im Gegensatz zu dem Ausdruck »なう/*nau* (jetzt)«, waren die Wörter *wiru*, *dan* und *fin* in unserem Korpus nur ganz selten zu finden. Das zeigt nun, dass diese Ausdrücke heute nicht mehr in Mode sind, während sich der Ausdruck »なう/*nau* (gerade)« als Twitter-Wort vollständig durchgesetzt hat.

Auch Fremdwörter, die eigentlich nicht ins Japanische übernommen wurden, kommen bei einigen Twitterern zum Einsatz, wenn auch nur selten:

(10) なんでもないぼんじゅーる
nande mo nai bonjūru
(Einfach bonjour wollte ich euch sagen.)

Dialektale Merkmale treten nur in wenigen Tweets auf (1,54 %). Die meisten Tweets mit Dialekt werden von dialektsprachigen Twitterern gepostet, aber es konnte beobachtet werden, dass auch Nicht-Dialekt-Sprecher teilweise Tweets im Dialekt posten. Diese Twitterer geben die Tweets in einem Dialekt ein, um so den Lesern den Eindruck von mit dem Dialekt assoziierten Stereotypen zu vermitteln:

(11) 今日は一日ロケや〜(´ ▽ `)/
kyō wa ichinichi roke yā (´ ▽ `)/
(Heute habe ich doch den ganzen Tag Dreharbeit im Freien~(´ ▽ `)/)
(12) 今晩はトリプルブッキングとダブルブッキングのダブルヘッダーになってしもうた。
konban wa toripuru bukkingu to daburu bukkingu no daburu heddā ni natte shimōta.
(Aus Versehen habe ich für heute Abend eine Doppelbuchung und eine dreifache Buchung gemacht und es wäre dann wie ein Doubleheader von den beiden.)

In Beispiel 11 will die Person (hier eine Schauspielerin) vermitteln, dass sie den ganzen Tag Dreharbeiten im Freien haben wird. Indem sie den Satz mit dem Osaka-Dialekt schreibt, der oft von japanischen Komikern verwendet wird, wird die Erschöpfung oder Müdigkeit der Person gemildert und so der Eindruck vermittelt, dass die Person »gut drauf« sei. Die Ursache dafür, dass der Osaka (Kansai)-Dialekt in Twitter beliebt ist, ist vielschichtig: Zum einen stellt der Osaka-Dialekt seit langem die bekannteste bzw. anerkannteste Mundart dar; zum anderen sehen die Jugendlichen im Fernsehen jeden Tag so häufig populäre *manzai*(Comedy)-Künstler, die aus Osaka (Kansai) stammen, dass sie heute mit dem Osaka-Dialekt etwas Humorhaftes bzw. sogar Cooles assoziieren. In Beispiel 12 möchte der Twitterer durch die Benutzung des Osaka-Dialekts andeuten, dass die Sache für ihn nicht schlimm ist.

(13) 巡業も、明日の京都で一段落。おきばりやすぅ。
jyungyō mo, ashita no Kyōto de hitodanraku. okibariyasū.
(Die Tournee ist morgen in Kyoto erstmal zu Ende. Gib Dein Bestes.)

In Beispiel 13 geht es darum, dass die Person morgen nach Kyoto fährt und ihr Bestes geben will. Dabei schreibt sie den zweiten Satz im typischen Dialekt von Kyoto. Sie imitiert quasi den Dialekt, wodurch sie den Lesern vermitteln will, dass sie sich mehr oder weniger gut damit auskennt.

Die oben gezeigten Beispiele haben auch die Funktion einer Art *Yakuwarigo* (Rollensprache) im Sinne Kinsuis (2003)[6]. Der Twitterer schreibt einen Satz mit Absicht z. B. in einem Dialekt oder in Baby- oder Doktor-Sprache, damit er dabei die Rolle eines Einheimischen, eines Babys oder eines Doktors übernehmen kann.

Baby-Sprache:
(14) おいちい
oichii
(lecker)

Doktor-Sprache:
(15) ご飯食べなきゃのう
gohan tabenakya nō
(Ich muss was essen)

---

6 Kinsui (2003) erklärt die Yakuwari-Sprache folgendermaßen: »Dass die Yakuwari-Sprache vor allem von der Jugendkultur, z. B. Mangas oder Romanen für Jugendliche akzeptiert wurde, spielt eine wichtige Rolle. Denn solche Kulturkenntnisse des Stereotyps wie Yakuwari-Sprache werden in der Kinderzeit gebildet und nicht aus dem Kopf. Diese Jugendlichen werden Erwachsene und ebenfalls Hersteller neuer Produktionen für die nächste Generation, und verwenden dabei diese Yakuwari-Sprache. Indem sich dieser Zyklus immer wiederholt, wird diese Yakuwari-Sprache ohne Beziehung mit der realen Welt über Generationen vererbt.« (Kinsui 2003: 28).

Im Japanischen unterscheidet sich die Sprache von Männern von Frauen in manchen Ausdrücken, wobei die Wortwahl entscheidend ist. In den unten gezeigten Fällen geben satzfinale Endungen zu erkennen, ob es sich um eine männliche oder weibliche Person handelt:

(16) 考えながら帰宅しやす！！
 kangae nagara kitaku <u>shiyasu</u>!!
 (Ich gehe denkend nach Hause!!)
(17) 告知してもイイっすか〜
 kokuchi shitemo ii <u>ssuka</u>〜
 (Darf ich euch was ankündigen~)

Die beiden Satzendungen »〜しやす/-shiyasu« oder »〜っすか/-ssuka« sind eigentlich bekannt als Marker der Männersprache, aber die Äußerungen stammen hier von Frauen. Indem sie sich Ausdrücken der Männersprache bedienen, vermitteln sie den Lesern einen Eindruck von Männlichkeit und damit von Stärke, Grobheit, Selbstbewusstsein aber auch Unkompliziertheit. Dieses Phänomen lässt sich aber auch bei Männern beobachten:

(18) かなり大胆なシーンもあるのねー！
 kanari daitan na shiin mo aruno <u>nē</u>!
 (Es gibt aber auch sehr tapfere Szenen!)
(19) 晴れて良かったぁ♪
 harete yokatta<u>a</u>♪
 (Das freut mich, dass die Sonne scheint♪)

Beispiele 18 und 19 sind von männlichen Twitterern. Aber die Satzendung in Beispiel 18 »〜ね/-ne« ist typisch für Frauen. Gleichermaßen ist die Satzendung in Beispiel 19, in dem der Twitterer den Satz mit einem kleinen Hiraganazeichen »ぁ/a« und dazu noch einem Notenzeichen ♪ beendet, häufig bei japanischen jungen Mädchen zu finden. Durch die Anwendung der frauensprachlichen Formen können sie den Lesern einen weichen, sanften Eindruck vermitteln. Das lässt folgendes vermuten: einerseits imitieren Schreiber die Ausdrucksweise der Frauen-/Männersprache, zu deren Sprechern sie nicht gehören, andererseits wird der Unterschied zwischen Männern und Frauen in der japanischen Jugendkultur, sei es in der Alltagssprache, sei es in der Kleidung oder im Verhalten überhaupt, immer undeutlicher. Daher verwenden die Schreiber schon im Alltag solche Ausdrücke[7].

5.3.4 Reduktion

Reduktion erfolgt bei 1,11 % der Personennamen und 1,66 % der Ortsnamen. Die meisten reduzierten Formen von Ortsnamen beziehen sich auf ausländische Städte wie z. B. NY statt New York. Für japanische Orte ist es ebenfalls möglich, sie in einer gekürzten Form auszudrücken, wie z. B. »ブクロ/*bukuro*« für den Stadtteil »池袋/*ikebukuro*« in Tokyo. Dieses Phänomen war in unserem Korpus jedoch nicht zu finden.

Wie eingangs erwähnt, werden im Japanischen vier möglichen Zeichenarten verwendet, und zwar Hiragana, Katakana, Kanji oder das lateinische Alphabet (Rōmaji). Japanische Ortsnamen, die normalerweise in Kanji geschrieben werden, sind im Korpus teilweise mit Hiragana- oder Katakana-Zeichen geschrieben zu finden:

(1) コウジマチのちシブヤ。
kōjimachi nochi *shibuya*.
(Erst nach Kojimachi, dann Shibuya.)
(2) 山手線のうぐいすだにの英語アナウンスの発音が面白い。
yamanotesen no uguisudani no eigo anaunsu no hatsuon ga omoshiroi.
(Die englische Aussprache der Ansage von Uguisudani in der Yamanote-Linie ist interessant.)

Es ist also durchaus möglich, einen Ortsnamen, der normalerweise mit Kanji geschrieben wird, frei in Hiragana, Katakana oder mit dem lateinischem Alphabet wiederzugeben, wenn man z. B. den Ort betonen will.

Weil es in der japanischen Sprache keine Artikel gibt, können diese auch nicht reduziert werden, daher der 0 %-Wert. Der Anteil der Pronomen folgt mit 3,15 % nach den Postpositionen. Konjunktionen treten insgesamt mit 1,90 % auf. Besonders auffällig ist hier der Ausfall der Postpositionen. Oft sind sie in einem Satz mehrmals getilgt, wobei der Satz möglichst verkürzt und auf eine vereinfachte Form reduziert wird:

---

7 Das zeigt sich auch im Bereich der Neologismen. Im Jahr 2009 erschienen Wörterbuch für Neologismen findet sich etwa das Wort »乙男/*otomen*«, eine Wortbildung von »乙女/*otome*« (dt. Mädchen) und »男/*otoko*« (dt. Mann, hier wird das Wort aber wie die Pluralform von man »men« gelesen), und bezeichnet »ein[en] Mann, der Gefühle eines jungen Mädchens versteht und hat« (Kitahara 2009). Dies wird jedoch nicht sexuell definiert, sondern nur anhand des Verhaltens.

Microblogs global: Japanisch

(3) 広島到着なう☆彡
 hiroshima (ni) tōchaku nau☆彡
 (Jetzt (in) Hiroshima angekommen☆彡)
(4) マンハッタンバーガー食べた!!
 manhattan bāgā (o) tabeta!!
 (Habe einen Manhattan Burger gegessen!!)

Diese Tendenz war besonders stark bei Jugendlichen zu beobachten. Damit ein Satz durch den Ausfall der Postpositionen nicht sinnlos wird, wird in den Äußerungen berücksichtigt, welche Postpositionen jeweils im Kontext weggelassen werden können und welche nicht.

Ein Akronym dient auch dazu, den Satz schnell und kurz auszudrücken (Prinzip der Sprachökonomie). Im Japanischen gibt es zum Ausdruck von Emotionen verschiedene Akronyme. Tabelle 1 zeigt die Häufigkeit von Akronymen, die im Korpus vorkamen:

Häufigkeit	Zeichen	Lesart	Bedeutung
28	(笑)	Warai	Lachen
3	(涙)	Namida	Weinen
1	(汗)	Ase	Schwitzen

Tab. 1: Häufigkeit v. Zustands- und Gefühlsbeschreibung in Klammern und deren Varianten

Das am häufigsten auftretende Akronym zur Beschreibung von Gefühlen oder Zuständen der schreibenden Person war (笑) *lachen* mit 28 Belegen. Es folgt (涙) *weinen*, das dreimal, und (汗) *schwitzen*, das nur einmal auftrat. Für *lachen* gibt es aber noch andere Varianten:

Häufigkeit	Zeichen	Lesart
28	(笑)	Warai
20	笑	Warai
13	W	Warai

Tab. 2: Häufigkeit von Gefühlsbeschreibung für *lachen*

Die am zweithäufigsten auftauchende Beschreibung ist 笑 ohne Klammern. Am dritthäufigsten ist das Akronym *w* von *warai* (= lachen) anzutreffen, das weitgehend dem deutschen Akronym *g* (= grinsen) entspricht, das nicht nur in Twitter, sondern auch in der Netzwelt ziemlich häufig zu sehen ist. Dieses Akronym kann man je nach Gefühlszustand der Person zwei- oder dreimal nebeneinander stellen und mit der Häufigkeit der Iteration den Grad des Lachens ausdrücken.

Seitdem sich der PC in Japan verbreitet hat, gibt es im Japanischen die sogenannte Netzsprache. Diese Sprache hat sich bis in die mündliche Kommunikation ausgebreitet. Sie wird mittlerweile nicht nur geschrieben, sondern auch gesprochen und wird vor allem unter Jugendlichen gerne verwendet. Sie verändert sich mit der Zeit und ist so eine Art Modeerscheinung. Bereits 2009 erwähnte Peter Schlobinski Folgendes:

> Der Begriff »KY-shiki Nihongo« (sprich: kee wai schicki nihongo, KY-Stil-Japanisch) ist seit 2007 in Japan sehr populär. Es handelt sich um Alphabetabkürzungen bzw. Akronyme von mit lateinischen Buchstaben geschriebenen japanischen Ausdrücken. (Schlobinski 2009: 78)

Der Begriff »KY[8]« ist zwar heute noch bekannt, in unserem Korpus jedoch trat das Akronym nicht auf. Dafür ist ein anderes Phänomen zu beobachten:

(5) これからネイルしてもらう(((o(*°▽°*)o)))wktk
korekara neiru shitemorau(((o(°▽°*)o)))wakuteka*
(Ich lasse mich jetzt maniküren(((o(*°▽°*)o))) Ich bin gespannt)

In Beispiel 5 ist das Akronym »wktk/*wakuteka*« zu sehen[9]. Ihm zugrunde liegt der Ausdruck »wakuwakutekateka«. Er stellt dar, dass die Person gespannt auf etwas (meistens ein bestimmtes Ergebnisse) wartet. Dieser Tweet stammt von einer 18-Jährigen; dieses KY-Akronym lässt sich in unserem Korpus nur einmal finden. Man könnte sagen, dass diese sogenannte Netzsprache tendenziell am liebsten von Teenagern verwendet wird.

5.3.5 Syntaktische Strukturen

Vier Fünftel aller Sätze der japanischen Tweets sind als einfache Sätze konstruiert (81,26 %). Es folgen subordinierte Sätze mit 10,27 % und koordinierte

---

8 KY: ein Akronym von 空気読めない (kūki yomenai) und heißt, »man kann die Situation nicht erkennen/nicht beurteilen, sodass man etwas Unpassendes sagt oder macht« (Schlobinski 2009: 79).

9 Ebenfalls ist das Akronym リア充 (riajyu) heute gut bekannt. Es entstand ursprünglich aus dem englischen Wort »real« und dem japanischen »充実 (jyujutsu; dt. Erfülltheit)« und heißt, dass das reale Leben erfüllt ist; das Wort bedeutet heutzutage, dass man in einer festen Beziehung ist. Dieses Wort wurde 2007 zunächst in der Netzwelt populär und wurde von Bloggern oder Twitterern gern verwendet (http://trendy.nikkeibp.co.jp/article/column/20070830/1002325/, Zugriff am 29.09.2011). Im Korpus dieser Untersuchung war es jedoch nicht zu finden.

Sätze mit 8,52 %. Das Ergebnis, dass je Tweet durchschnittlich 18,83 Wortformen, genauer gesagt 39,78 Zeichen verwendet werden, zeigt, dass die Länge der Beiträge relativ kurz ist.

Elliptische Strukturen tauchen hingegen relativ häufig auf: Der Anteil aller Ellipsen ist mit 59,61 % der zweithäufigste Satzstil.

Im Japanischen ist es prinzipiell möglich, einen Satz ohne Subjekt zu bilden, egal ob für die erste, zweite oder dritte Person. Das Subjekt wird meistens nur im ersten Satz geschrieben und in den folgenden Sätzen weggelassen, wenn das Subjekt gleich bleibt. In Twitter ist es offensichtlich, dass der Schreiber *ich* den Eintrag schreibt. Daher werden Sätze häufig ohne das Subjekt *ich* konstruiert. Außerdem ist es, wie im Abschnitt 5.3.3 dargestellt, in japanischen Tweets möglich, durch Kombination eines Nomens mit dem Wort »なう/*nau* (jetzt)« den eigenen aktuellen Zustand zu beschreiben. Da man weder das Subjekt *ich* noch Verb oder Postposition ausschreiben muss, tauchen elliptische Strukturen in Nomen-*nau*-Sätzen häufig auf.

5.3.6 Graphostilistik

Smileys umfassen im Korpus einen Anteil von insgesamt 3,66 %. Wir können auf die Tendenz hinweisen, dass mit steigendem Alter der Personen die Häufigkeit des Einsatzes von Smileys geringer wird. Man kann von einem großen Variantenreichtum bzgl. der japanischen Smileys sprechen. Vor allem bei Frauen waren die Smileys oft ausgesprochen vielfältig.

Scott Fahrman verwendete 1980 in einem Newsartikel den ersten Smiley :-) (vgl. Haase et al. 1997: 64). Der Gebrauch von Smileys wie :-), ;-) oder :-(ist »unter den graphostilistischen Mitteln [...] als auffälligstes Merkmal [...] hervorzuheben« (Runkehl/Schlobinski/Siever 1998: 96). Smileys, die mit Hilfe von Zeichen der Tastatur gebildet werden, erkennt man als Gesichter, »wenn man den Kopf um 90 Grad nach links neigt« (Dittmann 2001: 72). Weil es sich bei Smileys um Ikonen bzw. Ideogramme handelt, die Emotionen ausdrücken, werden sie oft auch »Emoticons« (< Emotion + Icons) genannt.

Buchstaben-Emoticons werden in Japan gewöhnlich als »Kaomoji« (kao = Gesicht, moji = Buchstabe) bezeichnet. »Kaomoji such as (^_^) and (^^;), representations of faces and bodies on the computer screen, are ideographs of emotion, sociality, and playfulness.« (Katsuno/Yano 2007: 278) Diese »Kaomojis«, die gegenüber den anderen Zeichen nicht rotiert sind, wurden in der zweiten Hälfte der 80er Jahre in Japan erfunden und entwickelten sich weiter: »Since around 1986, computer users in Japan have filled Japanese cyberspace with *kaomoji*.« (ibid.: 280)

Den typisch japanischen »kawaii« (niedlichen) Emoticons, die aus der japanischen Jugendkultur stammen, hat die Verfasserin eigens die Bezeichnung »Kawaicons« (< kawaii + Icons) gegeben.[10] Sie spiegeln nicht nur Gesichtsausdrücke, sondern auch vielerlei Gestik wider. In unserem Korpus werteten wir Kawaicons nach den Faktoren Gesichtsausdruck und Gestik aus:

Gesichtsausdruck	
(´∀`)	lächeln
(◎_◎;)	vor Erstaunen schwindelig sein
(·ω·;)	vor Erstaunen sprachlos sein
(ΘoΘ;)	vor Erstaunen die Augen halb schließen
(;_;)	weinen
(T ˆ T)	schluchzen
(´Д`)	gähnen
(´·_·`)	verblüfft sein
(⪼。∂)	zwinkern
(￢3￢)	skeptisch gucken
Gestik	
(´∀`)/	(vor Freude) den Arm heben und schreien
m(_ _)m	auf Knien um Verzeihung bitten
<(´⌒`)>	sauer die Hände in die Hüften stützen
(⊃Д`)	ein Auge vor Müdigkeit reiben
(:D)┼─┤	lächelnd hinfallen
(>人<;)	jemanden um etwas bitten

Kaomoji ermuntern zu einem »spirit of competition among users and readers« (Katsuno/Yano 2007: 285). Durch Hinzufügung verschiedener Buchstabenarten einschließlich der Hiragana-, Katakana- und Kanji-Zeichen werden die visuellen, emotionalen und situativen Darstellungen immer feiner und detaillierter ausgedrückt:

Gesichtsausdruck	
☆*:.｡. o(≧∇≦)o .｡.:*☆	Das lächelnde Gesicht glänzt.
(=´∀`)人(´∀`=)♪	Man freut sich Hand in Hand.
¥(//∇//)¥	Man freut sich schüchtern.

---

10 Vgl. Shirai (2005: 56f.) und Shirai (2009: 137ff.); vgl. dazu auch http://www.mediensprache. net/de/webspreche/chat/emoticons/kawaicons.aspx und Schlobinski (2009: 95).

Gesichtsausdruck	
(´_`)ゞ	Man zeigt, dass man einverstanden ist.
・°・(ノД`)・°・。	Die Tränen fließen stark.
Σ(゜д゜lll)	Man ist geschockt.
(∩´(エ)`∩)	Ein ratloser Bär.
(°∀°)ノシ	Man winkt zum Abschied.
(ρд-)zZZ	Man reibt ein Auge vor Müdigkeit.

Die oben genannten Kawaicons sind nur ein Teil der Smileys, die im Korpus zu finden sind. Daran wird deutlich, wie vielfältig japanische Smileys sind. Japanische Smileys können aus verschiedenen Zeichen oder Zeichensystemen (Hiragana, Katakana, Kanji, lateinischem oder griechischem, oder sogar kyrillischem Alphabet) frei kombiniert und eigenständig neu produziert werden. Sie stellen insofern eine Modeerscheinung dar, als dass sich ihre Formen ständig ändern.

5.3.7 Interaktion

Japanische Tweets richten sich in der Regel nicht als Reaktion oder Antwort an eine bestimmte Person. Stattdessen wollen die Schreibenden mehreren Lesern mitteilen, was sie gerade machen, denken oder erleben. Am häufigsten traten unter allen Sätzen Begrüßungen wie »おはようございます/*ohayōgozaimasu* (Guten Morgen)« oder Aussagen mit »〜なう/-*nau* (jetzt)« auf.

Dass reaktive Sätze nur äußerst selten zu finden sind, legt die Vermutung nahe, dass oft keine Reaktion bzw. Antwort erwartet wird. Auch wenn die Person eine Frage stellt, ist die Frage meistens nicht nur an eine einzige, sondern an alle Personen gerichtet, die auf Twitter der Person folgen; es werden daher auch nicht nur eine, sondern mehrere Antworten gesammelt. Die Person, die zu Beginn die Frage gestellt hat, bedankt sich erst einmal bei allen, die die Frage beantwortet haben, gibt an, welche Meinungen am häufigsten genannt wurden, äußert die eigene Meinung zu den verschiedenen Antworten und verkündet schließlich das Ergebnis, zu dem sie gekommen ist. Dabei wird sich dieser Eintrag nicht speziell mit einem @-Zeichen an nur eine einzelne Person richten.

5.3.8 Funktionale Aspekte

Große Unterschiede bestehen bei den Anteilen verschiedener Funktionen von japanischen Tweets. Die am häufigsten auftretenden Tweets waren in funktionaler Hinsicht Nachrichten mit 72,34 %. Diese stellen somit fast drei Viertel aller Tweets dar. Dabei handelt es sich meistens um Aussagen mit »なう/*nau* (jetzt)«. Die Twitterer wollen den Lesern mitteilen, wo sie gerade sind oder was sie gerade machen. Den Nachrichten folgen Begrüßungen (14,06 %) mit Sätzen wie z. B. »おはようございます/*ohayōgozaimasu* (Guten Morgen)«, »おやすみなさい/*oyasuminasai* (Gute Nacht)« oder »ただいま/*tadaima* (Ich bin wieder da)«, aber auch Danksagung wie »ありがとうございます/*arigatōgozaimasu* (Vielen Dank)« oder Aussagen wie »今日も頑張りましょう！/*kyō mo gambarimashō!* (Wir geben auch heute unser Bestes!)« sind zu finden.

Anfragen und Antworten treten hingegen seltener auf, jeweils mit 4,53 % und 3,13 %. Äußerungen zu Marketing- und PR-Zwecken finden sich zu 5,63 %, Scherzkommunikation und Kommentare sind mit 0,31 % und 0,16 % nur äußerst selten zu finden.

Für die japanischen Twitterer ist Twitter ein wichtiges Kommunikationsmittel, um ihren Kommunikationspartnern über ihren Alltag und ihre gegenwärtigen Aktivitäten zu berichten. Andererseits bietet Twitter ihnen auch die Möglichkeit, ihre Gefühle mit anderen Menschen zu teilen.

5.4 Zusammenfassung

Japanische Twitterer neigen zum Umgangssprachlichen, wodurch in ihren Sätzen sehr oft Tilgungen, Assimilation, Gesprächspartikeln oder dialektale Ausdrücke vorkommen. Das besondere Merkmal im japanischen Twitter ist jedoch die Vielfalt der Smileys, die mit verschiedenen Buchstabenarten entworfen und produziert werden.

Vom Alter der Twitterer hängt ab, wie häufig umgangssprachliche Ausdrücke auftauchen: Je jünger die Person ist, desto zahlreicher sind die entsprechenden Elemente zu finden, und zwar vor allem bei Frauen. Man kann auch darauf hinweisen, dass die Tweets von Männern tendenziell kürzer sind als die von Frauen.

Zusammenfassend lässt sich feststellen, dass es im japanischen Twitter ausgesprochen wichtig ist, innerhalb der begrenzten Zeichenmenge den eigenen Gefühlszustand darzustellen und dabei möglichst schnell auf den Punkt zu kommen. Das für diesen Zweck geeigneteste Wort ist im Japanischen das Wort »なう/*nau* (jetzt)«, das mittlerweile als Twitter-Wort in ganz Japan anerkannt ist und inzwischen nicht nur in Twitter, sondern auch in SMS, E-Mails und sogar in der gesprochenen Sprache verwendet wird.

Microblogs global: Japanisch

Bereich	Merkmal	Ergebnis (gemessen an/bezogen auf)
Orthografie	Tippfehler	0,46 % (der Gesamtzeichen)
Gesprochene Umgangssprache	Tilgungen	6,32 % (aller Wortformen)
	Assimilation	2,37 % (aller Wortformen)
	Gesprächspartikeln	1,86 % (aller Wortformen)
Wörter	Umgangssprache	21,99 % (aller Wortformen)
	Anglizismen	7,53 % (aller Wortformen)
	Dialekt	1,54 % (aller Wortformen)
Reduktionsformen	Namen	Personen: 1,11 % (aller Wortformen)
		Orte: 1,66 % (aller Wortformen)
	Funktionswörter	Artikel: 0 %
		Postpositionen: 11,96 % (aller Wortformen)
		Pronomen: 3,15 % (aller Wortformen)
		Konjunktionen: 1,90 % (aller Wortformen)
Syntax	Einfacher Satz	81,26 % (aller Sätze)
	Koordinierter Satz	8,52 % (aller Sätze)
	Subordinierter Satz	10,27 % (aller Sätze)
	Ellipse	59,61 % (aller Sätze)
Graphostilistik	Smileys	3,66 % (aller Wortformen)
Funktionale Aspekte	Funktion der Tweets	Nachrichten: 72,34 % (aller Tweets)
		Kommentare: 0,16 %
		Statements: 0 %
		Begrüßungen: 14,06 %
		Scherzkommunikation: 0,31 %
		Anfragen: 4,53 %
		Antworten: 3,13 %
		Marketing/PR: 5,63 %
		Andere: 0 %

Tab. 3: Zusammenfassung der Ergebnisse für das Japanische

Literatur

Dittmann, Miguel (2001): Sprachverwendung im Internet. Untersuchungen zu Sprache und Nutzung des Internet Relay Chat (IRC) in Deutschland und Frankreich. Sarlat.

Dürscheid, Christa (2006): Einführung in die Schriftlinguistik. 3. Auflage. Göttingen.

Haase, Martin, Michael Huber, Alexander Krumeich & Georg Rehm (1997): Internetkommunikation und Sprachwandel. In: Weingarten, Rüdiger (Hrsg.): Sprachwandel durch Computer. Opladen, S. 51–85. <http://www.uni-giessen.de/~g91063/html/irc/irc.html>

Katsuno, Hirofumi & Christine Yano (2007): Kaomoji and Expressivity in a Japanese Housewives' Chat Room. In: Danet, Brenda/Herring, Susan C. (Hrsg.): The Multilingual Internet. Language, Culture, and Communication Online. New York, S. 278–300.

Kitahara, Yasuo (Hg., 2009): Minna de Kokugojiten 2. Afureru Shingo. [=Wörterbuch der japanischen Sprache mit Allen 2. Überfließende neue Wörter.] Tokyo.

Kinsui, Satoshi (2003): Vacharu Nihongo. Yakuwari-go no nazo. [=Virtuelles Japanisch. Rätsel der Yakuwari-Sprache.] Tokyo.

Nishimura, Yukiko (2003): Linguistic Innovations and Interactional Features of Casual Online Communication in Japanese. In: Journal of Computer-Mediated Communication 9 (1). <http://jcmc.indiana.edu/vol9/issue1/nishimura.html>.

Oberwinkler, Michaela (2006): Neue Sprachtendenzen im japanischen Internet. Eine soziolinguistische Untersuchung am Beispiel von Tagebuch-Mailmagazinen. Eberhard-Karls-Universität (Diss.).

Runkehl, Jens, Peter Schlobinski und Torsten Siever (1998): Sprache und Kommunikation im Internet. Überblick und Analysen. Opladen, Wiesbaden.

Schlobinski, Peter (2009): Von HDL bis DUBIDODO. (K)ein Wörterbuch zur SMS. Mannheim et al.

Shirai, Hiromi (2005): Wakamonobunka wo toku kagi toshiteno »kawaii«. Nichidoku wakamonogo no »Sesshoku« no atarashii kyokumen. [= Kawaii als Schlüsselwort der Jugendkultur. Ein neuer Aspekt der Berührung der deutschen und japanischen Jugendsprache]. In: Nichidokugo taishokenkyu. Media tono rinkeji to goihensan ni mukete (Kontrastive Studien zur deutschen und japanischen Jugendsprache); Research report in book form: Grants-in-Aid for Scientific Research 2003-2004, The Japanese Ministry of Education and the Japan Society for the Promotion of Science. Forschungsleiter: Manabu Watanabe, Rikkyo-Universität, Tokyo, S. 51–68.

Shirai, Hiromi (2009): Eine kontrastive Untersuchung zur deutschen und japanischen Chat-Kommunikation. Frankfurt am Main et al.

CHRISTINA MARGRIT MÜLLER (ZÜRICH)

7 Microblogs global: Niederländisch

Das Niederländische ist – wie auch das Deutsche – eine plurizentrische Sprache. »Von einer plurizentrischen Sprache spricht man dann, wenn diese in mehr als einem Land als nationale oder regionale Amtssprache in Gebrauch ist und wenn sich dadurch standardsprachliche Unterschiede herausgebildet haben« (Ammon 2004: XXXI). Die 25 Millionen niederländischen Muttersprachler leben in den Niederlanden (16 Mio.), in Belgien (6,2 Mio.), in Suriname (0,4 Mio.) sowie in den weiteren ehemaligen niederländischen Kolonien. Um das Fortbestehen der gemeinsamen Standardsprache zu gewährleisten, haben die Niederlande und Belgien 1980 die *Nederlandse Taalunie* (*Niederländische Sprachunion*) gegründet. Neben der Pflege der niederländischen Sprache im Allgemeinen hat sie es sich zur Aufgabe gemacht, die offizielle Rechtschreibung festzulegen (vgl. Clyne 2004: 299). Im Jahr 2003 hat sich auch Suriname der Sprachunion angeschlossen.

Wie die deutschen Standardvarietäten unterscheiden sich auch die niederländischen Standardvarietäten »kaum in der Grammatik und nur teilweise im Wortschatz und in der Aussprache« (Ammon 2004: XXXII). Eine weitere Parallele zum Deutschen kann in der asymmetrischen Relation zwischen den verschiedenen nationalen Sprachzentren gesehen werden: Der Varietät der Niederlande wird eine dominante Rolle zugesprochen (vgl. Ammon 1995: 484–499 und Geerts 1992: 86).

Gerade im Zusammenhang mit der Kommunikation auf Twitter ist allerdings zu erwarten, dass nicht nur die Standardvarietäten verwendet werden, sondern vielmehr auch Nonstandardvarietäten wie Dialekte oder regionale Umgangssprachen (vgl. Ammon 1995: 82). Die Varietätenwahl hängt stark zusammen mit der Funktion eines Tweets (vgl. Abschnitt 7.3.8); insbesondere bei dialogisch konzipierten Tweets sind nonstandardsprachliche Elemente zu erwarten. Denn mit Dürscheid (2004: 155) ist zu konstatieren, dass je synchroner die Kommunikation ausfällt, desto eher entspricht die sprachliche Form der konzeptionellen Mündlichkeit. Für den Chat konnte anhand von Daten belgischer Jugendlicher bereits nachgewiesen werden, dass die Kommunikation hochgradig konzeptionell mündlich ausfällt (vgl. Vandekerckhove, van Rooy 2005: 32). Die konzeptionelle Mündlichkeit ist selbstverständlich eng an die mediale Mündlichkeit gekoppelt. Sowohl für die Niederlande als auch für Belgien kann eine Abnahme des Gebrauchs von Regiolekten und Dialekten festgestellt werden (vgl. Tabelle 1).

	wie Eltern miteinander sprechen		wie Eltern mit ihren Kindern sprechen	
Standardsprache/ Umgangssprache	NL: 59 %	BE: 26 %	NL: 64 %	BE: 31 %
Regiolekt/Dialekt	NL: 38 %	BE: 70 %	NL: 34 %	BE: 65 %

Tab. 1: Varietätenwahl in familiären Sprechsituationen (Niederlande vs. Belgien) (vgl. Nederlandse Taalunie 2009: 2)

Aus Tabelle 1 wird ebenfalls ersichtlich, dass in Belgien die Dialekte und Regiolekte einen viel höheren Stellenwert einnehmen als in den Niederlanden. In Belgien kann jedoch ebenfalls eine Tendenz hin zu weiträumigeren Varietäten ausgemacht werden. In der Sprachwissenschaft hat sich dafür der Terminus *Tussentaal* (wörtlich: *Zwischensprache*) etabliert (vgl. Vandekerckhove 2007: 189). Tussentaal wird sowohl in Situationen verwendet, in denen einst Standardniederländisch, als auch in solchen, in denen Dialekt gesprochen wurde (vgl. Vandekerckhove 2005: 141). Sowohl die Tussentaal als auch die Umgangssprache in den Niederlanden liegen also auf einem Kontinuum zwischen Dialekt und Standardsprache, wobei die Tussentaal stark gegen den Dialektpol tendiert, die Umgangssprache in den Niederlanden hingegen in der Nähe der Standardsprache anzusiedeln ist (vgl. Geeraerts 2002: 90 und 2001: 339).

Zur Veranschaulichung sei ein Tweet aus dem Korpus (1) herangezogen sowie der Tweet (2), auf welcher sich dieser bezog:

(1) brother bear 2 is ingesproken door belgen, da's dan weer jammer haha[1]
(2) @RachFranke alé gij bent dus geen beer maar een meiske, wablief?[2]

Die Verfasser der beiden Tweets sind den Angaben in den Profilen zufolge beide aus Barendrecht in der Provinz Südholland. Im ersten Tweet können zwei konzeptionell mündliche Elemente ausgemacht werden: Einerseits das Klitikon *da's* (Vollform: *dat is*), andererseits die Interjektion *haha*. Im gespro-

---
1 Dt.: Bärenbrüder 2 ist durch Belgier eingesprochen, das ist dann wieder schade, haha.
2 Dt.: @RachFranke He, du bist also kein Bär, sondern ein Mädchen, wie bitte?

chenen Niederländisch wird bei der Endung -*en* normalerweise das -*n* nicht ausgesprochen; man hätte deshalb im Tweet die Schreibweise *ingesproke* erwarten können. So konnte denn auch Vandekerckhove (2005: 32) für Chatdaten flämischer Jugendlicher feststellen, dass in 44 % der Fälle das Endungs-*n* nicht verschriftet wird.

Im initiativen Tweet wird kritisiert, dass für die Synchronisation eines Zeichentrickfilms belgische Sprecher herangezogen wurden. Im reaktiven Tweet wird diese Kritik scherzhaft aufgegriffen, indem typische Merkmale der Tussentaal imitiert werden: Die Appellinterjektion *alé*, das aus dem Brabantischen stammende Personalpronomen *gij* statt Standardniederländisch *jij* (vgl. Vandekerckhove 2007: 198) sowie die Diminutivform *meiske*, gebildet mit dem für die Tussentaal typischen Diminutiv-Suffix -*ke* anstelle von -*je* (vgl. Vandekerckhove, van Rooy 2005: 32). Die Interjektion *wablief* schließlich ist auch charakteristisch für das belgische Niederländisch.

Schaut man sich nun aber die für die empirische Analyse verwendeten Daten an, so muss festgestellt werden, dass im Korpus außer dem oben genannten Beispiel keine Tweets mit Merkmalen des belgischen Niederländisch zu finden sind. Auch in einer anderen Untersuchung konnte gezeigt werden, dass fast alle niederländischsprachigen Tweets aus den Niederlanden kommen, in Flandern wird wenig getwittert (vgl. Netlink 568). Es wäre jedoch untersuchenswert, in einer weitergehenden Studie explizit belgische Tweets zu analysieren und mit denjenigen aus den Niederlanden zu vergleichen.

Abschließend seien noch einige typische Merkmale des Niederländischen, die im Folgenden relevant sein werden, genannt. Niederländisch ist, wie das Deutsche auch, eine westgermanische Sprache. Das Niederländische hat jedoch – im Gegensatz zum Deutschen – die zweite Lautverschiebung nicht mitgemacht. Typisch für das Niederländische ist der Diminutiv-Gebrauch, der im Vergleich zu anderen germanischen Sprachen deutlich höher ausfällt.[3] Nicht nur der quantitative Gebrauch von Diminutiven auf nominaler Basis ist zu nennen, sondern auch, dass das Diminutiv-Suffix im niederländischen ein polyfunktionales Affix ist, welches neben Nomina auch andere Wortarten zur Basis haben kann (vgl. Booij 2002: 89 sowie Tabelle 2).

Die Orthographie des Niederländischen ist überwiegend phonematisch; die Großschreibung wird wie in vielen europäischen Schriftsprachen nur für Eigennamen, Höflichkeitsformen sowie den Satzanfang verwendet.

---

3   Eine Ausnahme bildet hier das Afrikaans, welches im 17. Jahrhundert aus dem Neuniederländischen entstanden ist. Im Afrikaans sind darüber hinaus doppelte Diminutive möglich, da Diminutiv-Formen teilweise nicht mehr als solche betrachtet werden (vgl. Booij 2002: 93).

Kategorie	Basis	Dt.	Diminutiv	Dt.
N	vrouw	Frau	vrouw-tje	(kleine) Frau*
A	lief	Lieb	lief-je	Geliebte, Schatz
V	dut	Nicken	dut-je	Nickerchen
Num	tien	Zehn	tien-tje	Zehneuroschein
P/Adv	uit	Aus	uit-je	Ausflug
NP	twaalf uur	zwölf Uhr	twaalfuur-tje	Mittagbrot, Imbiss
PP	onder ons	unter uns	onderons-je	Gespräch unter vier Augen
Det	dit en dat	dies und das	dit-jes en dat-jes	Belanglosigkeiten**

* Entspricht in etwa dem im Deutschen veralteten Wort Liebchen mit der Bedeutung geliebte Frau, Schatz (vgl. Duden 2001). ** Die Übersetzungen stammen allesamt aus dem großen Van Dale, dem größten Bedeutungswörterbuch der niederländischen Gegenwartssprache; demnach handelt es sich ausschließlich um lexikalisierte Beispiele.

Tab. 2: Diminutive im Niederländischen (vgl. Booij 2002: 89)

7.1 Blogosphäre in den Niederlanden

Der Microblogging-Dienst Twitter wird in den Niederlanden rege genutzt; dies zeigt sich beispielsweise in dem vom Verein *Onze Taal* gewählten Wort des Jahres 2009: *twitteren* (Netlink 562). Daneben wird auch von *Van Dale*, dem größten niederländischen Wörterbuch-Herausgeber, vergleichbar dem deutschen *Duden*, ein Wort des Jahres gekürt: *Twitterazzo*[4] schaffte es im selben Jahr auf Platz 9 (Netlink 563).

Twitter steht laut dem Alexa-Ranking auf Rang 8 der meistbesuchten Websites in den Niederlanden; beliebter sind lediglich je drei verschiedene Suchmaschinen und soziale Netzwerke, sowie ein Videoportal.

Rang	Name der Website	URL	Beschreibung
1	Google Nederland	google.nl	Suchmaschine (niederländische Version)
2	Google	google.com	Suchmaschine
3	YouTube	youtube.com	Videoportal
4	Facebook	facebook.com	Soziales Netzwerk
5	Windows Live	live.com	Suchmaschine von Microsoft
6	Hyves	hyves.nl	Niederländisches soziales Netzwerk

---

4 In Anlehnung an Paparazzo gebildet; im Gegensatz zum neutralen *Twitteraar* ist damit ein Twitter-User gemeint, der im Stil der Sensationspresse twittert.

Microblogs global: Niederländisch

Rang	Name der Website	URL	Beschreibung
7	LinkedIn	linkedin.com	Soziales Netzwerk für Geschäftskontakte
8	Twitter	twitter.com	Microblogging-Dienst
9	Nu.nl	nu.nl	Niederländische News-Website
10	Wikipedia	Wikipedia.org	freies Online-Lexikon

Tab. 3: Top 10 der meistbesuchten Websites in den Niederlanden (Quelle: Alexa-Ranking vom 1. März 2011, Netlink 565)

Die Popularität von Twitter in den Niederlanden zeigt sich auch darin, dass 22,3 % der Bevölkerung im Dezember 2010 den Microblogging-Dienst benutzten. Damit stehen die Niederlanden in einem weltweiten Ranking auf Platz 1.

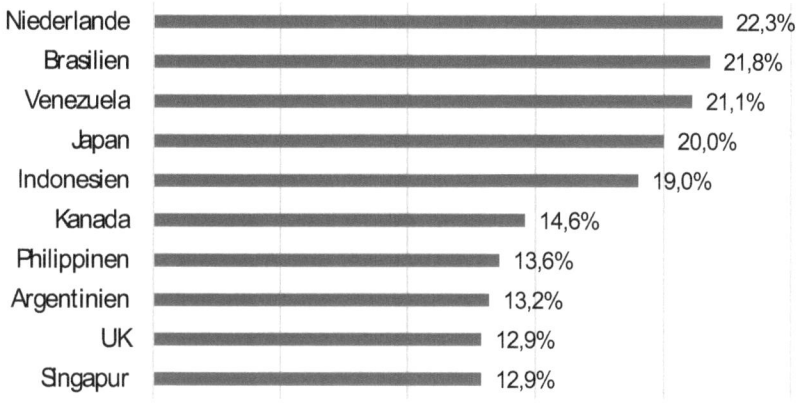

Abb. 1: Top 10 der Länder mit dem prozentual größten Anteil an Twitter-Nutzern (Quelle: comScore, Netlink 564).

Leider ist nicht deutlich, was unter Nutzung von Twitter verstanden wird. Es wird also sowohl beim Alexa-Ranking als auch beim Ranking von comScore nichts darüber ausgesagt, wie viele Menschen tatsächlich aktiv twittern und wie viele lediglich Tweets rezipieren.

Im Folgenden werden einige Informationen zur Nutzung von Twitter in den Niederlanden präsentiert, basierend auf Statistiken von *Twirus* (Netlink 566), einem von dem Niederländer Nico Schoonderwoerd im Sommer 2009 gegründeten Unternehmen, das neben Analysen zur niederländischen Twittercommunity auch Statistiken zu Trends in verschiedenen Ländern und Sprachen

(Englisch, Französisch, Portugiesisch, Spanisch, Italienisch, Deutsch, Niederländisch und Japanisch) erstellt. Neben den meistverwendeten Hashtags werden auch populäre Wörter, Links und Twitterer in Rankings aufgeführt; zu jedem populären Wort oder Hashtag können auch die 100 zuletzt publizierten Tweets eingesehen werden.

Laut einer Zählung von *Twirus* (Netlink 567) vom 20. Februar 2011 sind 418 621 niederländischsprachige Twitterer aktiv; seit der Zählung von Oktober 2011 (313 852 Twitterer) ist die Anzahl also um einen Viertel gestiegen. Gezählt wurden dabei lediglich Twitterer, die innerhalb eines Monats mindestens zehn niederländischsprachige Tweets gepostet haben. Twitterer, die ihre Tweets nicht für alle sichtbar gemacht haben, konnten nicht mitgezählt werden. Das Wachstum der niederländischsprachigen Twitter-Gemeinde ist hauptsächlich auf junge User zurückzuführen: Drei Viertel aller aktiven Twitterer sind jünger als 30 Jahre.

In einer ersten Untersuchung der niederländischsprachigen Twitter-Community (Netlink 568) vom Juli 2010 wurden 191 000 aktive Twitterer gezählt; zur selben Zeit existierten laut *Twirus* 1.5 bis 2 Millionen niederländische Accounts. Das heißt also, dass lediglich 10 bis 13% aller Twitter-User tatsächlich zu den Produzenten zählen. Die Anzahl der aktiven Twitterer hat sich aber vom Juli 2010 bis zum Februar 2011 um 220 % vergrößert. Es stellt sich die Frage, ob passive Twitter-User zu aktiven geworden sind oder ob auch tatsächlich die Anzahl Twitter-Accounts gewachsen ist.

Wenn man also für die Periode von Juli 2010 bis Februar 2011 bei der Anzahl der Accounts ebenfalls von einem Wachstumsfaktor von 2,2 ausgeht, hätte man nunmehr 3,3 bis 4,4 Millionen Accounts, wenn man davon ausginge, dass alle neuen aktiven User auch einen Account eröffnet haben. Gemessen an der Gesamtbevölkerung von rund 16,5 Millionen Niederländern entspräche dies einem Anteil von 20 bis 27 %, wobei es zu bedenken gilt, dass auch bereits bestehende passiv genutzte Accounts in den späteren Auswertungen zu aktiv genutzten geworden sein können (Netlink 568), weshalb der tatsächliche Wert wohl eher am unteren Ende der Skala anzusetzen wäre, was sich auch mit dem von comScore ermittelten Prozentsatz deckt. Selbstverständlich bleibt unklar, inwiefern die Twitter-User mit einem passiven Account auch tatsächlich Tweets rezipieren. Es muss dazu angemerkt werden, dass es im Gegensatz zum sozialen Netzwerk Facebook auf Twitter auch möglich ist, Inhalte zu rezipieren, ohne einen eigenen Account zu besitzen, weshalb es also ohnehin schwierig ist, eine genaue Nutzerzahl festzustellen.

Die bereits genannte Studie vom Juli 2010 zur niederländischen Twitter-Community wurde mittels Crowdsourcing realisiert: 167 zufällig ausgewählte

Microblogs global: Niederländisch

Profile wurden von freiwilligen Helfern ausgewertet in Bezug auf Geschlecht, Alter, Profilbild und Gebrauch (privat vs. geschäftlich).

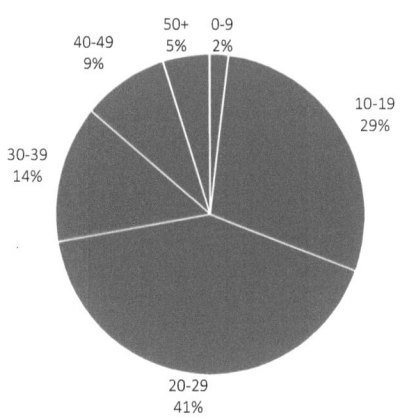

Abb. 2: Alter der Twitterer (Quelle: Twirus, Netlink 568)

57 % der niederländischen Twitternden sind männlich; im Durchschnitt sind die Twitterer 27 Jahre alt. 85 % aller Twitterer sind zwischen 10 und 40 Jahre alt.

Neben der Wahl eines Nutzernamens hat jeder Twitterer die Möglichkeit, ein Profilbild hochzuladen. In der Untersuchung von *Twirus* sind in 89 % aller Profile Gesichter oder zumindest Ausschnitte von Gesichtern zu sehen, 11 % beinhalten kein Foto.

Bei dem für diesen Beitrag verwendeten Korpus (vgl. 7.2) sind es lediglich 6 % der Twitterer, die kein Foto verwenden. Allerdings hat auch niemand das Standardbild stehen gelassen. In 22 % aller Fälle wurde ein Ganzkörperfoto verwendet, auf welchem das Gesicht relativ klein und kaum erkennbar ist. 72 % aller Twitterer schließlich verwenden ein Portraitbild, wobei 6 Gesichter durch eine Sonnenbrille verdeckt sind; bei 3 Gesichtern ist nur ein Ausschnitt sichtbar.

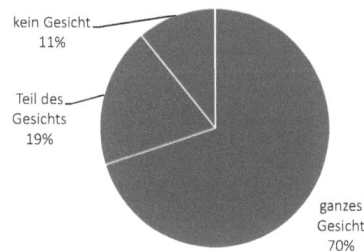

Abb. 3: Profilbilder der Twitterer (Quelle: Twirus, Netlink 568)

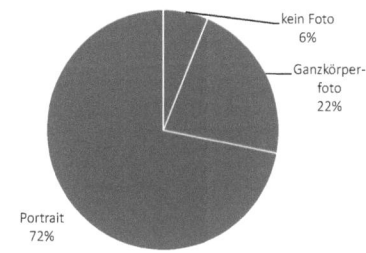

Abb. 4: Profilbilder der Twitterer (eigenes Korpus)

Zu einem großen Teil sind die Twitterer also als Persönlichkeiten zu erkennen, sie treten nicht anonym auf – wie dies beispielsweise in einem Chat möglich ist. So verwundert es auch nicht, dass neben dem Usernamen oft auch der richtige

Name angegeben wird. 71 % aller User geben ihren vollen Namen an, immerhin 15 % nennen entweder ihren Vor- oder ihren Nachnamen. Insgesamt 86 % nennen also ihren Namen, wobei natürlich offen bleibt, ob der Klarname tatsächlich wie angegeben lautet.

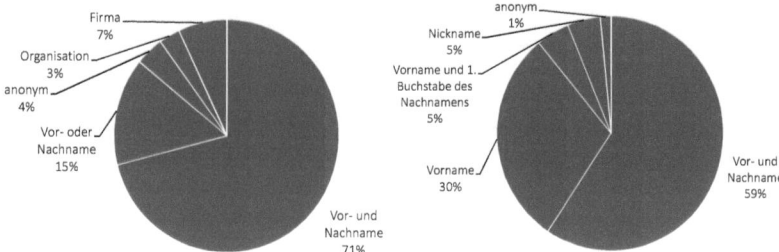

Abb. 5: Verwendete Namen auf Twitter (Quelle: Twirus, Netlink 569)

Abb. 6: Verwendete Namen auf Twitter (eigenes Korpus)

Auch bei dem für diesen Beitrag erstellten Korpus zeichnet sich ein ähnliches Bild ab: Lediglich 6 % aller Twitterer bleiben anonym, indem sie zwar keinen Namen, jedoch einen Nickname angeben:
Der größte Teil der Twitter-Accounts wird privat gebraucht. Lediglich 5 % der Accounts werden geschäftlich und 12 % sowohl privat als auch geschäftlich genutzt. An 2 % der Accounts ist ein RSS-Feed gekoppelt.

Von den total untersuchten 191 000 Accounts wurde die Zahl der jeweiligen Follower bestimmt. Nur etwas über ein Prozent aller Accounts verfügt über mehr als 1 000 Followers. Die meisten Twitterer haben zwischen 10 und 100 Follower (vgl. Abbildung 8).

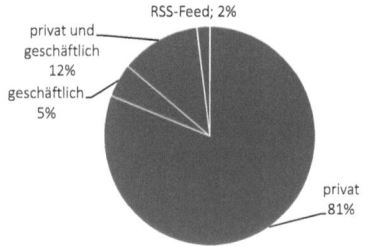
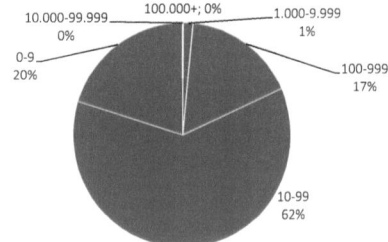

Abb. 7: Gebrauch von Twitter (Quelle: Twirus, Netlink 568)

Abb. 8: Anzahl Follower (Quelle: Twirus, Netlink 568)

Innerhalb von 24 Stunden wurden vom 13. auf den 14. Oktober 2010 rund 700 000 niederländischsprachige Tweets versendet (d. h. knapp 30 000 Tweets

Microblogs global: Niederländisch

pro Stunde). In Abbildung 9 ist ersichtlich, zu welchen Zeiten Twitter vorwiegend genutzt wird:

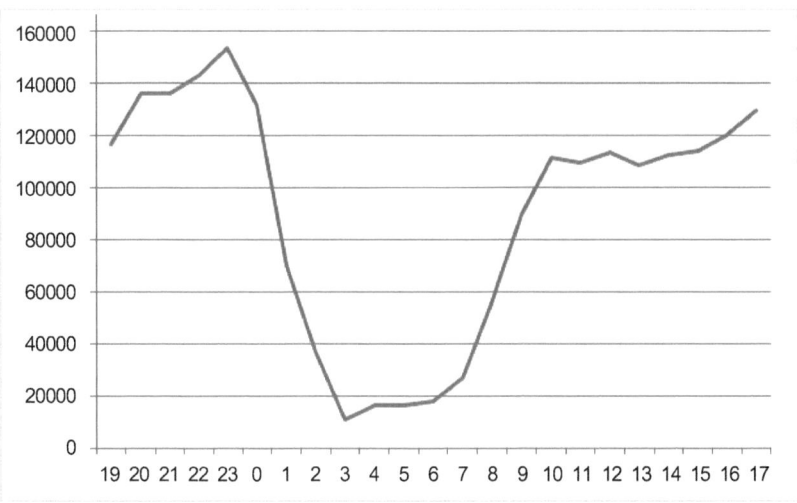

Abb. 9: Uhrzeiten, zu denen getwittert wird (Quelle: Twirus, Netlink 570)

Schließlich bleibt noch zu fragen, auf welche Art und Weise getwittert wird. *Twirus* hat am 17. Februar 2011 eine Analyse der verwendeten Twitterclients

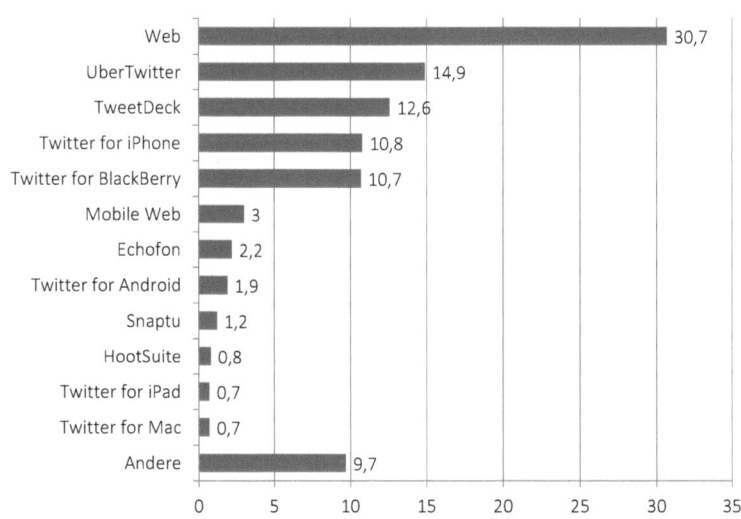

Abb. 10: Verwendete Twitter-Clients (Quelle: Twirus, Netlink 571)

vorgenommen. Lediglich 31 % aller Tweets werden über die Twitter-Site selbst gepostet; 22 % der Tweets werden via iPhone oder BlackBerry verschickt. Darüber hinaus können die meisten Clients sowohl auf Desktop-Computern als auch von mobilen Geräten verwendet werden, sodass nicht eruiert werden kann, wie viele Tweets von unterwegs verfasst worden sind.

Im Korpus, das für diesen Beitrag erhoben worden ist, zeigt sich ein ähnliches Bild; der Anteil der über das Web verwendeten Tweets ist mit 35 % etwas höher, wobei sich auch ein Unterschied zwischen den Geschlechtern feststellen lässt: Die Männer verwenden das Web zu 32 %, die Frauen hingegen zu 37 %.

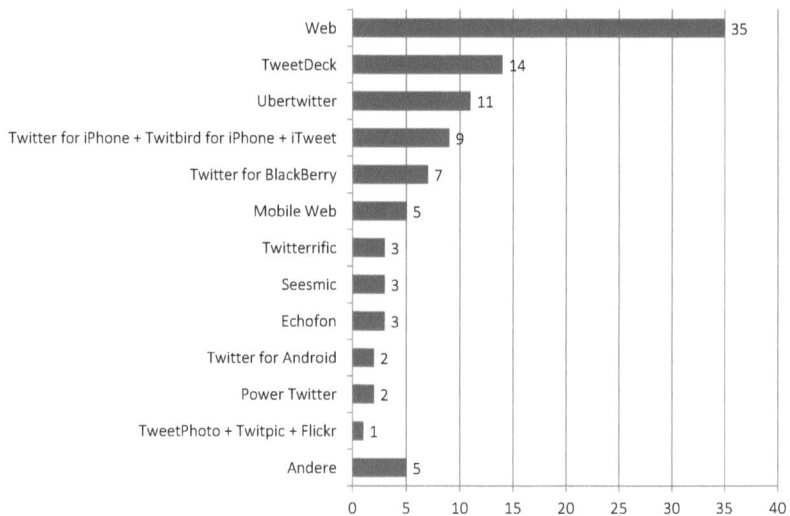

Abb. 11: Verwendete Twitter-Clients (eigenes Korpus)

Seit Herbst 2010 ist es auch möglich via Hyves und LinkedIn (vgl. Tabelle 1) Tweets zu lesen und zu publizieren. Auch das niederländische Fernsehen macht Gebrauch von Twitter: Während den Live-Sendungen *De (N)og (O)nbekende (N)ederlander* und *The Voice of Holland* können Zuschauer via Twitter auf die Kandidaten reagieren (Netlink 572).

Zum Schluss sei auf zwei Websites hingewiesen, die eine thematisch geordnete Sammlung von populären Twitter-Accounts enthalten: Netlink 573 und Netlink 574. Auf einer anderen Site (Netlink 575) wurde eine Top-100-Liste von berühmten twitternden Niederländern (Sportler, Politiker, Geschäftsleute, Sänger, Künstler, Schauspieler, Schriftsteller und Wissenschaftler) erstellt.

7.2 Empirische Basis

Zur Erhebung des Korpus wurde auf der Public Timeline am 19. und 20. Mai 2010 zwischen 18.30 und 20.30 sämtliche Accounts erfasst, von denen aus ein niederländischsprachiger Text getwittert wurde. Von diesen 93 Accounts wurden zunächst diejenigen aussortiert, die nicht von Einzelpersonen, sondern von Institutionen betrieben werden. Danach wurde geschaut, welche Accounts eindeutig einem Geschlecht zugeordnet werden konnten und davon wurden dann je die ersten 32 Accounts ins Korpus aufgenommen, sofern der Twitterer insgesamt schon mindestens 10 Tweets publiziert hatte. Sodann wurden von dem in der Timeline erhobenen Tweet her rückwärts die letzten 10 Tweets erhoben.

7.3 Analyse niederländischsprachiger Tweets

Das analysierte Korpus setzt sich aus total 45 613 Zeichen und 7 425 Wortformen zusammen. Die analysierten Tweets umfassen im Schnitt rund 12 Wortformen sowie eine durchschnittliche Zeichenzahl von 71, d. h. von den verfügbaren 140 wird lediglich rund die Hälfte ausgeschöpft. Die kürzesten drei Tweets umfassen lediglich zwei Zeichen (*me, in, de*); sie gehören in eine Reihe von sieben Tweets, die zusammen einen Satz bilden: *ohnoo – me – oma – staat – in – de – kamer*.[5]

12 % aller Tweets enthalten fremdsprachige Anteile. Lediglich 5 % aller Tweets sind ausschließlich in einer anderen Sprache als Niederländisch verfasst, und zwar alle in Englisch. Dazu sei angemerkt, dass es sich teilweise um vorgefertigte Texte handelt, die über eine Anwendung wie beispielsweise ein soziales Netzwerk, in welchem Sportdaten erfasst und verwaltet werden, versendet werden können: *Just completed a 9.03 km run in 51'41". Check my dashboard http://www.buddyrunner.com/ralphvanderbaan*[6], oder Musik-Streaming-Software, bei welcher die laufende Aktivität über Twitter mitgeteilt werden kann: *is listening to the current favorites of Kadiks @nalden - http://bit.ly/9Q6O0u*. In 16 % der Tweets stammen einzelne Wörter, Phrasen oder Sätze aus anderen Sprachen. Davon wiederum handelt es sich in 89 % der Fälle um englisch, in 11 % der Fälle um andere Sprachen (je einmal Arabisch, Deutsch, Französisch, Sranantongo[7]). Bei den Tweets, die aus einer Mischung aus Niederländisch und Englisch bestehen, sind es in 53 % aller Fälle einzelne Sätze in Englisch,

---

5 Im Korpus kommt ein solcher Fall nur einmal vor. Übersetzung: *Oh nein, meine Oma steht im Zimmer.*
6 Die derzeit bekannteste Anwendung in diesem Bereich ist *runtastic.com*.
7 Sranantongo ist eine in der ehemaligen niederländischen Kolonie Suriname gesprochene Kreolsprache.

in 22 % einzelne Wörter, die noch nicht als Fremdwörter des Niederländischen gewertet werden können. In 25 % dieser Tweets sind englischsprachige Phrasen zu finden, die in niederländische Sätze eingebettet wurden:
(3) Weer @ *the office!* [...][8] oder
(4) Ik wacht op Anne, *once again* met haar vanaf[9] (Herv. CMM).

In drei Tweets wird eine andere Sprache verwendet, um ein Originalzitat wiederzugeben, im folgenden Beispiel wird darüber hinaus bereits die Ortsangabe zur Kontextualisierung auf Französisch angegeben:

(5) In *la France*, waar ik was, lees je steeds vaker: „*Souriez, vous êtes filmés*". Ff lachen naar het camera-vogeltje. Klinkt leuk, blijft eng[10] (Herv. CMM).

7.3.1 Orthografie

Jährlich im Dezember findet im Gebäude der ersten Kammer des niederländischen Parlaments das *Groot Dictee der Nederlandse Taal* statt, ein äußerst populärer Wettbewerb der niederländischen Rechtschreibung, übertragen im niederländischen und belgischen Fernsehen. Der Orthographie wird somit in der Bevölkerung im Allgemeinen ein hoher Stellenwert zugewiesen. Die amtlich festgelegte Rechtschreibung des Niederländischen kann in der *Woordenlijst Nederlandse Taal*[11], herausgegeben von der *Nederlandse Taalunie*, nachgeschlagen werden.

Bezogen auf Twitter kann konstatiert werden, dass »es eine Korrelation zwischen der Bewertung von Rechtschreibfehlern und dem Medium, im dem der Text geschrieben wurde, zu geben [scheint]. So sehen die Empfänger von E-Mails und SMS sowie die Kommunikationspartner in Chaträumen und in sozialen Netzwerken oft bereitwilliger über Fehler hinweg, als sie das bei herkömmlichen Schreiben täten« (Dürscheid 2012: 165). Wohl wegen der geringen zur Verfügung stehenden Zeichenzahl und der Schnelligkeit der Kommunikation setzen die Nutzer sich einerseits bewusst oder unbewusst über die Rechtschreibnorm hinweg, andererseits werden diese Verstöße gleichzeitig von den Rezipierenden als nicht gravierend erachtet. Fehlerhafte Schreibvarian-

---

8 Übersetzung: *Wieder im Büro!*
9 Übersetzung: *Ich warte auf Anne, einmal mehr mit ihr heute Abend.*
10 Übersetzung: *In Frankreich, wo ich war, liest man immer häufiger: »Lächeln Sie, Sie werden gefilmt!« Eben mal lachen zum Kamera-Vögelchen. Klingt schön, bleibt unheimlich.*
11 Online verfügbar unter Netlink 695. Bei der Printversion handelt es sich um ein grünes Büchlein, weshalb sie zumeist *Het Groene Boekje* genannt wird.

ten können einerseits Tippfehler sein, andererseits Orthographiefehler mangels Wissens. Oftmals kann aber bei einer fehlerhaft geschriebenen Wortform nicht eindeutig festgestellt werden, ob es sich um einen Tipp- oder um einen Orthographiefehler handelt, so zum Beispiel bei Doppelgraphemen. Schließlich wird auch bewusst gegen die Rechtschreibung verstoßen, sei dies durch die Iteration von Buchstaben zum Zweck der Emphase (z. B. *goedmorgeeennn!*, Herv. CMM) oder auch durch Reduktionsformen, die nicht lexikalisiert sind: ***Wo feest, do werken en vrij n nwe bergtop!***[12] (Herv. CMM). Solche Formen entsprechen zwar nicht der niederländischen Orthographie, sie wurden aber nicht zu den Tippfehlern gezählt.

Gemeinhin kann gesagt werden, dass alle Schreibvarianten, die nicht kodifiziert sind, von der Orthographie abweichen und als fehlerhaft bewertet werden müssen. Nun gibt es jedoch auch Grenzfälle, die dem sogenannten Gebrauchsstandard zugerechnet werden können, wobei »es sich hauptsächlich um den von Modellsprechern und -schreibern gesetzten Standard handelt, den vielleicht auch Sprachexperten oder Sprachnormautoritäten akzeptieren« (Ammon 1995: 103). Beispiele im Korpus sind die Zusammenschreibung von *zo meteen*, *of zo* und *en zo*. In der *Woordenlijst Nederlandse Taal* sind die zusammengeschriebenen Varianten nicht vertreten, doch in der Praxis wird laut der *Genootschap OnzeTaal* in drei Vierteln der Fälle die Zusammenschreibung gewählt[13], weshalb dem Gebrauchsstandard entsprechend die Zusammenschreibung in der vorliegenden Analyse als korrekt bewertet wurde.

Auf Wortebene konnten 111 Tippfehler- und Orthographiefehler ausgemacht werden, Abbildung 12 gibt einen Überblick darüber, welcher Art die gemachten Fehler sind (s. Abb. 12).[14]

Typische Tippfehler entstehen dadurch, dass eine falsche Taste, beispielsweise die Nachbarstaste, gedrückt wird, wie folgende Beispiele aus dem Korpus zeigen (in Klammer wird jeweils die richtige Variante angegeben): *naat* (naar), *rn* (en), *us* (is) oder *uitsjag* (uitslag). Tippfehler entstehen auch dadurch, dass eine Nachbarstaste zusätzlich gedrückt wird: *mnij* (mij) oder *zityten* (zitten). Buchstabendreher sind weitere typische Tippfehler, im Korpus allerdings nur ein einziges Mal belegt: *wnaneer* (wanneer).

Als Orthographiefehler können folgende Beispiele gezählt werden, in welchen stimmhafte und stimmlose Konsonanten verwechselt werden: *asvalt* (asfalt) und *senden* (zenden). Solche Fehler sind im Niederländischen nicht

---
12 Ausgeschrieben hieße es: *Woensdag feest, donderdag werken en vrijdag een nieuwe bergtop!* Übersetzung: *Mittwoch Feier, Donnerstag arbeiten und Freitag ein neuer Berggipfel!*
13 Quelle: Netlink 696. In der vorliegenden Analyse sind es gar 85 %, in denen die Zusammenschreibung gewählt wird.
14 Als Beispiel für einen Fehler betreffend Punkte kann *aub*, die reduzierte Form von *alstublieft* genannt werden, die korrekt so geschrieben wird: *a.u.b.*

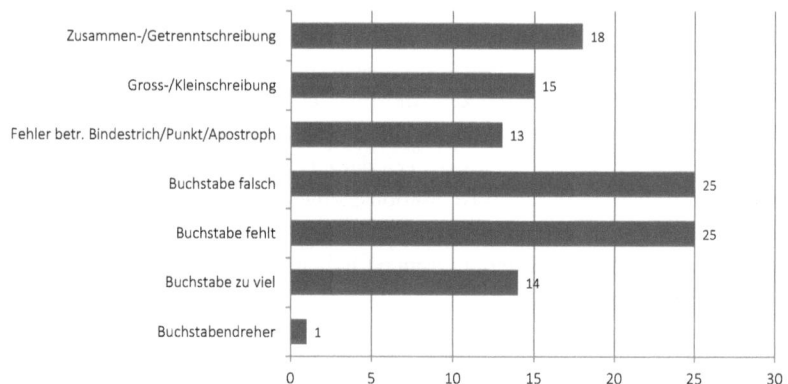

Abb. 12: Übersicht Orthographiefehler auf Wortebene

ungewöhnlich; während im Deutschen die Auslautverhärtung sich nicht im Schriftbild spiegelt, wird die Auslautverhärtung im Niederländischen bei den Konsonantenpaaren *z-s* und *v-f* sichtbar, wie folgende Ausschnitte aus korrekt geschriebenen Tweets zeigen:

(6) In la France, waar ik was, *lees* je steeds vaker [...] sowie
(7) [...] Nog even *lezen* en dan morgen weer aan het werk
(Herv. CMM).

Für die Konsonantenpaare *b-p* und *d-t* allerdings gilt dies nicht. Hier wiederum kann der Grund für Fehlschreibungen wie *opgehaalt* (opgehaald), *getraint* (getraind) und *uitgenodigt* (uitgenodigd) gefunden werden: Die Partizipien von schwachen Verben, die auf *-d* enden,[15] werden oft falsch geschrieben, da die Konsonanten aufgrund der Auslautverhärtung zwar stimmlos klingen, jedoch stimmhaft geschrieben werden. Auch weitere Orthographiefehler basieren darauf, dass so geschrieben wird, wie man es ausspricht: In *nie* (niet) wird das /t/ nicht gesprochen, in *egt* (echt) wird für das Phon [χ], welches im Niederländischen sowohl mit dem Graphem <ch> als auch mit <g> verschriftet werden kann, eine alternative Schreibung gewählt.[16] Wie bereits eingangs erwähnt, wird im Niederländisch das *-n* bei Endungen auf *-en* nicht ausgesprochen, weshalb in einigen Fällen das *-n* auch nicht verschriftet wird, so beispielsweise in

---

15 Auf *-d* enden alle Verben, deren Stamm nicht auf die Plosive /t/, /k/, /p/ und nicht auf die Frikative /f/, /s/, /ch/ endet (die Regel ist bekannt unter dem Namen ‚*t Kofschip*).
16 Daniëls (2009: 137) nennt dies als typisches Merkmal der Sprachverwendung in MSN-Kommunikation.

eergistere, kijke, lulle, gegeve, morge. Letztgenanntes Wort ist in 17 % aller Fälle ohne Endungs-*n* verschriftet worden.

Schließlich sei auf den Digraphen *ij* verwiesen, der ähnlich dem Eszett im Deutschen eine Sonderstellung im niederländischen Alphabet einnimmt. Oftmals wird das *ij* als Ligatur beschrieben, doch in den meisten Schriftarten sind *i* und *j* nicht miteinander verbunden, häufig jedoch ist der Zeichenabstand geringer. Der Ursprung des Digraphen geht auf ein doppeltes *i* zurück, welches im Mittelniederländischen ohne Punkt geschrieben wurde und deshalb in der Handschrift mit dem *u* verwechselt werden konnte. Um eine bessere Lesbarkeit zu gewährleisten, wurde das zweite *i* verlängert. Im 18. und 19. Jahrhundert begannen Drucker für das *ij* Lettern zu benutzen, die einem *y* mit Trema ähnelten: ÿ. Daher rührt die fälschliche Gleichstellung des *ij* mit dem *y* im Niederländischen; darüber hinaus können in handschriftlichen Texten *ij* und *y* zumeist nicht unterschieden werden. Gerade bei Twitter, wo die Zeichenzahl stark beschränkt ist, könnte man erwarten, dass statt dem *ij*, welches zwei Zeichen erfordert, das *y* verwendet wird.[17] Doch im Korpus finden sich lediglich drei Belege für eine Schreibung mit *y*: *hatelyk, kyken, pyn*.[18]

Auf Tweet-Ebene wurde die Groß- und Kleinschreibung analysiert. Es konnten keine Belege für konsequente Großschreibung gefunden werden, lediglich 40 Wortformen im gesamten Korpus sind in Großbuchstaben verschriftet, niemals aber ein ganzer Tweet. Dasselbe gilt für Zusammenschreibungen: Es lassen sich zwar mehrere aneinandergereihte Wörter finden, sie machen jedoch nie einen ganzen Tweet aus:

(8) *ohneelaatmaar* ik wacht nog ff oder
(9) @Sabrienn okeeee, die begrijp ik niet! *ikbendaarooknogniet* xd probeer het is hetzelfde als al die anderen! kijken of je daar uitkomt.... (Herv. CMM).[19]

57 % aller Tweets entsprechen der Standardschreibung, 29 % sind in konsequenter Kleinschreibung verfasst. 14 % schließlich können als Hybridschreibungen klassifiziert werden, d. h. entweder beginnen nicht alle Sätze in Großschreibung oder in den Sätzen drin werden Worte fälschlicherweise groß oder klein

---

17 Vgl. dazu auch eine Analyse von schweizerdeutschen SMS-Texten, in welchen – wahrscheinlich aus ökomischen Gründen – in rund einem Drittel der Fälle statt dem Doppelgraphem <ss> das in der Schweiz nicht existierende Eszett verwendet wurde (Müller 2011: 169).
18 Korrekt geschrieben finden sich Belege wie folgt: *hatelijk* (12), *kijken* (12), *pijn* (2). Daniëls (2009: 138) bezeichnet die Verwendung von *y* für *ij* als typisch für die MSN-Kommunikation.
19 Korrekt müsste es mit Spatien heißen: *Oh nee, laat maar!* und *ik ben daar ook nog niet.*

geschrieben. Hybridschreibungen können vor allem darauf zurückgeführt werden, dass in Reply-Tweets Textteile zitiert werden, wie folgendes Beispiel zeigt:

(10) RT @LoetjeakaValdy: @llino14 Kan *J*e *M*orgen *K*omen *S*pitten ~Euhm, m'n tekst is nog niet af man..[20] (Herv. CMM).

Während im zitierten Text des Initialtweets jedes Wort mit einem Großbuchstaben beginnt, entspricht der zweite Teil des Tweets der Standardschreibung; es handelt sich demnach um ein typisches Beispiel für eine Hybridschreibung.

7.3.2 Mündlichkeit

Der Sprachgebrauch in Tweets enthält oftmals typische Elemente der mündlichen Sprachverwendung wie Gesprächs- und Ausdruckspartikeln, Tilgungen, Assimilationen und Klitisierungen. So lassen sich beispielsweise im Korpus reaktive Tweets finden, die ausschließlich aus Gesprächs- und Ausdruckspartikeln bestehen: *jaa he hahaha* und *ooooooooooooo oke haha*. Auch im folgenden Tweet lassen sich verschiedene Charakteristika der Mündlichkeit zeigen:

(11) *ghehe* ik zit hier in een bushokje te genieten met alors on danse op, naar een jongen die *z*n ketting wilt maken maar *t* lukt *m* niet! (Hervor. CMM)[21]

Es lassen sich hier eine Ausdruckspartikel (*ghehe*) sowie drei Tilgungen finden (*zijn, het, hem*).

Insgesamt lassen sich im gesamten Korpus 198 Gesprächs- und Ausdruckspartikeln finden, was 2,7 % der Wortformen ausmacht. Belege für Tilgungen lassen sich im Korpus 96 (1,3 % aller Wortformen) finden, für Klitisierungen 24 (0,3 %) und für Assimilationen 11 (0,1 %). Bei den Assimilationen lassen sich lediglich drei unterschiedliche Belege finden: einmal *twustuh* (*welterusten*), dreimal *niks* (*niets*) sowie siebenmal *dr*/*der* (*haar*). In nicht assimilierter Form lassen sich 0, 2 und 3 Belege finden, in 69 % der Fälle kommen die Lexeme also assimiliert vor. Bei den Klitisierungen wurden bei der Gegenüberstellung der klitisierten und nicht-klitisierten Formen die englischsprachigen Belege nicht berücksichtigt. In 68 % der Fälle sind die Lexeme klitisiert. Abbildung 13 gibt einen Überblick über die Arten der Klitisierungen: Neben der Form *zo'n* sind vor allem Belege zu finden, in denen das Verb *sein* in der 3. Sg. klitisiert wurde.

---

20 Übersetzung: *Kannst du morgen rappen kommen. ~Ähm, mein Text ist noch nicht fertig, Mann..*
21 Übersetzung: *hehe ich sitze hier genießend in einem Buswartehäuschen mit »Alors on danse« (= Liedtitel) an, nach einem Jungen der seine Kette machen will, aber es gelingt ihm nicht!*

Microblogs global: Niederländisch 213

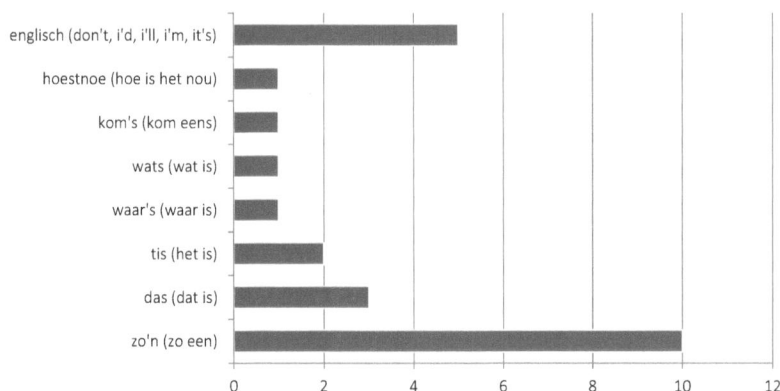

Abb. 13: Klitisierungen

Während die klitisierten und assimilierten Formen häufiger sind als die nicht-reduzierten Formen, ist es bei den Tilgungen umgekehrt: Lediglich 18 % der Formen wurden getilgt. Abbildung 14 gibt einen Überblick über die im Korpus vorkommenden getilgten Formen:

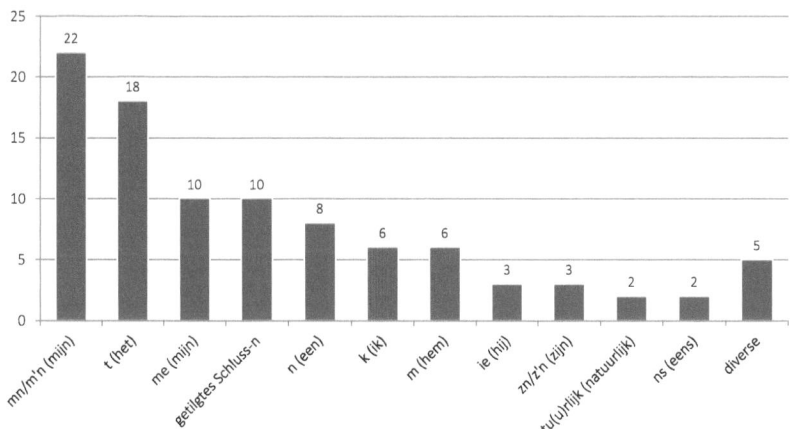

Abb. 14: Tilgungen

Da die Funktion der Tweets in über 50 % der Fälle das Statement ist (vgl. Abschnitt 7.3.8), verwundert es nicht, dass das Possessivpronomen *mijn* mit 34 %

in zwei Varianten die am häufigsten getilgte Form darstellt.[22] Hierzu muss angemerkt werden, dass die Pronomen im Niederländischen zumeist eine betonte (volle) und eine unbetonte (reduzierte) Form haben, wobei im schriftlichen Gebrauch die volle Form verwendet wird.[23] Die reduzierten Formen *mn/me*, *zn*, *m* und *ie* können also als typisches Merkmal des mündlichen Sprachgebrauchs gewertet werden.

7.3.3 Lexik

Wenn man davon ausgeht, dass viele Tweets konzeptionell mündlich sind, so sind auch in der Lexik Merkmale der Mündlichkeit zu erwarten. Wie eingangs erläutert, werden Dialekte in den Niederlanden nur in etwa einem Drittel der Familien gesprochen, weshalb auch auf Twitter kein extensiver Dialektgebrauch zu erwarten ist. Und tatsächlich lassen sich im Korpus nur 7 Belege für Dialekt-Lexeme finden. *Gij* und *meiske* wurden bereits erwähnt und als flämisches Niederländisch eingeordnet, welches zum Brabantischen gezählt wird. Ein weiterer Beleg für das Brabantische ist *efkes*. Brabantisch und das Holländische sind die beiden meistgesprochenen Dialekte des Niederländischen. Beispiele aus dem holländischen Dialekt sind *ken*, *leg*, *fietsie* und *daarzo*.

Lexeme aus der Umgangssprache[24] sind mit einem Anteil von 1,8 % vertreten, Anglizismen mit 1,9 %. Interessant sind dabei Belege, die der Flexion des Niederländischen angepasst wurden: *impressen* (*to impress*) und *struggelen* (*to struggle*). Der folgende Tweet zeigt, dass Anglizismen nicht immer eindeutig als solche klassifiziert werden können: *@dennisvandeven Briljant is ie he! De site is ook lol.* Das Nomen *site* ist als Anglizismus eindeutig erkennbar, das Adjektiv *lol* hingegen kann auf zwei Arten gedeutet werden: Im Niederländischen existiert das Substantiv *de lol* (*der Spaß*), welches jedoch nicht adjektivisch verwendet werden kann. Es kann daher vermutet werden, dass es sich um das in der Internetkommunikation häufig verwendete englische Akronym *lol* (*laughing out loud*) handelt, welchem hier adjektivische Funktion zukommt. Fremdwörter aus anderen Sprachen sind nur wenige belegt: *haram* (arabisch: *verboten*) sowie *passé* und *merci bien* (französisch: *vorbei*, *besten Dank*). Auch Inflektive sind im Korpus nur einmal belegt (vgl. dazu 7.3.6). Neologismen

---

22 Während *mn* die im Mündlichen übliche unbetonte Kurzform darstellt, ist *me* eine Form, die erst neuerdings von Jugendlichen – überwiegend in SMS oder im Internet – verwendet wird (vgl. Daniëls 2009: 149).
23 Eine Ausnahme bilden hier die Personalpronomina *mij*, *jou*, *wij* und *zij*, bei denen auch in der Schriftsprache die reduzierten Formen üblich und korrekt sind: *me*, *je*, *we* und *ze*.
24 An dieser Stelle möchte ich mich recht herzlich bei Tim van de Griend bedanken, der mir viele Hinweise zu den analysierten Tweets, insbesondere zur aktuellen Umgangssprache des Niederländischen, die (noch) nicht in Lexika dokumentiert ist, gegeben hat.

konnten im Korpus folgende gefunden werden: *grootvuil* (Großmüll),[25] *katknuffelsessie* (*Katzenknuddelsession*), *gehopelijk* (*das Gehoffentliche*) *belbaar* (*anrufbar*) und die Portmanteaubildung *twexit* (Twitter-Ausstieg). Während es sich bei den ersten beiden Lexemen um Okkasionalismen handelt, ist *twexit* ein in der niederländischen Twitter-Community sehr häufig verwendeter Ausdruck, der auch im *Twittonary* aufgeführt ist: »Twexit: Twitter exit, used to announce that you turn off twitter for some time to do other things."[26] Sucht man in der Timeline danach, so finden sich – je nach Tageszeit – stündlich zwischen 50 und 500 niederländische Tweets.

Wie eingangs erwähnt, werden Diminutive im Niederländischen extensiv verwendet. So sind denn auch in 12 % aller Tweets Diminutive zu finden, wobei in 9 Tweets zwei Belege zu finden sind, was einen Anteil von 1,2 % aller Wortformen entspricht. Unter den Diminutiven finden sich auch dialektale Varianten, so die bereits genannte flämische Form *meiske* sowie die holländischen Varianten *matties*, *meissie*, *bakkie*, und *fietsie*. Mit Ausnahme von drei Belegen für *strakjes*, einem Adverb, das aus dem Adverb *straks* gebildet wurde, sind im Korpus nur nominale Diminutive zu finden.

7.3.4 Reduktion

Beste twtter, dor di 140 tekns per twet, mot ik alls afkrtn, doe er pls its aan, mn lvn wrdt er nit mooir vn. Grotjes alle mensn. #MLS[27] Mit diesem Tweet, welcher 134 Zeichen umfasst, wird auf den auf Twitter bestehenden Zwang, sich kurz zu fassen, kritisch-ironisch verwiesen. Ergänzt man die fehlenden Buchstaben, so kommt man auf 168 Zeichen[28], es wurde also eine Reduktion um 20,2 % vorgenommen, um den Text auf Twitter publizieren zu können.

In Abschnitt 7.3.2 wurden bereits Tilgungen, Klitisierungen und Assimilationen betrachtet, die allesamt als Reduktionsformen angesehen werden können. Im vorliegenden Abschnitt werden weitere Reduktionsformen von Lexemen und Wortgruppen betrachtet. Auch die Ziffernschreibung kann als sprachliche Reduktion gewertet werden (Siever 2011: 345), im Korpus finden sich 21 Belege für Kardinalzahlen zwischen 0 und 12, in einem Fall wird *10* als Kurzvariante von *2010* verwendet. Ordinalzahlen werden im Niederländischen nicht durch die Kardinalzahl plus einen Punkt wie im Deutschen, sondern

---

25 Wortspiel mit *grofvuil* (*Sperrmüll*).
26 Quelle: Netlink 697.
27 Quelle: Netlink 698; Übersetzung: *Lieber Twitter, durch die 140 Zeichen pro Tweet muss ich alles abkürzen, mach bitte etwas daran, mein Leben wird dadurch nicht schöner. Grüsse alle Menschen #M[ein]L[ebens]S[til]*
28 *Beste twtter, door die 140 tekens per twee, moet ik alls afkorten, doe er please iets aan, mijn leven wordt er niet mooier van. Groetjes alle mensen. #MijnLevenStyle*

durch die mit einem suffigierten *e* ergänzten Kardinalzahl gekennzeichnet (*1e*, *2e*, *3e* etc.). Auffällig im Korpus sind hier zwei Belege, die statt reduziert inkorrekt extendiert vorliegen: *1ste* und *7de*. Eine reduzierte Form liegt hingegen in *2en* (*tweeën* = *zu zweit*) vor, wobei die Bildung wohl an die Schreibwiese der Ordinalzahlen angelehnt ist. Weiter sind zwei Belege zu finden, bei denen in elliptischer Weise lediglich Ziffern angegeben wurden; aus dem Kontext wird klar, was gemeint ist: *Net gehoord op [radio]538*[29] und *moeten jullie wiskunde ook afhebben voor morgen tot [bladzijde] 52 ofzo?*[30]

Im Folgenden soll es nun um Reduktion auf Wortebene gehen. Insgesamt konnten 190 Reduktionsformen klassifiziert werden, was 2,6 % aller Wortformen entspricht.[31] Tabelle 4 gibt einen Überblick über die einzelnen im Korpus gefundenen Belege.

Namen (41)

Appie < Albert Heijn (1), Ciel < Cecile (1), ASA < Amsterdam, 't Sticht, Amersfoort (1), bb < BlackBerry (1), bbm < BlackBerry Messenger (2), CU < ChristenUnie (1), D66 < Democraten 66 (1), G's < Jesus (1), Hero < HTC Hero (1), HMH < Heineken Music Hall (1), IE < Internet Explorer (1), IJ'mondse < IJsselmondse (1), M < (Vorname) (1), Mac < Macintosh (2), maccie < MacDonald's (2), MC < MacDonald's (1), MSN < Microsoft Network (1), neude < neudeplein (1), nikkie < Nicolaas (1), NL < Nederland (1), NOS < Nederlandse Omroep Stichting (1), park 2 heuvels < Park De Twee Heuvels (1), Q3 < Quake III (1), R < Ruud (1), RTL < Radio Télévision Luxembourg (2), salshaker < salad shaker (1), UPF < Universal Peace Federation (2), vs < centraal station (2), VVD < Volkspartij voor Vrijheid en Democratie (2), Vgw < Vogelwaarde (1), vin < Vincent (1), WebM < Web Media (2), VP8 < Video Patent 8 (1), VP < Video Patent (1), xp < exPerience (1)

Substantive (50)

km < kilometer (9), Twexit < Twitter exit (5), TV < televisie (4), BBQ < barbecue (2), tv < televisie (1), apps < applications (1), bro < brother (1), cell < cell phone (1), CD < compact disc, cs < centraal station (2), bio < biologie (1), demo < demonstratie (1), deo < deodorant, wo < woensdag (1), do < donderdag (1), vrij < vrijdag (1), Drs. < Doctorandus, gym < gymnastiek (2), HD < Harddisk (2), HD2 < Harddisk Drive (1), hockey < hockeytraining (2), homoemancipatie < homoseksuelenemancipatie (1), homos < homoseksuelen (1), lappie < laptop (1), ma < mama (1), min < minuten (1), nl < nederlands (1), ping < ping- gebruikersnaam (2), sim < simkaart (1), tt < tijd (1), ps < postscriptum (1), vlakschuur < vlakschuurmachine (1)

Verben (3)

= < is (1), ctrl < control (1), RT < retweet (1)

---

29 Übersetzung: *Gerade gehört auf [Radio]538.*
30 Übersetzung: *Müsst ihr Mathematik auch fertig haben für morgen bis [Seite] 52 oder so?*
31 Nicht als Reduktionsformen wurden *Mifi* und *Wi-Fi* gerechnet; es handelt sich hier nicht um gekürzte Formen, sondern um ein Wortspiel analog zu *Hi-Fi*.

Microblogs global: Niederländisch 217

Präpositionen (7)
@ < in (6), vn < van (1)
Partikeln (1)
aub < alstublieft (1)
Adverbien (31)
ff< even (17), x < keer (4), dr < daar (1), eigenl. < eigenlijk (1), gwn < gewoon (1), idd < inderdaad (2), miss < misschien (3), mr < maar (1), vanaaf < vanavond (1)
Adjektive (9)
3D < driedimensionaal (2), as < aanstaande (3), irri < irritant (1), lkkr < lekker (1), nwe < nieuwe (1), rt < rot (1)
Wortgruppen (48)
kvdb < Knevel & Van den Brink (5), Knevel < Knevel & Van den Brink (1), penw < Pauw & Witteman (1), dwdd < De Wereld Draait Door (2), ER < Emergency Room (1), Gtst < geode tijden, slechte tijden (1), FOWD < Future of Web Design (2), atoc < Amgen Tour Of California (1), a/d < aan de (1), AVM < audio video manifestatie (2), AVMan < audio, video manifestatie (2), btw < by the way (1), breaking < breaking news (1), CTU < Counter Terrorist Unit (1), 3G < Derde Generatie (1), Cyborg < cybernetic organism (1), DM < direct message (1), Expo < Exposition Universelle Internationale (3), FAS < Friday Afternoon Session (1), I/O < Innovation in the Open / input/output (3), id < in de (1), ivm < in verband met (1), lol < laughing out loud (1), oa < onder andere (2), omg < oh mijn god/oh my god (3), OV < openbaar vervoer (1), ps3en < (met) Playstation 3 spelen (1), ROC < regionaal opleidingsencentrum (1), SO < schriftelijke overhoring (1), STUDY < Sleeping, Talking, Unlimited Texting, Dreaming, Yawning (1), vd < van de (2)

Tab. 4: Reduktionsformen gruppiert

Pronomen und Konjunktionen kommen im Korpus nicht gekürzt vor, mit Ausnahme der in der mündlichen Sprache gekürzten unbetonten Formen der Pronomen; die Personal- und Possessivpronomen sind in 21 % der Fälle gekürzt, die Artikel in 18 % (vgl. 7.3.2). Mit 26 % am meisten vertreten sind Kürzungen von Substantiven, gefolgt von Wortgruppen (25 %) und Namen (22 %). Zu Letzteren wurden nicht nur Personen- und Städtenamen gezählt, sondern auch Produktnamen sowie Namen von Firmen und politischen Parteien. Von den 41 Belegen entfallen lediglich 5 auf Städtenamen sowie 7 auf Personennamen, wobei *Jesus* als Ausruf verwendet wurde und mit *Albert Heijn* die größte Supermarktkette der Niederlande und nicht der Begründer derselben gemeint ist. 16 % der reduzierten Wörter sind Adverbien; in dieser Kategorie ist die meistvorkommendste Reduktionsform enthalten: *ff*. Die Form beruht auf dem umgangssprachlichen *effe*, welches dem Standardsprachlichen *even* entspricht. Laut Daniëls (2009: 149) wird *effe* inzwischen bereits als Standard empfunden und auch im *Van Dale* ist das Wort schon aufgenommen. Adjektive, Partikeln, Verben und Präpositionen sind im Korpus nur selten belegt. Ebenfalls spärlich vertreten sind sogenannte *Shortjes*, die Daniëls (2009: 71) als typisch für den Sprachgebrauch in SMS aufführt: Wörter, bei denen Vokale weggelassen werden (vgl. den eingangs zitierten Tweet). Im Korpus finden sich die Belege *lkkr* und *gwn*, die typisch für den Sprachgebrauch des Niederländischen in der Internetkommunikation sind.

Bei den Präpositionen ist 6-mal @ belegt, 5-mal im Sinne von *in*, einmal im Sinne von *aan het*; demgegenüber stehen 5 Belege für *aan het* sowie 96 Belege für *in*. Da die Ersparnis von @ zu *in* lediglich ein Zeichen beträgt, der Aufwand des Tippens mit zwei Anschlägen jedoch derselbe bleibt und es sich darüber hinaus um einen Anglizismus handelt, ist das ungleiche Verhältnis der reduzierten Belegen zu den ausgeschriebenen nicht erstaunlich. Auch bei *vn* (1) wird gegenüber *van* (75) nur ein Buchstabe eingespart; so machen die reduzierten Formen bei den Präpositionen insgesamt nur 5,6 % aus. Bei den Wortgruppen sind Belege für *vd/id/ad* (*van de, in de, aan de*) zu finden, die nur in 9 % der Fälle gekürzt vorkommen. Aus diesem Grund ist der Prozentsatz der Belege für gekürzte Wortgruppen im Vergleich zu den nicht gekürzten Formen mit 48 % relativ tief; rechnet man *vd/id/ad* hingegen heraus, so kommt man auf 96 %. Die einzigen Belege für Wortgruppen, die im Korpus sowohl gekürzt als auch ungekürzt vorkommen, sind *FOWD* < *Future of Web Design* und *STUDY* < *Sleeping Talking Unlimited Texting Dreaming Yawning*, wobei in beiden Fällen die beiden Formen in jeweils einem einzigen Tweet enthalten sind.

Schließlich seien als Mittel der Reduktion die integrierten Hashtags[32] genannt:

(12) @Vrijbit wijst burgemeesters erop dat #databank-opslag van #vingerafdrukken botst met rechten vd mens en #WBP: http://bit.ly/cJf78r #privacy.[33]

Während das letzte Hashtag als gewöhnliches Schlagwort verwendet wird, wird durch das Setzen des Rautenzeichens vor bestimmten Schlüsselwörtern eine zusätzliche Verschlagwortung überflüssig gemacht. 36 % aller Hashtags sind integriert; bei den Adressierungen sind es lediglich 5,7 %. Ein weiteres twitterspezifisches Merkmal sind die sogenannten Kurz-URLs, die als Ersatz von längeren URLs verwendet werden um Zeichen sparen zu können.[34] Neben den Kurz-URLs existieren außerdem Dienste, mit denen Fotos oder Dokumente auf Twitter eingebunden werden können wie *twitpic, tweetphot, yfrog,*

---

32 Auch die nicht integrierten Hashtags enthalten oftmals Reduktionen durch Abkürzungen. Auf der Website Netlink 699 können Bedeutungen von Hashtags abgefragt werden.
33 Übersetzung: *@Vrijbit weist Bürgermeister daraufhin, dass #Datenbank-Lagerung von #Fingerabdrücken zusammenstösst mit dem #Datenschutzgesetz http://bit.ly/cJf78r #Privatsphäre*
34 Im Korpus sind folgende Dienste belegt: *bit.ly, twitlink, tinyurl, youtu.be, twurl, flic.kr* und *is.gd*.

twitdoc und *cadmus*. Diese Dienste bieten bereits kurze Links an, es handelt sich jedoch nicht um Kurz-URLs. Insgesamt enthalten 14 % aller Tweets eine URL; davon sind es 66 % der Links, die durch eine Kurz-URL reduziert worden sind, wenn man die – sowieso schon kurzen – URLs der twitterspezifischen Dienste nicht mitrechnet.

7.3.5 Syntaktische Strukturen

Aufgrund der Begrenzung auf 140 Zeichen sind in Tweets keine komplexen syntaktischen Strukturen zu erwarten, sondern vielmehr einfache Sätze oder lediglich Ellipsen. Letztgenannte wurden definiert als Sätze, bei denen ein finites Verb nicht realisiert ist, jedoch rekonstruiert werden kann, oder wenn Pronomen getilgt wurden.[35] In der Analyse konnten 1 118 Sätze ausgemacht werden, wobei Sätze, die aufgrund von Platzmangel in einem Tweet nicht komplett angezeigt werden konnten, nicht gezählt wurden. In einigen Tweets konnten subordinierte oder koordinierte Sätze ausgemacht werden, die gleichzeitig eine Ellipse enthielten; diese wurden dann je einmal als Ellipse und auch einmal als subordinierter bzw. koordinierter Satz gezählt:

(13) [ik] Sprak laatst een ambtenaar die uit principe ontslag had genomen ivm het hele #vingerafdrukken in paspoorten.[36]
(14) een faking gayblog volgt mnij en [ik] kan die homos niet verwijderen.[37]

Die Analyse zeigte kein unerwartetes Ergebnis: 55 % der Belege stellen Ellipsen und 30 % einfache Sätze dar; die koordinierten Sätze sind lediglich mit 8 %, die subordinierten mit 7 % vertreten.

Tweets können also neben SMS als moderne Vertreter einer typischen elliptischen Textsorte angesehen werden, so wie Telegramme, Notizen oder Schlagzeilen (vgl. Hoffmann 2006: 97). Wie auch Telegramme und SMS können Tweets dialogischer Natur sein, da sie über eine hohe Aufnahmeerwartung verfügen (vgl. Jucker, Dürscheid eingereicht). Bei elliptischen Strukturen wird auf die Versprachlichung deshalb verzichtet, »weil entweder der sprachliche oder der situative Kontext Elemente vorgibt, auf die zur Vermeidung von Re-

---

[35] Der Tweet *@kellebel_ wnaneer ga je toppers?* (Übersetzung: *Wann gehst du Toppers (= niederländisches Musikquartett)?*) ist zwar aufgrund der fehlenden Präposition elliptisch, wurde aber aufgrund der für die vergleichende Analyse gemeinsam erstellten Definition nicht als Ellipse gezählt.
[36] Übersetzung: *[ich] Sprach neulich einen Beamten, der aus Prinzip gekündigt hat im Zusammenhang mit den Fingerabdrücken in Pässen.*
[37] Übersetzung: *ein gefälschter Gayblog folgt mir und [ich] kann die Homos nicht entfernen*

dundanz verzichtet werden kann« (Hennig 2011: 249). Ellipsen sind also deshalb besonders in dialogischer Kommunikation zu erwarten. Folgender Reply-Tweet, bestehend aus vier Ellipsen, sei zur Illustration angefügt:

(15) @Gewoonwijs [ik] Dank je! [ik] Heb gisteren heel verantwoord gefeest met wat vriendinnen. [ik] Ben topfit. Nu [moet ik] nog even de presentatie goed doornemen...[38]

Elliptische Konstruktionen sind darüber hinaus durch eine Eigentümlichkeit der Anwendung Twitter zu erwarten: Vor jedem Tweet erscheint jeweils der Urheber des Tweets, analog zu Statusmeldungen auf Facebook, was dazu führt, dass sich die Verfasser nicht nochmals nennen und dadurch das Subjekt ausgespart wird. Der Nutzername kann dabei einerseits als *ich* interpretiert, andererseits jedoch auch als 3. Sg. verstanden werden, wie sich in folgenden Beispielen zeigen lässt: *wil best slapen maar lukt niet echt ofzo*[39] und *wijst burgemeesters erop dat #databank-opslag van #vingerafdrukken botst met rechten vd mens en #WBP*.[40] Auch in vorgefertigten Texten, die bereits im Abschnitt 7.3 angesprochen wurden, kommt dieses Prinzip zur Anwendung:

(16) is listening to the current favorites of Kadiks
(17) Just completed a 9.03 km run in 51'41".

7.3.6 Graphostilistik

Im untersuchten Korpus lassen sich 115 Belege für Emoticons finden, was 1,5 % aller Wortformen entspricht.[41] Es lassen sich, wenn man auch die Groß- und Kleinschreibung beachtet, insgesamt 50 unterschiedliche Emoticons finden. In Abbildung 15 sind die Emoticons gruppiert aufgeführt.

Beliebt ist im niederländischen neben dem lachenden und zwinkernden Smiley – beide ohne Nase[42] – vor allem das Kuss-Emoticon, das jedoch stets ohne Augen und Nase verwendet wird. Weiter sind Emoticons mit dem Gleichheitszeichen sowie der Smiley mit der herausgestreckten Zunge beliebt. Asiatische Emoticons werden nicht verwendet; in drei Fällen werden Smileys nicht mit

---

38 Übersetzung: *[Ich] danke dir! [ich] habe gestern sehr verantwortungsvoll gefeiert mit ein paar Freundinnen. [ich] bin topfit. Nun eben noch die Präsentation gut durchgehen...*
39 Übersetzung: *will sehr wohl schlafen, aber klappt nicht wirklich oder so*
40 Übersetzung: *weist Bürgermeister daraufhin, dass Datenbank-Lagerung von Fingerabdrücken zusammenstösst mit den Menschenrechten und dem Datenschutzgesetz.*
41 In drei Tweets lassen sich zwei Emoticons finden, in den übrigen jeweils nur eines.
42 Lediglich 11 % der Emoticons, von denen es Varianten mit und ohne Nase gibt, werden mit Nase verwendet, wahrscheinlich aus ökonomischen Gründen.

Microblogs global: Niederländisch

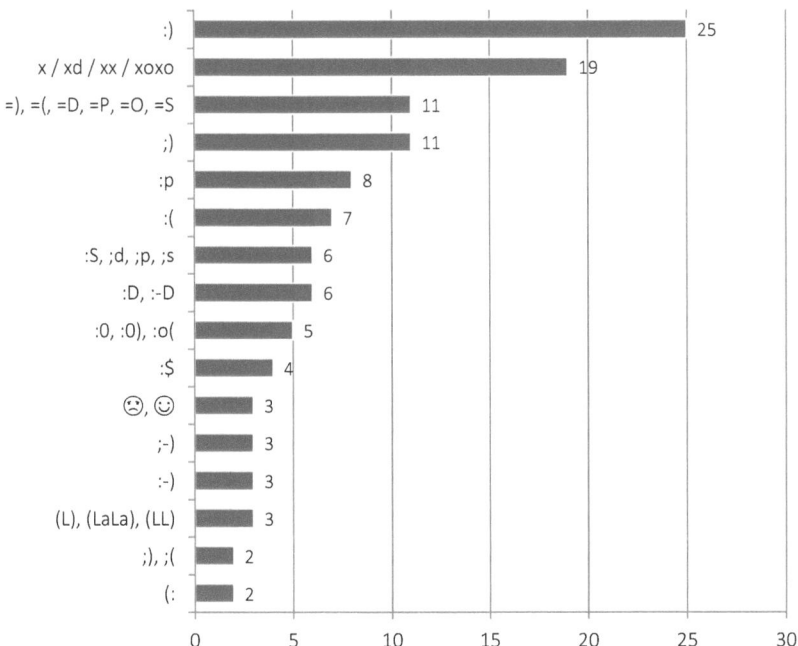

Abb. 15: Gruppierung der verwendeten Emoticons

Satzzeichen, sondern als Grafik dargestellt: ☹, ☺. Belege für linkshändige Varianten lassen sich lediglich zwei von einer einzigen Userin finden: (: und (:

In 15 % der Tweets lässt sich Iteration von Satzzeichen finden (total: 109 Belege). Dabei handelt es sich in 52 % der Fälle um eine Verdoppelung von Satzzeichen, in 43 % um eine Verdreifachung. Lediglich in 5 % der Fälle lassen sich zwischen 3 und 11 iterierte Satzzeichen finden. Insgesamt sind 23 % der Satzzeichen iteriert. Die Iteration von Buchstaben findet sich in 86 Wortformen im Korpus, was 1,2 % entspricht. In 52 % der Fälle ist es lediglich eine Doppelung des Buchstabens, in 21 % eine Verdreifachung und in 10 % wird das Graphem vierfach wiederholt.

Belege für Homophonie lassen sich im Korpus vor allem im Englischen finden, sechsmal das At-Zeichen, je einmal *2* für *to* bzw. *too* sowie *u* für *you*. Beispiele im Niederländischen sind *2en* für *tweeën* und *11stedentocht* für *elfstedentocht*.

Logogramme finden sich im Korpus folgende: & (6-mal), + (viermal) und = (5-mal). Belege für ikonische Zeichen sind ♪, ->, >>> und <3 (3-mal). Als Trennungsmarker bei Reply- oder Retweet-Tweets werden Zeichen wie •, <, oder // verwendet, zur Verzierung von Wörtern dient zuweilen die Tilde ~. Asterisken schließlich werden in zwei Fällen zur Markierung von Aussagen verwendet, *Geniet!* kann als Inflektiv gedeutet werden, wegen des Ausrufezeichens ist allerdings auch eine Interpretation als Imperativ nicht ausgeschlossen. Ansonsten sind keine Inflektive im Korpus belegt, was jedoch nicht bedeutet, dass im Niederländischen keine Inflektive verwendet werden. Für den Chat hat Schlobinski (2001: 216) Belege für Inflektive als auch Inflektivkonstruktionen wie *proest* (prust), *aanvannachtdenk* (anheutenachtdenk) und *truiaanheb* (pulloveranhab) angeführt, ein Beispiel von Twitter sei darüber hinaus an dieser Stelle genannt:*kwijl kwijl* te lekker....nooit....te krijgen...zo...ver weg . #huil.[43] Einerseits finden wir hier die typische Markierung mit Asterisken, andererseits wird auch ein Inflektiv als Hashtag verwendet.

Tweets, die komplett in Großbuchstaben verfasst sind, lassen sich im Korpus keine finden. Es sind jedoch insgesamt 40 Wortformen in Großschreibung vorhanden, wobei es sich jeweils um einzelne Wörter oder Phrasen handelt, mit denen etwas emphatisch hervorgehoben werden soll:

(18) Klinkt goed, als ik niet op de zaak was zou ik ZEKER aanbieden om te helpen![44]

(19) Waarom ik op twitter opkom voor gehandicapten, werd me laatst gevraagd in een DM. OMDAT DAT NODIG IS !!!!![45]

Belege für Binnengroßschreibungen finden sich im Korpus lediglich fünf: *ZzzzzZzzzz, GaGa, ChiangMai, KUTstreek* und *TWustuh*. Während es sich bei den ersten drei Belegen um einen klassischen Fall der Binnengroßschreibung handelt, ist im Determinativkompositum *KUTstreek* (= *SCHEISSstreich*) das Erstglied durch Großbuchstaben hervorgehoben; bei *TWustuh* (= *gute Nacht!*) ist die Binnenmajuskel wohl als Tippfehler zu werten.

Schließlich seien Schreibweisen genannt, bei denen Zahlen verwendet werden. Dies geschieht einerseits als Substitution von Numeralia wie im Beispiel *avond4daagse*, andererseits in *S1ngle* in Form von sogenanntem Leetspeak, d. h. es werden aufgrund von visueller Ähnlichkeiten Grapheme durch Ziffern oder Sonderzeichen substituiert, in dem genannten Beispiel also *i → 1*. Die Erset-

---

43 Übersetzung: *"sabber sabber" zu lecker....niemals....zu bekommen...zu...weit weg . #heul*
44 Übersetzung: *Klingt gut, wenn ich nicht im Geschäft wäre, würde ich SICHER anbieten zu helfen!*
45 Übersetzung: *Warum ich mich auf Twitter für Behinderte einsetze, wurde ich kürzlich gefragt in einer direkten Nachricht. WEIL DAS NÖTIG IST !!!!!*

zung in diesem Fall ist besonders raffiniert, da die Ziffer *1* gleichzeitig auch auf die Bedeutung des Wortes verweist.[46]

Graphostilistik, verstanden als »Verwendung schreibtechnischer Mittel zur Gestaltung eines Textes« (Dürscheid 2012: 291), erstreckt sich nicht nur auf die Wort-, sondern auch auf die Satz- und Textebene, wie beispielhaft an folgendem Tweet gezeigt werden kann:

(20) In de rij stapvoets naar huis pfff... Hilversum - Eindhoven #file #file #file #A2.[47]

Wie auch die Autos im Stau reihen sich in diesem Tweet die Hashtags aneinander, sodass den Hashtags hier nicht die übliche, sondern eine graphostilistisch-ikonische Funktion zukommt.

7.3.7 Interaktion

Obwohl Twitter ursprünglich nicht als dialogische Kommunikationsform konzipiert war, begannen immer mehr Nutzer mit anderen zu interagieren (vgl. Honeycutt, Herring: 1). Dies führte schließlich dazu, dass Twitter die Reply- und Retweet-Funktion implementierte (vgl. Autenrieth, Herwig 2011: 214). Schaut man sich das Korpus an, so sind es immerhin 44 % aller Tweets, die über eine oder mehrere @-Adressierungen verfügen. Insgesamt finden sich 334 @-Adressierungen im Korpus, d. h. es sind in den Tweets mit Adressierungen durchschnittlich 1,2 Adressierungen vorhanden. In 25 Belegen wird doppelt adressiert, in 7 Belegen dreifach und in je einem Beleg vierfach und zehnfach. Tweets mit Adressierungen können sowohl initiativ, beispielsweise als konkrete Anfrage an bestimmte Personen, als auch reaktiv ausfallen. Im Korpus sind es 21 % der Tweets, die vom System als Antwort auf einen anderen Tweet ausgewiesen sind. Reaktive Tweets, die nicht über die Reply-Funktion verfasst worden sind, wurden für die Analyse nicht berücksichtigt. Retweets, die auch eine Form der Interaktion darstellen, können in 11 % der Tweets gefunden werden, wobei in vier Fällen die Retweets nicht am Tweetbeginn stehen.

Ausgehend von reaktiven Tweets im Korpus sollen im Folgenden anhand von zwei Beispielen dialogische Strukturen auf Twitter aufgezeigt werden. Bei der Analyse von Twitter-Dialogen stößt man auf das Problem, dass einige Nutzer ihre Tweets nicht der Öffentlichkeit zugänglich machen, weshalb nur Teile

---

46   Es sei an dieser Stelle angemerkt, dass es sich beim Beleg um den zitierten Namen einer niederländischen Fernsehserie handelt.
47   Übersetzung: *In der Schlange im Schritttempo nach Hause pfff... Hilversum - Eindhoven #Stau #Stau #Stau #A2*

des Dialogs sichtbar sind. Außerdem können sich Dialoge verzweigen, wenn viele User sich einschalten. Der Einfachheit halber werden an dieser Stelle öffentlich zugängliche Dialoge mit zwei Dialogteilnehmern analysiert.

Tweets	Übersetzung
Diploma aanvraag is ingeleverd. :)	*Diplomanfrage* ist eingereicht. :)
@marcovkuipers .. Hej Enneee, waar vind ik dat document.. Kan op BB niets *vinden*.. #blond	Hey Enneee, wo finde ich *dieses Dokument*.. Kan auf BB nichts *finden*.. #blond
@Moiky_ Nee klopt, dan kun je lang zoeken. Op mijnnhl.nl staat t. :) Onder afstuderen of zo.	Nein stimmt, dann kannst du lange *suchen*. Auf mijnnhl.nl steht es. :) Unter Studium abschließen oder so
@Moiky_ Of documenten. Iets in die richting.	Oder Dokumente. Etwas in diese Richtung.
@marcovkuipers .. Dolletjes, gevonden!	Toll, gefunden!
@Moiky_ Ok dan. Invullen en opsturen *die hap*!	Ok dann. Einfüllen und verschicken *diesen Happen*!

Im vorliegenden Dialog ist durch die Adressierung der Dialogteilnehmer bereits Kohärenz gegeben. Kohäsion wird zweimal durch das Demonstrativpronomen hergestellt, womit auf das im initialen Tweet genannte Referenzobjekt (*Diplomanfrage*) verwiesen wird. Später wird es substituiert (*Dokument, Happen*). Weiter wird auf das Dokument mit den antonymen Verben *finden* und *suchen* verwiesen. Schließlich wird über die Präposition *auf* darauf verwiesen, wo das Dokument zu finden ist oder eben nicht; mit *unter Studium abschließen* oder dem elliptischen *oder [unter] Dokumente* wird die Ortsangabe noch präzisiert.

Tweets	Übersetzung
wil best *slapen* maar lukt niet echt ofzo	will sehr wohl *schlafen*, aber klappt nicht wirklich oder so
@MrBakinho *Kut* is dat. Had ik zondag	Scheiße ist das. Hatte ich Sonntag
@Njiske ja is *kut* idd! Kom je een slaapliedje zingen?	Ja, ist in der Tat *scheiße*! Kommst du ein Schlafliedchen singen?
@MrBakinho Ofcourse:P verzoekjes?	Klar! :P Wünsche?
@Njiske gewoon een ouderwets *slaap kindje slaap* doet het altijd goed:P	Einfach ein altmodisches *Schlaf, Kindchen, Schlaf* tut es immer gut:P
@MrBakinho Ennn?! Heeft it geholpen?	Unnnd?! Hat es geholfen?
@Njiske geweeeeeldig! Echt. Lig nu heerlijk te *slapen* en in mijn droom typ ik dit naar jou. You‹re the best!	Grooooooßartig! Echt! Liege nun herrlich am *Schlafen* und in meinem Traum tippe ich dir dies. Du bist der Beste!

Im zweiten Beispiel sind weitere Formen von Kohäsion zu finden: Rekurrenz von einem Lexem (*kut*) sowie eines Emoticons, darüber hinaus die Imitation des Code-Switching-Elements und schließlich in der letzten Frage-Antwort-Sequenz die Nachahmung der Iteration von Buchstaben. Selbst die Auslassung des Personalpronomens in den ersten beiden Tweets kann als syntaktisches Alignment (vgl. Lotze 2012: 34) gesehen und deshalb als Kohäsionsmittel gewertet werden.

7.3.8 Funktionale Aspekte

Kategorisiert man Tweets, so muss stets im Hinterkopf behalten werden, dass die vom Microblog gestellte Frage einen Einfluss darauf haben kann, wie die Tweets ausfallen. Ursprünglich lautete die auf Twitter gestellt Frage: »What are you doing?«, seit November 2009 jedoch heißt es »What's happening«[48] (bzw. Niederländisch »Wat houdt je bezig?«[49]). So überrascht es nicht, dass über die Hälfte aller analysierten Tweets der Kategorie *Statement* zugeordnet werden konnten (vgl. Abbildung 16).

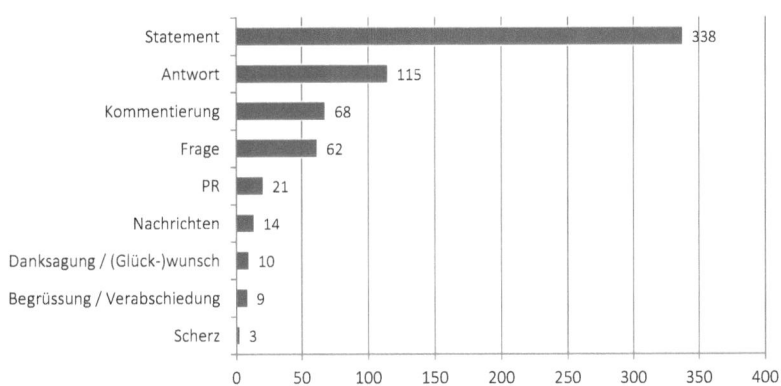

Abb. 16: Funktionen der Tweets

An zweiter und vierter Stelle stehen Antworten und Fragen,[50] was wiederum darauf hinweist, dass Twitter bei den niederländischsprachigen Nutzern vor allem auch für dialogische Kommunikation genutzt wird. Aus diesem Grund

---

48   Netlink 700.
49   Wörtlich: »Was beschäftigt dich?«. Auf Deutsch lautet die Frage: »Was gibt's Neues?«, auf Russisch »что происходит« (= Was passiert?).
50   Das Verhältnis von Antworten und Fragen spiegelt sich auch in der Verwendung von Satzzeichen: Im Korpus lassen sich 231 Ausrufezeichen und 119 Fragezeichen finden.

können auch die Funktionen von Tweets nur korrekt bestimmt werden, wenn der Kontext berücksichtigt wird. Der Tweet *@Malaaaa op school bij de kluisjes @ mediatheek*[51] könnte, stünde die Adressierung zu Beginn nicht, als Statement mit Hinweis auf den Aufenthaltsort kategorisiert werden. Aufgrund der Adressierung jedoch wird deutlich, dass es sich um eine Antwort auf eine Frage im Sinne von *Wo befindest du dich gerade?* handelt.

7.4 Zusammenfassung

Twitter wird im Niederländischen häufig dialogisch verwendet. Knapp die Hälfte aller Tweets verfügen über eine Adressierung, immerhin jeder fünfte Tweet ist vom System als Antwort gekennzeichnet. Auch bei der Funktion der Tweets konnten rund 40 % Fragen und Antworten ausgemacht werden. Im Niederländischen hat sich für Frage-Tweets ein spezifischer Hashtag etabliert, der sehr häufig verwendet wird: *#durftevragen* (*#wagezufragen*); auf Netlink 701 werden stets die aktuellsten Fragen sowie die Antworten aufgeführt.

Die Dialogizität der Kommunikation schlägt sich auch in der sprachlichen Form nieder: Mit 55 % sind Ellipsen im Korpus noch vor den einfachen Sätzen die häufigste Satzart. Dass die Sprache oftmals konzeptuell mündlich ist, zeigt sich auch auf der lexikalischen Ebene: 2,7 % aller Wortformen sind Gesprächs- und Ausdruckspartikeln, 2 % aller Wortformen gehören der Umgangssprache an.

Twitter ist eine Kommunikationsform, die unter sprachökonomischen Aspekten zu betrachten ist: Interessanterweise umfassen die Tweets durchschnittlich nur 71 von 140 möglichen Zeichen; möglich gemacht wird dies durch die genannten elliptischen Strukturen sowie Reduktionsformen. Typisch für das Niederländische sind dafür die im mündlichen Sprachgebrauch verwendeten, unbetonten, reduzierten Formen der Pronomina, die in einem Fünftel der Fälle reduziert auftreten.

Wie bereits eingangs erwähnt, wurden in der vorliegenden Studie lediglich Tweets aus den Niederlanden und nicht aus Belgien analysiert. In weiteren Analysen sollten deshalb Tweets des belgischen Niederländisch untersucht und mit den Daten aus den Niederlanden verglichen werden. In den Niederlanden sind es auffällig viele Jugendliche, die Twitter als Kommunikationsform nutzen; mit dem Aufkommen der Smartphones stellt Twitter neben Diensten wie *WhatsApp* eine kostengünstige Alternative zu SMS dar. Insbesondere für die Jugendsprachforschung des Niederländischen kann Twitter demnach unter anderem als Datengrundlage dienen.

---

51 Übersetzung: *in der Schule bei den Schließfächern in der Mediathek.*

Microblogs global: Niederländisch 227

Bereich	Merkmal	Ergebnis (gemessen an/ bezogen auf)
Orthografie	Standardschreibung	57 % (der Schreibung)
	Konsequente Kleinschreibung	29 % (der Schreibung)
	Konsequente Großschreibung	0 % (Schreibung)
	Satzinitiale Großschreibung	0 % aller Sätze
	Hybridschreibung	wortextern: 14 % (Schreibung)
		wortintern: 0,07 % (aller Wortformen)
	Zusammenschreibung	0 % (aller Tweets)
	Hervorhebung durch Großschreibung	0,54 % (aller Wortformen)
	Tippfehler	0 % (der Gesamtzeichen)
	Fortfall von Akzenten	0,01 % (aller Wortformen)
Gesprochene Umgangssprache	Tilgungen	1,3 % (aller Wortformen) 18 % (aller Wortformen, die getilgt vorkommen)
	Assimilation	0,1 % (aller Wortformen), 69 % (aller Wortformen, die assimiliert vorkommen)
	Klitisierung	0,3 % (aller Wortformen), 68 % (aller Wortformen, die klitisiert vorkommen)
	Gesprächspartikeln	2,7 % (aller Wortformen)
Wörter	Dialekt	0,09 % (aller Wortformen)
	Umgangssprache	1,96 % (aller Wortformen)
	Anglizismen	1,9 % (aller Wortformen)
	Andere Fremdwörter	Französisch: 0,04 % (aller Wortformen) Arabisch: 0,01 % (aller Wortformen)
	Inflektive	0 %
	Andere:	Diminutive: 1,2 % (aller Wortformen)
Reduktionsformen	Namen	Personen: 0,09 % (aller Wortformen) Städte: 0,07 %

Bereich	Merkmal	Ergebnis (gemessen an/bezogen auf)
Reduktionsformen (Forts.)	Funktionswörter	Artikel: 0,5 % (aller Wortformen) 18 % (aller Artikel, die reduziert vorkommen)
		Präpositionen: 0,09 % (aller Wortformen) 5,6 % (aller Präpositionen, die reduziert vorkommen)
		Pronomen: 0,7 % (aller Wortformen) 21 % (aller Pronomen, die reduziert vorkommen)
		Konjunktionen: 0 %
	Zusammensetzungen	0 %
	Wortgruppen	0,65 % (aller Wortformen), 48 % (96 %, vgl. Beitrag) (aller WG, die reduziert vorkommen)
	Integration von Hashtags i. d. Mitteilung	36 % aller Hashtags 0,5 % aller Wortformen ø 0,06 Stück pro Tweet (insgesamt)
	Integration v. @user i.d. Mitteilung	5,7 % aller Adressierungen 0,3 % aller Wortformen ø 0,4 Stück pro Tweet (insgesamt)
	Andere:	Kurz-URLs: 66 % (aller URLs)
Syntax	Einfacher Satz	30 % (aller Sätze)
	Ellipse	55 % (aller Sätze)
	Koordinierter Satz	8 % (aller Sätze)
	Subordinierter Satz	7 % (aller Sätze)
Graphostilistik	Smileys	1,5 % (aller Wortformen)
	Iteration: Satzzeichen (!!, ??, ...) in Wörtern	23 % (aller Satzzeichen) 1,2 % (aller Wortformen)
	Homophonie	0 %
Interaktion	Reaktive Tweets	21 % (aller Tweets)
	Adressierung	44 % (aller Tweets)
Länge der Einträge	Zeichenanzahl	71,2 Zeichen (je Tweet)
	Wortanzahl	10,9 Wortformen (je Tweet)

Bereich	Merkmal	Ergebnis (gemessen an/bezogen auf)
Mehrsprachigkeit	Anzahl Sprachen	1,1 Sprachen (ø je Tweet)
	Anzahl Tweets in fremder Sprache	76 Tweets (11,9 % aller Tweets)
Funktionale Aspekte	Funktion der Tweets	Nachrichten: 2 % (aller Tweets)
		Kommentierungen: 11 %
		Statements: 53 %
		Begrüßungen: 1 %
		Scherzkommunikation: 0 %
		Anfragen: 10 %
		Antworten: 18 %
		Marketing/PR: 3 %
	Andere:	2 % (aller Tweets)

Literatur

Ammon, Ulrich (1995): Die deutsche Sprache in Deutschland, Österreich und der Schweiz. Das Problem der nationalen Varietäten. Berlin.
Ammon, Ulrich et al. (Hg.) (2004): Variantenwörterbuch des Deutschen. Die Standardsprache in Österreich, der Schweiz und Deutschland sowie in Liechtenstein, Luxemburg, Ostbelgien und Südtirol. Berlin.
Autenrieth, Ulla P.; Herwig, Jana (2011): »Zwischen begrenzten Mitteln und komplexen Strukturen. Gemeinschaftsorientierte Kommunikation und Interaktion auf Microblogging-Plattformen am Beispiel Twitter.« In: Neumann-Braun, Klaus; Autenrieth, Ulla P. (Hg.): Freundschaft und Gemeinschaft im Social Web. Bildbezogenes Handeln und Peergroup-Kommunikation auf Facebook & Co. Baden-Baden [= Schriftenreihe Short Cuts/Cross Media, 2], S. 211–232.
Booij, Geert (2002): The Morphology of Dutch. Oxford.
Clyne, Michael G. (2004): »Pluricentric Language.« In: Ammon, Ulrich; Dittmar, Norbert; Mattheier Klaus J.; Trudgill, Peter (Hg.): Soziolinguistik. Ein internationales Handbuch zur Wissenschaft von Sprache und Gesellschaft. 2., vollständig neu bearbeitete und erweiterte Auflage. Berlin, New York [= Handbücher zur Sprach- und Kommunikationswissenschaft, 3.1], S. 296–300.
Cox, Heinrich Leonard (Hg.) (2002): Van Dale. Groot woordenboek Nederlands-Duits. 3. Aufl. Utrecht, Antwerpen.
Daniëls, Wim (2009): SMS & MSN. hoest begonnuh? hoe sgrijft jut? ist eerug? Houten.
Duden (2001): Deutsches Universalwörterbuch [CD-ROM]. 4. Aufl. Mannheim, Leipzig.
Dürscheid, Christa (2004): »Netzsprache – ein neuer Mythos.« In: Beißwenger, Michael; Hoffmann, Ludger; Storrer, Angelika (Hg.): Internetbasierte Kommunikation. Duisburg [= Osnabrücker Beiträge zur Sprachtheorie, 68], S. 141–157.
Dürscheid, Christa (2012): Einführung in die Schriftlinguistik. Mit einem Kapitel zur Typographie von Jürgen Spitzmüller. 4., überarb. u. aktual. Aufl. Göttingen.
Geeraerts, Dirk (2001): »Een zondagspak? Het Nederlands in Vlaanderen: Gedrag, beleid, attitudes.« In: Ons Erfdeel, Jg. 44, S. 337–342. <http://www.dbnl.org/tekst/_ons003200101_01/_ons003200101_01_0089.php>.

Geeraerts, Dirk (2002): »Rationalisme en nationalisme in de Vlaamse taalpolitiek.« In: Caluwe, Johan de; Geeraerts, Dirk; Kroon, Sjaak; Mamadouh, Virginie; Soetaert, Ronald; Top, Luc; Vallen, Ton (Hg.): Taalvariatie en taalbeleid: Bijdragen aan het taalbeleid in Nederland en Vlaanderen. Antwerpen, Apeldoorn, S. 87–104.
Geerts, Guido (1992): »Is Dutch a pluricentric language?« In: Clyne, Michael (Hg.): Pluricentric languages. Differing norms in different nations. Berlin, New York, S. 71–91.
Hennig, Mathilde (2011): »Ellipse und Textverstehen.« In: Zeitschrift für germanistische Linguistik 39.2, S. 239–271.
Hoffmann, Ludger (2006): »Ellipse im Text.« In: Blühdorn, Hardarik; Breindl, Eva; Waßner, Ulrich Hermann (Hg.): Text – Verstehen. Grammatik und darüber hinaus. Berlin, S. 90–107.
Honeycutt, Courtenay; Herring, Susan C.: »Beyond Microblogging: Conversation and Collaboration via Twitter.« In: Proceedings of the 42nd Hawaii International Conference on System Science (HICSS-42). Los Alamitos, S. 1–10. <http://ella.slis.indiana.edu/~herring/honeycutt.herring.2009.pdf>.
Jucker, Andreas H.; Dürscheid, Christa (2012): »The Linguistics of Keyboard-to-screen Communication. A New Terminological Framework.« In: Linguistik online, 6, S. 39–64. <http://www.linguistik-online.de/56_12/juckerDuerscheid.pdf>
Lotze, Netaya (2012): »Determinierte Dialoge? Chatbots auf dem Weg ins Web 3.0.« In: Siever, Torsten; Schlobinski, Peter (Hg.): Entwicklungen im Web 2.0. Ergebnisse des III. Workshops zur linguistischen Internetforschung [= Sprache – Medien – Innovationen, 3], S. 25–47.
Müller, Christina Margrit (2011): »Dialektverschriftung im Spannungsfeld zwischen standardnah und lautnah. Eine korpuslinguistische Untersuchung der Rubrik Dein SMS in der Aargauer Zeitung.« In: Christen, Helen; Patocka, Franz; Ziegler, Evelyn (Hg.): Struktur, Gebrauch und Wahrnehmung von Dialekt. Beiträge zum 3. Kongress der Internationalen Gesellschaft für Dialektologie des Deutschen (IGDD), Zürich, 7. – 9. September 2009. Wien, S. 155–178.
Nederlandse Taalunie (2009): Taalpeil. <http://taalunieversum.org/taalpeil/download/taalpeil_2009.pdf>.
Schlobinski, Peter (2001): »*knuddel – zurueckknuddel – dich ganzdollknuddel*. Inflektive und Inflektivkonstruktionen im Deutschen.« In: Zeitschrift für germanistische Linguistik 29, S. 192–218.
Siever, Torsten (2011): Texte i. d. Enge. Sprachökonomische Reduktion in stark raumbegrenzten Textsorten. Frankfurt am Main [= Sprache, Medien, Innovationen, 1].
Vandekerckhove, Reinhild (2005): »Chattaal, tienertaal en taalverandering: (sub)standaardiseringsprocessen in Vlaanderen.« In: Handelingen Koninklijke Zuid-Nederlandse Maatschappij voor Taal- en Letterkunde en Geschiedenis 59, S. 139–158.
Vandekerckhove, Reinhild (2007): »›Tussentaal‹ as a source of change from below in Belgian Dutch. A case study of substandardization processes in the chat language of Flemish teenagers.« In: Elspaß, Stephan; Langer, Nils; Scharloth, Joachim; Vandenbussche, Wim (Hg.): Germanic language histories ‚from below' (1700–2000). Berlin [= Studia Linguistica Germanica, 86], S. 189–203.
Vandekerckhove, Reinhild; van Rooy, Annelies (2005): »De chattaal van Vlaamse jongeren.« In: Over taal 44(2), S. 30–33.

BERND SIEBERG (LISSABON)

8 Microblogs global: Portugiesisch

Portugiesisch ist eine romanische Sprache, die sich in ihren Anfängen auf den Gebieten des heutigen nördlichen Portugals sowie Galiziens auf der Grundlage verschiedener lusitanischer, keltischer und gälischer Sprachen entwickelt hat. Mit dem Zeitalter der portugiesischen Entdeckungen und der Gründung eines Kolonialreiches im 15. und 16. Jahrhundert verbreitete sich Portugiesisch bis nach Brasilien, Afrika (dem heutigen Angola, Cabo Verde, Guinea-Bissau, Mozambique, São Tomé und Príncipe) und zu geringeren Anteilen auch in Teilen Asiens (Goa, Macau und Osttimor). Seitdem haben sich in Afrika und Asien zahlreiche Kreolsprachen entwickelt, die auf dem Portugiesischen basieren. Portugiesisch gilt als Weltsprache und wird von 210 Millionen Menschen als Muttersprache gesprochen, bzw. von 240 Millionen, wenn man die Zweitsprachler dazu rechnet[1].

Zu den wichtigen Besonderheiten, die man für eine angemessene Lesart der folgenden Ergebnisse berücksichtigen sollte, gehören folgende Merkmale: (a) Im Gegensatz zum Deutschen beschränkt sich die Großschreibung auf wesentlich weniger Bereiche, wie Satzanfang, Eigennamen, geographische Bezeichnungen, Bezeichnungen von Monats- und Wochennamen usw.[2] (b) Trotz der Orthografiereform von 1990 halten sich immer noch verschiedene Schreibvarianten, die im besonderen Maße die Unterschiede zwischen der portugiesischen und brasilianischen Variante betreffen. Zu diesen Unterschieden zählt der Beibehalt (pt) bzw. Ausfall (br) stumm bleibender Verschlusslaute wie [k] oder [p] in Wörtern wie *acção > ação, afectivo > afetivo, bzw. adoptar > adotar, Egipto > Egito* ... (c) Für das Kapitel ›Lexik‹ ist es wichtig zu wissen, dass

---

1 Die verschiedenen Angaben zur Entwicklung und Verbreitung des Portugiesischen haben wir verschiedenen Quellen entnommen wie Mateus et al. (2006: 23ff.), Cunha/Cintra (2002: 9ff.), sowie der deutschen und portugiesischen Ausgabe der Wikipedia (Netlink 582 und 583).
2 Vgl. Pinto/Lopes/Nascimento (2006: 68ff.) oder Hundertmark/Santos Martins (1988: 599).

das kontinentale Portugiesisch in Relation zum Deutschen kaum dialektale Merkmale aufweist. (d) Eine Reihe von subordinierten Sätzen ist im Portugiesischen auf syntaktische Strukturen zurückzuführen, die es in dieser Form im Deutschen nicht gibt, nämlich auf das »Persönliche Infinitiv« (Hundertwasser-Santos Martins 1982: 271) und das Gerundium[3].

8.1 Blogosphäre in Portugal

Gabriela da Silva Zago stellt in ihrem Artikel »crise no conceito de blogs« (Da Silva Zago 2011: 6) die These vom Ende der Weblogs und ihrer Ersetzung durch das Mikroblogging auf und nennt dafür als Gründe die formale Auflösung des Blogkonzepts und den Umstand, dass Tweets eine schnellere, aktuellere Alternative mit genaueren formalen Konturen bieten. Diese Einschätzung hilft uns vielleicht zu begreifen, warum ausgerechnet Paulo Querido, einer der zentralen Figuren der Blogosphäre in Portugal[4], sich zunehmend auch auf der Twitter-Plattform bewegt und zudem die Rolle des Gründers von TwitterPortugal (Netlink 584) übernommen hat, der portugiesischen Timeline von Twitter[5]. Weitere Indizien für den hohen Bekanntheitsgrad und die steigende Verbreitung von Twitter in der portugiesischen Öffentlichkeit sind: (a) Die Einrichtung einer speziellen Twitter-Timeline der portugiesischen Regierung (Netlink 586). (b) Jeden Nachmittag nach den 18 Uhr Nachrichten sendet der wichtigste portugiesische Radiosender RTP (Antenna 1) 10 Minuten Nachrichten mit Neuigkeiten, Stellungnahmen und Berichten aus der Blogosphäre sowie aus den sozialen Netzwerken Facebook und Twitter. (c) Die GNR[6] benutzte bereits 2009 die Dienste von Twitter, um an Tagen mit einer besonders kritischen Verkehrssituation den Autofahrern über Handy ein aktuelles Bild von der Verkehrslage vermitteln zu können und damit Unfälle und Verkehrstote vermeiden zu helfen. (d) Viele Online Zeitungen und Zeitschriften Portugals verfügen inzwischen über einen eigenen Twitterdienst, wie z.B. die weit verbreitete Tageszeitung *Publico* (Netlink 588) oder die anspruchsvolle Wochenzeitschrift *Expresso* (Netlink 589). (e) Auch die Fernsehsender SIC mit ›SIConline‹ (Netlink 590) und RTP mit ›Twitter RTP‹ (Netlink 591) haben

---

3   Zur Diskussion zu den Strukturen der Subordination im Portugiesischen vgl. auch Wikipedia (Netlink 585).
4   Er ist u.a. Autor eines der ersten Bücher zum Thema ›Weblog in Portugal‹ (Querido / Ene 2003).
5   Nach Informationen auf der Seite von Twitterportugal soll diese Timeline in Zukunft allerdings abgelöst werden durch Twitportugal (Netlink 593).
6   GNR bedeutet ›Guarda National Republicana‹ und bezeichnet die Militärpolizei Portugals.

eigene Timelines eingerichtet. RSS Feeds, eigener Weblog und Twitter-Timeline sowie die Einbindung in das soziale Netzwerk Facebook gehören mittlerweile in Portugal zur Standardausrüstung der Online Medien.

Die folgenden statistischen Daten zu Twitter in Portugal stammen aus dem Jahre 2009 und basieren auf einer Untersuchung, die auf die Initiative Rui Costas von der Online Zeitschrift *Webmania* (Netlink 592) durchgeführt worden ist. Teilgenommen haben insgesamt 974 Gewährspersonen von den damals (2009) geschätzten insgesamt 8000 aktiven Twitterern, wobei diese Zahl der Einschätzung von Costa entspricht. Die Ankündigung und Verbreitung der Umfrage erfolgte über ›TwitterPortugal‹ und den entsprechenden Retweets und brachte folgende Ergebnisse[7]: *Art des Twitteracounts*: individuell/privat (869), individuell mit beruflicher Ausrichtung (66), im Auftrag eines Unternehmens (12), staatliche und nicht staatliche Organisationen (9), andere (17). *Geschlechtszugehörigkeit*: Männer (684) gegenüber Frauen (245). *Familienstand*: ledig (563), verheiratet (308), geschieden (53) und verwitwet (5). *Bildungsstand*: mit bis zu 9 Jahren schulischer Ausbildung (11), mit Sekundarabschluss (236), höherer Bildungsabschluss (682). *Geographische Herkunft*: Die fünf am häufigsten genannten Städte sind: Lissabon (344), Porto (158), Aveiro (75), Coimbra (61) und Braga (49). *Alter*: Die größte Gruppe bilden die Twitterer mit einem Alter zwischen 25 und 30 Jahren (275), gefolgt von Twitterern zwischen 18 und 24 Jahren (190), Personen zwischen 31 und 35 Jahren (171), zwischen 36 und 40 Jahren (119) und schließlich von Personen über 40 Jahren (142). *Zeitliche Zugehörigkeit*: 196 Gewährspersonen twittern schon mehr als ein Jahr und 196 weniger als einen Monat. Der Rest ist zwischen 1 Monat und 1 Jahr aktiv. *Durchschnittliche Zeit, die jemand täglich mit Twittern verbringt*: Die Werte liegen hier zwischen mehr als 5 Stunden (135) und weniger als einer Stunde (320). 279 Twitterer sitzen täglich zwischen 1 und 2 Stunden am Computer. *Unternehmensgröße*: 19 Twitterer gehören Klein- und Kleinstbetrieben mit weniger als 10 Angestellten an, 9 mittleren Betrieben mit weniger als 250 und nur 8 Twitterer großen Unternehmen mit mehr als 250 Angestellten. *Betriebliche Nützlichkeit*: 12 der beruflich motivierten Twitterer betrachten ihr Twittern als ›nützlich‹ für ihr Unternehmen, 8 als ›nützlich aber entbehrlich‹ und nur 2 als ›nützlich und unentbehrlich‹. *Die Form des Zugangs*: 899 Twitterer gelangen über ihren Desktop oder über ihren Laptop zur Twitterplattform und 274 vermittels ihrer Handys. *Art des Zugangs*: 365 Twitterer benutzen einen Browser wie Firefox, Opera oder Google Chrom, 485 Anwendungen wie TweetDeck, Twhirl, Twitterfox etc. und 71 Twitterer andere Formen. *Einschätzungen/De-*

---

7   Der Umstand, dass nicht alle Rubriken immer zusammen die Zahl 974 ergeben, kann wohl darauf zurückgeführt werden, dass einige der Gewährspersonen jeweils verschiedene Fragen ausgelassen haben.

finitionen von Twitter: Am häufigsten wurde ›sinnvolle Kommunikationsform‹ (733) genannt, gefolgt von ›soziales Netz‹ (406) und ›revolutionär‹ (336). Weitere interessante Assoziationen, die die Gewährspersonen im Zusammenhang mit Twitter benutzen: *Timewaster, hilft den täglichen Stress abzubauen, wichtiges Kommunikationsmittel zur beruflichen Nutzung, süchtig machend, demokratisch, das neue MIRC, weltweite Nachrichtenagentur, voyeuristisch, die Kneipe des globalen Dorfs, viele wissen nicht, damit umzugehen, ...*

8.2 Empirische Basis

Als Quelle für die Datenerhebung unseres Korpus haben wir die portugiesische Timeline »TwitterPortugal« (Netlink 584) benutzt. Die Zusammenstellung der zur Auswertung herangezogenen Tweets erfolgte im Zeitraum zwischen dem 3. und 15. August 2010 (55 Accounts) sowie dem 24 Oktober 2011 (9 Accounts) nach der folgenden Methode: Wir haben auf der Timeline jeweils jeden 10. Account markiert und sind durch Anklicken der jeweiligen Adresse des Twitterers auf dessen Home-Timeline gestoßen. Dort fanden sich sowohl nähere Angaben zu dem Account und zur Person des Twitterers als auch eine Liste mit den zu diesem Zeitpunkt zuletzt geposteten 100 Tweets, von denen wir dann jeweils die letzten 10 Tweets in unser Korpus aufgenommen haben.

8.3 Analyse portugiesischsprachiger Tweets

Im Ganzen umfassen die von uns ausgewerteten Tweets 8 156 Wörter und 43 603 Zeichen. Das bedeutet, dass durchschnittlich 12,74 Wörter und 68,13 Zeichen pro Tweet gepostet wurden.

8.3.1 Orthografie

Hinsichtlich der Einhaltung der orthografischen Regeln der portugiesischen Standardsprache ergibt sich ein recht heterogenes Bild. Als Beispiele für relativ regelkonforme Tweets können wir die Accounts 46 und 60 anführen. Bei den im Rahmen dieser Accounts analysierten Tweets steht eine sachbezogene und inhaltliche Informationsübermittlung im Vordergrund. Sie beschäftigen sich mit Themen wie ›Journalismus‹ oder ›Marketing‹. Andere Tweets (wie Account 11 und 26) fallen hingegen durch ihre scheinbar regellose orthografische Gestaltung auf. Entweder kümmern sich ihre Verfasser wenig um die entsprechenden Regeln und Normen, sie nehmen sich für die entsprechenden

Korrekturen nicht hinreichend Zeit, oder sie betrachten das Twittern einfach als einen Ausdruck einer eigenen sprachlichen Provenienz, bei der es auf orthografische Korrektheit nicht weiter ankommt. Die Tweets dieser Accounts korrelieren unserer Auffassung nach mit Funktionen, bei denen persönliche Mitteilungen im Vordergrund stehen.
Legt man das Kriterium ›regelkonforme Groß- und Kleinschreibung‹ zu Grunde, ergibt sich folgendes Bild: Fälle von konsequenter Kleinschreibung – Kleinschreibung also auch dann, wenn man den Regeln folgend eigentlich groß schreiben müsste – kommen im Korpus nicht vor. Genauso wenig gibt es Tweets, in denen konsequent alle Wörter groß geschrieben werden. Die allermeisten Regelverstöße (192) liegen in Form von regelwidrigen satzinitialen Kleinschreibungen vor. Diese kommen besonders häufig vor, wenn es sich um Sätze handelt, die in Form von Replys direkt hinter der jeweiligen Account-Adresse stehen, an die diese Replys gerichtet sind. Das Gleiche gilt für Sätze im direkten Anschluss an den URL einer ›zitierten‹ Internetseite:

(197) @andrerodfreitas bom dia, ainda não vi mas é o q acontece qdo andamos com más companhias...
(584) http://www.penicheimobiliaria.com/ para quem procura casa em Peniche.

In einigen Fällen wie dem folgen Tweet (524) *a conversa tava gira mas tenho que sair.até amanhã pessoal :)* erfolgt die normwidrige Kleinschreibung selbst dann, wenn das Wort zwischen zwei aufeinander folgenden Sätzen innerhalb ein und desselben Tweets steht. Unserer Auffassung nach lässt dieser Umstand darauf schließen, dass Tweets nicht als Sätze im herkömmlichen Sinn orthografischer Einheiten der Schriftgrammatik wahrgenommen werden sondern als Ausdrücke einer Kommunikationsform ›sui generis‹. Addiert man zu den 192 Belegen normwidriger satzinitialer Kleinschreibung noch die 56 satzimmanenten Verstöße gegen die Regeln der Groß- und Kleinschreibung, kommt man auf insgesamt 248 Belege nicht regelkonformer Groß- oder Kleinschreibung. Damit ergibt sich die Relation von 61,25 % regelkonformen gegenüber 38,75 % nicht regelkonformen Tweets. Alle 248 nicht regelkonformen Tweets stufen wir als *hybrid* ein, weil bei den anderen Wörtern dieser Tweets korrekt groß- und kleingeschrieben wird. Setzt man die Zahl von 192 regelwidrigen satzinitialen Kleinschreibungen hingegen in Relation zu den insgesamt 925 Sätzen und Ellipsen, gelangt man zu dem Ergebnis, dass insgesamt 20,75 % normwidrige 79,25 % regelkonformen Sätzen gegenüberstehen.

Beispiele für Großschreibungen, die man als Mittel zur Hervorhebung interpretieren könnte, finden sich in den Tweets insgesamt nur 31-mal, wie etwa im folgenden Beispiel:

(512) @iPhil @mrjazzman N A O T E N S N A D A ! C O M P R A!! (DUMUSSTÜBERHAUPTNICHT! KAUF!!).

Andere regelwidrige Großschreibungen finden sich in unserem Korpus nur 25 mal. Viele dieser Fälle erlauben unserer Ansicht nach aber auch eine Interpretation als Flüchtigkeitsfehler, wie z.b. die Großschreibung des bestimmten Artikels »O« im folgenden Beispiel:

(623) O objectivo de um plebiscito não foi alcançado, O Júdice e o Marcelo nisso foram mais subtis a perceber.

Eine weitere orthografische Besonderheit betrifft den Umstand, dass die Sätze eines Tweets, die auf ein Smiley, ein Akronym oder eine URL-Adresse enden, in der Regel (7 Ausnahmen) keinen Punkt am Ende aufweisen, wie: (524) *a conversa tava gira mas tenho que sair.até amanhã pessoal :)* Selbst bei nicht auf graphostilistische oder hypertextuelle Zeichen endenden Sätzen steht in insgesamt 121 Fällen kein Punkt, wie in:

(527) @sunintolungs: eu estava agora para dizer que me apetecia leite, mas calei-me

51 Normwidrigkeiten haben wir als Tipp- oder Flüchtigkeitsfehler eingestuft. Ein solcher Fehler kann darin bestehen, dass durch fehlende Betätigung der Leertaste der Zwischenraum zwischen Wörtern/Sätzen fehlt oder versehentlich Buchstaben ausgelassen wurden. Bei anderen Verstößen kann man davon ausgehen, dass sie nicht bewusst herbeigeführt wurden, wie:

(584) @plousinha Exa. DocPat, hey wassup? KissVentoinha para um dia quente,mas sem a canícula!

In 53 Fällen fehlen die nach den Normen der portugiesischen Orthografie notwendigen diakritischen Zeichen: Akzente, Tilden und Cédillen. Aber auch hinsichtlich dieses Verstoßes scheint es kaum Twitterer zu geben, die in ihren Tweets *systematisch* alle Lautzeichen weglassen. Eine Ausnahme bilden die im

Rahmen des ›Accounts 14‹ ausgewerteten Tweets, bei denen 6 der insgesamt 13 zu setzenden Akzente fehlen.

8.3.2 Mündlichkeit

Anzeichen für eine Anlehnung an oder Nachahmung von Mündlichkeit sehen wir zunächst in dem Umstand, dass die graphematische Gestaltung einiger Worte – insgesamt 34 Belege – eine Aussprache nahelegt, wie sie normalerweise nur im gesprochenen Portugiesisch vorkommt. In den Belegen unseres Korpus wird diese Nachahmung in Form von Tilgungen oder Assimilationen erreicht. Im Einzelnen treffen wir auf 14 verkürzte Belege des Verbs *estar* (*sein*) in Form von *estou* > *tou* (5), *está* > *tá* (4), *estas* >*tás* (4) und *estava* > *tava* (1). Die Präposition *para* wird in 9 Fällen abgekürzt, 7 mal zu *pra* und 2 mal zu *pa*. Das portugiesische *obrigado* (Danke) finden wir 1 mal verkürzt auf *bigada*, 1 mal *beijinhos* > *jinhoss*, sowie 3 mal die Tilgung *embora* (los jetzt) > *bora*. Zu diesen 28 Tilgungsformen kommen noch 4 Formen von Assimilationen: *então* > *ātão* und *tomando* > *tamando* (spaßig gemeinte Kennzeichnung einer überbetonten Nasalierung der anlautenden Silben *en-* und *tom-* durch deren Anpassung an die jeweilige Folgesilbe), *como* > *cumo* und *telefono* > *tufono* (das Graphem o in unbetonter Silbe wird im Portugiesischen wie ein [u] ausgesprochen). Hinzu kommen die zwei Kontaminationen *Que es* > *qués* (*dass du bist...*) und *faz a favor* > *faxavor*.

Zu den sprachlichen Merkmalen, die ein besonders deutliches Indiz für einen mündlichen Sprachduktus sind, gehören die ›*Gesprächspartikeln*‹. Ohne an dieser Stelle eine genaue Definition dieses komplexen Begriffs leisten zu können, haben wir in unserem Korpus 86 Formen als Gesprächspartikeln – unserer Terminologie zur Folge auch »*Gesprächsausdrücke*« (Sieberg 2007a)[8] – gewertet. Es handelt sich um Ausdrücke zur »*Organisation des Rederechts*« (Schwitalla 2006: 87), Formen zur »*Engführung der Orientierung*« (Feilke 1994) und »*Operatoren in Operator-Skopusstrukturen*« (Barden/Elstermann/Fiehler/Kraft 2004). Letztere übernehmen oft auch die Funktionen von »*Scharnieren*« (Rudolf 2002) und dienen in gesprochenen Dialogen zur Überleitung der ›Turns‹ der am Gespräch beteiligten Personen. Die folgende Tabelle sowie die darunter stehenden Beispiele geben einen Überblick über Belege und Funktionen dieser am Korpus festgestellten Gesprächsausdrücke:

---

8   Wir verstehen darunter verbale Ausdrücke und tonale Zeichen, die syntaktisch und intonatorisch vom Rest der Äußerung abgesetzt sind, auf die sie sich beziehen. Sie übernehmen dabei verschiedene Aufgaben, deren Interpretation sich aus den besonderen situativen Umständen gesprochensprachlicher bzw. nähesprachlicher Kommunikation ergibt.

Operatoren und Scharniere (46 Belege)	Alias (1), pois (3), pois é (2), ah bom (1), bom bom (1), de certeza (1), sinceramente (2), finalmente (1) de qualquer das formas (1), certo (1), está certo (1), por acaso (1), vê lá (1), sim (6), normalmente sim (1), é verdade (1), claro (3), então (2), eh pa/epá pá (5) credo (1), ahhh (2) como assim (1) upssss (1), a sério (2) é admirável (1), etc e tal (1), ainda bem (1), pergunta (2)
Rederechtsmittel (34 Belege)	ohla (6), então (5), vá, (1) então vá (2), bom (1), bem (6), ah (2), ha (1), olá (6), ora (2), e ponto final (1) e já agora (1)
Signale zur Engführung (6 Belege)	hein (1), não é (2), não (1), não es (1), então não (1)

Tab. 1: Funktion und Belege von Gesprächsausdrücken

Ein anschauliches Beispiel für das Funktionieren eines Gesprächsausdrucks als Scharnier erkennen wir bei dem folgenden Beleg (623). Die Partikel *certo* (*sicher*) im initiativen Tweet schließt an die im zitierten Retweet getroffene Aussage *O objectivo de um plebiscito não foi alcançado* (*Eine Volksabstimmung wurde nicht erreicht*) an und ermöglicht dadurch den Brückenschlag zwischen der Aussage im Retweet und der Reaktion im initiativen Tweet.

(623) Certo, daí o azedume RT @JotaNR: O objectivo de um plebiscito
   não foi alcançado, ...

Eine Funktion als nachgestellte »Verstehensanleitung« (Barden/Elstermann/ Fiehler 2001: 200) leistet die Partikel/der Gesprächsausdruck *claro* in Tweet 243:

(243) @joelysandra No Oliva, claro :))
   (Im Oliva[9], selbstverständlich)

Als Rederechtssignal wirkt in Beleg (318) , *Tão vá, às férias* (*Also, auf in die Ferien*) der Ausdruck *vá*, der im Portugiesischen häufig als Ankündigung einer beabsichtigten Beendigung des eigenen sprachlichen Turns benutzt wird.

Das *não é* in Beleg (250) *@mjdrumond pois, concordas comigo, não é?* (*Klar, du stimmst mit mir überein, oder?*) interpretieren wir als Engführungssignal.

Viele der Feststellungen, die wir im Rahmen der vorliegenden Analyse des Sprachmaterials treffen können, deuten darauf hin, dass es sich beim Twittern um eine »kommunikative Praktik« (Fiehler/Barden/Elstermann/Kraft 2004:

---

9 Name für ein Restaurant in Lissabon.

99)[10] handelt, die in besonderem Maße gesprochenen Alltagsdialogen ähnelt[11]. Eine ausführlichere Untersuchung dieser Beobachtung im Rahmen des Modells des ›Nähe- und Distanzsprechens‹, wie es in der ›Gesprochenen Sprache Forschung‹ von Koch/Oesterreicher (1985) und dann von Ágel/Hennig (2007) entwickelt wurde, drängt sich förmlich auf, kann aber im Rahmen der vorliegenden Arbeit nicht erfolgen. Eine solche Analyse bedürfte der Einbeziehung einer Reihe von zusätzlichen Analysekriterien[12] sowie einer Neuinterpretation all derjenigen Daten, die aus der Perspektive des Modells als Indizien für Nähesprechen relevant sind.

8.3.3 Lexik

Im Portugiesischen erfolgen die für das Twittern notwendigen Neubezeichnungen durch Wortbildungen und Entlehnungen. Als wörtliche Übersetzung des Begriffs *follower* benutzen die Portugiesen das Wort *seguidores* (wörtlich *die, die folgen)*. Für *Tweet* findet man neben der Entlehnung *tweet* auch das an die portugiesische Aussprache angepasste *twitt* (Plural *twitts*) sowie vereinzelt die Wortbildung *twittada*, die sich aus *twitt* + dem Ableitungssuffix -ada zusammensetzt. Ein *Twitterer* wird hingegen als *twitter* (pl. *twitters*) bezeichnet. Eine interessante Wortspielerei finden wir mit der Form *twintal*, eine Kontamination der Wörter *quintal* (= Garten) und *twitt*. Denominal von *twit(t)* abgeleitet werden die Verben *twittar* bzw. *tuitar*, wie in Beleg 144: *aí, twitters... segundo já vos twitto em dia de trabalho*. Das Lächeln schließlich, das man seinem Tweetpartner zuschickt, findet die hübsche Bezeichnung (247) *twitsorriso* (*Tweetlächeln*).

Die weitere Analyse hinsichtlich der in den Tweets vorkommenden Lexik ergibt ein recht buntes Bild. Tweets mit hochsprachlichem Wortschatz stehen neben solchen, die mit umgangssprachlichen und jugendsprachlichen Ausdrücken durchsetzt sind. Andere Tweets fallen wiederum durch ihre phantasievollen Wortspielereien auf. Dialektale Varianten findet man hingegen kaum,

---

10 Wir ziehen diesen Begriff dem der ›Textsorten‹ vor, weil er sowohl schriftliche als auch mündliche Formen umfasst (vgl. auch Duden 2005: 1180f.).
11 Despektierlich auch »Sprechschreibe« genannt, wie in einer Ausgabe von Zeit-Online (Netlink 595).
12 Im Rahmen des Beschreibungsparameters ›Zeit‹ – einer der 5 Parameter des Modells – würde eine solch weitergehende Analyse sprachliche Erscheinungen erfassen und interpretieren, die auf eine aggregative Strukturierung des Informationsflusses der Tweets (= Häppchenstil) deuten, wie z.B. Herausstellungen am Satzrand oder fehlende syntaktische Kohäsionsmarkierungen. Einige der relevanten Merkmale sind in der portugiesischen Literatur beschrieben z.B. unter »*tópico pendente*« (Freies Thema), »*oração relativa resumptiva*«, oder »*frase clivada*«. (Mateus/Brito/Duarte/Faria (2003). Zur Analyse portugiesischer Texte im Rahmen des Modells kommen sie zur Anwendung bei Sieberg (2011).

wenn man von 2 Beispielen absieht, bei denen die Twitterer – wohl in spielerischer Absicht – die standardsprachliche Variante der Aussprache des Frikativs [v] (= Graphem v) durch die in einigen Gebieten Nordportugals und Galiziens übliche Aussprache[13] mittels der Laute [b] bzw. [β] (= Graphem b) ersetzen, wie im folgenden Beispiel (11) *@bluetuga ui, então bou-me por* .... statt *vou-me*...

Wesentlich häufiger sind hingegen Worte und Wendungen, die man als ›umgangssprachlich‹ bezeichnen würde. Insgesamt haben wir 48 Belege für umgangssprachliche bzw. ›fäkalsprachliche‹ Ausdrücke und Wendungen gefunden. Dazu zählen die Interjektionen und elliptisch abgekürzten Ausrufe *credo, boas* und *porreiro* (im Deutschen etwa: *Mein Gott, sehr gut, in Ordnung*), die Partikeln *pá* bzw. *epá* in verschiedenen graphematischen Realisierungen (*pá, epá, pa, pah, pahhh*), die Verben *gramar* (*aushalten*) und *desembuxar* (*Worte ausspucken*), die Substantive *gajo* bzw. spielerisch *gajio* (*Typ*), *malta* (*Gruppe von Personen*), *mulheraças* (*korpulente Frau*) und *cromo* (*Figur*). Zur Rubrik Fäkalienworte zählen wir Ausdrücke wie *porra* und *bosta* (*Scheiße, Mist*), *cralho* (*Schwanz*) und das abgekürzte *fdx* (*fode-se = fuck you*). Daneben finden sich auch einige idiomatischen Wendungen wie *há coisas do caraças!* (*es gibt wirklich Unglaubliches!*), *levaram 3 na marmita* (*sie haben drei ins Tor gekriegt*), *o raio do filme* (*dieser verfluchte Film*), *tou carreca de os conhecer* (*ich bin verrückt danach sie kennenzulernen*), *bou-me por na alheta assim a correr muito:)*) (*ich laufe ganz schnell weg*) oder *estou a mexer uns cordelinhos* (*ich lasse meine Beziehungen spielen*).

Auch gibt es im Korpus insgesamt 8 Belege für jugendsprachliche Ausdrucksweisen Darunter befindet sich das Wort *bué*, das in den letzten Jahren eine geradezu inflationäre Ausbreitung gefunden hat. Es wird im Portugiesischen in attributiver und prädikativer Stellung als Adjektiv aber auch als Adverb und als Substantiv verwendet:

(53) Fiz algo bué mas bué esperto hein...
(ich habe etwas Tolles aber wirklich Tolles gemacht).

Im Korpus finden sich insgesamt 5 Belege dieses prototypisch jugendsprachlichen Lexems[14]. Hinzu kommen noch 2-mal *nice* und die Wendungen *É só pitas no chat do 5meia noite* (*Im Chat 5meia noite erscheinen ausschließlich pitas*[15]).

Die auffallend hohe Zahl englischer Wörter – 337 Belege (4,13 % aller Wörter) – ergibt sich unserer Ansicht nach aus dem Umstand, dass viele Tweets als Quelle englisch- bzw. amerikanischsprachige Internetseiten benutzen und von

---

13 Vgl. Cunha/Cintra (2002: 11).
14 Vgl. die Untersuchung von Almeida (2008).
15 Geistig zurückgebliebenes junges Mädchen, das beim Chatten vorwiegend sexuelle Abenteuer sucht.

dort mittels ›copy-paste‹ komplette Äußerungen oder Teile von Äußerungen in ihre Tweets übernehmen Dieses gilt insbesondere für Informationen aus dem Bereich von Musik und Popkultur, aber auch für andere Inhalte aus Politik und Wirtschaft, wie in (396): *No E-Books Allowed in This Establishment – http:// nyti.ms/a64OEX*. Insgesamt 36 Tweets sind komplett auf Englisch verfasst. In einigen Fällen (9) finden sich auch Mischungen von Äußerungen mit portugiesisch- und englischsprachigen Anteilen, wie in (445) *Prova da cegueira de quem dirige old media?*

Eine spielerische Nachahmung der brasilianischen Aussprache wird in den Tweets 145 und 146 deutlich. So wird aus dem Portugiesischen *lua de mel* (Hochzeitsreise) *lua dji méu* und aus dem Wort *diabo* wird *djiabo*. Das bedeutet eine Frikatisierung (Celso/Cunha 2002: 31) des anlautenden Plosivs d > dji ([d] > [dʒ]) sowie im Wort *mel* eine Vokalisierung des auslautenden Laterals l > u ([ɫ] > [w]):

(145) eu tô morando num pedaço do céu... comu djiabo gosta...
und
(146) lua dji méu.. ma mãe eu tou em lua dji méu...

Im Sinne einer Nachahmung brasilianischer Aussprache interpretieren wir auch die graphisch dargestellte, übertriebene Dehnung des vokalischen Anteils des Begrüßungsworts *aló* zu *aloha*! bzw. *alooou*. Geradezu Signalcharakter besitzt weiterhin die brasilianische Begrüßungsformel *oi*, die im Korpus 3-mal vorkommt.

Vereinzelt (16-mal) sind auch spanische Wörter oder Wortbrocken in den Tweets enthalten, wie in (239) *Chavez tiene que cuidar su imagen!!!* (Chaves sollte auf seinen Ruf achten).

Belege für *Inflektive* bzw. für Konstruktionen, die diesen vergleichbar sind, kommen im Korpus 3-mal vor:

(379) *joga um sniff do cotovelo à ponta do dedo*
(*einen »Sniff«[16] vom Ellenbogen in die Fingerspitze weiterleit*)
(28) bem, vou ao site do e4[17] ver a nova geração do skins *medo*
(also, ich gehe jetzt auf die Homepage von e4, um mir die neue Generation der Skins *Angsthab* anzuschauen)
(526) *cof cof* (*vor sich hin lach*)

---

16 Wir vermuten, dass der Twitterer meint, dass er ein bestimmtes Programm vom Internet auf seinen Rechner runterlädt?
17 Internetseite des englischen Prepaid Fernsehsenders ›e4‹ (Netlink 596), speziell für Misfits, Skins und Hollyoaks.

Insgesamt 18-mal versuchen die Twitterer durch Wortspielereien einen komischen Effekt zu erzielen wie in: (483) *Tás cumó asso inóque-sidrável?* (entsprechend der korrekten Äußerung: *Estás como aço inoxidável* (*du scheinst aus rostfreiem Stahl*), (75) *abreijos a todos* (Kontamination aus *abraço* und beijos = Umarmung und Küsschen), (125) *E tu, já estás androidado?* (*bist du auch schon vom Androidfieber gepackt?*) und der Form *tufenar* (korrekt *telefonar*), ...

Charakteristisch sind auch die zahlreichen, sich am Rande des verbalen Codes befindlichen »*tonalen Zeichen*« (Henne/Rehbock 1982: 80f.), die einer Emotionalisierung der Kommunikation Vorschub leisten. Es handelt sich bei diesen 41 Ausdrücken um Formen wie *hey, hey, pfff, Wtttt, hmmmm, ahhhh, eheh, puff, pum, weee, xiiii, grrr, upsss, Dssssss,* ... . Zusammen mit den konventionellen Interjektionen *Irra* (Ausdruck der Irritation), *Credo* (Ausdruck der Überraschung), *Jesus, Socorro* (*Hilfe*) und der Entlehnung *nice* sowie dem Ausruf *mau, mau, mau,* finden sich insgesamt 48 Belege. Das wahre Ausmaß dieser Tendenz zur Emphatisierung in den portugiesischen Tweets wird aber erst dann deutlich, wenn man zu diesen 48 Interjektionen und tonalen Zeichen noch die große Zahl von 99 einfachen Ausrufezeichen, die 79 Zeicheniterationen, die 162 Smileys, die 28 Fälle von *lol*, die 31 Fälle von ›Großschreibungen zur Hervorhebung‹ und die 5 auch zur Emotionalisierung beitragenden Varianten von *pá* hinzu addiert und damit auf die Zahl von insgesamt 452 Emotionsmerkmalen stößt. Damit steht in fast jedem 2. Satz bzw. jeder 2. Ellipse (49,45 %) ein Emotionsausdruck.

8.3.4 Reduktion

Was als erster Eindruck beim Anschauen von Tweets vielleicht am meisten auffällt und diese kommunikative Praktik von anderen unterscheidet, sind die zahlreichen Abkürzungen – insgesamt 233 (2,86 % aller Wortformen) – sowie die in die Äußerungen integrierten Adressen von Internetseiten, Hashtags und URL Adressen. Für einen mit dieser Textsorte nicht vertrauten Leser erfordert es darum schon einige Übung, die Tweets zu entschlüsseln. Die folgende Tabelle gibt einen Überblick über alle im Korpus angetroffenen Reduzierungen:

Namen (insgesamt 23 Belege)	unter anderen: FCP (Futebol Clube do Porto), ADR (American Depositary Receipt), AJE (Al Jazeera English), DN (Diário de Notícias), JMF = Jose Maria de Fonseca, MS (Ministério de Saúde), PM (Primeiro Ministro), etc.	
Präpositionen (insgesamt 37 Belege)	para (für) > p (11), > pra (2) com (mit) > c (9), > cm (1); de (von) > d (9); como > cmo (2); que (als) > q (3)	

Pronomen (insgesamt 49 Belege)	que (der, die das) > q (36); porque (warum) > pq (4); te (dich) >t (1); quanto (wieviel) > qnt (1); nada (nichts) > nd (3); tudo (alles) > tdo (1); ninguém (niemand) > ngm (1); todos (alles) > tds (1); primeira (der/die/ das erste) > 1a
Konjunktionen (insgesamt 16 Belege)	que (dass) > q (10); quando (als) > qdo (5), qnd (1)
Partikeln (insgesamt 21 Belege)	não (nicht) > ñ (13). > n (7); obrigado (Danke) > obg (1)
Adverbien (insgesamt 35 Belege)	também (auch) > tb (13); muito (viel) > mt (8) > mto (4), mesmo (wirklich) > mm (4); mais (mehr) > + (3); nunca (niemals) > nc (1); super (super) > sp (1); mesmo (wirklich) > mm (1)
Wortgruppen (insgesamt 44 Belege)	Lol (28); lolo (1); lool (1); vamos embora (los geht's) > bora (2); Follow Friday > FF (2); fode-se (fu.. you) > fds (2); thanks > txs (1); se faz favor (bitte) > sff (1); 25 de Abril > 25abril (1); por exemplo (zum Beispiel) > p. ex. (1); no problem > no prob. (1); número um (Nummer Eins) > n 1 (1); nos anos 80 (in den 80iger Jahren) > 80´s (1) consigo (mit Ihnen) > csg (1); comigo (mit mir) > cmg (1)
Substantive (insgesamt 8 Belege)	hora (Stunde/Uhr) > h (2); beijocas (Küsschen) > bjokas (2); euro (Euro) > e (2); Praça (Platz) > Pr. (2)

Tab. 2: Reduktionsformen im Korpus

Wenn man sich die Tweets unseres Korpus betrachtet, so gewinnt man den Eindruck, dass ein und derselbe Twitterer dasselbe Wort oder dieselbe Wortgruppe an einer Stelle vollständig ausschreibt, um sie dann bei nächster Gelegenheit spontan durch die entsprechende Reduktionsform zu ersetzen. Wie zu erwarten, orientieren sich die Twitterer bei ihren Reduzierungen dabei an den gleichen Schreibkonventionen, die sich bereits in den anderen an Computer und Internet gebundenen kommunikativen Praktiken wie SMS, Chat und Weblog herausgebildet haben. Der Umstand, dass bis auf wenige Ausnahmen immer wieder die gleichen Abkürzungsformen für die gleichen Worte verwendet werden, deutet unserer Ansicht nach darauf hin, dass sich mit der Zeit Konventionen herausbilden werden, die sich von ihrer praktischen Geltung her durchaus mit denen der normalen schriftsprachlichen Orthografie vergleichen lassen.

Eine andere Form der Reduktion betrifft die Einbeziehung von Hashtags, Internetseiten oder URL-Adressen in die Satzstrukturen der Tweets. So weist der Korpus 16 Belege für eine Integration von Hashtags auf und 15 Belege für eine Integration von hypertextuellen Zeichen. Zur Veranschaulichung die folgenden Beispiele:

(206) Bem, vou ver se durmo umas horas! Até amanhã companheiros do #turnodanoite :)
(259) "... Credo, a melhor coisa q fiz foi não ir buscar este cromo @calvas ao aeroporto!"

8.3.5 Syntaktische Strukturen

Wie die Beschränkung der möglichen Anzahl von Zeichen pro Tweet zu vermuten lässt, deutet unser Korpus auf eine deutliche Tendenz zu Einfachsätzen, die mit 430 Gesamtbelegen einen Anteil von 46,49 % an der Gesamtzahl der 925 ausgezählten Sätze/Ellipsen ausmachen. Ihnen folgen die subordinierten Sätze mit 215 Belegen (23,24 %), dann mit 211 Belegen (22,81 %) die Ellipsen, während sich nur 69 Belege (7,46 %) für koordinierte Sätze finden. Komplexe Satzgefüge sind also eher die Ausnahme und finden sich vornehmlich in solchen Sequenzen von Tweets, die einen geringen Grad von Interaktivität (Dialogizität) aufweisen. Dazu der folgende Beispielsatz: (536) *Segundo o meu pai, não se devem ler livros, porque de noite sonha-se com aquilo que lê-mos e não se dorme tranquilo*. Dieses Satzgefüge besteht aus dem Hauptsatz *Segundo o meu pai, não se devem ler livros*, von dem der adverbiale Kausalsatz *porque de noite sonha-se com aquilo que lê-mos e não se dorme tranquilo* abhängt, der selber wieder aus den zwei folgenden in einer Relation der Beiordnung stehenden Sätzen *de noite sonha-se com aquilo que lê-mos* sowie *não se dorme tranquilo* besteht, die wiederum durch *e* verbunden sind.

Am häufigsten aber kommen Einfachsätze wie die folgenden vor: (96) @MCeuRMP *bem vi, bem vi. Vejo sempre o que me enviam. Estranhava a sua resposta a um outro mail, por acaso. Devo responder-lhe ainda hoje... (Ich habe es ganz genau gesehen. Ich sehe immer alles, was man mir schickt. Ihre Antwort auf eine andere Mail habe ich wirklich komisch gefunden. Noch heute werde ich Ihnen bestimmt eine Antwort schicken)*. Kurze Aussagen werden stakkatohaft hintereinander gereiht, wobei die inhalt-logische Kennzeichnung zwischen den Propositionen dieser Äußerungen oft unterschlagen, beziehungsweise aus dem Kontext erschlossen werden muss.

Was aber an der syntaktischen Analyse der Tweets am meisten auffällt, ist die für einen schriftlichen Ausdruck überdurchschnittlich hohe Zahl von *Ellipsen*, die in der einen oder anderen Form bei fast allen Twitterern vorkommen, wie:

(400) Agora?! Agora bou tentar xonari! :)
(Und jetzt? Jetzt versuch ich ein bisschen zu schlafen)

(402) RT @BensCulturais: O portal dos Bens Culturais da Igreja:http://
www.bensculturais.com/
(Das Portal zu einer Internetseite über die Güter der Kirche)
(228) Divulgando escritos da filhota, c/orgulho: http://random-vida.
blogspot.com/
(Bin grade dabei, etwas von meiner kleinen Tochter Geschriebenes
zu verbreiten, mit Stolz)
(337) Rapaz abatido a tiro em assalto horas após ver morrer amigo http://
goo.gl/zYse :S
(Junge bei Überfall erschossen, Stunden nachdem er seinen Freund
hatte sterben sehen)

Die folgenden Interpretationen versuchen, die Gründe zu verdeutlichen, die wir als verantwortlich für die große Zahl von Ellipsen im Korpus ansehen.

Interpretation der Ellipse in (400): Die erste als Ellipse formulierte Frage *Agora* (*Und jetzt?!*) ergibt sich aus der dialogischen Struktur der Tweetsequenz. Genauer genommen handelt es sich um die adjazentale Übernahme des Teils einer Frage, der dem vorausgehenden Tweet eines Followers entnommen ist.

Interpretation der Ellipse in Beleg (402): In gesprochenen Alltagsdialogen entstehen elliptische Strukturen oft dadurch, dass die sprachlich Handelnden auf Objekte verweisen, die für die Sprechhandelnden im gleichen Raum physisch präsent sind. Eine ähnliche Situation unterstellen wir, wenn wie in Beleg (402) ein Twitterer auf die Abbildung einer referierten Webseite verweist. Die gemeinsame virtuelle Präsens dieses Objekts (Internetseite) für alle am Tweetdialog Beteiligten führt unserer Ansicht nach zur Verwendung von sprachlichen Ausdrücken, wie sie auch von Sprechern gebraucht würden, die sich gemeinsam in einem realen Raum befinden und auf ein physisches Objekt hinweisen, das sich vor ihnen im Raum befindet. Im Deutschen und Portugiesischen sind es elliptische Verkürzungen der Äußerungen, die einer solchen Situation angemessen sind.

Interpretation der Ellipse in Beleg (228): Eine Ellipse wie in diesem Tweet findet ihre Erklärung in dem Umstand, dass es sich bei dieser Struktur um den Versuch handelt, eine Antwort auf die Frage *What's happening* zu formulieren, eine Frage, die den sozusagen übergeordneten kontextuellen Rahmen aller initiativen Tweets bildet. Zur englischen ›continuous form‹ *What's happening* passt als fortführende Konstruktion die mit dem portugiesischen ›Gerundium‹ eingeleitete Äußerung *divulgando escritos da filhota, c/orgulho*. Im Korpus finden sich noch weitere 16 Tweets, deren elliptische Strukturen die gleiche Erklärung nahelegen.

Interpretation der Ellipse in Beleg (337): Bei dieser Ellipse handelt es sich offensichtlich um die Nachahmung der *Überschrift* eines Zeitungsartikels. Durch Wegfall des Artikels ›o‹ des Substantivs *rapaz* (*Junge*) wird eine für diese Textsorte im Portugiesischen typische Regel eingehalten, der zur Folge die Artikel der zentralen Substantive und die Verben oft ausgelassen werden (Araújo 1988: 88).

8.3.6 Graphostilistik

Im Korpus finden sich insgesamt 162 Smileys. Das bedeutet, dass ungefähr in jedem vierten Tweet ein Smiley gebraucht wird. Es sind allerdings nur 20 verschiedene Variationen von Smileys, die hierbei verwendet werden, nämlich: xD ^^' :-)) :(;) ~/° :)))) -.-' :P :D :* :p ;p :):) :) ;))) ;-) *.* x) :/. Das deutet darauf hin, dass die Twitterer sich keine besondere Mühe hinsichtlich einer originellen Gestaltung ihrer Smileys zu geben scheinen, vielleicht mit Ausnahme der beiden Figuren ~/° (man wünscht sich einen schönen Tag am Strand) und :* (Bedeutung *schlafen*). Wie man aus den Accounts ersehen kann, scheint es Twitterer zu geben, die ohne bzw. fast ohne graphostilistische Ausdrucksmittel auskommen, wie etwa die Tweets im ›Account 39‹ (0 Merkmale), während bei ›Account 2‹ alle Tweets mindestens ein Smiley enthalten.

Auch Wiederholungen von Satzzeichen und Wörtern, die sogenannten Iterationen, gehören zum Ausdrucksinventar der Twitterer. Es sind insgesamt 79 Belege für Iterationen, die wir im Korpus gefunden haben. Darunter befinden sich 66 Zeichen- und 13 Buchstabeniterationen, darunter auch so auffällige wie:

(180) @a23637 http://twitpic.com/2dhlrb –
AHHHHHHHHHHHHHHHHHHHHH Gosto taaaaanto!

Für Homophone haben wir nur einen Beleg gefunden, nämlich die Form *Beatles 4 Ever*.

Als gesondertes Phänomen möchten wir auf die Wiederholung von Pünktchen hinweisen, die meistens am Ende eines Satzes bzw. einer Ellipse stehen aber in manchen Fällen auch innerhalb eines Syntagmas. Im Korpus kommen solche Pünktchenwiederholungen insgesamt 101-mal vor. Damit handelt es sich um das am häufigsten gebrauchte graphostilistische Ausdrucksmittel der portugiesischen Twitterer. Dazu das folgende Beispiel: (10) *IRRA... Não csg mm dormir! Devia ter chá p dormir melhor... .* Wir interpretieren diese Pünktchenwiederholungen als »Zeitgewinnungsverfahren« (Ágel/Hennig 2007:

191), als Anzeichen dafür, dass ein Twitterer sich durch das wiederholte Drücken der Pausentaste eine kleine Denkpause für die Planung seiner nächsten Formulierung verschafft.

8.3.7 Interaktion

Unsere Auszählung ergibt 371 adressierte Tweets (57,97 %), 269 nicht adressierte Tweets (42,03 %) und 255 (39,84 %) reaktive Tweets. In 55 Fällen (8,60 %) liegen Mehrfachadressierungen vor. Letztere scheinen besonders beliebt zu sein, wenn es darum geht, mehrere Mittwitterer gemeinsam in einem Tweet zu begrüßen: (20) *Bom Dia @resendejoana @catarinadoria @nunotravasso @EnfermeiroAndre @carlapsinola @andrerodfreitas @DeniseDeNunes @ana_p_ teixeira.*

Die Internetplattform Twitter bietet ihren Teilnehmern zahlreiche Gelegenheiten zur Interaktion: (a) Tweets in Form von Replys nehmen inhaltlich und sprachlich Bezug auf einen vorherigen Tweet des ›Angesprochenen‹. (b) Viele der vor einem Retweet stehenden Äußerungen beziehen sich sprachlich und inhaltlich auf die folgenden Retweets, wobei dann diese Retweets selber wieder in einem inhaltlichem und sprachlichem Bezug zu einem weiteren, dritten Tweet stehen können, wie im folgenden Beispiel: (371) *Não, mas foi desenvolvido por Jean-Luc Picard... RT @Rykardow: Traz mp3? RT @Nasc1mento: Uma pulseira Power Balance 38€? Dasssssss...* (Nein, aber er ist von Jean-Luc Picard entworfen worden... RT @Rykardow: Hat er mp3? RT @Nasc1mento: Einen Armreif Power Balance für 38€? Dasssssss...). Diese latent auf Dialogizität angelegte Kommunikationsstruktur des Twitterns manifestiert sich bei der Mehrzahl der analysierten Tweets in entsprechend sprachlichen Merkmalen, wie wir sie von gesprochenen Dialogen her kennen. Es folgen einige Beispiele, die veranschaulichen sollen, in welchen unterschiedlichen Formen sich diese Dialogizität sprachlich manifestiert:

a) Durch verschiedene Formen *adjazentaler Fortführung und Wiederaufnahme* oder durch *adjazentale Frage/Antwort Sequenzen* in Bezug auf andere Tweets wie in: (1) *@PokerAlho46 eh pah e eu vou tirar uma imperial p mim q estive na piscina (de 5cm) c a minha sobrinha d 8meses e tou cansada!* (@PokerAlho46 Mann oh Mann, und ich werde jetzt ein Bier trinken, weil ich mit meiner 8 Monate alten Nichte im Schwimmbad (5 cm) war und saumüde bin!)
b) Durch *Proformen*, die sich sowohl auf andere Tweets als auch auf die Inhalte von Webseiten beziehen können. Im folgenden Beispiel ist es der unbestimmte Artikel *uma*, der sich in seiner Funktion als Proform auf eine

vorherige Äußerung bezieht: (423) *@oluisribeiro Eu mandei à bocado uma, mas agora que fui ver não veio cá parar :((Vor kurzem habe ich eine geschickt, obwohl ich jetzt feststellen muss, dass sie gar nicht angekommen ist).*

c) Durch *Topikellipsen* oder andere Formen, die unter pragmatischem Gesichtspunkt unvollständig und ausschließlich als Fortsetzungen vorheriger Äußerungen denkbar sind: (29) @Helenasays *dá na tvi, horas nao sei, deve ser ás 19.45 (@Helenasays kommt im TVI, die genaue Zeit weiß ich nicht, wird wohl um 19.45 sein).*

d) Durch adjazentale Fortführung der alle Tweets begleitenden Frage *What's happening*: (186) *A ser assaltada nas Área de Serviço de Alcochete... 4,10€ 2 cafés e 2 Bolos... Pffff (werde grade auf der Raststätte bei Alcochete überfallen...4,10€ 2 Kaffees und 2 Stückchen Kuchen... Pffff.)*

Die genaue Auszählung der Dialog anzeigenden Sprachelemente ergibt Folgendes: 107 Belege für Formen adjazentaler Fortführung, Übernahme oder adjazentaler »Frage – Antwort«-Sequenzen. 53 Belege für Topikellipsen und Äußerungen, die aus pragmatischer Perspektive ausschließlich als Folge vorangehender Äußerungen Sinn ergeben. 51 Belege für Proformen, die auf vorhergehende Äußerungen verweisen und schließlich 16 Belege für Fortsetzungen der übergeordneten Frage *What's happening?*

Zu diesen insgesamt 227 Dialogizität anzeigenden Elementen kommen noch weitere 82 Begrüßungs- und Verabschiedungsformeln, die ebenfalls als Indiz für den dialogischen Charakter der Twitterkommunikation gewertet werden können. Neben den konventionellen Ausdrücken *Bom dia, olá, boa noite, até amanhã, beijinhos, beijocas, abraço, viva*, finden sich auch Formen wie *óh meu pequenino! Kiss, aloou..., ÓÓóóóhhh... Artuuuuuuuuur tás bom pá, olá Malta, ó mi lóbe, ui, Hello baby Boy, Oi azulinho,* ...

Dieses Ergebnis stützt unserer Ansicht nach folgende These: Dialogizität stellt das herausragende Merkmal der kommunikativen Praktik des Twitterns dar. Es unterscheidet sie in besonderer Weise von anderen kommunikativen Praktiken der an Computer und Internet gebundenen Kommunikation wie Weblogs, Webforen und E-Mails und rückt sie im Kontinuum zwischen Distanz- und Nähepol zusammen mit dem Chatten relativ nahe an die prototypischen Formen des Nähesprechens, wie z.B. einen gesprochenen Alltagsdialog.

8.3.8 Funktionale Aspekte

187 Tweets (29,22 %) kann man die Funktion von *Statements* zuordnen. Es folgen *Kommentierungen* mit 102 (15,932 %), *Antworten* mit 99 (15,47 %),

Nachrichten mit 78 (12,19 %), *Begrüßungen* mit 76 (11,88 %), *Anfragen* mit 35 (5,47 %) und *Marketingmaßnahmen* mit 30 Belegen (4,69 %), während wir 16 (2,52 %) der Tweets als *Scherzkommunikation* eingestuft haben. Der Rest von 17 (2,66 %) Tweets entsprach keiner der Kategorien des Analysemusters. Viele der Tweets aus dieser letzten Gruppe fordern dazu auf, im Internet an Abstimmungen über bestimmte Musiktitel oder über die Beliebtheit von Popstars teilzunehmen. Die Links der entsprechenden Internetseiten werden dann jeweils im selben Tweet angegeben.

Wir haben die verschiedenen Accounts, deren Tweets wir ausgewertet haben, noch zusätzlich in drei Gruppen unterteilt. Als Kriterium dieser Unterteilung haben wir den Grad der *Ich-Bezogenheit* vs. *Sachbezogenheit* der in den Tweets dieser Accounts geposteten Inhalte benutzt. Als ›ich-bezogen‹ stufen wir die Tweets ein, deren Inhalte sich überwiegend oder ausschließlich mit der eigenen Person des Twitterers beschäftigen bzw. mit der Kontaktpflege zu ihren Followern, ohne dabei inhaltlichen Bezug zu Themen von allgemeinem Interesse zu nehmen. Über der Hälfte aller Accounts (33) haben wir dieser Gruppe zugeordnet. Interessant, wenn vielleicht auch *politically incorrect*, ist dabei die Feststellung, dass der Löwenanteil (24) dieser Accounts der Gruppe weiblicher Gewährspersonen angehört. Die entsprechenden Tweets beinhalten insbesondere Statements mit Darstellungen momentaner Gefühle und Launen, die aber auch oft in Egozentrik und Banalität abgleiten können. Die referierten Inhalte scheinen bei diesen Tweets von sekundärer Bedeutung zu sein: Dabei handelt es sich – wohl saisonbedingt – zumeist um Wetter, Strand, Urlaub, Familie, Musik, Kino, Mode und Konsumverhalten. Die zu einer zweiten Gruppe zählenden ›sachbezogenen Tweets‹ (29 Accounts) hingegen fokussieren – wenn auch mit jeweils unterschiedlich hohen Anteilen – Themen von allgemeinem Interesse. Oft scheinen es die im selben Tweet angegebenen Internetseiten gewesen zu sein, die dabei für die entsprechenden Anregungen gesorgt haben. Zu solchen Themen gehören unter anderem: die vergangene Präsidentenwahl in Portugal, Waldbrände, Soziale Netzwerke, Neuigkeiten in den Bereichen Medien und Kommunikationstechnik, die Lage auf dem Arbeitsmarkt, Entwicklungen an der Börse, etc. Nach Geschlechtszugehörigkeit getrennt gehören 7 dieser sachbezogenen Accounts zu weiblichen und 22 zu männlichen Gewährspersonen. Die restlichen 2 Accounts unseres Korpus schließlich enthalten Tweets, die sich einer bestimmten Werbemaßnahme widmen, wie der Verbreitung der Online-Frauenzeitschrift ›Mulher‹ (Account 16) oder der Verbreitung eines Weblogs mit dem Namen ›Chão de papel‹ (Account 46).

8.4 Zusammenfassung

In den portugiesischen Medien hat die Internetplattform Twitter inzwischen einen festen Platz eingenommen und beginnt in vielen Bereichen, bei denen es in besonderem Maße auf Schnelligkeit und Interaktivität ankommt, die konventionelle Form des Bloggens zu verdrängen.

Portugiesen benutzen das Twittern zu sehr unterschiedlichen Zwecken. Diese reichen von Selbstdarstellung und Kontaktpflege über sachbezogene Informationsvermittlung bis hin zur gezielten Verbreitung kommerzieller Inhalte.

Tweets vermitteln ihre Botschaften durch eine eigentümliche Mischung aus verbalen und nicht verbalen Anteilen. Dieser Umstand führt bei vielen Twitterern zu einer Vernachlässigung der orthografischen Regeln. Zum Eindruck eines gewissen formalen Chaos tragen auch die zahlreichen oft regellos vorgenommenen Reduzierungen sowie die Integration von Hashtags sowie der Adressen von Internetseiten und URLs mit bei.

Die Möglichkeit, durch Replys auf die vorherigen Tweets seiner Follower Bezug zu nehmen (und das oft fast zeitgleich), führt zusammen mit der Referenz auf die Inhalte und sprachlichen Formen ›zitierter‹ Retweets dazu, dass ein dichtes Netz interaktionaler Bezüge und mithin auch dialogischer Sequenzen entsteht. Bei dieser Zunahme von Interaktionen und Dialogizität handelt es sich unserer Ansicht nach um das Merkmal, dass das Twittern am deutlichsten von anderen Formen computer- und internetvermittelter Kommunikation unterscheidet. Es werden sprachliche Ausdrucksweisen gefördert, die denen eines gesprochenen Alltagsdialogs relativ ähnlich sind[18].

Die am Sprachmaterial ausgewiesene Tendenz zu Einfachsätzen und zu relativ einfachen Satzstrukturen findet ihre Erklärung unserer Auffassung nach durch zwei Gründe: (a) Durch das begrenzte Inventar von 140 Zeichen und (b) durch die Integration von Internetseiten und damit multimedialen Elementen in die Tweets. Damit werden Teile der beabsichtigen ›message‹ nicht mehr auf dem Wege verbaler Darstellung und diskursiven Denkens übermittelt sondern sind an eine Darstellungsform gebunden, die durch sinnliche Wahrnehmung intuitiv erfasst werden kann. In diesem Zusammenwirken von verbal-diskursiven und medial-sinnlich erfahrbaren Anteilen liegt die semiotische Komplexität des Twitterns.

---

18   Eine genaue Untersuchung dieser Tendenz bietet sich im Rahmen des Modells des ›Nähe- und Distanzsprechens‹ von Ágel/Hennig an und bleibt einer zukünftigen Studie vorbehalten. Entsprechende Analysen von Texten und kommunikativen Praktiken des Portugiesischen im Rahmen dieses Modells bei Sieberg (2007b, 2008 und 2011).

Bereich	Merkmal	Ergebnis (gemessen an/ bezogen auf)
Orthografie	Standardschreibung	61,25 % (aller Tweets)
	Konsequente Kleinschreibung	0 % (der Schreibung)
	Konsequente Großschreibung	0 % (der Schreibung)
	Satzinitiale Großschreibung	79,25 % (aller Sätze)
	Hybridschreibung	wortextern: 38,75 % (aller Tweets)
		wortintern: 0 % (aller Wortformen)
	Zusammenschreibung	0 % (aller Tweets)
	Hervorhebung durch Großschreibung	0,38 % (aller Wortformen)
	Tippfehler	0,11 % (der Gesamtzeichen)
	Fortfall von Akzenten	0.65 % (aller Wortformen)
	Anders	–
Gesprochene Umgangssprache	Tilgungen	0,34 % (aller Wortformen)
	Assimilation	0,05 % (aller Wortformen)
	Klitisierung	0 % (aller Wortformen)
	Gesprächspartikeln	1,05 % (aller Wortformen)
	Anders	–
Wörter	Dialekt	0,02 % (aller Wortformen)
	Umgangssprache	0,59 % (aller Wortformen)
	Anglizismen	4,13 % (aller Wortformen)
	Andere Fremdwörter:	Spanisch: 0,2 %
		Brasilianisch: 0,1 %
	Inflektive	0,04 % (aller Wortformen)
	Andere:	Jugendsprache: 0,1 %
		Tonale Zeichen: 0,5 %
		Wortspielereien: 0,22 %
Reduktionsformen	Namen	Personen: 0,01 % (aller Wortformen)
		Städte: 0 % (aller Wortformen)

Bereich	Merkmal	Ergebnis (gemessen an/ bezogen auf)
		Eigennamen/Institutionen / Organisationen: 0,28 % (aller Wortformen)
	Funktionswörter	Artikel: 0 % (aller Wortformen)
		Präpositionen: 0,45 % (aller Wortformen)
		Pronomen: 0,6 % (aller Wortformen)
		Konjunktionen: 0,2 % (aller Wortformen)
	Andere Wörter:	Partikeln: 0,26 % (aller Wortformen)
		Substantive: 0,1 % (aller Wortformen)
		Adverbien: 0,43 %(aller Wortformen)
	Zusammensetzungen	0 % (aller Wortformen)
	Wortgruppen	0,54 % (aller Wortformen)
	Integration von Hashtags i. d. Mitteilung	2,5 % (aller Tweets)
	Integration v. @user i.d. Mitteilung	2,34 % (aller Tweets)
	Andere, nämlich (gruppiert):	–
Syntax	Einfacher Satz	46,49 % (aller Sätze)
	Ellipse	22,81 % (aller Sätze)
	Koordinierter Satz	7,46 % (aller Sätze)
	Subordinierter Satz	23,24 % (aller Sätze)
	Andere:	8,9 % (aller Sätze)
	Begrüßungs- und Verabschiedungsformeln	–
Graphostilistik	Smileys	1,99 % (aller Wortformen)
	Iteration	0,97 % (aller Wortformen)
	Homophonie	0,01 % (aller Wortformen)
	Andere, nämlich (gruppiert):	Pünktchenwiederholungen am Satzende: 10,92 % (aller Sätze/Ellipsen)

Bereich	Merkmal	Ergebnis (gemessen an/bezogen auf)
Interaktion	Reaktive Tweets	39,84 % (aller Tweets)
	Adressierung	57,97 % (aller Tweets)
	Mehrfachadressierungen	8,23 % (aller Tweets)
Länge der Einträge	Zeichenanzahl	68,13 Zeichen (je Tweet)
	Wortanzahl	12,74 Wortformen (je Tweet)
Mehrsprachigkeit	Anzahl Sprachen	1,014 Sprachen (ø je Tweet)
	Anzahl Tweets in fremder Sprache	36 Tweets (5,6 % aller Tweets)
Funktionale Aspekte	Funktion der Tweets	Nachrichten: 12,19 % (aller Tweets)
		Kommentierungen: 15,93 %
		Statements: 29,22 %
		Begrüßungen: 11.88 %
		Scherzkommunikation: 2,5 %
		Anfragen: 5,47 %
		Antworten: 15,47 %
		Marketing/PR: 4.69 %
		Andere: 2.66 %

Tab. 3: Zusammenfassung der Ergebnisse für das Portugiesische

Literatur

Ágel, Vilmos & Mathilde Hennig (2007). »Überlegungen zur Theorie und Praxis des Nähe- und Distanzsprechens«. In: Zugänge zur Grammatik der gesprochenen Sprache. Hgg. v. Vilmos Ágel & Mathilde HennigTübingen. Tübingen S. 179–215.
Almeida, M. Clotilde (2008). »Youngspeak, subjectification and language change: the case of bué?«. In: Questions on Language Change. Hgg. v. Almeida/Bernardo/Sieberg. Lissabon, S. 117–132.
Araújo, Domingos Silva (1988). Vamos falar de Jornalismo. Lisboa.
Barden, Birgit, Mechthild Elstermann & Reinhard Fiehler (2001). »Operator-Skopus-Strukturen in gesprochener Sprache«. In: Pragmatische Syntax. Hgg. v. Liedke, Frank & Franz Hundsnurscher. Tübingen, S. 197–233.
Cunha, Celso & Lindley Cintra ([17]2002). Nova Gramática do Português Contemporânea. Lisboa.
Da Silva Zago, Gabriela (2011). Dos blogs aos microblogs: aspectos históricos, formatos e caracteristícas. <http://www.bocc.ubi.pt/pag/zago-gabriela-dos-blogs-aos-microblogs.pdf> 3-4-2011
De Castro, Pinto, Maria do Céu Vieira Lopes & Zacaria Nascimentos (2004). Gramática do Português Moderno. Lisboa.
Duden, Band 4, ([7]2005). Grammatik. Mannheim, Leipzig, Wien, Zürich.

Feilke, Helmuth (1994). Common sense-Kompetenz. Überlegungen zu einer Theorie »sympathischen« und »natürlichen« Meinens und Verstehens. Frankfurt a. M.
Fiehler, Reinhard, Birgit Barden, Mechthild Elstermann & Barbara Kraft (2004). Eigenschaften gesprochener Sprache. Tübingen.
Henne, Helmut & Helmut Rehbock (1982). Einführung in die Gesprächsanalyse. Berlin, New York.
Hundertwasser-Santos Martins, Maria Teresa (1982). Portugiesische Grammatik. Tübingen.
Mateus, Maria, Helena, Mira, Ana Maria Brito, Inês Duarte & Isabel Hub Faria (^{7}2003). Gramática da Língua Portuguesa. Lisboa.
Querido, Paulo & Luís Ené (2003). Blogs. Lisboa.
Rudolf, Elisabeth (2002). »Beobachtungen zur Scharnierfunktion von Konnektoren in Presse, Rundfunk und Fernsehen«. In: Sprache und die Modernen Medien (Akten des 37. Internationalen Linguistischen Kolloquiums in Jena 2002). Hg. v. Rolf Herweg. Frankfurt, S. 287–299.
Schwitalla, Johannes (2006). Gesprochenes Deutsch. Berlin.
Sieberg, Bernd (2007a). »Gesprächsausdrücke im Deutschen und Portugiesischen«. In: Estudios Filológicos Alemanes. Revista del Grupo de Investigación Filología Alemana 13. S. 203–219.
Sieberg, Bernd (2007b). »Weblogs: Sprache geschriebener Mündlichkeit?«. In: Questions on Language. Hgg. v. Almeida / Bernardo / Sieberg. Lisboa, S. 83–99.
Sieberg, Bernd (2009). »Nähesprechen im Portugiesischen: Unter besonderer Berücksichtigung der kommunikativer Praktiken des Internet«. In: Estudios Filológicos Alemanes. Revista del Grupo de Investigación Filología Alemana 17. S. 185–205.
Sieberg, Bernd (2011). »O modelo da ›fala de proximidade e distância‹ e a sua aplicação na língua portuguesa«. In: Proximidade e Distância – Estudos sobre Língua e Cultura. Hgg v. Mario Franco & Bernd Sieberg. Lisboa, S. 41–57.
Viegas Brauer-Figueiredo, Maria de Fátima (1999). Gesprochenes Portugiesisch. Hamburg.

Larissa Shchipitsina (Archangelsk)

9 Microblogs global: Russisch

Russisch ist eine ostslawische Sprache, die zum synthetischen Sprachtyp gehört. Das äußert sich in dem entwickelten System der Wort- und Wortformenbildung mit Hilfe von Affixen und Flexionen. Die grammatischen Kategorien, die es im Russischen gibt, fallen hauptsächlich mit denen des Deutschen zusammen. Die Unterschiede in dieser Hinsicht beziehen sich auf die Kategorie des Artikels, die im Russischen fehlt, und Kategorie des Aspekts und des Geschlechts beim Verb, die im Deutschen nicht vertreten sind (Abramow 2004: 198). Vielen Typen der russischen subjektlosen Sätze entsprechen die deutschen Sätze mit Subjekt-Prädikat-Struktur (ebd.: 263), was von verschiedenem Anteil der grammatisch korrekten eingliedrigen Sätze in beiden Sprachen zeugt.

Im Russischen sind die Dialekte nicht so stark ausgeprägt, wie im Deutschen; man unterscheidet nur nördliche und südliche »Sprechweisen« (›gowory‹), deren Unterschiede hauptsächlich in der Aussprache liegen (Filin 1990: 429).

Russisch basiert auf dem kyrillischen Alphabet, was die Integration des entlehnten Sprachguts in das System der russischen Sprache um noch eine Etappe verlängert: zuerst wird das entlehnte Wort in der originalen Schreibweise (mit lateinischen Buchstaben), und dann transliteriert (mit kyrillischen Buchstaben) gebraucht. Die gleichzeitige Nutzung der beiden Varianten eines Wortes (sowohl ›twitter‹ als auch ›твиттер‹) zeugt m. E. von der hohen und nicht gleichmäßigen Schnelligkeit der Entlehnungsprozesse.

9.1 Blogosphäre in Russland

Die Microblogosphäre in Russland wie auch in jedem anderen Land umfasst Leute, die ihre Accounts in verschiedenen Microblogs haben und regelmäßig dort schreiben. Nach den Angaben von »Yandex.ru« sind in Russland zurzeit

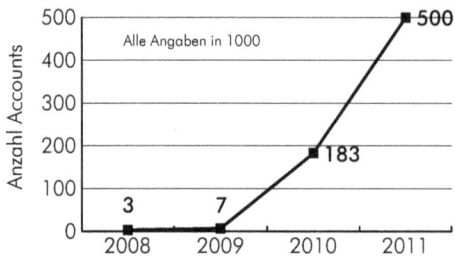

Abb. 1: Das Wachstum der russischen Twitter-Accounts 2008–2011

mehr als 20 verschiedene Microblog-Dienste genutzt (Yandex.ru 2010). Der größte davon nach der Zahl von täglich veröffentlichten Postings ist http://blogs.mail.ru, und der am schnellsten wachsende ist Twitter (Wolnuchin 2010). Die offizielle Statistik über die Nutzung von Twitter auf Russisch gibt es seit 2008: Wenn 2008 3 000 Accounts der russischsprachigen Nutzer und im März 2009 etwa 7 000 registriert wurden, so wuchs die Zahl der Twitter-Accounts von Russen im März 2010 schon auf 183 000 und am Anfang 2011 auf etwa 500 000 (Wikipedia 2011a; Yandex.ru 2010; Sorokina et al. 2011). Die Verallgemeinerung dieser Statistik habe ich mit der Abb. 1 veranschaulicht.

Infolge des sozialen Charakters der Microblogs sind ihre Nutzer in bestimmten Communities vereint, die mit den Freunden und ständigen Lesern dieser Accounts, den sogenannten »Followern« gleichgesetzt werden können. Außerdem dient die Zahl der Follower als Grundlage der Rating-Bildung von Twitter-Accounts. So hat der Twitter-Account des ehem. russischen Präsidenten Dmitrij Medwedew die größte Zahl der Follower in Russland (222 817)[1], gefolgt von dem Nutzer mit dem Nicknamen _praedo_ (113 362) und dem bekannten Fernsehmoderator und Schauspieler Ivan Urgant (101 767)[2]. Es ist interessant, dass es unter den 30 populärsten russischen Twitterern nur 4 Frauen gibt, was wohl gegen die verbreitete Meinung über den größeren sozialen Charakter der Frauen und ihre häufigere Twitter-Nutzung spricht[3]. Man kann diese Tatsache damit erklären, dass Twitter für die russischen Nutzer noch eine technische Neuerung ist, die schneller von Männern beherrscht wird. Es ist zu erwarten, dass sich diese Situation in Russland in naher Zukunft ändert.

Geographisch gesehen konzentriert sich die Twitter-Nutzung in Russland auf die größten Städte: Die meisten Inhaber der russischsprachigen Twitter-Accounts haben ihren Wohnsitz in Moskau, Jekaterinburg, Irkutsk, Krasnojarsk, Nowosibirsk, Sankt Petersburg, Wladiwostok sowie in Wolgograd (http://twittercounter.com, Stand: 29.03.2011). Ein bestimmter Anteil der rus-

1 Vgl. die Followerzahl des Twitters von dem amerikanischen Präsidenten Barack Obama, eines der 5 größten Twitter-Accounts in der Welt: 7 191 421 (Quelle: http://twittercounter.com, Stand: der 29.03.2011).
2 Alle Angaben sind am 29.03.2011 unter www.rutwitter.com veröffentlicht.
3 Vgl. zur letzten These z. B. die Angaben, die unter www.huffingtonpost.com veröffentlicht waren (Women Tweet... 2010).

sischsprachigen Tweets kommt auch aus den ehemaligen GUS-Ländern (der Ukraine, Estland, Lettland usw.) sowie aus dem Ausland (Israel, den USA), was die russische Blogosphäre um die ganze Welt erweitert und dem globalen Charakter der Internet-Kommunikation entspricht.

9.2 Empirische Basis

Als empirische Basis diente für unsere Forschung der Dienst Twitter, der, wie oben angemerkt wurde, einer der größten und der am schnellsten wachsende Microblogdienst in Russland ist. Die einzelnen Tweets, die unseren russischsprachigen Twitterkorpus bilden, wurden 32 Accounts, die Männern zugeschrieben sind, und 32 Frauenaccounts entnommen. Dabei wurden nur solche Accounts berücksichtigt, die den in Russland wohnenden russischen Bürgern gehören, was durch die Angaben im Twitteraccount bestimmt wurde.

Alle Twitteraccounts wurden in der Zeit zwischen dem 24.06. und dem 03.10.2010 der Top-Liste der russischen Twitterer auf www.rutwitter.com entnommen. In das Korpus wurden also die Accounts mit der größten Followerzahl aufgenommen, was zwar nicht geplant war, die Sammlung der Tweets aber erleichterte, weil die angegebene Internet-Ressource wohl die einzige ist, auf der russischsprachige Twitter-Accounts gesammelt präsentiert werden.

Wegen den sprachlichen Besonderheiten habe ich bei der Analyse der russischen Tweets zusätzliche Phänomene berücksichtigt (Hybridschreibung kyrillisch–lateinisch). Einige Punkte des Rasters sind für das Russische nicht relevant, etwa Dialekte, Inflektive, Tilgung/Reduktion von Funktionswörtern, Zusammensetzungen usw., weswegen darauf in der folgenden Analyse nicht eingegangen wird.

Bei der statistischen Ergebniszusammenfassung musste man grundsätzlich zwei Vorgehensweisen nutzen. Für einige Werte (durchschnittliche Zeichen- und Wörterzahl pro Tweet, Zahl der Sätze usw.) musste man die gesammelten Tweets vollständig mit Hashtags, URL-Adressen und Smileys berücksichtigen. Für andere Fälle (Anteil der Tilgungen, reduzierten Wörter, Anglizismen usw.) braucht man das Tweetkorpus ohne Hashtags u. ä. Die jeweils benutzte Vorgehensweise musste in jedem Fall expliziert werden.

Die zitierten Beispiele sind in der originalen Schreibweise angeführt und zum Zwecke des Verstehens durch ihre Übersetzung ins Deutsche, die von mir stammt, erweitert. Als Referenz dient die eindeutige Nummer des Tweets im Korpus.

9.3 Analyse russischsprachiger Tweets

Der durchschnittliche russischsprachige Tweet enthält 82 Zeichen und besteht aus 11,2 Wörtern. Der kürzeste Text hat nur ein Wort und 7 Zeichen, der längste besteht aus 5 Sätzen und 140 Zeichen. Die Tweets der ersten Art sind meist Reaktionen auf das zuvor Geschriebene, sie können deswegen nur zusammen mit den sie initiierenden Tweets als Frage-Antwort-Einheiten verstanden werden. Die reaktiven Tweets initiieren in der Regel selbst Diskussionen.

Die gesammelten Tweets sind überwiegend einsprachig in Russisch verfasst (Abb. 2). Der Anteil solcher Tweets bildet 92 % aller Korpusbelege. Das zeugt davon, dass die Tweets der russischen Micro-Blogosphäre meistens an die Landsleute aus dem russischen Internetsektor (Runet) gerichtet sind. Nur 28 der 640 analysierten Tweets (4,4 %) sind vollständig in Englisch verfasst und entsprechend für die internationale Leserschaft bestimmt. Funktional sind es entweder Retweets/Antworten auf nicht in russischer Sprache geschriebener Tweets oder Selbst-PR. Es gibt auch Einzelfälle, in denen Tweets deutsche Lexik in kyrillischer Schrift enthalten – *яволь* [jawohl] – oder in französischer Sprache verfasst werden: *chanel (nouvelle vauge)*. Diese Tweets enthalten entweder ein verbreitetes Sprachklischee oder die originelle Bezeichnung einer Kosmetikmarke, was die russischsprachige Kommunikation nicht stört.

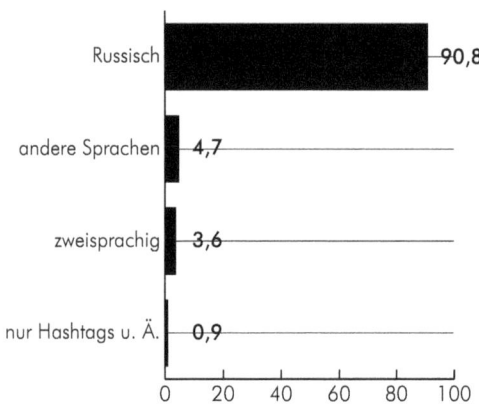

Abb. 2: Mehrsprachigkeit in russischen Tweets (in %)

Insgesamt 15 Tweets (3,6 %) sind zweisprachig und vereinen russische und englische Sätze bzw. Satzteile[4]. Ein Beispiel für eine solche Zweisprachigkeit ist unter (1) angeführt, dabei ist das englischsprachige Fragment von mir unterstrichen.

---

4   Ein Problem bereitete in dieser Hinsicht, die Grenze zwischen dem Gebrauch der einzelnen Fremdwörter und der Zweisprachigkeit zu ziehen. Hauptsächlich habe ich zu Zweisprachigkeit die Fälle gezählt, wenn mehrere fremdsprachige Wörter im Satz einander folgen und somit ein Satzfragment bilden oder wenn das einzelne fremdsprachige Wort einen vollständigen Satz bildet (z. B. bei klischierten Etikettenäußerungen).

(1) Завтра буду персонально реверансить) а сейчас загородом с семьей в нашем доме, что редко и вместе все-все)) love you all ;-) (63.6)
[Morgen werde persönlich Knicks machen) und jetzt bin auf dem Land mit der Familie in unserem Haus, was selten ist und alle-alle sind zusammen)) love you all ;-)]

Englischsprachig in solchen Tweets sind entweder Sprachklischees der Verabschiedung, der Bitte und Ähnliches (*love, thx,* плиз [please]) oder andere Satzfragmente (*Sim-free iPhone4, iGotaBigAssPocket*), die meistens auch von Personen verstanden werden, die Englisch nicht beherrschen. Daraus kann man schließen, dass die Integration der englischsprachigen Elemente der Kürze oder der Vermittlung von Authentizität des Gesagten dient.

6 Tweets (0,9 %) bestehen aus einem Smiley, Hashtag oder der URL-Adresse. Für solche Tweets ist die Sprachidentifikation nicht möglich, deswegen wurden sie als gesonderte Gruppe in der Statistik zur Mehrsprachigkeit behandelt.

Das Gesagte illustriert, dass die Mehrsprachigkeit (sowohl in Form der Nutzung anderer Sprachen als auch im Verfassen der zweisprachigen Tweets) in der russischen Micro-Blogosphäre nur marginal vertreten ist; in dieser Blogosphäre kommunizieren hauptsächlich russische Muttersprachler untereinander in ihrer Muttersprache.

9.3.1 Orthografie

Die Orthographie der russischsprachigen Tweets ist überwiegend normativ, obwohl gerade diese Sprachebene wohl am meisten Variation in der schriftlich realisierten Twitterkommunikation erlaubt.

65,8 % aller Tweets weisen Standardschreibung in Bezug auf die Nutzung großer und kleiner Buchstaben auf, d. h. die Sätze beginnen hierbei mit dem großen Buchstaben und die Wörter mitten im Satz sind meistens kleingeschrieben. Die restlichen 34,2 % der Tweets sind entweder konsequent klein (19 %), konsequent groß (0,3 %) oder gemischt (hybrid) verfasst, d.h. diese enthalten Sätze, die klein und groß beginnen bzw. Satzfragmente mit konsequenter Großschreibung (14,9 %) aufweisen (Abb. 3). Zur Illustration für vermischte Schreibung dient das oben angeführte Beispiel (1): nur der erste Satz beginnt hier groß, die anderen, die zwar keinen Punkt, sondern Smileys am Ende haben, sind kleingeschrieben.

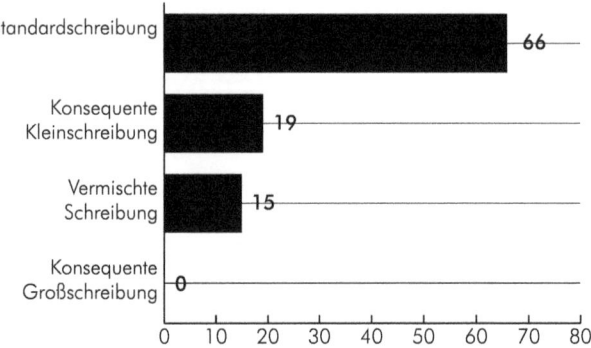

Abb. 3: Groß- und Kleinschreibung in russischen Tweets (Angaben in %)

Mit dem Beispiel (2) wird die konsequente Kleinschreibung illustriert: der Buchstabe, den man nach den Regeln der russischen Orthografie großschreiben muss, ist von mir unterstrichen.

(2) @jason_rawland <u>п</u>очему вы так решили? (3.1)
 [@jason_rawland warum sind sie zu dieser meinung gekommen?]

Die konsequente Kleinschreibung, die von einer bestimmten Lässigkeit beim Schreiben zeugt, ist etwa bei einem Fünftel (19 %) der russischen Tweets und fast bei der Hälfte (46,8 %) aller Twitterer vertreten. Hierzu greifen mehr oder weniger regelmäßig 10 Männer und 20 Frauen. Diese Werte zeugen davon, dass mehrere Twitternutzer die konsequente Kleinschreibung als Schreibpraxis zwar anwenden, nicht jedoch in jedem Tweet. Als Folge davon sind die Tweets orthografisch und stilistisch verschieden, was über die funktionale Breite der Twitternden Auskunft gibt. Interessant ist auch, dass sich die russischen Frauen Twitter inoffizieller verwenden als die russischen Männer. Dieses Ergebnis erkläre ich mit der höheren emotionalen und sozialen Bindung der Frauen.

Beispiele für konsequente Großschreibung sind im gesammelten Korpus sehr selten: Nur 2 Tweets sind durchgängig (0,3 % aller Tweets) und 15 teilweise groß (2,3 % aller Tweets) verfasst. Ein illustrierender Beleg für Großschreibung eines Tweetfragments, in dem ein Wort großgeschrieben wurde, ist unter (3) angeführt.

(3) Секс на рабочем месте – 5 НЕТ! http://lady-x2009.livejournal.com/72667.html (52.7)
 [Sex auf dem Arbeitsplatz – 5 NEIN! http://lady-x2009...]

Traditionell wird die Funktion der konsequenten Großschreibung in der Hervorhebung des Gesagten angesehen, weil diese Art Schreibung wie Schreien im ansonsten ruhigen Gespräch wahrgenommen wird (vgl. Runkehl et al. 1998: 99). Bei der Großschreibung eines Tweetfragments sollte man eher über ein Mittel der Hervorhebung des Denotats sprechen, auf den sich dieses Fragment bezieht (Beispiel 3). Die Hervorhebung eines *Details* erreicht man durch die Großschreibung eines Wortfragments (z. B. подкастИКИ).

Der Hervorhebung des Denotats, wenn auch weniger intensiver, dient die wortinitiale Großschreibung der Gattungsnamen, die im Russischen regelkonform kleingeschrieben werden müssen, vgl. (4).

(4) Уйдут Лужкова - или не уйдут, вот в чем Опрос http://re3. livejournal.com/435007.html RT! (7.7)
[Wird Luzhkow gegangen – oder wird er nicht gegangen, das ist hier die Umfrage http://re3.livejournal.com/435007.html RT!]

Der Personenname des im Herbst 2010 »gekündigten« Stadtbürgermeisters von Moskau *Luzhkow* ist standardmäßig initial großgeschrieben, der Gattungsname Опрос [Umfrage] weicht jedoch von der russischen orthografischen Norm ab. Die wortinitiale Großschreibung dieses Gattungsnamens markiert einerseits den abweichenden Wortanfang in der hier zitierten Beendigung der berühmten Hamlet-Frage (*Frage* > *Umfrage*) und andererseits zieht er die Aufmerksamkeit der Leser zum Hauptthema und Anliegen des Twitterers auf sich (die Umfrage, die unter dem angegebenen Link durchgeführt wird).

Orthografische Hybridität (zu weiteren Formen von Hybridität s. Shchipitsina 2012) ist in den russischen Tweets sowohl bei der Mischung von Groß- und Kleinschreibung als auch der kyrillischen und lateinischen Schrift vertreten. Beide Hybriditätsarten können wortextern (innerhalb des ganzen Tweets) oder wortintern sein. Zur ersten Gruppe zählen wortextern:

1. die Kombination von satzinitialer Groß- und Kleinschreibung,
2. die Kombination von wortinitialer Groß- und Kleinschreibung bei Gattungsnamen,
3. die Kombination von normativer (Klein)schreibung und abweichenden konsequent groß geschriebenen Tweetpassagen

sowie wortintern:

4. Nutzung von Majuskeln im Wortinneren *(аЙфон, зачОт)*,

5. die Kombination von konsequenter Klein- und Großschreibung innerhalb eines Wortes mit Ausnahme der Abbreviaturen in einem Kompositum (*TWITTEРомания, ЛужскOFF*).

Die wortexterne hybride Groß- und Kleinschreibung verschiedener Art beträgt 14,9 % aller Tweets, die wortinterne Hybridität ist bei 35 (0,47 %) aller Wortformen belegt.

Die Analyse der entsprechenden Beispiele beweist, dass die hybride Groß- und Kleinschreibung fast dieselben Funktionen wie die konsequente Groß- bzw. Kleinschreibung hat: Der Schreibende ist unbeständig hinsichtlich seiner Orthografie und verhält sich lässig in Bezug auf die Wahl der richtigen Groß- und Kleinschreibung, oder er möchte einige Gedanken durch die wortinitiale oder konsequente Großschreibung hervorheben.

Die wortexterne Mischung der kyrillischen und lateinischen Schrift ist in 66 Tweets ohne Hashtags u. Ä. (10,3 %) und in 466 Tweets mit Hashtags u. Ä. (72,8 %) vertreten. Beide Fälle nenne ich »nationale Schriften-Hybridität«, eng oder breit gefasst (vgl. auch Shchipitsina 2012: 162). Bei der eng gefassten nationalen Schriften-Hybridität geht es um die bewusste kommunikative Haltung des Schreibenden, der für einige Fragmente seines Textes lateinische oder kyrillische Schrift wählen *kann*. Bei der breit gefassten nationalen Schriftenhybridität *muss* der Twitterer zu lateinischer Schrift greifen bzw. ist die entsprechende Passage automatisch in den Tweet eingebunden (etwa bei der @-Adressierung). Die in lateinischer Schrift formulierten Elemente bei der breit gefassten Hybridität sind Hashtags (*#sledui* [auf Russisch: folge!]), URL-Adressen und Adressierungen (*@adov*). Bei der eng gefassten Hybridität sind es einerseits Firmen- (*Google, Sheraton Hotel, Microsoft, HP*), Markennamen (*Android, iPad*), Twitterfunktionen (*Listed*) usw. und andererseits Gattungsnamen oder Redeklischees (*error, SUCKS, thx*). Gerade der letzte Fall ist der interessanteste, weil hier keine Authentizität wie bei Firmennamen angestrebt wird und die Nutzung der lateinischen Schrift bestimmte stilistische Funktionen erfüllt:

(5) Как и обещал @epavlov, сегодня пришло обновление для моего телефончега! Но увы, не 2.2 как было обещано, а простро up-date :((12.6)
[Wie @epavlov auch versprochen hat, ist heute die Erneuerung für mein Handy gekommen! Aber leider nicht 2.2 wie es versprochen war, sondern einfach update :( ]

Im Tweet (5) sehen wir die mit lateinischer Schrift formulierte integrierte Adressierung (*@epavlov*), die die Subjektrolle im Satz einnimmt, und auch einen Gattungsnamen (*update*), der hier als Computerjargonismus wirkt und gleichzeitig der Bedeutungsdifferenzierung dient: das russische Wort обновление [Erneuerung, es ist die neue Software-Version gemeint] ist in diesem Kontext dem entlehnten Wort *update* [die Erneuerung des alten Softwears] gegenübergestellt.

Die Nutzung der lateinischen Schrift bei Firmen- und Markennamen ist eine Art Übergangsfall zwischen der breit gefassten gezwungenen nationalen Schriften-Hybridität und der eng gefassten gewollten Schriftenmischung. Von der Unbeständigkeit dieser Beispielsgruppe zeugen die Fälle, wenn dieselbe Bezeichnung bei verschiedenen Twitterern mal lateinisch, mal kyrillisch erscheint, vgl.: *Android* (2 Wortformen) – андройд (1 Wortform), *Follower* (1) – фолловер (2). An nahezu allen angeführten Beispielen kann man sehen, dass die Tendenz, die kyrillische Schrift für dieselbe Bezeichnung zu gebrauchen, überwiegt. Häufig sind auch die Fälle, wenn Bezeichnungen der Produktnamen in das russische lexikalische System in Kleinschreibung integriert werden *(андройд, твиттер)*. Ursache dafür könnte sein, dass diese Lexeme von den Nutzern nicht als Produkt-, sondern als Gattungsnamen wahrgenommen werden. Insgesamt beweisen diese Beispiele die Spontaneität des Entlehnungsprozesses.

Die wortinterne Mischung der kyrillischen und lateinischen Schrift ist sehr selten und nur in 7 Wörtern (0,1 % aller Wortformen) vertreten. Hauptsächlich sind es Komposita, die Computerbezeichnungen als eine Wortkomponente enthalten: *DDOS-атака, http-сервер, Twitter-аккаунт*. Die in lateinischer Schrift angegebenen Wortelemente haben in der Regel keine russischsprachlichen Entsprechungen, sind kurz und verständlich.

Nach meiner Meinung ist die nationale Schriftenmischung neben der Nutzung der Entlehnungen eine weniger ausgeprägte Form der Zweisprachigkeit im Russischen als Codeswitching. Entsprechend muss sie in den vom Englischen weit abweichenden Sprachen gesondert berücksichtigt werden.

Beide Hybriditätsarten – die Mischung der Groß- und Kleinschreibung bzw. die der kyrillischen und lateinischen Schrift – sind nicht selten in demselben Tweet oder Wort vertreten. Auch sind die Prozentangaben zur wortexternen und wortinternen Hybridität beider Art vergleichbar. Das beweist die Ähnlichkeit der Mechanismen, die die Schreibenden zur hybriden Schreibung bewegen: die lässige Haltung beim Schreiben bzw. gewünschtes Hervorheben oder das Streben nach individuellem Ausdruck.

Unterschiedliche Prozentwerte bei wortexterner und wortinterner Hybridität zeugen davon, dass ein hybrider Tweet überwiegend normativ geschriebene Wörter enthält und nur einzelne Wortformen eines solchen Tweets abweichende Orthografie aufweisen.

Die Zusammenschreibung betrifft 28 (4,4 %) Tweets, dabei lassen sich die Beispiele der Zusammenschreibung deutlich in 2 Gruppen teilen:

1. gezwungene oder aus anderen Kommunikationsformen wie SMS gewohnte Zeichenökonomie, wenn Leerstellen zwischen einzelnen Wörtern oder nach einem Interpunktionszeichen getilgt werden,
2. Fehler in Zusammen- und Getrenntschreibung (z. B. *невыдерживает* statt *не выдерживает*).

Die beiden Gruppen sind ungefähr gleich groß und trotz verschiedener Gründe (Streben nach Ökonomie einerseits und mangelhafte Orthografiebeherrschung andererseits) zeugt die Zusammenschreibung jeder Art von bestimmter Lässigkeit der Twitterer hinsichtlich der Schreibung. Dieselbe Wirkung hat m. E. der umgekehrte Fall der Spatiumhinzufügung (2,5 % aller Tweets), die entweder fehlerhaft ist (*на долго* statt *надолго*) oder vor dem Interpunktionszeichen realisiert ist (*я Родину люблю !* = ich liebe meine Heimat !).

Tippfehler sind nicht häufig in Tweets: Nur 49 Wörter (0,75 % aller Wortformen) weichen von der normativen Schreibung ab. Dabei kann man fast alle typischen Fehlertypen erkennen: Graphemauslassung (*буду* statt *будут*), Graphemhinzufügung (*кажеться* statt *кажется*), Gebrauch eines falschen Graphems (*волченок* statt *волчонок*), Graphemvertauschung (*ожного* statt *одного*). Graphemdopplung ist in meinem Korpus nicht belegt, aber es ist im Russischen durchaus nicht ungewöhnlich. Alle Tippfehler sind individuell: Sie betreffen verschiedene Wörter und verschiedene orthografische Regeln des Russischen. Nur die Hinzufügung des *ь*-Zeichens in der 3. Person Sg. der reflexiven Verben scheint eine Tendenz widerzuspiegeln. Dieser Fall beträgt knapp über ein Drittel aller Hinzufügungsfehler in unserem Korpus und ist von Bogdanov (2008) als ein besonders charakteristischer und sich schnell verbreitender orthografischer Fehler in der russischen Internetkommunikation ausgewiesen worden.

Allerdings liegt der Anteil der Tippfehler sowie Fehler bei der Getrennt- und Zusammenschreibung im Gesamtgebrauch der Wortformen unter einem Prozent, was von überwiegend normativer Haltung der Schreibenden in der Twitterkommunikation zeugt.

Falsche Akzentsetzung (Fortfall oder Hinzufügung) ist im Russischen sehr selten, weil es hier praktisch nur um den nicht sehr häufigen Buchstaben *й* geht. Einmal wurde der Akzent ausgelassen (*наи ти* statt *найти*), und ein anderes Mal überflüssigerweise hinzugefügt (*андроѝд* statt *андроид*). Beide Fälle betreffen zusammen nur 0,03 % der Gesamtzeichen. Auffällig ist das Streben der russischen Twitterer, hyperkorrekt einen Akzent beim Buchstaben *ё* zu setzen. Die Wörter, die diesen Buchstaben enthalten, werden anders ausgesprochen [mit jo] als die Wörter ohne Akzent [mit je]. Die russischen Sprecher müssen sich die Aussprache dieser Wörter einprägen, beim Schreiben aber kann man auf den Akzent verzichten, vgl. die der Norm folgenden Fälle aus unserem Korpus *переведешь* [perewedjosch], *сгущенки* [sgushchjonki], *гнезд* [gnjozd] usw. In der letzten Zeit gibt es aber die Tendenz, selbst in fakultativen Positionen einen Akzent zu setzen (Zheleznowa 2007), vgl. die folgenden Varianten und deren Belegzahl in unserem Korpus: *всё* (3) – *все* (17) (beide [wsjo] ausgesprochen, = alles), *ещё* (2) – *еще* (19) ([eshchjo], = noch), *её* (2) – *ee* (31) ([jejo], = ihr/sie (Personalpronomen, Fem. Sg. Gen. oder Akk.). Interessant dabei ist Folgendes: Während es beim ersten Beleg einen Homographen gibt (*все* kann je nach Kontext ›alles‹ oder ›alle‹ bedeuten und entsprechend mit [jo] oder mit [je] ausgesprochen werden), werden der zweite und dritte Beleg nur mit [jo] ausgesprochen. Daran wird die Tendenz transparent, dass einige Twitternutzer die Aussprache von [jo] explizit mit Akzentsetzung bei *ё* markieren.

Den Abschnitt abschließend, muss man konstatieren, dass die Orthografie bei Twitter stark variiert. Neben den gänzlich normkonform verfassten Tweets gibt es auch Abweichungen in Bezug auf Groß- und Kleinschreibung, Zusammen- und Getrenntschreibung usw. Die Abweichungen von der normativen Orthografie dienen entweder der Hervorhebung des Gesagten (vgl. die konsequente Großschreibung oder die wortinitiale Großschreibung der Gattungsnamen), markieren die lässige Haltung des Schreibenden im Kommunikationsakt (konsequente Kleinschreibung, hybride Groß- und Kleinschreibung, Tippfehler) oder bieten die Möglichkeit, sich individuell auszudrücken.

9.3.2 Mündlichkeit

Unsere Analyse zeigt, dass vereinzelte Mündlichkeitssignale in 17,3 % aller russischen Tweets vorkommen und fast auf allen Sprachebenen belegt sind: sie sind phonetisch-graphischer, lexikalischer oder syntaktischer Natur.

Zu phonetisch-graphischen Mündlichkeitssignalen zählen traditionell Tilgungen, Assimilationen, Klitisierungen und lautnahe Graphie (Schlobinski/Siever 2005: 20). Jede von diesen Erscheinungen ist in unserem Korpus belegt, aber alle zusammen betreffen sie nur knapp über 0,3 % aller Wortformen. Als Illustration für diese Erscheinungen führe ich das Tweetfragment (6) an.

(6) .....может что нить более приятно аномальное произойдет...
(44.9)
[...vielleicht wird was angenehmeres Anomales passieren...]

In dem Beispiel (6) wird im indefiniten Pronomen *что-нибудь* die Mitte der zweiten Wortkomponente ausgelassen und am Wortende ein anderer Buchstabe geschrieben, was der Aussprache des Wortes (reduziert und stimmlos) entspricht. Solche Beispiele sehen wir als lautnahe Graphie an.

Die lexikalischen Signale der Mündlichkeit bilden insgesamt 1 % aller Wortformen im russischen Korpus. Dazu zählen Gesprächspartikeln (z. B. *же, ну, -ка, -то*) und Interjektionen (*ага, ха!, эх, ах, ой*). Letztere drücken verschiedene Emotionen aus, was für die inoffizielle mündliche Sprache unentbehrlich ist. Die Gesprächspartikeln haben keine Bedeutung und sind ebenfalls für die inoffizielle Kommunikation typisch, um die Nähe zwischen den Gesprächspartnern zu unterstreichen.

Am meisten zeigen sich Mündlichkeitssignale im russischen Twitter bei der Syntax. 4 % aller Sätze weisen assoziative Satzergänzungen auf, was von der spontanen Gedankenformulierung der Twitterer zeugt und ein kennzeichnendes Merkmal der (medial) mündlichen Kommunikation ist. Assoziativ wirkt die Syntax in den russischen Tweets in folgenden Fällen: Gebrauch des Adjektivs nach dem Substantiv (*батарейку внешнюю, баннеры рекламные, гора незнакомая*) und des Adverbs nach dem Verb (*Еду скоро, Казалось тогда, не пользовалась никогда*), Verbletztstellung (*почти рядом там оказываеться, Переезд в субботу будет*) und Distanzstellung gleichartiger Satzglieder (*...а не в тарелки кидают или на прилавок*). In allen diesen Fällen ist das nachfolgende Wort eine Art Präzisierung des zuvor Gesagten, welches später in den Sinn gekommen und entsprechend später versprachlicht ist. Bei der literarischen Bearbeitung wäre die Wortfolge in solchen Sätzen anders.

Man muss hierzu anmerken, dass Mündlichkeitssignale in der Regel mit der orthografischen Lässigkeit (konsequente Kleinschreibung, Tippfehler, falsche Getrennt- und Zusammenschreibung, fehlende Interpunktion) verbunden sind. Das betont nochmals, dass die konzeptuelle Mündlichkeit immer für eine lockere, inoffizielle Kommunikationssituation typisch ist, welche sowohl durch Mündlichkeitssignale als auch durch lässige (orthografische) Gestaltung der Rede zum Ausdruck kommt.

Russische Twitterer schreiben jedoch nicht konsequent in diesem Stil, sondern verfassen die Tweets mal mit, mal ohne Mündlichkeitssignale. Aber es sind auch Twitterer im Korpus belegt, die konsequent ohne Mündlichkeitssignale schreiben. Das alles zeugt von der funktionalen Breite der Kommunikationsform Microblog und von ihrer überwiegend konzeptionell schriftlichen Organisation.

9.3.3 Lexik

Die im russischen Twitter benutzte Lexik ist überwiegend allgemeinverständlich. Der differenzierte Wortschatz umfasst Anglizismen (ohne Computerlexik) (3,6 %), terminologische Lexik der Computersphäre und anderer Bereiche (3,5 %), andere Fremdwörter (1,4 %), umgangssprachliche und vulgäre Lexik (1,3 %). Unter einem Prozent liegt der Gebrauch der gehobenen Lexik (0,5 %), der Wörter mit emotionalen Verkleinerungssuffixen (0,54 %), der jugendsprachlichen Lexik (0,16 %) und der Okkasionalismen (0,16 %).[5] Es wurden keine Belege für Dialektwörter gefunden. Inflektive sind für das Russische nicht typisch.

Der relativ hohe Gebrauch der Anglizismen nicht terminologischer Natur ist damit zu erklären, dass ein bestimmter Prozentsatz der Tweets auf Englisch verfasst oder zweisprachig ist, vgl. *Welcome to Russian insurance blog! http://strahovochka.blogspot.com* (38.6). Zu den Anglizismen, die in die russischsprachigen Tweets integriert und meistens kyrillisch geschrieben sind, gehören *вау* [Wow!], *страйк* [strike], *ланч* [lunch], *сэндвич* [sandwich], *дизайн* [design], *мемориал* [memorial], *колледж* [college] usw. In lateinischer Schrift erscheinen einzelne Homographen und Akronyme (z. B. *thx* = thanks oder *OK* = okay), die kurz und allen verständlich sind. Es lässt sich erkennen, dass sich die Anglizismen im russischen Twitter auf verschiedene Lebensbereiche beziehen, was auch für andere Fremdwörter charakteristisch ist (*экспонат* [von lat. Exponat], *аудитория* [lat. Auditorium], *девальвация* [dt. Devalvation], *тирамису* [it. Tiramisu]). Der Gebrauch der Fremdwörter ist sowohl für Twitter, als auch für andere Kommunikationsformen des Internets, Presse oder mündliche Rede typisch.

Zu den 3,6 % der professionell nicht differenzierten Anglizismen kommt noch Computerlexik englischer Herkunft hinzu. Ihr Anteil bildet 2 % im Gesamtwortbestand und über die Hälfte der professionellen Lexik. Beispiele für Computerlexik sind entweder auf Internet und Computertechnik ins-

---

5   Alle Prozentangaben wurden ohne Berücksichtigung der Hashtags, Adressierungen und URL-Adressen errechnet.

gesamt (*онлайн* [online], *ноутбук* [notebook], *виртуальный* [virtuell]) oder auf Twitter bezogen (*твит* [tweet], *фолловер* [follower], *твиттер* [Twitter] usw.). Dazu zählen auch Akronyme, die entweder in kyrillischer (*имхо* [imho = in my humble opinion) oder in lateinischer Schrift erscheinen (*RT* = Retweet). Das letzte Beispiel stellt ein offensichtlich twittertypisches Akronym dar und bezieht sich auf den wiederholten Tweet oder die Bitte, den Tweet zu wiederholen.

Neben englischsprachigen Computertermini gibt es auch ins Russische übersetzte oder neu gebildete Fachlexik (1 % aller Wortformen), z. B. *социальная сеть* [soziales Netzwerk], *пользователь* [Nutzer], *Рунет* [Runet = russischer Internetsektor].

Die terminologische Lexik anderer Bereiche erscheint selten (0,3 %) und bezieht sich auf medizinische (*синдром* [Syndrom], *система питания* [Ernährungssystem]), politische (*муниципалитет* [Munizipalität]), juristische (*отбывать второй срок* [die zweite Frist abbüßen]) und allgemeinwissenschaftliche Termini (*анализ* [Analyse], *портативный* [transportabel]). Zusammen mit der gehobenen Lexik (0,5 %), zu welcher ich die nur von Personen mit Hochschulausbildung gebrauchten und selten erscheinenden Wörter zähle (z. B. *минувший* [vergangen], *фееричный* [zauberhaft], *опус* [Opus], *импульсивный* [impulsiv]), dienen die Termini als eine Art Gegenpol zur umgangs- und jugendsprachlichen Lexik, die mit einem etwas höheren Prozentsatz (1,4 und 0,16 % aller Wortformen) den Wortbestand im russischen Twitter charakterisieren.

National spezifisch für die russische Twitter-Version ist der Gebrauch der Wörter mit Verkleinerungssuffixen, die den bezeichneten Gegenstand nicht bzw. nicht nur kleiner im Vergleich zur Bezeichnung ohne dieses Suffix darstellen, sondern auch eine positive emotionale Einstellung zu diesem Gegenstand bzw. zum Gesprächspartner (soziale Nähe) ausdrücken, z. B. *подкастИКИ* [(kleine) Podcasts], *салончик* [Schönheitssalon], *кофеек* [Kaffee], *хорошенькая* [schön]. Die überwiegende Mehrheit dieser Wörter ist in den Tweets der Frauen gebraucht: die Hälfte aller russischen Twittererinnen und nur 12,5 % der Twitterer greift zu diesem Mittel der Emotionalität. Diese Angaben bestätigen die weit verbreitete Vorstellung über die größere Emotionalität der Frauen. Insgesamt nehmen die Wörter mit solchen Verkleinerungssuffixen einen Anteil von 4,5 % aller Tweets ein, welche von der ungezwungenen emotionellen kommunikativen Haltung der Twitternden zeugen.

Die lexikalische Variabilität ist also im russischen Twitter nicht sehr stark ausgeprägt, aber jede differenzierte lexikalische Einheit, sei sie auch die einzige im ganzen Tweet, verrät Einiges über soziale Zugehörigkeit des Schreibenden

(Beruf, Alter, Ausbildungsgrad usw.), über seine offizielle/nicht offizielle kommunikative Haltung bzw. über den Gegenstand der Rede.

9.3.4 Reduktion

Man könnte meinen, dass in einem mit 140 Zeichen begrenzten Tweet die Reduktion einzelner Wörter ziemlich oft angewendet wird. Aber gegen die Erwartungen ist der Anteil der reduzierten Wörter in den russischen Tweets nicht so groß: In der Summe betragen die Reduzierungen knapp über ein Prozent aller Wortformen (1,2 %). Die am häufigsten vertretene Gruppe bildet dabei die verkürzten Gattungsnamen (0,5 % aller Wortformen), danach folgen Personennamen (0,16 %), reduzierte Wortgruppen (1,3 %), Städte- und Ländernamen und verkürzte Adjektive (je 0,1 %). Vereinzelt erscheinen verkürzte Adverbien, Verben und Akronyme. Beispiele für reduzierte Funktionswörter (Konjunktionen, Präpositionen usw.) und Zusammensetzungen wurden im russischen Tweetkorpus nicht gefunden.

Unter den verkürzten Gattungsnamen überwiegen die auf Grundlage der Reduktion gebildeten Computerjargonismen, z. B. *тви* [twi = Twitter], *комп* [komp = Computer], *ава* [ava = Avatar], *ноут* [nout = Notebook] usw. Die zweitgrößte Gruppe bilden hier die reduzierten Maßeinheiten *ч.* (von *час*) [Stunde] oder *Mб* [Megabyte]. Man kann sehen, dass die angeführten Beispiele meistens reproduzierbare Reduktionen sind und nicht nur bei Twitter vorkommen. Ebenso reproduzierbar sind auch die Kürzungen der Eigennamen, z. B. *Д.А. Медведев* [D.A. Medwedew, am Anfang kommen die Initialbuchstaben für den Vor- und Vatersnamen], der Städte- und Ländernamen (*РФ, США, Питер* [RF, USA, Piter, = Sankt Petersburg], und der Wortgruppen *РосНародСпорт* [RosNarodSport, = das Komitee für den Russischen Volkssport].

Interessanter sind diejenigen Fälle, bei denen die Reduktion nicht usuell ist und das Wort von Twitternden aus Platz- und Zeitspargründen anders als üblich gekürzt wird: *конфиг-и* (von *конфигурации*) [Konfiguration], *рук.* (von *руководители*) [Leiter], *соц.* (von *социальная*) [sozial(es)], *оч.* (von *очень*) [sehr], *нра* (von *нравится*) [gefällt]. Dazu gehört auch eine Gruppe von Belegen, bei denen ein beliebiges Wort am Tweetende wegen der Begrenzung der Zeichenzahl reduziert wird. Da es in solchen Tweets keine Links auf die volle Version des Textes gibt, kann man schließen, dass die Twitternden bewusst solche Kürzungen vornehmen und nur den Nachrichtenanfang im Tweet lassen. Jedenfalls ist es eine seltene Erscheinung: Solche Tweetkürzungen sind in 1,25 % aller Tweets vertreten.

Man kann zusammenfassen, dass das hauptsächliche Kürzungsprinzip im Russischen die Reduktion des Wortendes ist, was meistens das bedeutungstragende Wortstammmorphem nicht bzw. nur teilweise betrifft und das Verständnis der einmaligen Verkürzung nicht stört.

Eine Kürzung von zusammengesetzten Wörtern ist im Russischen nicht vertreten. Aber ein wohl nahes Kürzungsmittel ist die Univerbierung, bei der aus der Wortverbindung eines Adjektivs und eines Substantivs (was eine typische Entsprechung für die Komposita im Deutschen ist) ein Wort mit Hilfe des Suffixes -*k(a)* gebildet wird, etwa die Belege *оперативка (оперативная память)* [Cachmemory], *мобила (мобильный телефон)* [Mobiltelephon], *партнёрка (партнёрская программа)* [Partnerprogramm]. Die Univerbierung ist ziemlich produktiv in der umgangssprachlichen oder professionellen Lexik und nicht nur twittertypisch. In unserem Korpus sind die Univerbierungen jedoch nur in Einzelfällen vertreten (0,08 % aller Wortformen).

Ein Mittel der Kürzung des Tweets ist auch die Integration der URL-Adressen, die in diese Kommunikationsform Bilder, Blogeinträge oder andere externe Materialien einbinden (36,3 % aller Tweets). Auf diese Weise wird die Hypertextualität bei Twitter realisiert und dadurch können die Twitterer den beschränkten Tweetumfang mittelbar überschreiten. Bekannt ist auch die Nutzung der sogenannten URL-Kürzer, die die langen URL-Adressen modifizieren und kürzen und per Mausklick verfügbar machen (Wikipedia 2011b).

9.3.5 Syntaktische Strukturen

An den syntaktischen Strukturen der russischen Tweets kann man sehr gut den Microblogcharakter mit entsprechender Zeichenbeschränkung verfolgen. Im Durchschnitt enthält jeder Tweet 5,6 Wörter (mit Hashtags, URLs u. Ä.), was für die normale schriftliche Kommunikation relativ wenig ist und eher mit der mündlichen Rede vergleichbar ist. Auch die Verteilung der Satztypen bei Twitter spricht für sich: Von 1 380 Sätzen des russischen Twitterkorpus bilden die Mehrheit die eingliedrigen Sätze (37,5 % aller Sätze), gefolgt von einfachen (zweigliedrigen) (31 %), elliptischen (20,15 %), subordinierten Sätzen (6,2 %) und anderen Satztypen (5,25 %). Die asyndetisch verbundenen Sätze wurden dabei als einfache Sätze gewertet.

Die überwiegende Zahl der eingliedrigen Sätze im Russischen ist dadurch zu erklären, dass die zweigliedrige Subjekt-Prädikat-Struktur in dieser Sprache nicht obligatorisch ist. Es haben sich viele Typen der eingliedrigen Sätze gebildet: die bestimmten persönlichen (wenn das Subjekt bei den Verben der 1. und 2. Person Sg. und Pl. bzw. in der Imperativform fehlt), die unbestimmten

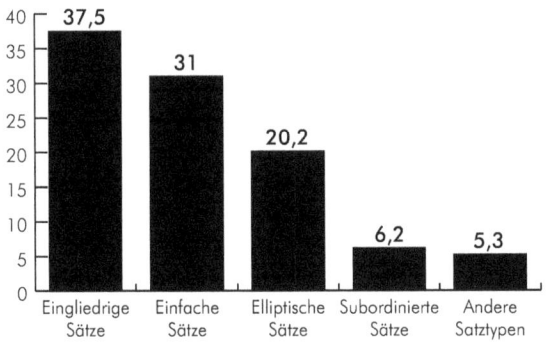

Abb. 4: Satztypen in russischen Tweets (Angaben in %)

persönlichen (wenn das Subjekt bei den Verben der 3. Person Pl. fehlt), die verallgemeinerten persönlichen (beim Verb in der 2. Person Sg. und der 3. Person Pl. in den Sprichwörtern u. Ä.), die unpersönlichen Sätze, Infinitivsätze, nominative Sätze und genitive Sätze (Lekant et al. 1988: 306–316). Elliptisch (unvollständig) ist im Russischen die Struktur nur dann, wenn das Subjekt beim Verb fehlt, welches nicht eindeutig auf ein bestimmtes Agens bezogen ist, z. B. beim Verb der 3. Person Sg. in der Vergangenheitsform (ebd.: 306). Zum Unterschied von den genannten Autoren, die die elliptischen Sätze ganz eng auffassen als solche, die eingliedrig sind und keine Entsprechung mit der vollen zweigliedrigen Satzstruktur haben (ebd.: 331), betrachte ich die elliptischen Sätze als unvollständige, in denen einige unentbehrliche Satzglieder ausgelassen sind, welche meist aber aus dem Kontext erschließbar sind. Diese Definition des elliptischen Satzes entspricht der weit verbreiteten Auffassung, die z. B. von Schmitz (2001: 423) vertreten ist. Aber da das Subjekt, welches durch das Personalpronomen der 1. Person Sg. und Pl. ausgedrückt ist, in russischen Sätzen entbehrlich ist, wird der Begriff der Ellipse im Russischen ein bisschen enger als im Deutschen und einigen anderen Sprachen gefasst. Im Tweet

(7) @korobkov @rykov @arman91 Записываю: Машу, палатку, гранату... ;-) (3.7)
[@korobkov @rykov @arman91 Merke mir: Mascha, Zelt, Granate... ;-)]

ist der erste Satz als eingliedrig und der zweite als elliptisch gewertet: Im ersten Fall verweist die Verbform eindeutig auf das Agens (*merke mir → ich*), und im zweiten Satz fehlt die Subjekt-Prädikat-Struktur, die aus dem Kontext zu erschließen ist (*Ich muss zum Ausflug ... mitnehmen*).

Die einfachen Sätze sind auch ganz kurz und enthalten in der Regel nur das Minimum an Satzgliedern. Zu Möglichkeiten, den Satz syntaktisch zu erweitern (durch Infinitiv- und Partizipialgruppen, Adverbialpartizip (im Russischen als »dejepritschastije« bekannt), gleichartige Satzglieder), wird im russischen Twitter gegriffen, aber wie es scheint, ist ihr Anteil gar nicht so groß wie in der Kommunikation mit ähnlicher Funktion, aber mit nicht beschränktem Umfang.

Auch die Explikation der logischen propositionalen Verhältnisse mithilfe der Subordination ist im Twitterkorpus ziemlich selten (6,2 %). Jedenfalls sind dabei ganz verschiedene Typen der subordinierten Sätze vertreten: temporale, kausale, Attribut-, Objekt-, Bedingungssätze usw.

Die anderen Satztypen schließen die Koordination und die eingliedrigen bzw. elliptischen Varianten der Subordination und Koordination ein.

Sowohl die verbreiteten Satztypen als auch die ziemlich knappe Zahl der Satzglieder in verschiedenen Satztypen spiegeln die Tendenz zur Ökonomie wider, die aus der Umfangsbeschränkung der Tweets resultiert.

9.3.6 Graphostilistik

Zu den charakteristischen graphostilistischen Merkmalen der russischen Twitterkommunikation zählen die Smileys (2,6 % aller Wortformen mit Hashtags u. Ä.) und Satzzeicheniteration (7,1 % aller Satzzeichen). Buchstabeniteration und Homographie kommen vereinzelt vor.

Die Smileys werden von 21 Männern und 25 Frauen, d. h. von der Mehrheit der Twitterer gebraucht. Aber die Kommunikanten gebrauchen dieses Mittel der Emotionalität nicht in jedem Tweet: Smileys kommen in 53 (einem Sechstel) aller männlichen und 104 (einem Drittel) aller weiblichen Tweets vor. Dies zeugt von der funktionalen Verschiedenheit der Tweets und von der anscheinend größeren Emotionalität der Frauen. Die Smileys selbst bestehen meist aus zwei Zeichen und sehen folgenderweise aus:)), :) oder ;). Sie sind ein ökonomisches Mittel des Emotionstransportes, und ihre verkürzte Form entspricht dem knappen Tweetumfang. Wohl deswegen kommt die Klammeriteration im Smiley zur Verstärkung der ausgedrückten Gefühle nur vereinzelt vor.

Nur eines von fast 200 Smileys im russischen Korpus drückt negative Gefühle aus (zitiert im Beispiel 5 oben), d. h. die eindeutige Mehrheit der Tweets mit Smileys ist mit positiven Gefühlen verbunden.

Die Satzzeicheniteration dient ebenfalls der Wiedergabe erhöhter Emotionalität *(!!!, ???)* oder der von Pausen *(...)*.

9.3.7 Interaktion

Ein Drittel aller Tweets (30,3 %) ist reaktiv, stellt also Antworten auf die in anderen Tweets gestellten Fragen dar. Diese Tweets beginnen mit einer oder mehreren @-Adressierungen, die von ihrer dialogischen Ausrichtung zeugen und unmittelbare Adressaten des Tweets bezeichnen. Die restlichen Tweets im russischen Korpus sind Meldungen, die selbst eine Antwort verlangen oder gar nicht in einen Redeprozess integriert sind. Die Werte zeugen davon, dass Twitter polyfunktional ist: Während ein Teil der Tweets sozial (dialogisch) ausgerichtet ist, ist ihr anderer Teil nur potenziell sozial und schließt individuelle Statements oder Nachrichten ein, die in erster Linie auf die Meinung des Sprechenden oder auf sonstige Ereignisse und Meinungen und nicht auf den Gesprächspartner bezogen sind. In dieser Hinsicht muss man die integrierten Accountnamen, die als Objekt oder Subjekt des Tweets auftreten, von den automatisch eingebundenen @-Adressierungen unterscheiden, vgl. etwa

(8) @borisovfm да, характерно для авиадискаунтеров (7.9)
 [@borisovfm ja, ist charakteristisch für die Billigflieger]
(9) Мне кажется новость про смерть Тиесто это как раз #vraki прямо как с @VictoriaDaineko про её приключения... Не верю! (3.10)
 [Mir scheint es, die Nachricht über Tiestos Tod ist gerade #vraki <Lügen> gerade wie mit @VictoriaDaineko über ihre Abenteuer... Ich glaube das nicht!]

Die Nutzung des @-Namens als Adressierung ist viel zahlreicher, als seine Integration in das Satzinnere, jedoch illustriert die prinzipielle Möglichkeit der integrierten Nutzung des @-Namens die Suche der Twitterer nach neuen Mitteln der Ausdrucksökonomie und -variation.

9.3.8 Funktionale Aspekte

Mehrere sprachliche Merkmale des russischen Twitterdienstes zeugen von seiner funktionalen Breite. Um das zu verfolgen, wurden alle Tweets semantisch nach ihrer Hauptfunktion ausgewertet. Jeder Tweet konnte bei der Analyse einer oder mehreren Hauptfunktionen zugeordnet werden, d. h. auch auf der Ebene eines einzigen Tweets konnte diese Kommunikationsform polyfunktional sein.

Am häufigsten dienen die russischen Tweets der Wiedergabe von persönlichen Statements (29,7 % aller Tweets), der Benachrichtigung (27,8 %), den Selbst-PR (18,75 %), den allgemeinen Kommentaren (12 %), der Etikettenäußerung, darunter Begrüßung, Danksagung usw. (8,6 %), den Antworten (7,5 %), den Fragen (6,56 %), der Scherzkommunikation (6,56 %), den Bitten und Empfehlungen (5 %). Mit unbedeutenden Unterschieden ist dieses Verhältnis bei Männern und Frauen identisch.

Die genannten Funktionen lassen sich zum sozialen (persönliche Statements, Etikette, Scherzkommunikation, Fragen, Antworten, Bitten und Empfehlungen) und zum informativen Block (Benachrichtigung über aktuelle Weltereignisse und Selbst-PR) vereinen. Es ist klar, dass der soziale Block in vielen Hinsichten wichtiger ist: Nach der häufigsten Funktion (persönliche Statements), nach der Vielfalt der einzelnen Funktionen in jedem Block und nach der Prozentzahl der sozial ausgerichteten Funktionen. Das entspricht der Hauptbestimmung von Twitter als soziales Netz, welches jedoch nicht nur für inoffizielle Kommunikation, sondern auch für andere Zwecke benutzt wird.

9.4 Zusammenfassung

Zusammenfassend lässt sich sagen, dass viele sprachliche und funktionale Merkmale des russischen Twitterdienstes durch seine technologischen Besonderheiten bestimmt sind: Twitter ist überwiegend sozial ausgerichtet und weist bestimmte Merkmale der sprachlichen Ökonomie auf. Alle diese Merkmale sind in meinem Ergebnisbogen zusammengefasst.

Gleichzeitig ist Twitter als Kommunikationsform sehr variabel, was sich an den verschiedenen Anteilen der Mündlichkeitssignale, Smileys, orthographischer und lexikalischer Lockerheit und anderen Merkmalen sowohl bei verschiedenen Twitterern, als auch bei einem konkreten Autor ablesen lässt.

Die Unterschiede in der Twitternutzung von Männern und Frauen sind im Russischen nicht besonders ausgeprägt und beschränken sich hauptsächlich auf die intensivere Nutzung der emotiven Mittel (Smileys und Wörter mit emotionalen Verkleinerungssuffixen) durch Frauen. Das ist nicht verwunderlich, weil die psychologische Veranlagung der Frauen zur größeren Emotionalität und sozialem Verhalten längst bekannt ist, vgl. [Holmes 1993].

Die Besonderheiten der russischsprachigen Twitter-Kommunikation sind wohl mit nationaler Schriften-Hybridität verbunden. Die nationale Schriften-Hybridität ist meistens notwendig, in einigen Fällen aber bewusst als individualisierender Variationsfaktor genutzt. Andere orthografische Möglichkeiten (hybride Groß- und Kleinschreibung, konsequente Groß- oder Kleinschreibung, fehlende Interpunktion usw.) sind oft auch als individualisierender Faktor eingesetzt. Eine solche kommunikative Haltung der Twitterer ist wohl medientypisch, weil auf diese Weise ein bestimmter Ersatz für den fehlenden visuellen Kontakt in der Internetkommunikation erzeugt werden kann: An die Stelle von Mimik, Charaktereigenschaften und paraverbaler Signale treten so individuelle Merkmale des Sprachgebrauchs.

Bereich	Merkmal	Ergebnis (gemessen an/ bezogen auf)
Orthografie	Standardschreibung	65,8 % (der Schreibung)
	Konsequente Kleinschreibung	19 % (der Schreibung)
	Konsequente Großschreibung	einiger Wörter im Tweet: 2,3 % (Schreibung)
		des ganzen Tweets: 0,3 % (Schreibung)
	Satzinitiale Großschreibung	73 % aller Sätze
	Hybridschreibung (groß–klein)	wortextern: 14,9 % (Schreibung)
		wortintern: 0,47 % (aller Wortformen)
	Hybridschreibung (kyrill.–latein.)	wortextern: 10,3 % (Schreibung) (72,8 % mit Tags)
		wortintern: 0,1 % (aller Wortformen)
	Zusammenschreibung	4,4 % (aller Tweets)
	Hervorhebung durch Großschreibung	wortinitial bei Gattungsnamen: 0,6 % (aller Wortformen)
		konsequent: 0,4 % (aller Wortformen)
	Tippfehler	0,14 % (der Gesamtzeichen)
	Wegfall oder Hinzufügung von Akzenten	0,03 % (aller Wortformen)
	Hyperkorrekte Akzentsetzung	0,36 % (aller Wortformen)
	Anders:	Interpunktion fehlend: 13,1 % aller Tweets
		Interpunktion falsch: 0,9 % aller Tweets
		Spatium hinzugefügt: 0,2 % aller Wortformen

Bereich	Merkmal	Ergebnis (gemessen an/bezogen auf)
Gesprochene Umgangssprache	Tilgungen	0,1 % (aller Wortformen), 15,5 % (aller Wortformen, die getilgt vorkommen)
	Assimilation	0,02 % (aller Wortformen), 20 % (aller Wortformen, die assimiliert vorkommen)
	Klitisierung	0,03 % (aller Wortformen), 50 % (aller Wortformen, die klitisiert vorkommen)
	Gesprächspartikeln	0,3 % (aller Wortformen)
	Anders:	assoziative Satzergänzung: 4 % (aller Sätze)
Wörter	Dialekt	0 %
	Umgangssprache	1,3 % (aller Wortformen)
	Anglizismen	5,6 % (aller Wortformen)
	Andere Fremdwörter	1,4 % (aller Wortformen)
	Inflektive	0 %
	Andere:	Terminologische Lexik: 3,45 % (aller Wortformen)
		Jugendlexik: 0,16 % (aller Wortformen)
		Lexik der Gebildeten: 0,5 % (aller Wortformen)
		Okkasionalismen: 0,16 % (aller Wortformen)
		Wörter mit emotionalen Verkleinerungssuffixen: 0,53 % (aller Wortformen)
Reduktionsformen	Namen	Personen: 0,16 % (aller Wortformen)
		Städte, Länder: 0,1 % (aller Wortformen)
		Gattungsnamen: 0,5 % (aller Wortformen)
		Adjektive: 0,1 % (aller Wortformen)
		Adverbien: 0,05 % (aller Wortformen)
		Verben: 0,08 % (aller Wortformen)

Microblogs global: Russisch

Bereich	Merkmal	Ergebnis (gemessen an/ bezogen auf)
	Funktionswörter	Artikel: 0 %
		Präpositionen: 0 %
		Pronomen: 0 %
		Konjunktionen: 0 %
	Zusammensetzungen	0 %
	Wortgruppen	0,13 % (aller Wortformen), 100 % (aller WG, die reduziert vorkommen)
	Integration von Hashtags i. d. Mitteilung	6,25 % aller Tweets, ø 1,5 Stück pro Tweet (mit Hashtags), ø 0,1 Stück pro Tweet (insgesamt)
	Integration v. @user i.d. Mitteilung	38,3 % aller Tweets, ø 1,1 Stück pro Tweet (mit Adressierungen), ø 0,4 Stück pro Tweet (insgesamt)
	Andere:	Integration von Hyperlinks: 36,3 % (aller Tweets), ø 1,04 Stück pro Tweet (mit Hyperlinks), ø 0,38 Stück pro Tweet (insgesamt)
Syntax	Einfacher Satz	31 % (aller Sätze)
	Ellipse	20,15 % (aller Sätze)
	Ellipse, koordin. Satz	0,45 % (aller Sätze)
	Ellipse, subor. Satz	1,6 % (aller Sätze)
	Koordinierter Satz	1,4 % (aller Sätze)
	Subordinierter Satz	6,2 % (aller Sätze)
	Andere:	Eingliedrige Sätze: 37,5 % (aller Sätze)
		Eingl. koord. Sätze: 0,2 % (aller Sätze)
		Eingl. subord. Sätze: 0,8 % (aller Sätze)
		Isolierung: 0,7 % (aller Sätze)

Bereich	Merkmal	Ergebnis (gemessen an/ bezogen auf)
Graphostilistik	Smileys	2,6 % (aller Wortformen)
	Iteration: Satzzeichen (!!, ??, ...) Buchstaben Wörter	7,1 % (aller Satzzeichen) 0,01 % (aller Zeichen) 0,1 % (aller Wortformen)
	Homophonie	0,05 % (aller Wortformen)
Interaktion	Reaktive Tweets	30,3 % (aller Tweets)
	Adressierung	39 % (aller Tweets)
Länge der Einträge	Zeichenanzahl	82 Zeichen (je Tweet)
	Wortanzahl	11 Wortformen (je Tweet)
Mehrsprachigkeit	Anzahl Sprachen	
	Anzahl Tweets in fremder Sprache	4,7 % aller Tweets
	Zweisprachig russisch-englisch	3,6 % aller Tweets
	Ikonisch od. Hashtags	0,9 % aller Tweets
Funktionale Aspekte	Funktion der Tweets	Nachrichten: 27,8 % (aller Tweets)
		Kommentierungen: 12 %
		Statements: 29,7 %
		Begrüßungen und Etikette: 8,6 %
		Scherzkommunikation: 6,56 %
		Anfragen: 6,56 %
		Antworten: 7,5 %
		Marketing/PR: 18,75 %
	Andere:	Empfehlungen und Bitten: 5 %

Tab. 1: Zusammenfassung der Ergebnisse für das Russische

Literatur

Abramow, Boris (2004). Teoreticheskaja grammatika nemetskogo jazyka. Sopostawitel'naja tipologija nemetskogo i russkogo jazykow. Moskwa.
Bogdanow, Alexandr. (2008). »Orfografija w Internete: analis odnoj orfograficheskoj oshibki«. In: Kompjuternaja lingwistika i intellektual'nyje tekhnologiji: materialy ezhegodnoj Mezhdunarodnoj konferentsiji »Dialog« (Bekasowo, 4–8 ijunja 2008 goda). Wyp. 7 (14). Moskwa, S. 50–57.
Filin, Fedot (1990). »Russkij jazyk«. In: Lingvisticheskij entsiklopedicheskij slovar'. Hg. v. Valerija Jartsewa. Moskwa, c. 429–430.
Holmes, Janet (1993). Women's Talk: The question of sociolinguistic universals. In: Australian Journal of Communication, 20(3), 125–149.
Lekant, Pawel, Nina Gol'tsowa, Wlas Zhukow et al. (21988). Sowremennyj russkij literaturnyj jazyk. Moskwa.
Runkehl, Jens, Peter Schlobinski & Torsten Siever (1998). Sprache und Kommunikation im Internet. Überblick und Analysen. Opladen.
Shchipitsina, Larissa (2012). »Stilmischung, Code-Switching & Co.: Hybriditätsarten im Internet«. In: Siever, Torsten & Peter Schlobinski (Hrsg.). Entwicklungen im Web 2.0. Ergebnisse des III. Workshops zur linguistischen Internetforschung. Frankfurt/M. et al. S. 155-170.
Sorokina, Elena, Julia Fedotchenko & Ksenija Chabanenko (2011). W sotsial'nykh setjakh. Twitter – 140 simwolow wyrazhenija. Sankt-Petersburg.
Schlobinski, Peter & Torsten Siever (2005). »Editorial zum Projekt 'Sprachliche und textuelle Aspekte in Weblogs'«. In: Sprachliche und textuelle Merkmale in Weblogs. Ein internationales Projekt. Hgg. v. Peter Schlobinski, Torsten Siever. (=Online-Reihe Networx; Nr. 46). Hannover, S. 8–29. URL: http://www.mediensprache.net/de/networx/docs/networx-46.aspx
Schmitz, Ulrich (2001). »http://www.ellipsen.de«. In: Sprache im Alltag: Beiträge zu neuen Perspektiven in der Linguistik; Herbert Ernst Wiegand zum 65. Geburtstag gewidmet. Hgg. v. Andrea Lehr, Matthias Kammerer et al. Berlin [u.a.], S. 423–438.
Wikipedia (2011a). »Twitter«. In: Wikipedia, svobodnaja entsiklopedija. Stand: 14.04.2011. URL: http://ru.wikipedia.org/wiki/Твиттинг
Wikipedia (2011b). »Kurz-URL-Dienst«. In: Wikipedia, die freie Enzyklopädie. Stand: 25.04.2011. URL: http://de.wikipedia.org/wiki/Kurz-URL-Dienst
Wolnuchin, Anton (2010). Mikroblogi i Twitter w runete w tsifrakh. URL: http://www.slideshare.net/blohin/twitter-icommunity-2010
Women Tweet 12% More Than Men: REPORT. 25.05.2010. URL: http://www.huffingtonpost.com/2010/05/25/women-twitter-tweet-12-mo_n_588693.html
Yandex.ru (2010). Tsifry I fakty pro Twitter. 04.03.2010. URL: http://download.yandex.ru/company/figures/yandex_on_twitter_march_2010.pdf
Zheleznova, Marija (2007). »Rasstawit' wse tochki«. In: Russkij Newsweek, 5–11.02.2007, Nr. 6 (132). URL: http://replay.web.archive.org/20071118051053/http://www.runewsweek.ru/rubrics/?rubric=society&rid=1645

Mario Franco Barros (Funchal)

10 Microblogs global: Spanisch

Im Rahmen dieses Projektes sind folgende Unterschiede zwischen dem Spanischen und dem Deutschen hervorzuheben:
Das Spanische zeigt eine analytische Tendenz in der Wortbildung im Gegensatz zur Komposition als produktives Wortbildungsverfahren im Deutschen.
Obwohl das Verbalsystem im Spanischen stark flektierend ist, zeigen sich auch hier analytische Formen (verbale Periphrasen wie z. B. *voy a cenar* (ir + a + Infinitiv) für das Futur, *estoy cenando* (estar + Gerundivum) für das Präsens.
Das Spanische ist eine Nullsubjektsprache (*Comí. Llueve.*), deswegen kann man das Fehlen des Subjekts, vor allem in der 1. Person Singular oder Plural, nicht als Merkmal der gesprochenen Sprache wie im Deutschen rechnen.
Der grafische Akzent und die Frage- und Ausrufezeichen am Beginn des Interrogativsatzes sind zwei orthografische Merkmale des Spanischen, die das Deutsche so nicht kennt.
Im Vergleich zum Spanischen ist das Deutsche reicher an Partikeln und an phonischen Wörtern in der geschriebenen Sprache.

10.1 Blogosphäre in Spanien

Twitter wurde erst ein Jahr nach seiner Entwicklung während des Festivals South by Southwest im März 2007 populär, wo es den Preis Web Award in der Kategorie „Blog" gewann. Außerdem wurde die Plattform zum Rückkanal (*back-channel*) des Festivals und die auf der Leinwand projizierten Nachrichten der Nutzer wurden zum Highlight des Festivals. Seitdem wächst und transformiert sich die Plattform ständig.
Dezember 2009 hatte Twitter in Spanien 1,5 Mio. Nutzer, ein Jahr später hatte das soziale Netzwerk fast doppel so viele Nutzer: 2,8 Mio. In einem

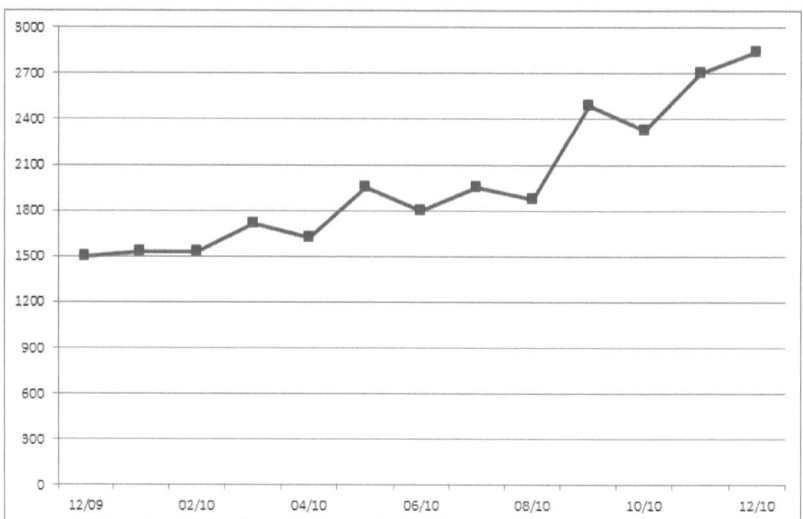

Abb. 1: Bedeutung von Twitter.com (Brand) in Spanien   Quelle: Nielsen/Netratings

einzigen Jahr gewann Twitter 1,3 Mio. Nutzer hinzu, was ziemlich genau der Zahl der Nutzer entspricht, die das Netzwerk an seinem Beginn 2007 als Twitter.com hatte.

Twitter erlebte 2010 zwei auffällige Steigerungen der Zahl seiner Nutzer in Spanien. Im September gab es eine erste Zunahme von 600 000. Grund dafür war der offizielle Button für Webs und Blogs, so dass jeder gelesene Artikel oder Inhalt mit einem einfachen Klick auf das Ikon getwittert werden konnte. Ab September präsentierte sich die Twitter-Seite auch in einem völlig neuen Design. Im November kam es im Anschluss an das Sinde-Gesetz, das u.a. die Abschaltung von P2P-Seiten ermöglichen würde, und die Wikileaks-Informationen zu einer zweiten starken Nutzerzunahme.

Wenn wir aber diese Zahlen mit denen von anderen sozialen Netzwerken vergleichen, schneidet Twitter nicht so gut ab. Facebook hatte z. B. im Dezember desselben Jahres in Spanien immerhin 16,5 Mio. Nutzer mehr als Twitter.

Die Entwicklung von Twitter verlief in Spanien sehr ungleichmäßig. Großer Zuwachs wechselte mit starkem Rückgang ab. Das lässt darauf schließen, dass viele Nutzer den Umgang mit dem Netzwerk als kompliziert empfinden. Deswegen überrascht es auch nicht, dass kein anderes soziales Netzwerk von Nutzern so häufig aufgegeben wird wie Twitter.

Am 14. Juni 2011 erschien das Buch *Mundo Twitter* von Jose Luis Orihuela[1]. Es handelt sich um eine der wenigen Einführungen in die neue Kommunikationsplattform auf Spanisch. Das Buch besteht aus drei Teilen. Im ersten Teil wird die Frage *Qué es Twitter y cómo utilizarlo con eficacia (Was ist Twitter und wie benutzt man es erfolgreich)* reflektiert. In diesem Teil erläutert der Autor die Funktionsweise und Terminologie der Plattform und präsentiert zuletzt eine Sammlung authentischer Tweets verschiedener Nutzer, in denen in 140 Zeichen versucht wird, Twitter zu beschreiben. Dabei gibt Orihuela neuen Nutzern Ratschläge und Tipps, wie man biografische Daten ergänzt, wie man andere Nutzer entdeckt, wie man mehr Follower bekommt, welche Vorkehrungen bei der Nutzung der Plattform zu treffen sind u.a.m. Er gibt dem Leser auch Hinweise für das Schreiben in 140 Zeichen (Kürze und korrekte Orthografie, Inhalte vielseitig gestalten ...) und führt ihn in die Etikette und Umgangsformen des neuen sozialen Netzwerkes (Stil und Inhalt der Tweets, *Follow Friday*, Retweets ...) ein.

Im zweiten Teil *Los usos avanzados de Twitter (Fortgeschrittene Anwendungen von Twitter)* beschreibt Orihuela die große Wirkung von Twitter auf Institutionen und Organisationen und erläutert die fortgeschrittene Anwendung des Netzwerkes in verschiedenen Bereichen: journalistisch, politisch, institutionell, sozial und pädagogisch wie z. B. an der Universität. Angesichts der Aktualität und Bedeutung der Plattform würde man sich eine Neuauflage des Buches wünschen, welche die Darstellung und Analyse dieser zuletzt genannten wichtigen Themen und Aspekte verbreitert und vertieft. Letztendlich sind im dritten Teil 845 authentische Tweets, die der Autor dem Thema *Twitter: la vida misma en 140 caracteres (Twitter: das Leben selbst in 140 Zeichen)* seines Blogs (www.ecuaderno.com) entnommen hat, versammelt und auf der Grundlage von 74 Kategorien klassifiziert.

10.2 Empirische Basis

In dieser Studie wurden 10 Tweets von jeweils 64 Twitter-Accounts analysiert, 32 von Frauen betrieben, die andere Hälfte von Männern. Die Auswahl der Accounts erfolgte nach spanischen Städten in Tweepz. Es wurden 32 Städte aus den zwölf verschiedenen spanischen *Comunidades Autónomas (Autonome Gemeinschaften)* ausgesucht. Der erste Twitter-Nutzer bzw. die erste Twitter-

---

1 Jose Luis Orihuela ist Professor an der Fakultät für Kommunikationswissenschaft der Universität Navarra. Er ist Autor des Buches *La revolución de los Blogs* (2006) und Co-Autor der Bücher *Blogs* (2005) und *Comunicar para crear valor* (2004). Seit 2002 betreibt er den Blog eCuaderno (www.ecuaderno.com), eines der meist gelesenen Blogs in spanischer Sprache, und seit 2007 ist er ein aktiver User von Twitter.

Nutzerin, die in der eingegebenen Stadt wohnten, wurden für unser Korpus herangezogen. Accounts von Organisationen, Unternehmen o. ä wurden nur einbezogen, wenn die Namen der Betreiber vorhanden waren. Accounts von Nutzern aus Südamerika, die aber in Spanien leben, wurden mitgezählt. Accounts von Nutzern aus dem Baskenland, Galicien und Katalonien, die aus spanischen Tweets und Tweets der jeweiligen Sprache der Autonomen Gemeinschaft bestanden, wurden mitgerechnet. Accounts, die ausschließlich aus baskischen, galicischen oder katalanischen Tweets bestanden, wurden nicht einbezogen, da es sich nicht um Dialekte, sondern um eigene Sprachen handelt.

Im Bereich der Orthografie wurden die vorgeschlagenen Kriterien um weitere linguistische Phänomene ergänzt. Das Fehlen des umgedrehten Ausrufe- und Fragezeichens am Beginn des Satzes oder das Fehlen von beiden, typische spanische SMS-Merkmale wie z. B. »k« statt »q«, der Fortfall von Kommata und Punkten und die Kleinschreibung von Eigennamen wurden mitgerechnet. Die im Analyseraster vorhandenen Merkmale der gesprochenen Sprache wurden um Phänomene wie Überbrückungswort, Emotionswort, Heckenausdruck, Lautwort, Operator-Skopus-Struktur, Rechts-/Linksherausstellung und Tilgung der finiten Verbform bei komplexen Verbalkonstruktionen (z. B. *¿Qué haces? - Comiendo* statt *– Estoy comiendo)* ergänzt. Das Überbrückungssignal (...) wurde in die Liste der Phänomene des Bereiches Graphostilistik eingefügt. Kontakt-/Engführungssignal[2], Begrüßung/Verabschiedung und Retweets werden bei den Kriterien der Interaktion mitgezählt. Dem funktionalen Aspekt werden Aufforderungen, Danksagungen und Beschimpfungen zugeordnet.

10.3 Analyse spanischer Tweets

Das Ergebnis der Analyse zeigt, dass vor allem zwei Merkmale die Sprache in Twitter charakterisieren, einerseits die Auslassung von Interpunktionszeichen, die sicherlich von der 140-Zeilen-Begrenzung bedingt ist, anderseits die Verwendung kurzer Diskurseinheiten (z. B. einfacher Satz statt komplexer Satz

---

2 Kontakt-/Engführungssignale sind »Signale, die dem Abgleichen von Meinen und Verstehen dienen. Untergruppen wären Sprechersignale (bspw. um Bestätigung bittendes ne?) und Hörersignale (bspw. bestätigendes hm)« (aus dem Modellglossar in Ägel/Hennig (2006: 387–405)).

Microblogs global: Spanisch

oder keine syntaktische Kohäsionsmarkierung) und aggregativer Strukturen[3] statt integrativer. Dieser Aspekt stellt die Kommunikationsform Twitter im Kontinuum von Koch/Oesterreicher (1985) näher an den Pol der Nähe als an den der Distanz.

10.3.1 Orthografie

Die Nutzer verwenden mehrheitlich die Standardschreibung. Durchgehend groß geschriebene Tweets (*@comyte NO OS VEO* (225), *@manugtz291 WIN!* ^^ (526)) kommen nur sehr selten vor. Dagegen gibt es im Korpus eine kleine, aber immerhin beachtenswerte Zahl (14,7 %) von durchgehend klein geschriebenen Tweets:

(70) #irekia el lehendakari, consciente y realista sobre las trabas y excesiva burocracia de la administración
(135) ahiiii, q cansa q estoyyyy ... de verdad, la obra es otro mundo ....
(339) una bonita contradicción a favor de la paz http://blogs.lavozdegalicia.es/mejuto/2009/04/17/peace/

Beachtenswert ist die große Zahl von Zusammenschreibungen, mit Belegen in 31,3 % aller Tweets, wobei man nicht vergessen darf, dass sie oft medial (Links, Hashtags, URL-Adressen, @user ...[4]) bedingt sind:

(317) #cancionesquemarcaron
(306) gracias.Andaaa
(273) RT mimesacojea
(551) Carpio,subrirector de Marca.

Dagegen kommen Hybridschreibungen (*Y tb sale el »PodeMOUs« de la MOUfanda.* (555), @PauBlasi (62), *#CidadeDaCulturaFacts* (162)) oder Hervorhebungen

---

3   Aggregation und Integration: Bei diesem Oppositionspaar geht es um die Art der inhaltlichen Gliederung einer Information, genauer gesagt um die Frage, ob die betreffende Information in integrativen Einheiten oder additiv dargeboten wird. Aggregative Satzstrukturen entstehen durch die zeitgleiche Abfolge von Planung und Produktion, sie sind also „nicht von einem übergeordneten Sehpunkt aus geordnet, also nicht integrativ" (Ágel/Hennig 2007: 198).
4   Ein Hashtag (aus dem Englischen hash = Raute (Taste) und tag = Anhänger) ist »ein ikonisch hervorgehobenes Schlag- oder Stichwort, das die Nachricht thematisch zuordnet und dadurch die Such-Orientierung und Archivierung von Themen, Personen, Ereignissen etc. erleichtert« und »der Twitter-Gemeinschaften als roter Diskussions-Faden dient« (Moraldo 2009: 257). URL ist eine Abkürzung aus dem Englischen *uniform resource locator* und hat dieselbe Funktion eines Links, uns zu einer anderen Online-Seite zu führen.

durch Großschreibung (*Las 11 y cuarto y POR FIN salimos para Santander*. (41), *Sálvame Deluxe parece de la HBO al lado de esto. EN SERIO.* (285)) seltener vor. Die meisten Normverstöße gegen die (formale) Sprachrichtigkeit kommen jedoch in der Interpunktion vor. Der Satz endet selten mit einem Punkt, in 63,9 % der Fälle, wo ein Punkt stehen muss, fehlt er:

(51) Van der mi <3 te perdono lo hoy porque eres Van der Google [.]
(116) A comer y al bus... nos vemos[.]
(350) Preparando el post más duro de mi vida[.]

Wenn der Satz mit spezifischen Funktionen des Mediums wie z. B. mit einem Hashtag, @user, Smiley oder mit einer URL-Adresse endet, wird nie ein Punkt gesetzt

(379) Barça B: Min. 22. Gol de Edu Oriol. El Barça B se adelanta en el campo del Tenerife #fcblive [.]
(471) Leyendo: Social Media en Startups http://bit.ly/gZZTM1 por @ rubenmartinp en @todostartups [.]
(115) Se me hace muy extraño que nadie me acompañe :S [.]
(349) [¡]Buenas noches[!] faqoff http://tinyurl.com/yrjdpz [.] Gracias a todos[.]

Das Komma fehlt auch in 27,8 % der Stellen, wo eines stehen sollte *(@azulectrico para en Ferrari[,] si vienes del barrio Belén[,] la siguiente creo k es doctrinos[.]*(75)). Bei Aufforderungs- und Fragesätzen wird das umgedrehte Ausrufe- und Fragezeichen am Beginn des Satzes in den meisten Fällen, in 62,5 % aller Aufforderungs- und Fragesätzen im Korpus, nicht eingesetzt:

(479) @ismacm Sí, [¡]gracias!!
(50) [¿]Por qué no me mandan a mí a alguien así??

In 6,6 % aller Aufforderungs- und Fragesätzen fehlen sogar am Anfang und am Ende beide Zeichen (*[¿]Cuándo será el día que haga turismo interno[?]* (52); *(¡)Vaya que son feos los Gormiti(!), pero feos con ganas.* (50)). Bei 25,1 % der Wortformen, die grafisch akzentuiert werden müssten, geschieht dies nicht. In den meisten Fällen schreibt der Autor einfach keine Akzente (*Yo soy la m[á]s famosa de mi casa[,] no te digo m[á]s....* (72); *puedo irme al sal[ó]n tranquila xd* (242)). In anderen wenigen Fällen schreibt der Autor keinen Akzent, weil er die Rechtschreibregel angeblich nicht kennt (*Buenos días, mi[é]rcoles de ent-*

regar artículos :ol (579)). Auffällig ist auch die Kleinschreibung der Eigennamen, 27,5 % aller Belege. In den meisten Fällen geschieht dies bei konsequenter Kleinschreibung (@jsanz buenas noches javier. (309)) und bei @usernamen (@luisftenorio me puedes decir mi arcano para mañana plis? (304)). Belege von Tippfehlern sind relativ gering. Bei vielen dieser Fehler handelt sich um sogenannte ›Verdreher‹ oder ›Dreher‹ (he perdiod (446)): Buchstaben, die auf der Tastatur unmittelbar nebeneinander stehen und offensichtlich aus Versehen zugleich oder nicht in der korrekten Reihenfolge gedrückt wurden. Ein ähnliches Phänomen ist der Anschlagfehler: Das Drücken einer (falschen) Taste, die unmittelbar neben einer anderen (im konkreten Fall richtigen) steht (jinglés (54); parecertr (182). Diese Fehler wie auch die konsequente Kleinschreibung und der relativ sorglose Umgang mit der Interpunktion werden mit dem Zeitdruck in Verbindung gebracht, unter dem die per Twitter Kommunizierenden (zumeist) stehen.

10.3.2 Mündlichkeit

In Hinblick auf die Merkmale der gesprochenen Umgangssprache fällt uns auf, dass Tilgungen oder Assimilationen im Spanischen anders als im Deutschen sehr selten belegt sind (Mu[y] mal, mu[y] mal (1), [e]stoy (5), cuadri[lla] (82), pa[ra] (131), m[e] (251); d[e]la (251), [e]nla (251), plis statt please (304)). Wir meinen, dass die belegte Häufigkeit von Tilgungen im Deutschen auf den Schwa-Laut zurückzuführen ist. Im Gegensatz zum Spanischen treten in der deutschen Verbkonjugation viele unbetonte Endvokale auf, die in der Twitter-Sprache eliminiert werden. Wie einleitend erwähnt, ist das Spanische ärmer an Gesprächspartikeln als das Deutsche, was auch unser Korpus bestätigt. Mehr Belege finden wir im Spanischen unter den Merkmalen Laut- (umm (7), jajaja (7), jeje (10), pos statt pues (79)) und Emotionswörter (Mola!!! (2), Diossss me pierdo!!! (2), POR FIN! (5), super guapo (5), gracias rey! (44), me gusta, me gusta, (45)). Auch gibt es eine große Zahl an Belegen für Diminutiva bei Substantiven, Adjektiven und Adverbien, welche ein typisches Merkmal für das gesprochene Spanisch sind. Die Verwendung von Diminutiva indiziert nämlich Nähe der Kommunikationspartner zueinander und auch oft eine Abschwächung der Aussage („recurso de atenuación' Briz Gómez 2010: 144) (ahora somos un poquito más libres. (32); @morpheus1983 siiiiii ^_^ pobrete el mal q te estoy dando!! (112). Wir finden auch in diesem zweiten Bereich des Analyserasters Merkmale aggregativer Strukturierung der Sprache wie Operator-Skopus-Strukturen, zweigliedrige Strukturen, in denen das in der Regel links stehende Element (der Operator) Verstehensanweisungen für die folgende Struktur (den Skopus) gibt (Ahora sí: *a hacer el Christmas Cake de este año. Tamaño mini, porque gusta a poca gente.* (6); Ahora, *la acided de las patatas de Blas del día anterior casi me mata* (78)), oder Rechts-/Linksherausstellungen, eine weitere Form syntaktischer Diskontinuität (*Pero el de enfrente* el de libros/informática (8); *Que me des los 20 euros del CD te estoy diciendo!*(56)). Das Merkmal der gesprochenen Umgangsprache mit den meisten Belegen in unserem Korpus ist die Auslassung des konjugierten Hilfsverbs in komplexen Verbalphrasen (*[Voy] A conducir un poco....* (14); *...[Estoy] cantando y bailando una canción super rara* (43); *[Estoy] mirando caer agua nieve por la ventana, no acaba el invierno..* (83)). Wir glauben, dass der Nutzer dabei die gesprochene Sprache nachahmt und zugleich Platz für andere Zeichen im Tweet einspart.

10.3.3 Lexik

Die Seltenheit von dialektalen Belegen leitet sich in großem Maße von der spezifischen Art der Korpuserhebung ab. Es wurden ausschließlich Tweets von in Spanien lebenden Benutzern herangezogen. Twitter-Accounts aus Lateinamerika wurden nicht in das Korpus aufgenommen. Außerdem sind Galicisch, Katalanisch und Baskisch keine Dialekte, sondern Sprachen, was bedeutet, dass die gefundenen Belege dieser Sprachen nicht zu den Dialektwörtern sondern zu den Fremdwörtern gerechnet wurden. Die wenigen Dialekt-Belege stammen aus dem Andalusischen (*que* cansa *que estoy* (14)) und dem Asturianischen (*besin* (2)). Die umgangssprachlichen Belege sind klare Beispiele des Nähesprechens der Kommunizierenden:
(412) la UEFA ha *pegado una paliza* a todos los jugadores del Arsenal, y Guardiola es Gadaffi..
(414) Otro que esta *teletrabajando*
(423) @bi0xid Muchísimas gracias por #EBE10, *me lo he pasado pipa.*

Die gefundenen Anglizismen sind dagegen oft computer- und twitterspezifisch:

(9) #newtwitter
(86) Asqueada de mi *pc*, los antivirus se pelean y mi ordenador desespera al santo job. En buena hora baje el *avast* sin quitar *mcfee*
(87) Encantada con la iniciativa #Pacharan *and Tweets#*, si he terminado el trabajo de la semana que viene acudiré a la cita de *twiteros* navarros

10.3.4 Reduktion

Unter den Reduktionsformen ist die Zahl der Belege von Städte- (*VLC* (100) statt Valencia; *BCN* (56) statt Barcelona), Personen- (*Isa* (31) statt Isabel, *Dany* (251) statt Daniel) und Gattungsnamen (*Uni* (365) statt universidad, *tv* (16) statt televisión, *ofi* (133) statt oficina, *TL* statt Timeline (412), *finde* statt fin de semana (133)) bemerkenswert. Das am häufigsten reduzierte Funktionswort ist die Konjunktion »que«, gekürzt auf *q* oder auf die typische SMS-Kurzform *k*:

(140) esperando a *q* venga mi compañero para decirle *q* nuestras PDAs tienen GPS

(???) *ke* digo *k* si me la vais a dar con vuestra discusión podéis ir a los DMs por si lo de ir a un privado os ofende o algo

Ein ähnlicher Fall ist die reduzierte Form der kausalen Konjunktion »porque«, gekürzt auf *pq* oder auf die allophone Form *xq*, das mathematische Symbol »x« (mal) wird auf Spanisch »por« ausgesprochen.

(193) *Pq* compramos cosas *q* no necesitamos y estamos con gente que no queremos?? #learnandshow

(251) frase dla semana: yo no hago el amor nla cama d mis padres *xq* fui engendrado en ella y eso m da respeto.. Dany eres grande

Erwähnenswert ist auch die Zahl der Belege von Zahlwörtern, die nicht als Wörter sondern als Zahlen geschrieben werden:

(67) *83* pleno del Comité de las Regiones. Parlamento europeo....

(114) *2* horas ya en el bus...con esto de repasarme el ingles se me paso volando! y todavia no acabe

(329) Reflexión matutina *(I)*: Me encantan los delanteros q buscan el remate al *1er* toque como principal recurso. Fijaos en Matavz del Groningen

Die große Zahl von Hashtags/URL-Adressen (in 48,8 % aller Tweets) und @ user-Belegen (in 48 % aller Tweets) zeigt erneut die Wichtigkeit des Mediums selbst, seiner Merkmale und seiner Funktionen bei der Kommunikation im Twitter. Zusammensetzungen kommen weniger vor (1,9 %) (*El Ferrari de FAlonso cambia nombre* (364)), die meisten von den Belegen sind medial bedingt: @usernamen (*@mdcospedal* (420)) oder hashtags *#fcblive* (373). Belegen von

Wortgruppen kommen viel seltener vor (0,06 %) *(@olibaowl* npi *[ni puta idea]* (214), auch englische Wortgruppen kommen vor (...wtf *[what the fuck]* (536)).

10.3.5 Syntaktische Strukturen

Im Bereich der Syntax belegt die hohe Frequenz einfacher Sätze (38,5 % aller Sätze) und Ellipsen (30,9 %) sowohl die Einfachheit der Diskurseinheiten als auch die aggregativen Strukturen in der Twitter-Kommunikation. Die größere Zahl der Belege von subordinierten Sätzen (22,5 %) im Gegensatz zu koordinierten (7,1 %) steht dazu nicht in Widerspruch, da einerseits koordinierte Sätze mittels der Konjunktionen integrative Strukturen zeigen und die Belege anderseits von der Verwendung subordinierter Sätze geprägt sind, was den Standpunkt von Antonio Narbona Jiménez zu bestätigen scheint, welcher der gängigen Annahme widerspricht, in der gesprochenen Sprache überwiege die Koordination:

> En consecuencia, no hay razón, en principio, para decir que en la lengua coloquial es claro el predominio de la coordinación sobre la subordinación por el hecho de que abunden los nexos de coordinación, fundamentalmente la conjunción y. Tampoco ha de aceptarse, sin más, la afirmación de que el empleo de un número menor de términos de subordinación lleva aparejada necesariamente una merma de las posibilidades de expresar tipos de relación lógica o no lógica. (Narbona Jiménez 1989: 195)

10.3.6 Graphostilistik

Smileys als graphostilistische Kompensationsstrategie für fehlende Gestik und Mimik sind mit 151 Beispielen belegt, 1,8 % aller Wortformen. Die am häufigsten eingesetzten Formen sind: :) mit 35; xD mit 32 und ;) mit 21 Belegen[5]. Intensivierung wird durch Iteration von Zeichen markiert, was 113 Beispiele belegen (*graaaaaaacias* (12), *graciasssssss* (10), *ooooooh* (12)), *esooo* (32)). Iteration kommt auch in Smileys vor wie z. B. in :))) (7 Belege) oder ;))) (2 Belege) oder in Lautwörtern (*jajaja* (32), *grrrrrrr* (53), *Jejejejeje* (59), *auuuuh* (64)). Zur Graphostilistik haben wir auch die Auslassungspunkte (als Überbrückungssignal) gezählt:

(637) Y, a pesar de mi tweet anterior, el iPad 2 se ve muy muy bien... aunque estudiaré otros tablets :D

---

5   Die Varianten :) und ;) sind Allographen von :-) bzw. ;-), die im Korpus in einer niedrigeren Zahl (12 bzw. 5 Belege) auch auftreten.

(623) Pero..¿no decidían los jueces y tal y tal y tal...?
(536) Leticia Sabater todavía con mucha marcha .....wtf?

Obwohl man sie auch als syntaktisches Merkmal (Zeitgewinnungsverfahren) betrachten kann, haben wir ihre Funktion für das Anzeigen von Pausen im Rede- oder Gedankenfluss hervorgehoben. Dies zeigt erneut die geringe syntaktische Kohäsionsmarkierung in der Sprache im Twitter. Überbrückungssignale finden wir immerhin in 7,8 % aller Sätze.

10.3.7 Interaktion

Ein weiteres wichtiges Merkmal der Twitter-Kommunikation ist die Interaktion unter den Nutzern. In diesem Fall scheint die neue Kommunikationsform sowohl Gewinne wie Verluste mit sich zu bringen: Einerseits beschleunigt sich die Kommunikation ungemein und begünstigt den Ausdruck spontaner Erregung. Andererseits bleibt dabei wohl manchmal die wünschenswerte Exaktheit der Informationsvermittlung auf der Strecke. Etwa 40 % der Tweets unseres Korpus enthalten eine einfache Adressierung, was bedeutet, dass die Nutzer mit anderen kommunizieren wollen oder dass sie von anderen Nutzern wahrgenommen werden wollen. Circa 30 % der Tweets im Korpus sind Antworten auf andere Tweets und 32,4 % der Tweets weisen Thema-Rhema-Strukturen auf. Unübersehbar ist auch die mehrfache Adressierung in 10 % der Tweets, die den Nutzern erlaubt, den betreffenden Tweet in ihrer eigenen Timeline oder unter @Erwähnungen zu lesen. Auffallend ist auch die Zahl von Retweets, 14 % aller Tweets, in denen der Nutzer Tweets von anderen meist wörtlich und unkommentiert wiederholt, so dass er sie auch seinen eigenen Followern zugänglich macht.

Im Bereich der Interaktion fällt uns auch die Zahl der Belege von Kontakt-/Engführungssignale, in 4,1 % aller Tweets:

(232) @bubalie siiiiiiiiiii, estoy un poco liada estos días, a ver si busco un hueco y te llamo, *vale*???
(228) @comyte un poco tarde, *no*?? mejor a las 17 h. #comyte
(440) @ala_747 vas a decir qué has comprado *o no*? :P

10.3.8 Funktionale Aspekte

Die Bedeutsamkeit der Interaktion in der Twitter-Kommunikation kommt auch in den funktionalen Aspekten zum Ausdruck. Etwa 35 % der Tweets sind persönliche Statements (*doliendome todo el cuerpo ... ¿cómo lo aguantan los albañiles?? y mañana más ...* (134); *Uno de mis pasatiempos del domingos cuando tengo tiempo http://www.rtve.es/television/pagina2/* (153)), in denen die Nutzer anderen direkt oder indirekt etwas mitteilen wollen. Eine andere erwähnenswerte Funktion ist das Übermitteln, Weiterleiten oder Hervorheben von Nachrichten (15,9 %) (*vuelve el sonido de las (bandas de) gaitas http://www.elmundo.es/elmundo/2009/04/18/espana/1240051478.html* (337); *(EvP) #EvidPediatr Todos los artículos de EvP sobre patología cardiovacular pediátrica, a un solo clic de ratón http://goo.gl/NHhIY* (608)), die man für sich und seine Follower als wichtig empfindet. In punkto Häufigkeit unmittelbar danach finden wir die Kommentare der Nutzer über Nachrichten, Ereignisse, aktuelle Themen, die Meinung anderer Nutzer... (*@Kialaya si son muy pequeños no sabran ni lo que es el messenger, ya serán directamente de Tuenti ;)* (265); *RT wl_es La Ley Sinde fracasa. Haz que el mundo lo sepa con el hashtag #SindeJodete* (271)). Beachtenswert sind in diesem Zusammenhang auch die 10,4 % der Tweets, in denen das Medium benutzt wird, um Eigenwerbung oder Werbung für Bekannte zu machen:

(332) un poco de periodismo sincero desde la facultad de Santiago http://ecompostela.info/xornalistas87/ SE AGRADECEN VISITAS Y COMENTARIOS
(394) Necesito tu voto!!!!! Fashion Selection by Mikel Pikabea: http://bit.ly/eTOhQF via @addthis

10.4 Zusammenfassung

Auf der Grundlage dieser sprachlichen Analyse können wir behaupten, dass die Sprache in der Kommunikationsform Twitter im Koch/Oesterreicherschen Kontinuum näher am Nähe- als am Distanzpol liegt. Dasselbe gilt für andere Kommunikationsformen der Neuen Medien, wie verschiedene Analysen beweisen[6].

Es scheint uns aber verfehlt daraus zu schließen, dass wir es mit einer neuen Sprache oder Schrift zu tun haben, wie einige Sprachwissenschaftler meinen[7]. Obwohl die Twitter-Sprache tendenziell konzeptionell mündlich ist, ist sie weit entfernt davon, so nähesprachlich zu sein wie ein mündliches Gespräch. Es fällt auch auf, dass trotz der 140-Zeichen-Begrenzung die Zahl der Bele-

---

6 Runkehl/Schlobinski/Siever 1998, Schlobinski/Siever 2005, Àgel/Hennig 2007, Franco 2005, Franco Barros 2008 u. a.
7 Crystal 2001, Pansegrau 1997 u. a.

ge von Kurzwörtern relativ bescheiden ist und darüber hinaus eine erhebliche Zahl davon medial bedingt ist.

Bereich	Merkmal	Ergebnis (gemessen an/ bezogen auf)
Orthografie	Standardschreibung	87 % (Schreibung)
	Konsequente Kleinschreibung	12,7 % (Schreibung)
	Konsequente Großschreibung	0,5 % (Schreibung)
	Satzinitiale Großschreibung	85,6 % (Schreibung)
	Hybridschreibung	wortextern: 0,3 % (aller Wortformen)
		wortintern: 1,1 % (aller Wortformen)
	Zusammenschreibung	31,3 % (aller Tweets), ø 0,4 Stück pro Tweet (N: 200)
	Hervorhebung durch Großschreibung	0,6 % (aller Wortformen)
	Tippfehler	0,1 % (der Gesamtzeichen), 0,6 % (aller Wortformen)
	Wegfall von Akzenten	2,1 % (aller Wortformen), 25,1 % (aller Wortformen, die akzentuiert werden müssen)
	Andere:	Wegfall vom umgedrehten Ausrufe- und Fragezeichen am Beginn des Satzes: 62,5 % (aller Fragesätze)
		Wegfall von beiden Ausrufe- und Fragezeichen: 6,6 % (aller Fragesätze)
		Wegfall von Kommata: 27,8 % (aller Stellen, an denen ein Komma gesetzt werden muss)
		Wegfall von Punkten: 63,9 % (aller Stellen, wo ein Punkt gesetzt werden muss)
		Kleinschreibung von Eigennamen: 27,5 % (aller Eigennamen)

Bereich	Merkmal	Ergebnis (gemessen an/ bezogen auf)
Gesprochene Umgangssprache	Tilgungen	0,4 % (aller Wortformen), 74,4 % (aller Wortformen, die getilgt vorkommen)
	Assimilation	0,04 % (aller Wortformen), 100 % (aller Wortformen, die assimiliert vorkommen)
	Klitisierung	0,3 % (aller Wortformen), 92,9 % (aller Wortformen, die klitisiert vorkommen)
	Gesprächspartikeln	0,4 % (aller Wortformen)
	Emotionswort	1,2 % (aller Wortformen)
	Heckenausdruck	0,4 % (aller Wortformen)
	Lautwort	0,6 % (aller Wortformen)
	Diminutiva	2,1 % (aller Substantive, Adjektive und Adverbien)
	Tilgung der finiten Verbform in komplexen Verbalphrasen	25,1 % (aller komplexen Verbformen)
	Operator-Skopus-Struktur	4,6 % (aller Sätze)
	Rechts-/Linksherausstellung	5,9 % (aller Sätze)
Wörter	Dialekt	0,07 % (aller Wortformen)
	Umgangssprache	2,1 % (aller Wortformen)
	Anglizismen	2,2 % (aller Wortformen)
	Andere Fremdwörter (Baskisch, Französisch, Galicisch, Katalanisch)	0,3 %
	Inflektive	0,01 % (aller Wortformen)
Reduktionsformen	Namen	Personen: 0,2 (aller Wortformen), 5,7 % (aller Pers.namen)
		Städte: 0,1 % (aller Wortformen), 7,3 % (aller Städtenamen)
	Funktionswörter	Präpositionen: 0,07 % (aller Wortformen), 28,6 % (aller Präpositionen, die reduziert vorkommen)
		Pronomen: 0,01 % (aller Wortformen), 16,7 % (aller Pronomen, die reduziert vorkommen)

Microblogs global: Spanisch 295

Bereich	Merkmal	Ergebnis (gemessen an/ bezogen auf)
Reduktionsformen (Forts.)		Konjunktionen: 0,3 % (aller Wortformen), 50 % (aller Konjunktionen, die reduziert vorkommen)
		SMS-Merkmal (»k« statt »que«): 0,1 % (aller Wortformen); 7,5 % (aller Konj. »que«, die reduziert vorkommen)
	Gattungsnamen	7,5 % (aller Gatt.namen)
	Adverbien	0,02 % (aller Adverbien)
	Zahlwörter	70 % (aller Zahlwörter)
	Zusammensetzungen	1,9 % (aller Wortformen), 97 % (aller Zusammensetzungen, die reduziert vorkommen)
	Wortgruppen	0,06 % (aller Wortformen)
	Integration von Hashtags und @user i. d. Mitteilung	48,8 % (aller Tweets), ø 0,3 Stück pro Tweet
Syntax	Einfacher Satz	38,5 % (aller Sätze)
	Ellipse	30,9 % (aller Sätze)
	Koordinierter Satz	7,1 % (aller Sätze)
	Subordinierter Satz	22,5 % (aller Sätze)
Graphostilistik	Smileys	1,8 % (aller Wortformen)
	Iteration	1,5 % (aller Satzzeichen/Wortformen)
	Homophonie	0,3 % (aller Wortformen)
	Überbrückungssignal	7,8 % (aller Sätze)
	Andere	0,1 % (aller Wortformen)
Interaktion	Reply-Tweets	28,5 % (aller Tweets)
	Thema-Rhema-Struktur (Themabezug durch Pro-Formen; Frage/Antwort; Analepse)	32,4 % (aller Tweets)
	einfache Adressierung	38 % (aller Tweets)
	mehrfache Adressierung	10 % (aller Tweets)
	Retweet	14,1 % (aller Tweets)
	Kontakt-/Engführungssignal	4,1 % (aller Tweets)
	Begrüßung/Verabschiedung	3 % (aller Tweets)

Bereich	Merkmal	Ergebnis (gemessen an/bezogen auf)
Länge der Einträge	Zeichenanzahl	74,3 % Zeichen (je Tweet), insgesamt: 47 551
	Wortanzahl	13,9 Wortformen (je Tweet), insgesamt: 8 922
Mehrsprachigkeit	Anzahl Sprachen	1,02 Sprachen (ø je Tweet)
	Anzahl Tweets in fremder Sprache	50 Tweets
Funktionale Aspekte	Funktion der Tweets	Nachrichten: 15,9 % (aller Tweets)
		Kommentierungen: 12,2 %
		Statements: 34,6 %
		Begrüßungen: 2,8 %
		Scherzkommunikation: 4,3 %
		Anfragen: 5,2 %
		Antworten: 12,9 %
		Marketing/PR: 10,4 %
	Andere:	Aufforderungen: 0,1 %
		Danksagungen: 1,2 %
		Beschimpfungen: 0,4 %

Tab. 1: Zusammenfassung der Ergebnisse für das Spanische

Literatur

Ágel, Vilmos & Mathilde Hennig (Hg., 2006). Grammatik aus Nähe und Distanz. Tübingen.
Ágel, Vilmos & Mathilde Hennig (2007): »Überlegungen zur Theorie und Praxis des Nähe- und Distanzsprechens«. In: Ágel, Vilmos & Mathilde Hennig (Hgg.): Zugänge zur Grammatik der gesprochenen Sprache. Tübingen, S. 179–214.
Briz Gómez, Antonio (2010): El español coloquial en la conversación. Esbozo de pragmagramática. Barcelona.
Crystal, David (2001). Language and the Internet. Cambridge.
Franco, Mario (2005). »Sprachliche und textuelle Aspekte in spanischen Blogs«. In: Networx, Nr. 46. S. 288–319.
Franco Barros, Mario (2008): Neue Medien und Text: Privatbrief und private E-Mail im Vergleich. Funchal: Universidade da Madeira.
Koch, Peter & Wulf Oesterreicher (1985). »Sprache der Nähe – Sprache der Distanz. Mündlichkeit und Schriftlichkeit im Spannungsfeld von Sprachtheorie und Sprachgeschichte«. In: Romanistisches Jahrbuch 36, S. 15–43.
Moraldo, Sandro M. (2009): »Twitter: Kommunikationsplattform zwischen Nachrichtendienst, Small Talk und SMS.« In: Internet.kom. Neue Sprach- und Kommunikationsformen im

WorldWideWeb. Hg. v. Sandro M. Moraldo. Bd. 1: Kommunikationsplattformen, Roma, S. 245–281.
Narbona Jiménez, Antonio (1989): Sintaxis española: nuevos y viejos enfoques. Barcelona.
Orihuela, José Luis (2011): Mundo Twitter. Una guía para comprender y dominar la plataforma que cambió la red. Barcelona.
Pansegrau, Petra (1997). »Dialogizität und Degrammatikalisierung in E-mails«. In: Sprachwandel durch Computer. Hg. v. Rüdiger Weingarten. Opladen. S. 23–50.
Runkehl, Jens, Peter Schlobinski & Torsten Siever (1998). Sprache und Kommunikation im Internet. Opladen Wiesbaden.
Schlobinski, Peter & Torsten Siever (Hgg., 2005). Sprachliche und textuelle Aspekte in Weblogs. Ein internationales Projekt. Hannover: Networx, Nr. 46.

Peter Schlobinski & Torsten Siever (Hannover)

Microblogs global: Synopse und Perspektiven

In der vorliegenden Studie haben wir versucht, auf gleicher empirischer Basis mit gleichen methodischen Mitteln und einem gemeinsamen Analyseraster Tweets zu untersuchen. Dabei standen im Fokus sprachliche, textuelle und funktionale Parameter.

Es ist eine bekannte Tatsache, dass die technischen Voraussetzungen von Kommunikationsformen – seien sie analog oder digital basiert – die sprachlichen Ausdrucksmöglichkeiten (mit)bestimmen. Eine voreingestellte begrenzte Zeichenzahl von 140 Zeichen führt zu sprachökonomischen Effekten (s. Punkt 2).

Ein schönes Beispiel für den Einfluss technikbedingter Faktoren ist die vergleichsweise geringer ausfallende Zeichenbegrenzung im chinesischen Mikroblog-System *wangyi* – in China ist der Zugriff auf Twitter nicht möglich –, bei dem die Postings mehrere Retweets beherbergen können. So führt Frau Zhu in ihrem Beitrag einen Beitrag an, bei dem 4 Retweets Platz finden, die zusammen einen Dialog abbilden. Dabei schafft die Technologie auch Gemeinsamkeiten: Beide Microblogs weisen einen Standard hinsichtlich der Kennzeichnung von Weiterleitungen/Zitaten auf: Während es bei Twitter die Abkürzung RT ist, wird bei *wangyi* das chinesische Schriftzeichen *zhuan* 转 verwendet (›übermitteln, weitergeben, (um)wandeln‹). Damit ist die funktionale Differenzierung in Weiterleitung und Adressierung bei beiden Systemen eindeutig und strukturell identisch geregelt – auch wenn das chinesische System eine Ausdifferenzierung in Kommentar und kommentierenden Beitrag gibt (s. Beitrag Zhu).

Neben diesem zentralen Faktor, der zu universalen und unifizierten sprachlichen Phänomenen in den unterschiedlichen Sprachen führt, spielen im Hinblick auf lokale Variation kultur- und sprachspezifische Faktoren (s. Punkt 1) und Ausdrucksvariation im Sinne gruppen- und individualstilistischer Stilregister (s. Punkt 3) eine wichtige Rolle.

1 Kultur- und sprachspezifische Aspekte

Dass im ostasiatischen Kontext Bildzeichen (jap. Kaomojis) eine wichtige Funktion in der digitalen Kommunikation (Chat, SMS etc.) haben und häufiger und in weit mehr Varianten vorkommen als in westlichen Sprachen, hat Shjirai bereits in ihrer Untersuchung 2005 gezeigt. Dies bestätigt sich auch in Tweets, wo Kamojis wie (^_^) oder (^^;) häufiger vorkommen als westliche Smileys. Die Varianten sind vielfältig und es kommen neue Kombinationen hinzu. Durch hinzugefügte verschiedene Zeichen – Alphabetzeichen, Hiragana-, Katakana- und Kanji-Zeichen – können visuelle, emotionale und situative Darstellungen immer feiner und detaillierter ausgedrückt werden: ☆*:.｡. o(≧▽≦)o .｡.:*☆ ›Das lächelnde Gesicht glänzt.‹ (s. Beitrag Shirai/Tanaka).

Eines der in China weit verbreiteten Emoticons ist das Zeichen 囧 (jiong), das sich aus 八 ba (acht) + 口 kou (Mund) zusammensetzt und die Bedeutung ›traurig, ratlos, bedrückt‹ etc. hat, und das produktiv in Piktogramme integriert wird (s. Abb. 1).

Abb. 1: Auf 囧 basierende Gesichtszeichen (vgl. Beitrag Zhu)

Auf der Ebene der Orthografie können bestimmte Phänomene wie im Deutschen die wortfinale *t*-Tilgung (*is > ist, nicht > nich*) in der japanischen und chinesischen Schrift nicht vorkommen, da schlichterweise aus einem Zeichen ein Strich bei Computerschreibung nicht einfach weggelassen werden kann. Im Russischen findet sich, anders als in den anderen untersuchten Alphabetschriften, eine stark ausgeprägte orthografische Hybridität, insbesondere eine wortexterne Mischung kyrillischer und lateinischer Schriftzeichen. Neben der Wahlmöglichkeit des einen oder anderen Schriftsystems, gibt es technikbedingte Voraussetzungen, die eine lateinische Schreibung erzwingen, so bei der @-Adressierung (s. Beitrag Shchipitsina). Schreibfehler finden sich in allen Tweets, allerdings sind diese vom Schriftsystem abhängig. Fehlende Akzentsetzung im Französischen (s. Beitrag Braukmeier/Mathias/Stoye) oder Italienischen (s. Beitrag Moraldo) kommt und kann im Deutschen oder Japanischen nicht vorkommen, wie andererseits Fehlschreibungen japanischer Zeichen analog in Alphabetschriften nicht auftreten können, z. B. falsche Wahl eines Kanji-Zeichens (本日*体長 (体調) 不良; s. Beitrag Shirai/Tanaka).

Bei der Lexik ist Nähesprachlichkeit ein wichtiger Faktor und diastratische und diaphasische Varietäten spielen eine wichtige Rolle. So findet sich in allen Untersuchungen umgangssprachliche Lexik, in geringem Umfang auch dialektale Lexik. Interessant ist der *relativ* hohe Anteil der Anglizismen[1], auch im Französischen. Trotz einer rigiden Sprachpolitik werden »nicht nur Begriffe verwendet, dessen Konzepte bereits in der entlehnenden Sprache zu finden sind, sondern es wird auch auf äußeres Lehngut – Gegenstände und Konzepte – zurückgegriffen, die ihren Ursprung in der englischen Sprache haben und keine Entsprechung im Französischen haben« (Beitrag Braukmeier/Mathias/Stoye, S. 126). So wird das über die Mediensprache entlehnte Substantiv Twitter produktiv zum Verb konvertiert, wie der Tweet 157 aus dem französischsprachigen Korpus belegt:

(1) @xyz *arrette de twitter* et ramène toi sur le plateau du JT !!!!
(hör' auf zu twittern und komm' endlich zu den Fernsehnachrichten; vgl. Beitrag Braukmeier/Mathias/Stoye)

Auf der syntaktischen Ebene zeigt sich in allen Sprachen die Tendenz zur Einfachheit. Subordinierte Sätze treten in TwCUs[2] selten auf, während elliptische Strukturen häufig auftreten (s. Punkt 2), wobei das, was als Ellipse definiert werden kann, sprachspezifisch ist.

Eine interessante funktionale Differenzierung zeigt sich in den Analysen von Kersten/Lotze zum britischen und US-amerikanischen Englisch. Im britischen Englisch »fällt ein umgangssprachliches Register auf, das sich durch Aspekte der Mündlichkeit wie dialektale Formen oder Enklise auszeichnet. Ferner finden sich zahlreiche Belege für kompetente Nutzung sprachökonomischer Graphie wie Reduktionsformen, elliptische Konstruktionen oder Graphostilistika. Im US-Korpus dagegen finden sich überwiegend Standardorthografie, vollständige Sätze, weniger Reduktionsformen (mit Ausnahme von Pronomina, Hilfsverben und Negationen), kaum Graphostilistik, aber dafür mehr Hervorhebung durch Großschreibung und mehr in die Tweets integrierte Links in Form von URLs« (Beitrag Kersten/Lotze, S. 104). Die Autorinnen erklären dies damit, zumindest ist dies ihre durchaus plausible Hypothese, dass

---

1 Relativ zu anderen Faktoren, in Relation zum Gesamtwortschatz geht der Anteil nie über 3 % hinaus.
2 TwCU = Tweet construction unit (s. Beitrag Kersten/Lotze).

»Twitter in Großbritannien eher als Plattform für dialogische Kommunikation zwischen zwei oder mehreren Parteien genutzt wird, während Twitter in den USA in erster Linie ein Forum für kommerzielle und journalistische Publikationen bietet« (ebd.). Die unterschiedlichen sprachlichen Varianten erklären sich also aus der Differenz, inwieweit eine spezifische Kommunikationsform dialogisch genutzt wird oder nicht. Und dies könnte wiederum rückgekoppelt sein an die technologische Entwicklung, verbunden mit der Hypothese, dass sich innovative Anwendungen (Social-Media-Apps etc.) in den USA schneller verbreiten als in GB und Tweets im Zuge dessen maschinell regelkonformer werden (s. Beitrag Kersten/Lotze).

2 Sprachökonomie

In allen untersuchten Sprachen zeigt sich, dass elliptische Konstruktionen häufig vorkommen. Der hohe Anteil an Ellipsen hängt einerseits zusammen mit dem Faktor Mündlichkeit – Schriftlichkeit, andererseits ist er Ausdruck sprachökonomischer Prozesse. Das Prinzip der funktionalen Nützlichkeit spielt grundsätzlich eine Rolle beim Twittern, aber nicht nur bei dieser Kommunikationsform. Im Folgenden sollen sprachökonomische Aspekte im Vordergrund stehen, wobei grundsätzliche Aspekte behandelt werden. Siever (2011) stellt ein Modell dar, bei dem die Faktoren Aufwand und Ergebnis im Zentrum stehen (s. Abb. 2) und die durch die Parameter ›Effektivität‹ und ›Effizienz‹ spezifiziert werden. Der Unterschied zwischen beiden Parametern definiert sich über den Aufwand: »Ist der Aufwand irrelevant, kann die Handlung so

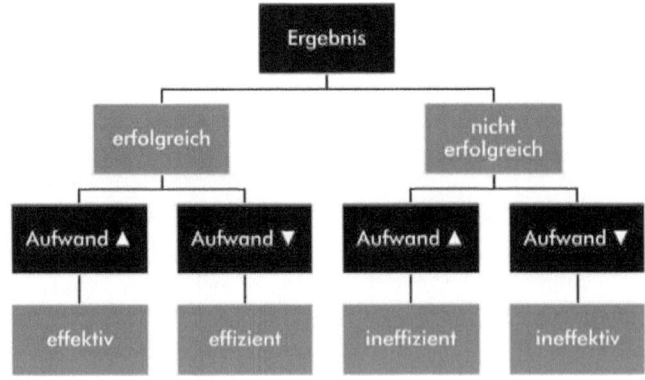

Abb. 2: Effektivität und Effizienz von Sprachhandlungen (Siever 2011: 52)

lange vollzogen werden, bis das Ziel erreicht ist. Eine effiziente Handlung liegt hingegen vor, wenn das Ergebnis mit einem vorher definierten Aufwand erreicht worden ist. Andernfalls ist sie ineffizient, jedoch immer noch effektiv, wenn das Ziel überhaupt erreicht worden ist« (Siever 2011: 52). Ein Tweet wie (a) *Treffen u b K.* wäre ineffektiv, wenn der Adressat diese Aussage nicht interpretieren kann. Kann er sie jedoch interpretieren, dann wäre sie effizienter als die Äußerung (b) *Treffen uns bei Klaus*. Unter dem Aspekt der Optimierung wäre (a) quantitativ optimaler als (b), da der Zweck mit weniger Zeichenanzahl realisiert wird.

Bei Kommunikationsformen wie Twitter, bei denen eine stark begrenzte Zeichenzahl zur Verfügung steht, haben Optimierungsprozesse einen großen Stellenwert. Dies betrifft nicht nur Mikroblogs, sondern u. a. auch SMS-Mitteilungen, Newsticker, Kleinanzeigen und (früher) Telegramme – nicht zufällig ist der Begriff ›Telegrammstil‹ fest etabliert:

(1) SMS (Günthner 2011: 25):
Ko10minspä

(2) Newsticker (www.welt.de/newsticker):
11:49
Schalke-Coach Stevens grollt – Hängepartie um Raúl
mehr

(3) Kleinanzeige (www.kleinanzeigenmarkt.org):
ring Gelb gold 585G grösse 66 Neu

(4) Kontaktanzeige (www.quoka.de/spezial/kontaktanzeigen/kostenlose-kontaktanzeigen.html)
atraktiver end dreißiger schweizer
gr. gepflegt, atraktiv sucht nach einer gr. enttäuschung eine lady ab25j...
.liebe grüsse

(5) Telegramm:
Ankomme Mo 17:45

Die Beispiele zeigen: Sprachökonomische Faktoren wie Abkürzungen, Kürzungen/Reduktionen, Zusammenschreibung, Ellipsen/Nominalkonstruktionen usw. finden sich in unterschiedlichen Kommunikationsformen und sprachübergreifend in Tweets und bilden Gestaltungsprinzipien für eng begrenzte Texte.

3 Register-Variation

Sprachökonomische Faktoren sind allerdings nicht die einzigen funktionalen Faktoren, die die sprachliche Ausgestaltung erklären. Erklärung. Auch ästhetische Prinzipien, Mittel der Selbstdarstellung, sprachliche Ressourcen der User usw. sind wichtige Erklärungsparameter, die in eine weiterführende Betrachtung einbezogen werden müssen. Die Tatsache, dass britische Twitterer häufiger vulgäre Lexik gebrauchen als amerikanische, hat sicherlich mit den Usern zu tun, wenn auch hierzu keine gesicherten Angaben gemacht werden können. Britische Nutzerinnen gebrauchen wiederum stärker Vulgärsprache als britische Nutzer. Diese geschlechtsspezifische Gegebenheit deutet auf soziolinguistische Erklärungsparameter hin. Gleiches gilt für Lexeme aus kinder- und jugendsprachlichen Registern im Französischen. Da keine gesicherten Angaben über die User gemacht werden können, sind hier Erklärungsansätze spekulativ. Dennoch kann ausgehend von den Forschungen zur SMS-Kommunikation und den Erkenntnissen aus der Soziolinguistik davon ausgegangen werden, dass hier auf der textuellen Ebenen klassische soziale Parameter wie Geschlecht, Alter etc. und adressatenspzezifisches Konvergenz-/Divergenzverhalten wichtige Faktoren für kommunikationsformenspezifisches (hier: Twitter) Sprachverhalten sind.

4 Perspektiven

In der vorliegenden Studie wurden die sprachlichen Produkte (Tweets) analysiert, die Produzenten der Mikrotexte blieben unberücksichtigt. In einem nächsten Schritt müssten die Profile der Schreibenden analysiert und diese Ergebnisse mit denen der Sprachanalyse korreliert werden.

Lohnenswert wäre sicherlich auch die stärkere Berücksichtigung sprachspezifischer bzw. -typologischer Aspekte, mit der scheinbare Gemeinsamkeiten und Differenzen aufgedeckt werden könnten. Allerdings wurde bereits eingeräumt, dass bei unterschiedlichen Sprachen und umso stärker bei differierenden Schriftsystemen nur bedingt ein Vergleich möglich ist.

Offen geblieben sind ferner tiefergehende kommunikative, pragmatische Aspekte, bei denen weniger auf ›repräsentative‹ Basiskennzeichen von Tweets als auf die kommunikativen Beziehungen zwischen den Nutzern fokussiert werden sollte.

Last but not least wäre eine kulturelle Perspektive ein Gewinn, die die Bedeutung der äußerst reduzierten Mitteilungen für die Gesellschaft, ob im privaten oder beruflichen Austausch in den Fokus rücken sollte. Denn *dass* sie bei entsprechendem Fortbestand – und davon ist in welcher Form auch immer auszugehen – Auswirkungen auf die gesellschaftliche Entwicklung haben wird (vgl. etwa die Krisen-, Kriegs- und Katastrophenkommunikation), dürfte außer Frage stehen.

Bei aller gesellschaftlichen Relevanz oder Relevanzzuschreibung bleibt schließlich abzuwarten, wie lange Menschen in Kurztexten über ihr Leben, ihre Perspektiven und Einstellungen oder beruflichen Alltag berichten. Viele Nutzer verfassen nur sehr wenige Tweets und andere ziehen sich gar zurück: »Hiermit verabschiede ich mich auf unbestimmte Zeit von Twitter - wer mich erreichen will, der tut es über meine Webseite«.

Literatur

Günthner, Susanne (2001): Zur Dialogizität von SMS-Nachrichten - eine interaktionale Perspektive auf die SMS-Kommunikation. Hannover. (= Networx 60). <http://www.mediensprache.net/de/networx/networx-60.aspx>

Shirai, Hiromi (2005): Chatto komyunikeshon no nichidokuhikaku. Konpyutamedia niyoru »Kaiwa« no kawashikata. [= Eine vergleichende Arbeit zur deutschen und japanischen Chatkommunikation. »Gesprächs«führung in Computermedien]. In: Sugitani, Masako/Takada, Hiroyuki/Hamazaki, Keiko/Mori, Takashi (Hrsg.): Doitsugo ga orinasu shakai to bunka (Kultur und Gesellschaft im Zeichen der deutschen Sprache). Osaka, 111–130.

Siever, Torsten (2011): Texte i. d. Enge. Sprachökonomische Reduktion in stark raumbegrenzten Textsorten. Frankfurt am Main. (= Sprache – Medien – Innovationen, Bd. 1).

A Glossar

Die folgende Lemmaliste stellt eine Auswahl an Begriffen dar, die hinsichtlich des Bandes in Bezug auf Twitter relevant sind und bekannt sein sollten. Weitere Termini aus dem Bereich der Technik bietet das *Kleine Wörterbuch zur Mediensprache* unter http://www.mediensprache.net/de/lexikon/.

@mention, Erwähnung einer Person *(Accounts)* in einem Beitrag, deren Postings gefiltert werden können. Die bei Twitter übliche Verwendung *@username* ist von anderen Netzwerkdiensten wie Facebook übernommen worden.

@reply, direkte, persönliche Ansprache an anderen User, die aber – im Gegensatz zu *Direct Messages* – für jeden Follower zugänglich, d.h. lesbar ist. Um eine @ Reply durchzuführen, wird *@username* in die Message geschrieben oder auf den Button »antworten« geklickt.

@username, *Account* oder Konto einer oder mehrerer Personen bzw. einer Körperschaft; der Name ist einmalig und wird durch die erstellende Person gewählt sowie grundsätzlich mit dem @-Zeichen eingeleitet.

Account, Zugangsberechtigung zu einem IT-System, z.B. *Twitter*. Üblicherweise muss ein Anwender sich beim Login mit Benutzername und Kennwort authentifizieren.

Direkt Message (DM), nicht öffentlich einsehbare Nachricht, die zwischen zwei Twitternden ausgetauscht wird.

Fail Whale, dt. ›Fehlschlag-Wal‹, Logo, das eingeblendet wird, wenn der Twitter-Server überlastet ist.

Favorit, *Tweets* können als Favoriten markiert werden, analog zum Like-Button auf Facebook. Die Anzahl der Favoriten und *Retweets* spiegelt die Popularität eines einzelnen Tweets.

Follower/Following, Twitter-Nutzende, die einen Account abonniert haben, ihm »folgen«. Wenn Nutzer A die Nutzerin B abonniert, so ist aus der Sicht der Nutzerin B der Nutzer A ein Follower, aus Sicht von Nutzer A hingegen folgt er Nutzerin B (= Following).

Hashtag, in einer Nachricht integriertes, durch den Twitternden vergebenes Schlagwort, welchem das Rautezeichen # (engl. ›hash‹) vorangestellt wird. Die so vergebenen Schlagworte stellen Hyperlinks dar, über welche alle *Tweets* aufgerufen werden können, die mit dem entsprechenden Hashtag versehen worden sind. Die Funktion der Hashtags besteht also in der Filterung von Nachrichten zu einem Thema. Auf http://tagdef.com/ können Hashtags nachgeschlagen oder definiert werden.

Kurz-URL-Dienst, Dienst, der kürzere Weiterleitungs-URLs auf URLs erstellt; beliebt sind solche Kurz-URLs vor allem auf Microblogging-Plattformen, da nur 140 Zeichen zur Verfügung stehen.

Microblog, Form des Bloggens, bei der die Nutzenden kurze, meist weniger als 200 Zeichen umfassende Texte veröffentlichen. Die einzelnen Postings werden wie in einem Blog in umgekehrter chronologischer Reihenfolge dargestellt.

Posting, Beitrag eines Bloggenden in einem Blog.

Public Timeline, Seite, auf der einst alle öffentlichen *Tweets* aller Twitternden angezeigt wurden (existiert nicht mehr).

Retweet (RT), Weiterleitung bzw. Zitieren eines *Tweets* von einem anderen Twitterer, in der Regel mit der Struktur *RT @username Tweet*.

retweeten, fremden *Tweet* an die eigenen Follower weiterleiten.

Shitstorm, Empörungswelle im Web 2.0, d.h. durch die Nutzenden im Internet bei Netzwerken (Facebook), (Micro)blogs (*Twitter*), Foren und anderen Beteiligungsformen.

Timeline, persönliche Startseite, auf der in umgekehrt chronologischer Reihenfolge die letzten *Tweets* der abonnierten Twitternden (Following) zu lesen sind.

Tweeps, Kurzform für »Twitter Peeps«; selten verwendet für Twitternde(r).

Tweet, maximal 140 Zeichen (inkl. Spatien) umfassender Text, der auf *Twitter* publiziert wird.

Twitter, *Microblog*, das per SMS, direkt unter http://twitter.com/ oder per Drittanbietersoftware (via API) aktualisiert werden kann.

Twitterclient, Programme von Drittherstellern (v. a. für mobile Geräte), die es über eine API (Programmierschnittstelle) ermöglichen, zu *twittern*.

twittern, *Tweets* verfassen, im Deutschen seltener auch ›tweeten‹, im Englischen ›to tweet‹; im Niederländischen gibt es analog zum Deutschen die Varianten ›twitteren‹ und ›tweeten‹, auf Italienisch heißt es ›twittare‹.

Twitternde(r), Person, die einen eigenen *Account* bei *Twitter* eingerichtet hat.

Twitterwall, ›Wand‹ mit *Tweets* zu einem bestimmten Thema wie Konferenzen, politische Geschehen o. Ä., die über *Hashtags* gefiltert wird.

B   Netlinks

Die folgende Liste schlüsselt längere URLs auf, die in Beiträgen genannt werden. Die Seiten können Sie bequem durch Eingabe der Zahl hinter den Domainnamen mediensprache.net/ aufrufen, z. B. mediensprache.net/500.

500   http://www.vincos.it/2010/06/15/le-tre-fasi-dei-social-network-in-italia/
501   http://www.mantellini.it/?p=9165
502   http://www.mantellini.it/?p=9165#comment-66844
503   http://www.vincos.it/2010/10/10/quanti-italiani-usano-twitter/
504   http://www.socialbakers.com/blog/171-facebook-is-globally-closing-in-to-700-million-users/
505   http://www.greensmilies.com/die-geschichte-der-smilies/
506   http://it.wikipedia.org/wiki/Cacchio
507   http://de.wiktionary.org/wiki/cavolo
562   http://www.onzetaal.nl/congres2009/wvhj2009.php
563   http://nl.wikipedia.org/wiki/Woord_van_het_jaar#Uitslag_2009
564   http://www.comscoredatamine.com/2011/02/the-netherlands-leads-global-markets-in-twitter-reach/
565   http://www.alexa.com/topsites/countries/NL
566   http://twirus.com/
567   http://nl.twirus.com/details/blog/731
568   http://nl.twirus.com/details/blog/672/Twitter-onderzoek
569   http://nl.twirus.com/details/blog/713/Wie-zijn-die-313.852-Nederlandse-twitteraars
570   http://nl.twirus.com/details/blog/693/Wanneer-twitteren-we-eigenlijk
571   http://nl.twirus.com/details/blog/733/Top-10-Twitter-Clients-in-Nederland
572   http://nl.wikipedia.org/wiki/Twitter
573   http://www.twitterlinks.nl/
574   http://www.twitterfeeds.nl/
575   http://www.twitterfeeds.nl/bekend.php
576   http://www.mediensprache.net/de/basix/oekonomie/

577 http://www.chinadaily.com.cn/hqgj/jryw/2010-12-29/content_1478003.html
582 http://de.wikipedia.org/wiki/Portugiesische_Sprache
583 http://pt.wikipedia.org/wiki/L%C3%ADngua_portuguesa
584 http://twitterportugal.com/
585 http://pt.wikipedia.org/wiki/Oração_subordinada
586 http://twitter.com/govpt
587 http://www.openthesaurus.de/
588 http://twitter.com/publico
589 http://twitter.com/ExpressoOnline
590 http://twitter.com/siconline
591 http://ww1.rtp.pt/icmblogs/rtp/estadositio/?Twitter-RTP.rtp&post=3455
592 http://2.0.bloguite.com/
593 http://twitter.com/twitportugal
594 http://www.zeit.de/2011/09/C-Schreibkompetenz
595 http://www.e4.com/
596 http://www.e4.com/
597 http://www.mediapart.fr/node/83334
598 http://www.ifop.com/media/poll/1020-1-annexe_file.pdf
599 http://www.piecesjaunes.fr/espace-presse
600 http://twitter.pbworks.com/w/page/1779812/Hashtags
601 http://www.mediensprache.net/de/websprache/chat/emoticons/kawaicons.aspx
602 http://www.pcinpact.com/actu/news/62371-twitter-france-etatsunis-japon-bresil.htm
603 http://semiocast.com/company
604 http://semiocast.com/pr/20110308/2_4_millions_d_utilisateurs_de_Twitter_en_France
605 http://semiocast.com/pr/20100331/500_000_tweets_par_jour_sont_emis_en_France
606 http://en.wikipedia.org/wiki/Internet_meme
607 http://ella.slis.indiana.edu/~herring/honeycutt.herring.2009.pdf
608 http://support.twitter.com/articles/314917-das-neue_twitter-was-sind-hashtags
609 http://www.univ-rouen.fr/dyalang/glottopol/telecharger/numero_10/gpl10_03marcoccia.pdf
610 http://www.idcps.com/News/20101214/21589.html
695 http://woordenlijst.org/
696 http://www.onzetaal.nl/taaladvies/advies/zometeen-zo-meteen
697 http://twittonary.com/word.php?word=Twexit

698 *http://twitter.com/MijnLevenStyle/status/246321097337892865*
699 *http://tagdef.com/*
700 *http://blog.twitter.com/2009/11/whats-happening.html*
701 *http://www.twittervragen.nl/*
765 *http://www.experian.com/blogs/hitwise-uk/2009/01/21/twitter-traffic-increases-10-fold-in-a-year/*

C   Die Autorinnen und Autoren

Sabrina Braukmeier (M.A.) ist Doktorandin und wissenschaftliche Mitarbeiterin an der Professur für französische, frankophone und italienische Sprachwissenschaft an der Universität Leipzig. Sie arbeitet zu Soziolinguistik, Web 2.0 und Korpuslinguistik und promoviert zu Mehrsprachigkeit in digitalen Räumen.

Dr. Mario Franco ist Professor (»Professor Auxiliar«) für germanistische Linguistik an der Universität Madeira, Portugal. Nach dem Studium der Germanistik an der Universität Santiago de Compostela, Spanien (1991–1996), arbeitet er seit 1999 als wissenschaftlicher Mitarbeiter an der Universität Madeira. Er promoviert 2008 (»Neue Medien und Text: Privatbrief und private E-Mail im Vergleich«) und ist seit 2010 Leiter des Bachelor-Studiengangs »Sprachen und Betriebswirtschaftslehre« (»1º Ciclo de Línguas e Relações Empresariais«) an derselben Universität.

Saskia Kersten hat Englische Sprachwissenschaft, Neuere Deutsche Literatur und Sprachlehrforschung an der Ruhr-Universität Bochum und der University of East Anglia studiert. 2009 promovierte sie an der Universität Hildesheim über den Wortschatzerwerb im Englischunterricht in der Grundschule. Ab Wintersemester 2013/2014 arbeitet sie als Lecturer an der *University of Hertfordshire*. Ihre Forschungsschwerpunkte sind neben dem Zweitspracherwerb und dem Einsatz von korpuslinguistischen Methoden in Zweit- und Fremdsprachenunterricht die englischsprachige computervermittelte Kommunikation. E-Mail: s.kersten@herts.ac.uk

Netaya Lotze ist Wissenschaftliche Mitarbeiterin der Leibniz Universität Hannover. Promotion zum Thema Alignment in der Mensch-Maschine-Interaktion. Forschungsschwerpunkte sind Mensch-Maschine-Interaktion, Sprache und Kommunikation im Internet, Syntax des Deutschen. E-Mail: netaya.lotze@germanistik.uni-hannover.de

Alexa Mathias studierte an der Friedrich-Alexander-Universität Erlangen-Nürnberg und der Leibniz Universität Hannover. Magisterexamen an der LUH in den Fächern Germanistische Linguistik sowie Italianistik. Mitarbeiterin im DFG-Projekt »Sprachmuster in rechtsextremen Musikszenen«. Wissenschaftliche Mitarbeiterin am Deutschen Seminar der LUH; promoviert dort bei Prof. Dr. Peter Schlobinski über Feindbildmetaphern in rechtsextremen Liedtexten.

Dr. phil. Sandro M. Moraldo ist außerplanmäßiger Professor an der Universität Bologna in Forlì. Z.Zt. vertritt er auch eine Komparatistik-Professur an der Katholischen Universität in Mailand. Seine Forschungsschwerpunkte sind neben Allgemeiner und Vergleichender Literaturwissenschaft, Medienlinguistik, Kontaktvarietäten, Fremdsprachenpolitik, Graphostilistik und Deutsch als Fremdsprache.

Christina Margrit Müller ist Forschungsstipendiatin im Doktoratsprogramm »Sprache als soziale und kulturelle Praxis« im Forschungsmodul »Öffentliche und private Kommunikation in den Neuen Medien« des Schweizerischen Nationalfonds. Forschungsschwerpunkte sind (multimodale) Kommunikation in den neuen Medien und Dialektologie. E-Mail: christina.mueller@ds.uzh.ch

Dr. habil. Peter Schlobinski ist Professor für germanistische Linguistik am Deutschen Seminar an der Leibniz Universität Hannover. Seine Arbeitsschwerpunkte sind Deutsche Grammatik und Gegenwartssprache, Deutschdidaktik, Empirische Sprachwissenschaft, Soziolinguistik und Kontrastive Linguistik. E-Mail: pschlobi@uos.de

Dr. Larissa Shchipitsina ist Dozentin des Lehrstuhls für Deutsch der Nördlichen (Arktischen) föderalen Universität, Archangelsk. 2011 Habilitation zum Thema »Komplexe linguistische Charakteristik der computervermittelten Kommunikation (am Beispiel des Deutschen)«. Aktuelle Forschungsschwerpunkte sind textuelle Aspekte der computervermittelten Kommunikation und Kommunikationsformen im Internet. E-Mail: l.shchipitsina@narfu.ru

Dr. phil. Hiromi Shirai ist seit 2011 außerordentliche Professorin an der Universität Keio in Japan. 2008 promovierte sie zum Thema »Eine kontrastive Untersuchung zur deutschen und japanischen Chat-Kommunikation« an der Leibniz Universität Hannover. Sie arbeitet im Bereich der Gesprächsanalyse. E-Mail: shirai05@sfc.keio.ac.jp

Dr. Bernd Sieberg ist seit 2002 Professor an der Universidade de Lisboa. 1984 hat er in Bonn promoviert und beschäftigt sich seitdem mit der Erforschung der ›Gesprochenen Sprache‹ sowie der Sprache der Neuen Medien, Themenbereiche, zu denen er zahlreiche Artikel auf Deutsch und Portugiesisch veröffentlicht hat. Homepage: https://sites.google.com/site/berndsieberg/

Dr. phil. Torsten Siever ist Wissenschaftlicher Mitarbeiter in der Abteilung Sprachwissenschaft am Deutschen Seminar der Leibniz Universität Hannover, promovierte 2008 Promotion zum Thema Sprachökonomie in verschiedenen Textsorten und arbeitet in den Bereichen Sprachökonomie, Morphologie, empirische Sprachwissenschaft/Korpuslinguistik sowie Sprache in digitaler Kommunikation. Homepage: http://www.siever.net/

Dr. des. Hélène Stoye promovierte an der Universität Kassel und arbeitet in den Schwerpunkten Semantik und Pragmatik textkohäsiver Elementen, Korpusstudien und gesprochener Sprache. Zurzeit Studienreferendarin am Seminar Hannover II.

Shota Tanaka, M.A., ist seit 2012 Doktorand für Germanistik an der Gakushuin Universität in Tokyo, Japan. Sein Forschungsinteresse liegt vor allem an der Migrationslinguistik. Bisher hat er sich mit dem Thema »Das Deutsch der türkischstämmigen Migranten in Deutschland« beschäftigt, aus der Perspektive, wie sich diese Sprache weiterentwickelt und deren Sprachbewusstsein verändert hat. E-Mail: shota.tanaka.1869511@gmail.com

Dr. Jia Zhu ist Dozentin für Deutsches Seminar an der Technischen Universität Nanjing. Sie arbeitet zu Linguistik und angewandter Linguistik.

Sprache – Medien – Innovationen

Herausgegeben von Jens Runkehl, Peter Schlobinski und Torsten Siever

Die Reihe »Sprache – Medien – Innovationen« hat sprachliche und kommunikative Strukturen in Medien zum Gegenstand und versammelt innovative Arbeiten zur Medienlinguistik. Schwerpunkte bilden die grundlegende Beschreibung und Analyse vermittelter Kommunikationspraxen auf der linguistischen und medialen Ebene sowie die Auseinandersetzung mit der Frage, wie sich diese Formen im Sprachgebrauch und auf das Sprachsystem niederschlagen. Hierbei kann der Fokus auf theoretischen, angewandten oder methodischen Fragestellungen liegen.
Die Reihe stellt eine Erweiterung des Wissenschaftsportals mediensprache.net dar und ist offen für Dissertationen und andere Forschungsarbeiten mit innovativem Charakter. Dabei sollen ausdrücklich auch ›Schnittstellenarbeiten‹ eine angemessene Berücksichtigung finden. Als Erscheinungsformen sind sowohl Monographien vorgesehen als auch thematisch gebundene Sammel- oder Tagungsbände.

Band 1 Torsten Siever: Texte i. d. Enge. Sprachökonomische Reduktion in stark raumbegrenzten Textsorten. 2011.

Band 2 Jens Runkehl: www.werbesprache.net. Sprachliche und kommunikative Strukturen von Bannerwerbung im Internet. 2011.

Band 3 Torsten Siever / Peter Schlobinski (Hrsg.): Entwicklungen im Web 2.0. Entwicklungen zum III. Workshop zur linguistischen Internetforschung. 2012.

Band 4 Torsten Siever / Peter Schlobinski (Hrsg.): Microblogs global. Eine internationale Studie zu Twitter & Co. aus der Perspektive von zehn Sprachen und elf Ländern. 2013.

Band 5 Carolin Hagl: Orte politischer Bildung im Netz. Politischer Kinder-Online-Sachtext als Hypertextsorte. 2013.

www.peterlang.com